10

张远山作品集

庄子复原本

上

北京出版集团
北京出版社

本书说明

《庄子复原本》是第二个写作十年（2005—2015）之庄子工程的第三部庄学专著。酝酿于读书十五年（1980—1995），贯穿于第一个写作十年（1995—2005），初成于第二个写作十年前期撰写《庄子奥义》《庄子精义》期间（2005—2009），定稿于2009年5月至2010年1月，修订于2021年2月7日至2月25日。用心最多，用力最久，持续四十余年。

绪论、余论、题解11篇连载于《社会科学论坛》2010年第2期至第20期，3篇要义连载于《名作欣赏》2011年第1期至第3期。

《张远山作品集》之前,《庄子复原本》有两个版本。江苏文艺出版社2010年10月第1版，书名《庄子复原本注译》，分为上、中、下三册。天地出版社2021年7月第2版，书名《庄子复原本》，分为上、下二册。本次收入《张远山作品集》，书名《庄子复原本》，分为上、中、下三卷，新增四个相关附录。另有《庄子复原本》备忘录，见第十四卷相关附录六：庄学四书备忘录。

目录

正编　魏牟版初始本（二十九篇）

附编　刘安版大全本（新增二十三篇）

凡　例

其一，本书综合吸收陆德明《庄子音义》、陈景元《庄子阙误》、郭庆藩《庄子集释》、王先谦《庄子集解》、刘文典《庄子补正》、王叔岷《庄子校诠》等庄学名著汇聚的历代校勘成果，兼采历代《庄子》注本之异文、历代文献钞引之异文及佚文，辅以作者研究《庄子》四十年之独家见解，复原亡佚两千多年的《庄子》两大版本：战国晚期的魏牟版《庄子》初始本（二十九篇），西汉早期的刘安版《庄子》大全本（新增二十三篇）。《庄子复原本》之白文，以及外篇、杂篇之分类，异于西晋时期的郭象版《庄子》删残本及其一切衍生本，故无底本。

其二，郭象版《庄子》删残本及其一切衍生本，均为三十三篇，因为郭象删除了刘安版《庄子》大全本之十九篇。本书复原、钩沉郭删十九篇之篇名、残篇、佚文，十一篇之篇名均有史证，标▲；八篇之篇名均无史证，为作者按照外杂篇之篇名惯例拟名，标△。

其三，为了便于作者校注，同时便于读者理解，本书对《庄子》白文予以分章。分章非魏牟版、刘安版原有，仅供参考。

其四，本书之题解，首先列举魏后刘前五子钞引魏牟版之概况（详见绪论二《魏牟版初始本篇目考》），《淮南子》钞引刘安版新增二十三篇之概况，以及郭象裁剪拼接、移外入杂之概况（详见绪论三《刘安版大全本篇目考》），作为划归魏牟版内篇或外篇、刘安版新外篇或杂篇之依据。其次标明每篇白文之字数，补脱文、删衍文、订讹文、移正错简之字数。再次列举史籍外证、白文内证、著录庄事、引用庄言、文风义理，作为推测外杂篇撰者之依据。最后概括篇旨、结构，简述分章理由，标明郭象重大篡改和重要反注。

其五，本书之注释，包括散注、节旨、章旨，○表示间隔，◎表示节旨，●表示章旨。内七篇之注释，征引外杂篇不标撰者，仅明外杂篇对内七篇之承袭。外杂篇之注释，征引外杂篇均标作者推测之撰者，以明撰者异同，演庄正误。征引历代注家，仅举注家之名，不举注家年代及著作书名，详见附录六《本书参考文献》。

其六，本书之校勘，尽量征引前贤，不举前贤即为作者校正。所删衍文，正文不予保留，仅见校勘。所补脱文，所订讹文，移正错简之文，白文均予加点，以明异同。厘正古今字、异体字、通假字，属于常识或前贤多已订正者，不出校，不加点；不属常识或前贤少有订正者，均出校，均加点。初版误校或漏校，修订版重校或补校，详见索引八《〈庄子复原本〉初版订正》。修订版之每篇白文字数，以及补脱文、删衍文、订讹文、移正错简字数，或同于初版，或异于初版，详见索引七《〈庄子复原本〉校勘统计》。

其七，本书之辨析，专明传统误解，白文疑难。编号以便异篇征引，不再重复辨析。

其八，本书之附论，位于内七篇每篇、外杂篇每组及特殊篇什之末，略作概括申论。

其九，本书之题解、注释、校勘、辨析、附论，征引《庄子》白文、旧籍钞引、前贤卓见，多非全引，常为撮引。

2021年2月7日

《庄子》1.0 版、2.0 版失而复得记

《庄子》诞生于两千三百年前的战国时代，是文哲合璧的汉语极品，抵达了轴心时代中国哲学、中国文学的双重巅峰。两千年来，赢得了吕不韦、贾谊、刘安、司马迁、嵇康、阮籍、陶渊明、李白、苏东坡、金圣叹、曹雪芹、鲁迅、郭沫若等无数中国哲人、文人的倾心宝爱。五百年来，又赢得了王尔德、卡夫卡、布莱希特、博尔赫斯等无数外国哲人、文人的极致推崇。

庄周（前369—前286）化蝶以后,《庄子》共有三大版本：战国晚期的《庄子》1.0版，西汉早期的《庄子》2.0版，西晋至今的《庄子》3.0版。

战国晚期的《庄子》1.0版，由庄子再传弟子、中山公子魏牟（前320—前240）编纂，即魏牟版《庄子》初始本，共计二十九篇，五万余言。

魏牟之后，战国晚期的吕不韦之《吕览》，荀况之《荀子》，韩非之《韩非子》，西汉早期的韩婴之《韩诗外传》，贾谊之《吊屈原赋》、《鹏鸟赋》，大量钞引魏牟版《庄子》初始本，至少钞引了二十九篇中的二十七篇。

西汉早期的《庄子》2.0版，由汉高祖刘邦之孙、淮南王刘安（前179—前122）编纂。刘安酷爱魏牟版《庄子》初始本，于是广泛搜罗秦汉之际慕庄后学的仿庄之文，编纂了刘安版《庄子》大全本，共计五十二篇，十余万言。比魏牟版多了二十三篇，四万余言。

刘安之后，西汉中期的司马迁（前145—前90）在《史记》中著录了《庄子》“十余万言”。西汉晚期的刘向（前77—前6）、刘歆（前50—23）父子在《别录》、《七略》中，东汉早期的班固（32—92）在《汉书》中，也都著录了《庄子》“五十二篇”。西晋早期的司马彪（？—306）和孟氏的《庄子注》，又都全注了五十二篇。两汉、魏晋的无数士人，大量钞引刘安版《庄子》大全本，几乎钞引了五十二篇中的每一篇。

魏晋“竹林七贤”全都酷爱《庄子》，嵇康（224—263）以庄周为“吾师”，阮籍（210—263）以庄周为“模则”。《世说新语》的魏晋风度，正是源于《庄子》的绝世风采。然而嵇康宣布“非汤武而薄周孔”，拒绝与司马氏合作，遂被司马氏以“言论放荡，非毁典谟”的罪名公开诛杀。嵇康临刑之前，索琴演奏《广陵散》，奏毕仰天浩叹：“《广陵散》于今绝矣！”其实真正的损失并非《广陵散》从此绝矣，而是《世说新语》的魏晋风度和《庄子》的绝世风采从此绝矣。

嵇康被诛当年，同样拒绝与司马氏合作的阮籍也抑郁而死，“竹林七贤”随即分化瓦解。刘伶撰写了《酒德颂》，喝酒装疯。阮咸发明了阮咸琴，弹琴卖傻。山涛、王戎主动与司马氏合作，向秀被迫向司马氏屈服。

向秀（227—272）撰写了《思旧赋》，所言“悼嵇生之永辞兮”，伤悼嵇康拒绝与司马氏合作而死；所言“将命适于远京兮，遂旋反而北徂”，“寄余命于寸阴”，请求嵇康原谅自己被迫向司马氏屈服。向秀被迫向司马氏屈服的标志性事件，就是选注《庄子》，曲解庄学，违心表白与嵇康、阮籍划清界限。然而“寄余命于寸阴”的向秀，在嵇康、阮籍死后延命九年，即悒郁而卒，年仅四十六岁。向秀《庄子注》既未完成，更未流布。向秀死后，西晋儒生郭象（252—312）窃取了尚未流布的向秀《庄子注》，在其基础上完成了郭象《庄子注》。

成书于南朝的《世说新语·文学》如此记载郭象剽窃向秀案：

> 初，注《庄子》者数十家，莫能究其旨要。向秀于旧注外为解义，妙析奇致，大畅玄风，唯《秋水》、《至乐》二篇未竟而秀卒。秀子幼，义遂零落，然犹有别本。郭象者，为人薄行，有俊

才。见秀义不传于世，遂窃以为己注，乃自注《秋水》、《至乐》二篇，又易《马蹄》一篇，其余众篇或定点文句而已。后秀义别本出，故今有向、郭二《庄》，其义一也。

成书于唐朝的《晋书·郭象传》记载更详：

郭象，字子玄，少有才理，好《老》、《庄》，能清言。太尉王衍每云："听象语，如悬河泻水，注而不竭。"州郡辟召，不就。常闲居，以文论自娱。后辟司徒掾，稍至黄门侍郎。东海王越引为太傅主簿，甚见亲委，遂任职当权，熏灼内外，由是素论去之。永嘉末病卒，著碑论十二篇。先是，注《庄子》者数十家，莫能究其旨统。向秀于旧注外而为解义，妙演奇致，大畅玄风，唯《秋水》、《至乐》二篇未竟而秀卒。秀子幼，其义零落，然颇有别本迁流。象为人行薄，以秀义不传于世，遂窃以为己注，乃自注《秋水》、《至乐》二篇，又易《马蹄》一篇，其余众篇或点定文句而已。其后秀义别本出，故今有向、郭二《庄》，其义一也。

郭象剽窃向秀案，虽被正史、野史定为无法推翻、难以洗地的铁案，但是一千七百年来，这一汉语史最大学术不端的作案细节始终不详，《庄子复原本》是详尽探明作案细节的首部卷宗。

西晋至今的《庄子》3.0版，正是郭象《庄子注》的郭象版《庄子》删残本，共计三十三篇，六万余言；比《庄子》2.0版少十九篇，四万余言。郭象不仅删除了十九篇，还对删存的三十三篇进行了全方位的整容毁容，比如把"儒墨"改为"杨墨"，把"达人"改为"大人"，把"自适"改为"自得"，等等，于是《庄子》丧失了本来面目，成了反《庄子》的伪《庄子》。郭象删残整容之后，再予全面反注，比如厚诬道家集大成者庄子否定"道"之存在，把"无待逍遥"反注为"得其所待然后逍遥"，把"庄学四境"反注为"小大二境"，等等，于是郭象以后的庄学，彻底违背了庄子本义，成了反庄学的伪庄学。

西晋至今一千七百年，酷爱《庄子》的中外名人和普通读者，无论是李白、苏东坡、金圣叹、曹雪芹，抑或王尔德、卡夫卡、布莱希特、博尔赫斯，所读《庄子》都是郭象整容反注的《庄子》3.0版。如果用《庄子》1.0版的“东施效颦”寓言来做比方，那么战国原装的《庄子》1.0版就是天然西施，西汉重装的《庄子》2.0版就是盛装西施，西晋改装的《庄子》3.0版就是塑料东施。

我治庄四十年（1982—2021），发现了西晋至今无人知晓、彻底沉入历史忘川的《庄子》1.0版、2.0版，完成了毕生最为重要的著作《庄子复原本》。书中完整呈现了《庄子》1.0版、2.0版的绝世风采，包括郭象删除的十九篇，其中八篇有较为完整的残篇，五篇有数量不等的佚文，六篇存目。经过逐字逐句逐篇的校勘复原，《庄子》1.0版的天然西施，《庄子》2.0版的盛装西施，宛在眼前。

2010年，《庄子复原本》初版问世，受到了庄学之友的热烈追捧，迅速脱销。此后十年，二手书越来越贵，低则三五千元，高则八九千元，导致盗版猖獗。很多读者不愿购买劣质盗版，不得不手抄全书。由于此书，我被读者称为“二手书最贵的在世作家”。

2019年，天喜文化鉴于读者的殷切期盼，决定推出我的庄学三书十年典藏版。2020年2月推出二书，即《庄子传》的修订典藏版《相忘于江湖：庄子与战国时代》，《庄子奥义》的修订典藏版《独与天地精神往来：庄子奥义》，迅速登顶各大平台的新书畅销榜，短期内两次加印，随即启动《庄子复原本》的修订典藏版。

经过一年的全面修订和精心编辑，天喜文化将于2021年7月推出《庄子复原本》的修订典藏版。

庄学三书的修订，以《庄子复原本》最为全面，已与初版迥然不同。

我修订了全书的所有部分，包括《庄子》1.0版、2.0版的白文、题解、今译、注释、校勘、辨析、附论，绪论一《初始本编纂者魏牟论》，绪论二《魏牟版初始本篇目考》，绪论三《刘安版大全本篇目考》，余论《〈庄子〉佚文概览》。附录和索引也做了全面升级。

初版绪论一《初始本编纂者魏牟论》，仅列魏牟史料十四条，修订版增至十七条。新增三条中至为珍贵的一条，出自早于刘安的西汉枚乘《七发》，是目前所知连言“庄周、魏牟”的唯一史料，也是战国荀况《非十二子》所言“它嚣、魏牟”实为“庄周、魏牟”的坚实史证。

修订最为彻底的，是五十二篇的题解，也是我最满意的部分。

初版对僻字均未注音，修订版对僻字均予注音，便于读者诵读。

初版仅有《阏弈》、《游凫》、《庄子后解》、《庄子略要》四篇的佚文，修订版新增《子胥》一篇的佚文。初版的佚文注而不译，修订版的佚文新增今译，便于读者理解。

初版的补脱文、删衍文、订讹文、厘正误倒、调整错简，不尽恰当，既有漏校，也有误校，还有引用文献错误，修订版做了补校、新校、重移、撤销、订正。

初版直接引用了陆德明、陈景元、郭庆藩、王先谦、刘文典、王叔岷等历代名家的校勘，但未核对历代名家的引用文献，保留了历代名家的引用错误。修订版核对了历代名家引用的每条文献，纠正了历代名家的大量错误。

附录部分,《三大版本分类篇目表》,《崔譔选注本分类篇目表》,《向秀选注本分类篇目表》，全都做了修订补充。《魏后刘前五子钞引魏牟版详表》，补充了若干新条目。

索引部分,《〈庄子复原本〉校勘统计》标出了修订版与初版的校勘数字,《〈庄子复原本〉初版订正》标出了修订版与初版的具体差异。

内七篇的白文字数，初版是13798字，修订版是13800字，多了2字。外杂篇的白文字数，初版是51710字，修订版是51716字，多了6字。内外杂四十一篇（郭象版三十三篇范围）的总字数，初版是65508字，修订版是65516字，多了8字。后者比北宋陈景元版多1字，比清代郭庆藩版、王先谦版多六百余字。

本书责编王业云和本书外校吴剑文发现了初版的很多瑕疵，提出了大量的合理建议，我均择善采纳，融入全书。书中未能逐一标明，在此一并致谢。尤其感谢董曦阳先生和天喜同仁的齐心协力，确保了庄学三书修订典藏版的精良品质。

唯愿郭象之后一千七百年失而复得的战国《庄子》1.0版、西汉《庄子》2.0版，彻底淘汰西晋至今的《庄子》3.0版，有助于庄学之友直面轴心时代的文哲圣典，有助于中华民族实现华夏文明的伟大复兴。

2021年2月25日五十八周岁生日

复原《庄子》，正本清源

《庄子》共有三大版本。

魏牟版《庄子》初始本，二十九篇，五万余言，成书于两千三百年前的战国末期。庄子所撰“内篇七”，仅有庄殁以前史实，无一庄殁以后史实。弟子蔺且、再传弟子魏牟等撰“外篇二十二”，多有庄殁以后史实，无一魏殁以后史实。

后于魏牟、先于刘安的吕不韦、荀况、韩非等先秦士人，贾谊、韩婴等汉初士人，所见均为魏牟版《庄子》初始本，并且大量钞引，涉及“外篇二十二”之每一篇。由于司马迁、刘向、刘歆、班固、高诱等两汉士人妄言宋人庄周著书“十余万言”、“五十二篇”，妄言魏牟“先庄子，庄子称之”，导致千古不知《庄子》初始本，更不知编纂者是庄子再传弟子、中山人魏牟。

刘安版《庄子》大全本，五十二篇，十余万言，成书于两千二百年前的西汉初期。比魏牟版晚出百年，多二十三篇、四万余言：慕庄后学所撰“新外篇六”、“杂篇十四”，刘安所撰“解说三”。多有魏殁以后史实，无一刘殁以后史实。

刘安版取代魏牟版，成为刘安以后、郭象以前的通行本。后于刘安、先于郭象的西汉司马迁、刘向、刘歆、扬雄，东汉桓谭、班固、高诱，魏晋何晏、王弼、阮籍、嵇康、司马彪、孟氏、崔譔、向秀，所注、所引、所论、所读都是刘安版《庄子》大全本。

由于刘安以后的司马迁、刘向、刘歆、班固、高诱等两汉士人之妄言，导致后世误以为《庄子》大全本的“十余万言”、“五十二篇”均为庄子所撰，导致千古不知《庄子》大全本的编纂者是先于司马迁的淮南王刘安。

郭象版《庄子》删改本，三十三篇，六万余言，成书于一千七百年前的西晋初期。比刘安版晚出五百年，少十九篇、四万余言：外篇四（魏牟版），杂篇十二（刘安版），解说三（刘安版）。又大肆篡改，任意妄断，全面反注。刘安版外杂篇中所有明显的庄殁以后史实，均被郭象删除，导致后世注家长期误视外杂篇均为庄撰，长期误视郭象之反注即庄学之真义。

郭象版导致刘安版于唐宋亡佚，导致司马彪、孟氏的刘安版全注本亡佚。郭象以后的注家，所注、所引、所论、所读都是郭象版《庄子》删改本。

由于郭象版逆淘汰了刘安版，成了后世唯一传本，历代注家不得不盲信郭象版伪原文，不得不盲从郭象伪庄学。不盲信不盲从者，由于不知郭象如何删改加工，因而难弃郭版伪原文，难废郭象伪庄学。唯有复原魏牟版、刘安版原貌，弄清郭象版的删改细节，才能廓清历史迷雾，不被郭象继续愚弄。

本书正编，复原魏牟版初始本。本书附编，复原刘安版大全本。

复原的主要工作，是钩稽考定郭删十九篇的篇目及其分类，从而考定刘安版五十二篇的篇目及其分类，进而考定魏牟版二十九篇的篇目及其分类，最后把今存原文归入原初篇目和原初分类。

复原的次要工作，是校勘今存原文：补脱文663字（初版同），删衍文330字（初版340字），订讹文501字（初版504字），更正误倒57处（初版58处），移正错简150字（初版116字）。脱文、衍文、讹文，或为郭象所删、所增、所改，或为郭象追随者所删、所增、所改。郭象仅是篡改《庄子》的始作俑者，而非终结者。

北宋陈景元统计，郭象版《庄子》三十三篇，总计65923字（可能计入篇名78字）。据我统计，清末郭庆藩《庄子集释》和王先谦《庄子集解》，不计篇名的三十三篇原文总计65181字、65149字，比陈景元本分别减少了742字、774字。足证今日的郭象版《庄子》，已非昔日的郭象版《庄子》。

郭象篡改原文，旨在为反庄学的郭象伪庄学制造伪证，然而经过篡改的郭象版《庄子》原文，与郭义仍有极大抵牾。郭象追随者根据郭象反注，变本加厉地篡改、删除不合郭注的郭象版《庄子》原文，乃至篡改郭象注文，为全面对立的庄义、郭义竭力弥缝，为反庄学的郭象伪庄学制造更多伪证，于是郭象版《庄子》越来越伪，也与郭义日益水乳交融。经过一千七百年的层累造伪，郭象版《庄子》终于成了面目全非的伪《庄子》。由于庄学不符合君主专制时代的“政治正确”，而反庄学的郭象伪庄学符合君主专制时代的“政治正确”，因此郭义遮蔽庄义，成了旧庄学的至高权威。

复原本五十二篇靠前的四十一篇（范围与郭象版三十三篇重合，因为外杂篇的旧十六篇被郭象拼接成了新八篇），不计篇名总计65516字（初版65508字），比陈景元本少407字。由于复原本删衍文330字，而陈景元本已有大量衍文，因此陈景元本减去衍文或许只有65593字，仅比复原本多77字。由于陈景元的统计可能计入篇名78字，因此陈景元本可能比复原本少1字。复原本65516字，比郭庆藩本多335字，比王先谦本多367字，而且复原本所删衍文330字，郭庆藩本、王先谦本基本均有，因此复原本比郭庆藩本、王先谦本多六百余字。仅论原文字数，复原本接近北宋陈景元本。若论篇目分类，复原本附编接近西汉刘安版概貌，复原本正编接近战国魏牟版旧观。

今存史料和文献征引，完全支持复原本的篇目及其分类。目前出土的《庄子》简牍仅有四篇，也完全支持复原本的篇目及其分类。1988年湖北江陵张家山136号汉墓出土了《盗跖》残简，下葬时间为汉文帝前元七年至十三年（前173 ～前167），刘安七岁至十三岁。1977年安徽阜阳双古堆1号汉墓出土了《则阳》、《外物》、《让王》残简，墓主汝阴侯夏侯灶卒于汉文帝前元十五年（前165），刘安十五岁。二墓下葬之时，刘安均未成年，尚未编纂《庄子》大全本，因此二墓出土的四篇，均属本书考定的魏牟版外篇（刘安版均保留于外篇，郭象版均移至杂篇）。若有新的考古发现，必将继续支持复原本。

2009年9月14日初稿

2021年2月18日修订

初始本编纂者魏牟论

弁言　权威谬见，误导后世

《史记》未载魏牟。

《汉书》载有两条，然而互相抵牾。《古今人表》第六等“中下”，“严周”（庄周）在前[1]，“魏牟”在后。《艺文志》“道家”，照钞刘向《别录》、刘歆《七略》：“《公子牟》四篇。魏之公子也，先庄子，庄子称之。”

《古今人表》少有人读，读了也未必明白“严周”即“庄周”，明白也未必知道“庄周先魏牟”的重要性。《艺文志》学者必读，权威谬见“魏牟先庄子”，误导后世两千年。直到钱穆《先秦诸子系年》，才根据《秋水》实为魏牟称赞庄子，纠正《艺文志》的“庄子称之”；又根据《秋水》与魏牟对话者实为后庄子的公孙龙，纠正《艺文志》的“魏牟先庄子”；又根据《秋水》、《让王》言及后庄子的“魏牟”，判定外杂篇均非庄撰。然而积重难返，学界至今仍多沿袭《艺文志》的权威谬见。

魏牟史料极少，我搜求多年，仅得十七条。除了《汉书》两条，另有十五条。《庄子·秋水》一条，《庄子·让王》一条（《吕览·审为》、《淮南子·道应训》全钞此条），《荀子·非十二子》一条（《韩诗外传》一条略同），《战国策·赵策三》二条（《说苑·敬慎》一条略同），《列子·仲尼》一条，西汉枚乘《七发》一条，南朝梁刘勰《文心雕龙·诸子》一条，以上十二条不误，然而阐释多误。东汉高诱《吕览》注二条，东晋张湛《列子》注一条，以上三条皆误，均被《艺文志》“魏牟先庄子”误导，又进一步误导后世。

下文排比史料，考辨正误，疏理《庄子》初始本的编纂者、庄子再传弟子魏牟（前320—前240）的基本生平。

---

[1] 《古今人表》为班固原创，避东汉明帝刘庄讳，改“庄”为“严”。《艺文志》非班固原创，照钞西汉刘向《别录》、刘歆《七略》，未改“庄”为“严”。

一　中山王子，崇信公孙

前406年，魏文侯（前445—前396在位）伐灭古之中山国——春秋时期白狄支族鲜虞族之国。由于魏国在南，中山在北，中隔赵国，因此中山无法并入魏国本土，只能成为魏国的北部飞地。赵国横亘于魏国本土与中山之间，是魏、赵长期敌对的原因之一。魏文侯不得不先派长子魏击驻守中山（《史记·魏世家》），三年后（前403）召回魏击，立为太子，改封幼子魏挚为中山君（《韩诗外传》卷八、《说苑·奉使》）。

前396年魏文侯死，太子魏击继位为魏武侯（前395—前370在位）。

前370年魏武侯死，太子魏罃继位为魏惠王（前369—前319在位）。魏惠王前期，承父祖两代之荫，国力仍强。魏惠王中期以后，受到秦、齐东西夹攻。举其大者为三役，前353年齐、魏桂陵之战，前341年齐、魏马陵之战（魏太子申死于是役），前340年秦相商鞅伐魏。魏国连战连败，国力大衰。魏惠王不得已采纳“合纵”创始人公孙衍之主张（魏相惠施襄助）[1]，于前323年主持魏、赵、韩、燕、中山“五国相王”[2]，欲借盟国之力挽救颓势。

“五国相王”在魏武侯死后四十八年，中山桓公、魏武侯之弟魏挚（前402—前350在位）和魏挚之子中山成公（前349—前328在位）均已死去。参与“五国相王”的中山先王魏罍（前327—前310在位）[3]，是魏属中山开

[1] 以“合纵”对抗张仪之“连横”的是公孙衍，并非苏秦。前309年张仪在母邦魏国寿终，前284年齐湣王车裂苏秦，张仪年长苏秦至少30岁。1973年长沙马王堆出土《战国纵横家书》，始明《史记》、《战国策》误采苏秦讹史，误以苏秦为“合纵”创始人。

[2] 按照“普天之下，莫非王土”之定义，天下不可有二王。战国诸侯于东周未灭之时称王，均属僭号，“相王”即相互承认称王，属于僭号诸侯的自我合法化。

[3] 中山先王魏罍之名，见于1978年河北省平山县中山王墓出土的中山王鼎、壶铭文。壶铭称曾祖父魏文侯、伯祖父魏武侯为“皇祖文、武”，称祖父魏挚为“桓祖”，称父亲为“成考”。

国之君魏挚之孙。

五国相王次年（前322），“连横”创始人秦相张仪，向魏惠王许诺秦愿助魏攻齐。欲报齐国杀子之仇的魏惠王，免去反对联秦攻齐的宋人惠施之相位，改任魏人张仪为魏相。惠施首次返归母邦宋国，首次与庄子盘桓。三年后魏惠王死，魏襄王（前318—前296在位）继位。惠施由宋返魏，图谋复相未遂，淡出魏国政坛，转向名家之学。

五国相王后约三年（前320），魏牟出生。《庄子·让王》“魏牟，万乘之公子也”，“千乘”谓侯，“万乘”谓王。魏牟为魏文侯四世孙，魏挚重孙，中山先王魏𫖪之子，中山嗣王魏𧊒之异母弟，中山后王魏尚之叔。[1]

五国相王后约十八年（前305），名家创始人、前魏相惠施（前380—前300）提出“历物”学说，引致天下辩者齐集魏都大梁。年轻的赵人公孙龙（前325—前250），与韩人桓团联手击败惠施，成为新一代名家巨子。惠施再次返归母邦宋国，再次与庄子盘桓，五年后死于宋，葬于宋。[2]

年轻的中山王子魏牟，流连宗主国首都大梁，恭逢名辨盛会，遂成公孙龙信徒。《列子·仲尼》著录了魏牟与乐正子舆关于公孙龙辩题的论辩——

> 中山公子牟者，魏国之贤公子也。好与贤人游，不恤国事，而悦赵人公孙龙。乐正子舆之徒笑之。
>
> 公子牟曰：“子何笑牟之悦公孙龙也？”
>
> 子舆曰：“公孙龙之为人也，行无师，学无友，佞给而不中，漫衍而无家，好怪而妄言，欲惑人之心，屈人之口，与韩檀等

[1] 中山嗣王魏𧊒（前309—前301在位）之名，见于魏属中山王墓圆壶铭文。中山后王魏尚（前300—前296在位）之名，见于《史记·赵世家》：“赵武灵王以惠文王三年灭中山，迁其君尚于肤施。”又见《墨子·所染》：“中山尚染于魏义、偃长，所染不当，故国家残亡，身为刑戮，宗庙破灭，绝无后类，君臣离散，民人流亡。”（《吕览·当染》略同。）《吕览》高诱注：“尚，魏公子牟之后，魏得中山以邑之也。”大误。

[2] 证见《庄子·徐无鬼》“庄子送葬，过惠子之墓”。庄子送亲友之葬，必在宋国，所过惠施之墓亦然。

肆之。”

公子牟变容曰：“何子状公孙龙之过欤！请闻其实。”

子舆曰：“吾笑龙之诒孔穿言：‘善射者，能令后镞中前括，发发相及，矢矢相属，前矢造准而无绝落，后矢之括犹衔弦，视之若一焉。’孔穿骇之。龙曰：‘此未其妙者。逢蒙之弟子曰鸿超，怒其妻而怖之。引乌号之弓，綦卫之箭，射其目。矢来，注眸子而眶不睫，矢坠地而尘不扬。’是岂智者之言欤？”

公子牟曰：“智者之言，固非愚者之所晓。后镞中前括，钧后于前。矢注眸子而眶不睫，尽矢之势也。子何疑焉？”

乐正子舆曰：“子，龙之徒，焉得不饰其阙？吾又言其尤者。龙诳魏王曰：‘有意不心。有指不至。有物不尽。有影不移。发引千钧。白马非马。孤犊未尝有母。’其负类反伦，不可胜言也。”

公子牟曰：“子不谕至言，而以为尤也。尤其在子矣！夫无意则心同。无指则皆至。尽物者常有。影不移者，说在改也。发引千钧，势至等也。白马非马，形名离也。孤犊未尝有母，有母非孤犊也。”

乐正子舆曰：“子以公孙龙之鸣，皆条也？设令发于余窍，子亦将承之？”

公子牟默然良久，告退曰：“请待余日，更谒子论。”

《列子》虽是东晋张湛编纂的伪书，此条涉及的公孙辩题，魏牟辨析的精微卓绝，均非张湛所能伪撰，必为张湛采自先秦旧籍，或即采自当时未佚的《公子牟》四篇[1]。张湛敢把后于庄子的魏牟事迹编入伪《列子》，正是被《艺文志》“魏牟先庄子”误导。所以张湛注曰：“公子牟，（魏）文侯子。”把魏牟的辈分提前三代，时间提前百年，成为与曾伯祖魏武侯（前395—前370在位）、曾祖父魏挚同辈的兄弟，遂与列子（前450—前375）

[1] 钱穆《先秦诸子系年》：“此条陈义精卓，盖得之古籍，或即四篇之遗，非湛所能伪。”

同时。[1]

乐正子舆所言“公孙龙与韩檀等肄之”，“韩檀”即《庄子·惠施》(郭象裁剪残篇，拼接于《天下》末章)与“公孙龙”并提的“桓团”。这是此条非伪之一证。

魏牟辨析的公孙六题，“白马非马”赫然在目，“指不至”、“影不移”、“孤犊未尝有母”三题，均见《惠施》“辩者二十一事”。这是此条非伪之又证。兼证“辩者二十一事”，多属公孙龙辩题。[2]

魏牟“好与贤人游”，“而悦赵人公孙龙”，可证早年魏牟不仅崇信公孙，且与公孙交游。其时魏牟约十六岁，公孙约二十一岁。

二　亡国之后，改宗庄学

“不恤国事”的魏牟，与乐正子舆相约“请待余日，更谒子论”，茫然不知“余日”无多，中山亡国在即。此前两年的前307年，赵武灵王为了伐灭中山即已实行“胡服骑射”。其时魏牟约十四岁。

赵武灵王必欲伐灭中山的原因是，赵襄子(前475—前425在位)于前475年伐灭古之代国，辟为代郡。由于赵国在南，代郡在北，中隔白狄中山，因此代郡无法并入赵国本土，只能成为赵国的北部飞地。中山属魏后，横亘于赵国本土与代郡之间，是赵、魏长期敌对的原因之二。这一心腹大患延续一百五十年，历经赵襄子、赵桓子、赵献侯、赵烈侯、赵敬侯、赵成侯、赵肃侯七世，直至以伐灭中山为毕生之志的赵武灵王(前325—前299在位)。

[1] 张湛敢把后于庄子的公孙龙事迹编入伪《列子》，可能根据《史记·仲尼弟子列传》“公孙龙字子石，少孔子五十三岁”，把生于前325年的名家巨子公孙龙(字子秉)，视为生于前498年的孔子弟子公孙龙(字子石)，既“先庄子”，又“先列子”，提前百年的魏牟，遂可言及提前173年的公孙龙。

[2] 许多学者误将“辩者二十一事”视为惠施辩题。辩题属主既误，义旨自难了然。

前296年赵武灵王伐灭中山[1]。其时魏牟约二十五岁。

《庄子·让王》著录了中山亡国之后，年轻的魏牟流落江湖，一度难以忘怀庙堂，“身在江海之上，心居乎巍阙之下”，于是问道楚人詹何——

中山公子牟谓詹子曰：“身在江海之上，心居乎巍阙之下，奈何？”

詹子曰：“重生！重生则轻利。”

中山公子牟曰：“虽知之，未能自胜也。”

詹子曰：“不能自胜，则从之。从之，神无恶乎？不能自胜而强不从者，此之谓重伤。重伤之人，无寿类矣。”

魏牟，万乘之公子也，其隐岩穴也，难为于布衣之士。虽未至乎道，可谓有其意矣。

《吕览·审为》、《淮南子·道应训》全钞此条。东汉高诱注曰：“公子牟，魏公子也，作书四篇。魏伐中山，得之，以封公子牟，因曰中山公子牟也。”也被《艺文志》“魏牟先庄子”误导，把魏牟视为魏文侯之子，魏属中山开国之君。

楚人詹何（前350—前270），约小庄子（前369—前286）二十岁，约长庄子弟子蔺且（前340—前260）十岁，或为庄子弟子，或为杨朱（前395—前335）、子华子（前380—前320）弟子，是魏牟亡国之后鄙弃名家、改宗道家的接引人。[2]

庄子于赵灭中山之后十年（前286）去世，因此魏牟之改宗，理论上有两种可能：一是庄殁之前师从庄子，成为庄子晚年弟子。二是庄殁之后师从詹何或蔺且，成为庄子再传弟子。由于魏牟小庄子四十九岁，亡国前崇

[1] 赵武灵王为了亲自领兵伐灭中山，于前299年禅位其子赵何（惠文王），自号“主父”，于赵惠文王三年（前296）伐灭中山。参看《史记·赵世家》。

[2] 杨朱、子华子、詹何生卒年，均采钱穆《先秦诸子系年》。詹何其人其事，参看《吕览》、《韩非子》、《淮南子》、《列子》。

信名家，亡国时极为年轻，亡国后一度心系庙堂、“未能自胜”，因此唯有后者方能合理解释所有魏牟史料和相关史料。

三　西会秦相，东晤赵相

魏牟中年改宗庄学，师从詹何或蔺且，于詹何殁后（前270）、蔺且殁后（前260）学有所成，晚年重新周游天下。秦、赵长平之战（前259—前258）、秦围邯郸（前257—前256）之际，魏牟西行入秦，受到秦相范雎（前267—前255任秦相，封应侯）礼敬。

前258年，秦将白起坑杀长平赵军降卒四十五万。由于范雎掣肘白起，秦军未能乘胜进围邯郸。前257年，秦围邯郸受困。秦昭王（前306—前251在位）听信范雎谗言，赐死白起，随即后悔，深怨范雎。前256年，魏信陵君、楚春申君等纷纷救赵，秦围邯郸失败，范雎所荐秦将郑安平率部降赵，按照秦律范雎应被治罪。秦昭王念其功大，暂时隐忍。范雎也自恃功大，恋栈不去。魏牟见微知著，辞别范雎东行，行前讽喻范雎急流勇退。范雎受教，表示“不忘于心”，翌年辞去相位，推荐燕人蔡泽自代，免除了后患（《史记·范雎蔡泽列传》）。

《战国策·赵策三》著录了魏牟离秦至赵，受到赵相平原君赵胜（前307—前252）礼敬。平原君得闻魏牟讽喻范雎之言，认为值得铭记在心，于是转告同母弟平阳君赵豹（前306—？）[1]——

> 平原君谓平阳君曰：“公子牟游于秦，且东，而辞应侯。应侯曰：‘公子将行矣，独无以教之乎？’曰：‘且微君之命命之也，臣

[1] 前310年赵武灵王娶吴娃，前309年生长子赵何（惠文王），前308年生长女（魏公子信陵君魏无忌夫人），前307年生次子赵胜（平原君），前306年生幼子赵豹（平阳君）。

固且有效于君。夫贵不与富期，而富至；富不与梁肉期，而梁肉至；梁肉不与骄奢期，而骄奢至；骄奢不与死亡期，而死亡至。累世以前，坐此者多矣。’应侯曰：‘公子之所以教之者厚矣！仆得闻此，不忘于心。’愿君之亦勿忘也。”

平阳君曰：“敬诺。”

（《说苑·敬慎》与此略同，误“应侯”为“穰侯”。）

魏牟讽喻范雎之言，深得道家精髓，毫无名家影子，足证魏牟改宗之后，业已学有所成。秦相、赵相无不礼敬，足证魏牟作为庄学传人业已名重天下。魏牟编纂的《庄子》初始本，稍后被秦相吕不韦之《吕览》、赵人荀况之《荀子》、荀况弟子韩非之《韩非子》大量钞引，足证魏牟周游天下弘扬庄学极为成功。

四　重逢公孙，极赞庄子

魏牟离秦至赵会晤平原君之时，与阔别四十年的平原君门客公孙龙重逢[1]。《庄子·秋水》著录了此次重逢。三十年河东，四十年河西，晚年魏牟不再是公孙信徒，早已改宗庄学。公孙龙也知道魏牟是名重天下的庄学传人，因此向魏牟请教自己难以理解的庄撰内七篇之奥义，于是魏牟极赞庄子，极斥公孙龙——

公孙龙问于魏牟曰：“龙少学先王之道，长而明仁义之行；别同异，离坚白；然不然，可不可；困百家之知，穷众口之辩。吾

[1]　魏牟离秦至赵前一年，前257年邯郸解围之后，平原君因功得到赵孝成王加封，由于门客公孙龙之讽谏而辞封。事见《史记·平原君虞卿列传》、《战国策·赵策三》。因此魏牟至赵之时，公孙龙必为平原君之门客。

自以为至达矣。今吾闻庄子之言，茫焉异之。不知论之不及欤？知之弗若欤？今吾无所开吾喙，敢问其方？”

公子牟隐几太息，仰天而笑曰：“子独不闻夫坎井之蛙乎？谓东海之鳖曰：‘吾乐欤！出跳乎井干之上，入休乎缺甃之崖。赴水则接腋持颐，蹶泥则没足灭跗；还视虷蟹与蝌蚪，莫吾能若也。且夫专擅一壑之水，而跨跱坎井之乐，此亦至矣。夫子奚不时来入观乎？’东海之鳖左足未入，而右膝已絷矣。于是逡巡而却，告之曰：‘夫海，万里之远不足以举其大，千仞之高不足以极其深。禹之时十年九潦，而水弗为加益；汤之时八年七旱，而崖不为加损。夫不为顷久推移，不以多少进退者，此亦东海之大乐也。’于是坎井之蛙闻之，适适然惊，规规然自失也。且夫智不知是非之境，而犹欲观于庄子之言，是犹使蚊负山，商蚷驰河也，必不胜任矣。且夫知不知论极妙之言，而自得一时之利者，是非坎井之蛙欤？且彼方跐黄泉而登太皇，无南无北，释然四解，沦于不测；无西无东，始于玄冥，返于大通。子乃规规然而求之以察，索之以辩，是直用管窥天，用锥指地也，不亦小乎？子往矣！且子独不闻夫寿陵余子之学步于邯郸欤？未得国能，又失其故步矣，直匍匐而归耳。今子不去，将忘子之故步，失子之业。”

公孙龙口呿而不能合，舌举而不能下，乃逸而走。

早年魏牟称誉公孙龙之言为“智者之言”，贬斥乐正子舆“固非愚者之所晓”。晚年魏牟极赞庄子之言为“极妙之言”，贬斥公孙龙为“坎井之蛙”。晚年魏牟对公孙龙的激烈批评，正是对其早年崇信公孙的自我反省。所以晚年魏牟所撰《庄子·惠施》批评公孙龙“能胜人之口，不能服人之心”，与当年乐正子舆批评公孙龙“惑人之心，屈人之口”如出一辙。

南朝梁刘勰《文心雕龙·诸子》：“公孙之‘白马’、‘孤犊’，辞巧理拙，魏牟比之鸮鸟，非妄贬也。”对应的正是鄙弃公孙、改宗庄学的晚年魏牟。“魏牟比之鸮鸟”，或亦采自当时未佚的《公子牟》四篇。

五　再次过赵，讽喻赵王

魏牟前256年离秦至赵，其后四年平原君卒（前307—前252），其后六年公孙龙卒（前325—前250），其后十一年赵孝成王卒（前265—前245在位），赵悼襄王（前244—前236在位）继位。

《战国策·赵策三》著录了赵悼襄王在位之时，魏牟再次过赵。赵悼襄王请教治国之道，魏牟讽喻其嬖信男宠建信君，必将误国——

> 建信君贵于赵。
>
> 公子魏牟过赵，赵王迎之，顾反至坐，前有尺帛，且令工以为冠。工见客来也，因避。
>
> 赵王曰："公子乃驱后车幸以临寡人，愿闻所以为天下。"
>
> 魏牟曰："王能重王之国若此尺帛，则王之国大治矣。"
>
> 赵王不悦，形于颜色曰："先生不知寡人不肖，使奉社稷，岂敢轻国若此！"
>
> 魏牟曰："王无怒，请为王说之。"曰："王有此尺帛，何不令前郎中以为冠？"
>
> 王曰："郎中不知为冠。"
>
> 魏牟曰："为冠而败之，奚亏于王之国？而王必待工而后乃使之。今为天下之工，或非也。社稷为虚戾，先王不血食，而王不以予工，乃与幼艾！且王之先帝，驾犀首而骖马服，以与秦角逐，秦当时适其锋。今王憧憧，乃辇建信以与强秦角逐，臣恐秦折王之椅也！"

"郎中"即建信君。"犀首"是前323年（赵武灵王三年）主持"五国相王”的“合纵”创始人公孙衍之字[1]。“马服”是前269年（赵惠文王三十年）阏与之战大败秦军、斩首八万的赵奢所获封号。[2]

魏牟即景设喻，认为做帽子尚须专家，治理国家岂能不用专家，讽喻赵悼襄王嬖信建信君，不可能重现曾祖武灵王、祖父惠文王之国威，必将重蹈其父孝成王之长平大败、邯郸被围之覆辙，难与“强秦角逐”，“恐秦折王之椅”。其言近似苏格拉底认为做鞋子尚需鞋匠，治理城邦岂能不用专家而盲从群氓。

赵悼襄王不听魏牟良言，仍然宠信建信君，又听信郭开谗言，弃用廉颇。而后改用李牧，大胜秦军。其子赵幽缪王（前235—前228在位）又听信郭开谗言，诛杀李牧（前229），为秦灭赵清除了最后障碍，翌年（前228）秦灭赵。其时魏牟已殁十二年，再次印证了魏牟见微知著的政治智慧。

魏牟在讽喻赵悼襄王之后不久去世，寿约八十岁（前320—前240）。[3]

结语　弘扬庄学，天下一人

《庄子》初始本编纂成书的时间上限，是前256年。《秋水》、《盗跖》必在《庄子》初始本，而前者著录了魏牟面斥公孙龙，后者著录了秦灭周，二事均发生于此年。此年庄子已殁三十年，蔺且已殁四年，因此初始本的

---

[1] 旧多误释“犀首”为官名，于史无证。公孙衍权倾诸侯，名重天下，时人称字不称名，一如称孔子为“仲尼”。《史记》、《战国策》误以苏秦为“合纵”创始人，导致公孙衍其人，其字“犀首”，后世鲜有知者。

[2] 长平赵军，初以廉颇为将，秦军不胜。翌年赵孝成王弃廉颇，用赵括，导致长平大败。“纸上谈兵”的赵括，即赵奢之子，故称“马服子”。或以“马服”谓赵括，误移父号为子号。

[3] 钱穆《先秦诸子系年》谓“魏牟年寿当近八十”，甚是。唯将魏牟生卒年定为前320年至前245年，则缺五年。前245年为赵孝成王卒年，魏牟卒年唯有定于前240年，方能讽喻赵悼襄王（前244—前236在位）。

编纂者，既不可能是庄子，也不可能是蔺且。

《庄子》初始本编纂成书的时间下限，是前240年，即魏牟殁年[1]。《吕览》、《荀子》、《韩非子》至少钞引《庄子》初始本二十篇七十二条（详见绪论二），而《吕览》成书于前239年，荀况卒于前238年，吕不韦卒于前235年，韩非卒于前233年，分别是魏牟殁后一年、二年、五年、七年。因此初始本的编纂者，只可能是庄子再传弟子魏牟。

综观魏牟生平，可以简括五点。

其一，魏牟出身庙堂，而后亡国丧家，具有诸子之中罕有其匹的高度政治智慧，因此极其服膺庄子对庙堂伪道的深入批判，魏撰《让王》继承庄撰《人间世》"天子之与己，皆天之所子"，提出了超越时代的"天子不得臣，诸侯不得友"。稍后于魏牟的韩非在《韩非子·外储说右上》隐名贬斥曰："不臣天子，不友诸侯，吾恐其乱法易教也，故以为首诛。"稍后于魏牟的荀况则在《荀子·非十二子》中点名痛诋六组十二位诸子，第一组是"它嚣、魏牟"："纵情性，安恣睢，禽兽行，不足以合文通治；然而其持之有故，其言之成理，足以欺惑愚众，是它嚣、魏牟也。"其后五组依次是"陈仲、史鳝"，"墨翟、宋钘"，"慎到、田骈"，"惠施、邓析"，足证"它嚣、魏牟"在荀况心目中的重要性，类似于孟子心目中的"杨墨"。

其二，魏牟始崇公孙，而后改宗庄子，具有诸子之中罕有其匹的宏阔学术视野，因此对百家之学，尤其是其他诸子所知甚少的名家之学极为精通，魏撰《天下》、《惠施》、《秋水》、《则阳》诸篇，精微卓绝地辨析了老聃、关尹、孔子、墨子、列子、杨朱、子华子、宋钘、尹文、彭蒙之师、彭蒙、慎到、田骈、季真、接子、公孙衍、惠施、公孙龙等大量诸子，诸子重镇几无遗漏，但未涉及晚于魏牟的吕不韦、荀况、韩非等战国末年的

[1] 高亨以《吕览·当务》钞引《胠箧》"田成子十二世有齐国"为据，认为《庄子》成书于前221年秦灭齐之后，又认为《胠箧》撰于前221年秦灭齐之后。更有学者以高亨之论为据，推论《庄子》成书于《吕览》之后，推论《庄子》钞引《吕览》。实则高亨之论，与《吕览》成书于前239年抵牾。吕不韦死于前235年，距秦灭齐尚有十四年。高亨之论和据之所作推论，均误。《胠箧》必撰于前264年（田齐第十二世齐王建即位年，庄殁22年）至前240年（魏牟卒年）之间。

重要诸子。

其三，魏牟周游天下，大力弘扬庄学，具有战国末期罕有其匹的广泛社会影响，因此秦相范雎请教进退，赵相平原君称述其言，公孙龙请教庄学，赵悼襄王请教治国。

其四，魏牟编纂《庄子》初始本，不仅编入庄撰“内篇七”，而且收入阐释内篇义理、著录诸多庄事的“外篇二十二”，对后人理解内篇义理，了解庄子生平，均有极大帮助。

其五，在先秦道家中，魏牟的地位曾经仅次于道家集大成者庄周。其证见于枚乘《七发》：“将为太子奏方术之士有资略者，若庄周、魏牟、杨朱、墨翟、便蜎、詹何之伦，使之论天下之精微，理万物之是非；孔、左览观，孟子持筹而筭之，万不失一。此亦天下要言妙道也，太子岂欲闻之乎?”枚乘列举“方术之士有资略者”，首举道家集大成者庄周，次举庄子再传弟子魏牟，二人居于杨朱、墨翟、便蜎、詹何之前，誉为“论天下之精微，理万物之是非”之“要言妙道”。孔子、《左传》、孟子，仅是备用“览观”。枚乘《七发》是目前所见连言“庄周、魏牟”的唯一史料，也是《荀子·非十二子》连言的“它嚣、魏牟”实为“庄周、魏牟”之坚实史证。荀况《非十二子》和枚乘《七发》从正反两面证明了魏牟的重要性在战汉时期仅次于庄周。由于魏牟亲撰的《公子牟》和魏牟编纂的《庄子》初始本汉后全部亡佚，先秦道家巨子魏牟才沉入了历史忘川。

庄子弟子蔺且是传承庄学第一人，庄子再传弟子魏牟是弘扬庄学第一人。

2009年7月24日—8月24日二稿

2021年2月22日修订

魏牟版初始本篇目考

弁言　魏后刘前，五子钞引

魏牟以后的战国末年，钞引《庄子》初始本最多的是《荀子》、《韩非子》、《吕览》。刘安以前的西汉初年，钞引《庄子》初始本最多的是贾谊二赋、《韩诗外传》。先秦三子、汉初二子钞引之例，是考定《庄子》初始本之成书时间及篇目构成的基本依据。

古今学者多曾注意先秦三子、汉初二子钞引《庄子》，由于不知魏牟版《庄子》初始本之存在，而误以为《庄子》钞引先秦三子、汉初二子。本文所举先秦三子钞引之例较详，以证《庄子》初始本成书于战国，必为早于先秦三子的魏牟编纂。本文所举汉初二子钞引之例较略，仅为补足先秦三子未引的魏牟版外篇之篇目。为免繁琐，五子钞引条目均不全举，详见本书附录四《魏后刘前五子钞引魏牟版详表》。

一　《荀子》钞引《庄子》初始本

《内篇·齐物论》："圣人和之以是非。是不是，然不然。"《荀子·性恶》不点名隐斥："不恤是非，'然不然'之情，以期胜人为意，是下勇也。"[1]

《内篇·大宗师》："知天之所为，知人之所为者，至矣。"《荀子·天论》不点名隐斥："明于天人之分，则可谓至人矣。唯圣人为不求知天。"《荀子·解蔽》点名明斥："庄子蔽于天而不知人。"

[1]　为便直观，本文对《庄子》、《荀子》、《韩非子》、《吕览》多为撮引。下文不再说明。

荀况把庄子视为头号论敌，正如孟轲把杨朱视为头号论敌。孟轲贬斥杨朱是“无君无父”的“禽兽”，荀况也贬斥“天子不得臣，诸侯不得友”的庄子、魏牟“禽兽行”。《荀子·非十二子》贬斥二人一组的六组论敌，第一组是：“纵情性，安恣睢，禽兽行，不足以合文通治；然而其持之有故，其言之成理，足以欺惑愚众，是它嚣、魏牟也。”《荀子·性恶》又不点名隐斥：“纵性情，安恣睢，而违礼义者，为小人。”全部先秦文献，“它嚣”仅此一见。荀况列为头号论敌之人，不可能是当时无人提及、后世无人知晓的泛泛之辈。“它嚣”被荀况列于“魏牟”之前，只能是魏牟祖师“庄周”的讹文（“莊”讹为“它”，“周”讹为“嚣”，形近而讹）或代号。其旁证是枚乘《七发》连言“庄周、魏牟”。

荀况尽管视庄子为头号论敌，仍然一再暗引、化用《庄子》初始本，仅因不愿明引，遂致后人难辨其源。

《荀子·正论》：“语曰：浅不可与测深，愚不足与谋知，坎井之蛙，不可与语东海之乐。”暗引《外篇·秋水》魏牟对公孙龙所言“坎井之蛙”寓言。“语曰”是暗引《庄子》初始本之标志。

赵人荀况（前313—前238），赵人公孙龙（前325—前250），中山人魏牟（前320—前240），是同时代人，均比宋人庄子（前369—前286）小四五十岁。荀况必知《秋水》非庄所撰，进而可能推知《庄子》初始本之内篇均为庄撰，外篇均非庄撰，甚至可能推知《庄子》初始本的编纂者正是魏牟。这或许是荀况以“它嚣”代“庄周”、直点“魏牟”之名的原因，因为“魏牟”是头号论敌“庄周”影响最大的当代传人，荀况的直接论敌。

隐去论敌之名，或用代号攻击论敌，实为荀况之惯技。《荀子》频频攻击“惠施邓析”，也以“邓析”代“公孙”，所以把战国“惠施”列于春秋“邓析”之前。《荀子·不苟》：“山渊平，天地比，卵有毛，是说之难持者也，而惠施邓析能之。”既以“邓析”代“公孙”，又暗引《外篇·惠施》[1]：

[1] 郭象删去魏牟版外篇之四《曹商》、《管仲》、《宇泰定》、《惠施》，将其残篇分别拼接于《列御寇》、《徐无鬼》、《庚桑楚》、《天下》（详见绪论三）。

“惠施曰：天与地卑，山与泽平。天下之辩者（桓团、公孙龙）相与乐之：卵有毛。”“卵有毛”等辩者二十一事，多为公孙龙首创，不可能出自先于孔子的邓析。由于公孙龙是赵相平原君赵胜极其崇敬、长期供养的著名门客，荀况为免得罪平原君，断绝出仕母邦之路，所以不愿明攻公孙龙，而以“邓析”代“公孙”。

《荀子·荣辱》：“故曰：短绠不可以汲深井之泉。”暗引《外篇·至乐》“绠短者不可以汲深”。“故曰”也是暗引《庄子》初始本之标志。

《荀子·不苟》：“负石而赴河，是行之难为者也，而申徒狄能之。”化用《外篇·盗跖》“申徒狄负石自投于河，为鱼鳖所食”。[1]

《荀子·成相》：“天乙汤，论举当，身让卞随举牟光。”化用《外篇·让王》“汤伐桀克之，以让卞随，又让务光”。

《荀子·宥坐》：“昔晋公子重耳霸心生于曹，越王勾践霸心生于会稽，齐桓公小白霸心生于莒。”化用《外篇·让王》“昔桓公得之莒，文公得之曹，越王得之会稽”。[2]

《荀子·哀公》之“东野毕驭车”章，化用《外篇·达生》之“东野稷御车”章。

知道《荀子》明斥“庄子”者多，知道《荀子》钞引《庄子》者少，故予详引。综上所举，《荀子》之《性恶》、《天论》、《解蔽》、《非十二子》四篇，至少明斥、隐斥、暗引、化用《庄子》初始本内篇二篇五条。《正论》、《荣辱》、《哀公》、《宥坐》、《不苟》、《成相》六篇，至少暗引、化用《庄子》初始本外篇六篇七条。总计《荀子》之十篇，至少钞引、涉及《庄子》初始本内篇、外篇八篇十二条。

[1] 郭象把《盗跖》等魏牟版外篇九，移至杂篇（详见绪论三）。

[2] 郭象版删去三句。刘文典、王叔岷、方勇、陆永品等据《吕览·慎人》引文、宋人陈景元《庄子阙误》引江南古藏本均有此三句校补。

二 《韩非子》钞引《庄子》初始本

荀况至少明斥庄子一次，其弟子韩非却从不明斥庄子，因为韩非敌视庄子远过其师。

《内篇·逍遥游》："举世誉之而不加劝，举世非之而不加沮。"《内篇·人间世》："天子之与己，皆天之所子。"《外篇·让王》："天子不得臣，诸侯不得友。"均为大反庙堂名教的先秦独家之言。

《韩非子·外储说右上》不点名判决："赏之誉之不劝，罚之毁之不畏，四者加焉不变，则除之。不臣天子，不友诸侯，吾恐其乱法易教也，故以为首诛。"《韩非子·五蠹》也不点名隐斥："世之所谓智者，微妙之言也，上智之所难知也，非民务也。"《韩非子·忠孝》又不点名隐斥："世之所谓烈士者，虽众独行，取异于人，为恬淡之学，而理恍惚之言。臣以为，恍惚之言，恬淡之学，无用之教也，无法之言也，天下之惑术也。"

韩非之前的"微妙之言"、"恍惚之言"、"恬淡之学"，仅有老、庄二子。"上智"如韩非，十分明白《老子》是庙堂的统战对象，于是《解老》、《喻老》，篡改原文，反注其义，经过韩非的系统"思想改造"，韩非版《老子》变成了庙堂的愚民工具。因此韩非不点名隐斥的，必为《庄子》。"上智"如韩非，更加明白《庄子》难以"思想改造"，无法成为庙堂的统战对象和愚民工具，于是杀气腾腾地必欲"除之"，"以为首诛"。

韩非尽管极端敌视庄子，仍然大量暗引、化用《庄子》初始本，仅因不愿提及"庄子"，遂致后人难辨其源。

《韩非子·外储说左上》："《书》曰：既雕既琢，还归其朴。"暗引《外篇·山木》"既雕既琢，复归于朴"。韩非所言之《书》，正是《庄子》初始本。

《韩非子·难三》："宋人语曰：一雀过羿，羿必得之，则羿诬矣。以天下为之罗，则雀不失矣。"暗引《外篇·宇泰定》"一雀过羿，羿必得之，惑也。以天下为之笼，则雀无所逃矣”。韩非所称“宋人”，正是宋人庄子。“语曰”是暗引《庄子》初始本之标志。

《韩非子·外储说左上》:“不以仪的为关，则射者皆如羿也。莫能复其处，不可谓善射，无常仪的也。”化用《外篇·徐无鬼》:“庄子曰：射者非前期而中，谓之善射，天下皆羿也，可乎?”此处韩非隐去“庄子”。

《韩非子·内储说上》:“宋崇门之巷人服丧而毁，甚瘠，上以为慈爱于亲，举以为官师。明年，人之所以毁死者岁十余人。”化用《外篇·外物》:“庄子曰：演门有亲死者，以善毁，爵为官师，其党人毁而死者半。”此处韩非又隐去“庄子”。

《韩非子·说林下》:“惠子曰：置猿于柙中，则与豚同。故势不便，非所以逞能也。”暗引《外篇·山木》:“庄子曰：腾猿得柘棘枳枸之间也，处势不便，未足以逞其能也。”此处韩非以“惠子”代“庄子”，仿效其师荀况以“它嚣”代“庄周”、以“邓析”代“公孙”之故伎。

顺便一提,《韩非子》频频嘲笑“宋人”，如《说难》之宋人智子疑邻,《喻老》之宋人献玉遭拒、宋人雕刻楮叶费时,《外储说左上》之宋人棘刻母猴无功,《外储说右上》之宋人狗猛酒酸,《五蠹》之宋人守株待兔，均与韩非极端敌视的宋人庄子有关。[1]

韩非隐斥、暗引、化用《庄子》初始本之内篇、外篇，都一再点明“宋人”，足证他把《庄子》初始本之内篇、外篇全都视为庄撰。或许荀况没把关于魏牟的前代学界常识传给韩非。“上智”如韩非，恐怕无法回答如下质疑：倘若外篇均为庄撰，则所有外篇的全文均属庄子之言，那么非对话语境的部分文句，为何标明“庄子曰”[2]？为何外篇又有众多庄殁以后史实?(详见本书余论《〈庄子〉佚文概览》及附录二《外杂篇无一庄撰六类内证表》之庄后史实十五条。)

---

[1] 韩非也敌视宋人后裔孔子、宋人墨子，故韩非贬斥之“宋人”，不仅针对庄子，但以极端敌视的庄子为主。

[2] 内七篇之“庄子曰”，均在对话语境。外杂篇之“庄子曰”，或在对话语境，或在非对话语境，后者即为非庄所撰之硬证。

《韩非子》从不明斥“庄子”，导致知道《韩非子》钞引《庄子》者，比知道《荀子》钞引《庄子》者更少。其实《韩非子》钞引《庄子》甚多，以上仅举暗藏引用标志或改头换面的五例。据我统计，《韩非子》之《外储说右上》、《五蠹》、《忠孝》、《说林上》、《解老》五篇，至少隐斥、暗引、化用《庄子》初始本内篇四篇四条。《解老》、《喻老》、《说林上》、《说林下》、《内储说上》、《外储说左上》、《外储说左下》、《外储说右上》、《显学》、《难三》十篇，至少暗引、化用《庄子》初始本外篇七篇十四条。另有《十过》、《说林下》、《难一》、《难势》四篇，至少暗引、化用《庄子》初始本之佚文三条四次。总计《韩非子》之十五篇，至少钞引、涉及《庄子》初始本内篇、外篇十一篇二十一条。

三　《吕览》钞引《庄子》初始本

荀、韩师徒如此敌视庄子，尚且暗引《庄子》初始本如此之多。吕不韦及其门客并不敌视庄子，《吕览》又是杂钞之书，所以明钞、暗引、化用《庄子》初始本的数量更大，堪称先秦之冠。

《吕览·必己》“庄子行于山中”整章，全钞《外篇·山木》，并且照钞“庄子”二字，毫无荀、韩师徒的心理障碍。

《吕览·去尤》：“庄子曰：‘以瓦投者翔，以钩投者战，以黄金投者殆。其祥一也，而有所殆者，必外有所重者也。外有所重者泄，盖内掘。’”明引《外篇·达生》：“以瓦注者巧，以钩注者惮，以黄金注者昏。其巧一也，而有所矜，则重外也。凡外重者，内拙。”此处“庄子”，若是书名，即指《庄子》初始本。若是人名，则与韩非相同，也把《庄子》初始本之内篇、外篇全都视为庄撰。

《吕览·有度》“故曰：通意之悖，解心之缪”整章，全钞《外篇·宇泰定》。《吕览·贵公》“故曰：大匠不斫，大庖不豆，大勇不斗，大兵不寇”，暗引《庄子》初始本之佚文“大勇不斗，大兵不寇”。两处“故曰”，都是暗引《庄子》初始本之标志。

知道《吕览》钞引《庄子》者极多，以上仅举具有引用标志的四例。刘文典、高亨、王叔岷、崔大华、刘笑敢、方勇等现当代学者，均曾统计《吕览》钞引《庄子》，因尺度宽严不同和各有遗漏，数量各异。据我统计,《吕览》之《至忠》、《别类》、《求人》、《听言》、《精通》、《期贤》、《召类》、《禁塞》、《下贤》九篇，至少暗引、化用《庄子》初始本内篇五篇八条。《当务》、《长利》、《去尤》、《必己》、《适威》、《精谕》、《有度》、《听言》、《应同》、《召类》、《贵公》、《贵生》、《审为》、《离俗》、《观世》、《慎人》、《诚廉》、《慎势》十八篇，至少明钞、暗引、化用《庄子》初始本外篇十三篇二十七条。《博志》、《精谕》、《用民》、《季春》、《贵公》五篇，至少暗引、化用《庄子》初始本之佚文五条[1]。总计《吕览》之二十八篇，至少钞引、涉及《庄子》初始本内篇、外篇十八篇四十条。

魏牟以后的先秦三子吕不韦、荀况、韩非，至少钞引魏牟版《庄子》初始本之内篇五、外篇十六，总计七十条。

四　贾谊、韩婴钞引《庄子》初始本

刘安（前179—前122）之前的汉初二子贾谊（前200—前168）、韩婴（前200—前130），也曾大量钞引魏牟版《庄子》初始本。

贾谊《吊屈原赋》、《鹏鸟赋》钞引、化用内篇三之六条、外篇九之九条，共计十二篇十五条。钞引外篇之三《秋水》、《田子方》、《知北游》，与先秦三书钞引篇目重复。另增钞引外篇之六《寓言》、《曹商》、《庚桑楚》、《则阳》、《列御寇》、《田子方》，其例如下。

《外篇·寓言》：“无物不可。”《鹏鸟赋》化用：“达人大观兮，物无不可。”

[1]　所谓《庄子》“佚文”，即被郭象删去者。《韩非子》、《吕览》均非引自“佚文”，而是引自《庄子》初始本。

《外篇·曹商》："夫千金之珠，必在九重之渊而骊龙颔下。"《吊屈原赋》化用："袭九渊之神龙兮，沕深潜以自珍。"

《外篇·庚桑楚》："夫寻常之沟，巨鱼无所还其体，而鲵鳅为之制。吞舟之鱼，荡而失水，则蝼蚁能苦之。"《吊屈原赋》化用："彼寻常之污渎兮，岂能容夫吞舟之巨鱼，横江湖之鳣鲸兮，固将制于蝼蚁。"

《外篇·则阳》："圣人自埋于民，自藏于畔。"《吊屈原赋》化用："所贵圣人之神德兮，远浊世而自藏。"

《外篇·列御寇》："饱食而遨游，泛若不系之舟。"《鹏鸟赋》钞引："澹兮若深渊之静，泛乎若不系之舟。"

《外篇·田子方》："遗物离人而立于独。"《外篇·天运》："道可载尔与之俱。"《鹏鸟赋》化用："至人遗物兮，独与道俱。"

《韩诗外传》之一、二、八、九、十卷，至少暗引、化用魏牟版《庄子》初始本内篇二之二条，外篇八之十三条，共计十篇十五条。钞引外篇之四《山木》、《达生》、《让王》、《盗跖》，与先秦三子钞引篇目重复。另增钞引外篇之四《寓言》、《则阳》、《庚桑楚》、《天下》，其例如下。

《外篇·寓言》："曾子再仕而心再化，曰：'吾及亲仕，三釜而心乐；后仕，三千钟而不洎亲，吾心悲。'"《韩诗外传》卷一第一章化用："曾子仕于莒，得粟三秉。方是之时，曾子重其禄而轻其身。亲没之后，齐迎以相，楚迎以令尹，晋迎以上卿。方是之时，曾子重其身而轻其禄。"

《外篇·则阳》："戴晋人" 讽喻魏王。《内篇·养生主》："泽雉十步一啄，百步一饮，不祈畜乎樊中。形虽王，不善也。"《韩诗外传》卷九第二十二章拼合："戴晋生弊衣冠而往见梁王。梁王曰：'前日寡人以上大夫之禄要先生，先生不留，今过寡人邪？'戴晋生欣然而笑，仰而永叹曰：'嗟乎！由此观之，君曾不足与游也。君不见大泽中雉乎？五步一啄，终日乃饱，羽毛悦泽，光照于日月，奋翼争鸣，声响于陵泽者何？彼乐其志也。援置之囷仓中，常噣粱粟，不旦时而饱，然犹羽毛憔悴，志气益下，低头不鸣。夫食岂不善哉？彼不得其志故也。'"

《外篇·庚桑楚》："夫寻常之沟，巨鱼无所还其体，而鲵鳅为之制。吞舟之鱼，荡而失水，则蝼蚁能苦之。"《韩诗外传》卷八第三十六章化用：

“夫吞舟之鱼大矣，荡而失水，则为蝼蚁所制，失其辅也。”

《外篇·天下》：“（墨子）虽枯槁，不舍也。……（宋钘）其行适至是而止。”《韩诗外传》卷一第二十五章：“伯夷、叔齐、卞随、介子推、原宪、鲍焦、袁旌目、申徒狄之行也，其所受天命之度，适至是而止，弗能改也，虽枯槁，弗舍也。”所举八人，只有“袁旌目”不见郭象删残本（很可能见于郭删十九篇），其余七人钞自《外篇·让王》、《外篇·盗跖》。

刘安之前的汉初二子贾谊、韩婴，至少钞引魏牟版《庄子》初始本之内篇五、外篇十四。

五　五子钞引，篇目总汇

魏牟以后的先秦三子，刘安以前的汉初二子，均曾钞引魏牟版初始本内篇之五，未引内篇之二《德充符》、《应帝王》，必在魏牟版，无须论证。先秦三子钞引外篇十六，汉初二子钞引外篇十四，去其八篇重复，总计钞引外篇之二十二。至此可明，魏牟版初始本，包括“内篇七”、“外篇二十二”，总计二十九篇。

魏牟版之“内篇七”，庄子所撰，均涉庄前史实，无一庄后史实。

魏牟版之“外篇二十二”，弟子、再传弟子所撰，多涉庄后史实，无一魏后史实。

综合考察所涉不同史实、著录庄事庄言、文风结构差异、有无寓言卮言、有无动物植物、仿拟内篇水准、偏离内篇义理等等各项（详见各篇校注），并以提及“蔺且”之《山木》为推断蔺撰之篇的起点，以提及“魏牟”之《秋水》为推断魏撰之篇的起点，“外篇二十二”可分三组。

第一组五篇：《寓言》，《山木》，《达生》，《至乐》，《曹商》，当属弟子蔺且所撰。蔺撰五篇，著录庄子九事：“庄惠辩孔”、“庄论间世”、“庄过魏王”、“庄子悟道”、“庄子妻死”、“庄斥曹商”、“庄斥宋王”、“庄拒聘相”、“庄子将死”。均属亲历亲闻，无一虚构。

第二组十三篇:《秋水》,《田子方》,《知北游》,《庚桑楚》,《徐无鬼》,《管仲》,《则阳》,《外物》,《让王》,《盗跖》,《列御寇》,《天下》,《惠施》,当属再传弟子魏牟所撰。魏撰十三篇，著录庄子九事:“庄拒楚聘”、“庄惠初见”、“庄惠辩鱼”、“庄见鲁哀”、“东郭问道”、“庄惠辩射”、“庄过惠墓”、“庄周贷粟”、“庄惠辩用”。其中“庄见鲁哀”一事虚构，其他八事转闻于师，均非亲历亲闻。又魏撰《秋水》“庄拒楚聘”，是蔺撰《曹商》“庄拒聘相”之重述。

第三组四篇:《宇泰定》,《胠箧》,《天地》,《天运》，当属其他弟子、再传弟子所撰。此组四篇，文风异于蔺撰、魏撰诸篇，又互不相同，当非一人所撰。仅有《天运》著录庄子一事“太宰问仁”，撰者若是弟子，则是亲历亲闻；撰者若是再传弟子，则是转闻于师。

魏牟版初始本，没有杂篇。春秋以前无私家著作，战国初中期诸子，始有私家著作。战国中晚期诸子，开宗立派，师徒传授，又从个人私家著作，演进为学派著作总汇。所以孟、庄弟子后学编纂《孟子》、《庄子》[1]，均为学派著作总汇，宗师亲撰之文，编入内篇，弟子所撰之文，编入外篇。战国子书或有外篇，均无杂篇。《庄子》大全本之“杂篇十四”，为后于贾谊、韩婴，先于司马迁、刘向的刘安新增（详见绪论三）。

魏牟版初始本之复原本，二十九篇总计51141字，平均每篇一千七百余字。其中“内篇七”13800字，平均每篇不足二千字。“外篇二十二”37341字，平均每篇不足一千七百字。由于不少外篇已被郭象删残，如《惠施》残篇仅有526字,《列御寇》残篇仅有669字，因此推测魏牟版二十九篇之原文，总计大约不足六万字，平均每篇约二千字。

[1] 《汉书·艺文志》“《孟子》十一篇”，内篇七，外篇四:《性善》、《辩文》、《说孝经》、《为政》。

结语　魏版《庄子》，迅速传播

魏牟版《庄子》初始本，成书于前256年至前240年的十六年之间（详见绪论一），取其上限前256年，距前239年《吕览》成书也仅有十七年，距前238年荀况死去仅有十八年，距前233年韩非死去仅有二十三年。而荀况先在赵国、后在楚国，韩非在韩国，吕不韦及其门客在秦国，无不大量钞引《庄子》初始本，足证《庄子》初始本在成书以后的极短时间之内，传播范围即已甚广。

秦汉之际传播范围更广，贾谊、韩婴等汉初士人，也大量钞引《庄子》初始本，成为刘安稍后编纂《庄子》大全本的时代氛围。

2009年5月11日—9月7日四稿

2021年2月22日修订

正编上　魏牟版内篇七

逍遥游

题解

魏牟版初始本、刘安版大全本、郭象版删残本和古今《庄子》一切版本，“内篇众家并同”（陆序），《逍遥游》均为内篇第一。本书把庄子亲撰的《逍遥游》1491字，复原于魏牟版内篇第一。校正郭象篡改和历代讹误：补脱文31字，删衍文5字，订讹文8字。

庄撰《逍遥游》，是庄学义理总纲。篇旨是阐明庄学三义、庄学四境。

篇名之“逍”，训消隐，意为自“逍”己德。“德”为“道”施，故宜永葆。“德”低于“道”，不可自矜，不可外荡外显，而当自“逍”。《养生主》所言“善刀而藏之”，《德充符》所言“才全而德不形，内葆之而外不荡”，《应帝王》所言“尽其所受乎天，而无见得”，“善刀”、“内葆之”、“才全”、“尽其所受乎天”，即永葆真德；“藏之”、“德不形”、“外不荡”，“无见得”，即自“逍”己德。

篇名之“遥”，训趋赴，意为“遥”达彼道。“遥”达彼道，即信仰天道，以客观天道为宇宙至高存在，永不自矜尽知天道。天道只能不断趋近，不能终极达至，因为“无极之外，复无极也”（《逍遥游》）。

篇名之“游”，意为“乘物以游心”（《人间世》）。身形游于六合之内，“乘物”保身，自“逍”己德，是为庄学俗谛；德心游于六合之外，“游心”葆德，“遥”达彼道，是为庄学真谛。真俗二谛圆融，笃守天道“环中”（《齐物论》），“缘督以为经”（《养生主》），是为庄学“间世”义理。

《逍遥游》篇名，已寓庄学三义：自“逍”己德，“遥”达彼道，乘物“游”心。《逍遥游》全文，阐明庄学四境：至知、大知、小知、无知。上篇六章，阐明庄学四境。下篇六章，譬解庄学四境。

《逍遥游》居于内七篇之首，预伏后六篇所有义理线索。庄学三义、庄学四境，贯穿内七篇。

自“逍”己德，是“遥”达彼道之前提。唯有自“逍”己德，方能“遥”达彼道。由于人难尽知天道，“遥”达彼道永无止境，因此自“逍”己德是贯穿内七篇的庄学根本义，即《逍遥游》所言“至人无己”，《齐物论》所言“吾丧我”、“寓诸无”，《养生主》所言“善刀而藏之”，《人间世》所言“支离其德”，《德充符》所言“才全而德不形”，《大宗师》所言“不雄成”、“不自得”，《应帝王》所言“尽其所受乎天，而无见得”。

郭象以“独化—自得”谬说，反注整部《庄子》。郭义“自得”，是对庄义自“逍”己德之反注。郭义“独化”，是对庄义“遥”达彼道之反注。郭义“逍遥即自得”，是篡改原文、自造伪证（《让王》辨析一）以后，对庄义“逍遥即自适”之反注。

郭象删去“无极之外，复无极也”等二十一字，又对全文关键之处，予以误断、篡改、反注，缩减庄学四境为“小大”二境，全反庄义。

上篇

一

北溟有鱼[1]，其名为鲲[2]。鲲之大，不知其几千里也。化而为鸟，其名为鹏[3]。鹏之背，不知其几千里也[4]。怒而飞，其翼若垂天之云。是鸟也，海运则将徙于南溟。南溟者，天池也。[5]

《齐谐》者，志怪者也[6]。《谐》之言曰：“鹏之徙于南溟也，水击三千里[7]，搏扶摇而上者九万里[8]，去以六月息者也。”[9]

野马也，尘埃也，生物之以息相吹也[10]。天之苍苍，其正色邪？其远而无所至极邪？其视下也，亦若是则已矣。[11]

且夫水之积也不厚，则其负大舟也无力。覆杯水于坳堂之

上，则芥为之舟；置杯焉则胶，水浅而舟大也。风之积也不厚，则其负大翼也无力[12]。故九万里则风斯在下矣，而后乃今培风[13]，背负青天而莫之夭阏者[14]，而后乃今将图南。[15]

今译

北海有鱼，其名为鲲。鲲之大，不知几千里。物化而为鸟，其名为鹏。鹏之背，不知几千里。大鹏一怒而飞，其翼有如垂悬天际的云。这大鸟，等待大海涨潮起风，将要迁徙于南海。南海，是天道造就的大池。

《齐谐》，是记载怪事异闻之书。书中有言："大鹏迁徙南海之时，拍击水面三千里，搏击双翼扶风摇摆而上九万里，飞行六月方能歇息。"

（云气如同）野马、尘埃，是生物以气息相互吹拂而成。天色苍苍，是否天空的正色？陆处之人离天太远难以看清天空的正色吧？而大鹏在空中看地面判断大地的正色，也如人之看天罢了。

况且水量若是积聚不厚，那么托负大船就浮力不足。正如倾倒杯水于凹坑，仅能浮起芥草之船；放置杯子就会搁浅，因为水浅而船大。风云若是积聚不厚，那么托负大鹏就升力不足。所以大鹏远飞九万里，渐积厚风在下，而后方能倚待厚风，背负青天而不中途坠落，而后方能图谋南飞。

校注

[1] 北溟：北喻暗，溟即海。

[2] 鲲：鱼卵（《尔雅》、陆释、罗勉道、方以智）。移用于大鱼，取象于鲸。〇五代马缟《中华古今注》："凡鱼子，总名鲲。鲸鱼，海鱼也。大者长千里，小者数千丈。"

[3] 化：即"物化"(《齐物论》)。

鹏："凤"之古体（《说文》、《字林》、司马彪注、崔譔注、郭象音）。〇"鲲"为大鱼，"鹏"为大鸟，均属大兽，均喻"大知"。鹏飞之志，意在趋近"至知"。

［4］重言“不知其几千里”：前句言“鲲之大”，谓整体之大。后句言“鹏之背”，谓局部之大。

［5］海运：海动。

南溟：与“北溟”对举。南喻明。由北溟徙于南溟，喻弃暗投明。

天池：隐喻天赋物德。○义同《齐物论》“天府”、《大宗师》“天机”。

◎第一章第一节：鱼卵成长为大鲲，是“小知”成长范式。大鲲化为大鹏（凤），是“大知”改宗范式。

［6］齐谐：虚拟书名。齐国临海，故托为齐人之书。

志怪：记录怪异之事。后世“志怪小说”本此。司马彪、崔譔释“齐谐”为人名，则当作“语怪”，不当作“志怪”。

［7］水击三千里：鹏翼击水三千里，始离海面。言大鹏起飞之艰难。

［8］搏：搏击。

扶摇而上：近地风薄之处，大鹏扶风摇摆，斜上中天，翼下始积厚风。○旧释“而上”为“直上”，遂释“扶摇”为“羊角风”（龙卷风）。义不可通。

九万里：鹏翼搏风九万里之远，始至下有厚风之中天。仍言大鹏起飞之艰难。○旧释“而上”为“直上”，遂释“九万里”为高。与下言“积厚”抵牾。

【校勘】“搏”旧讹为“抟”（抟）。章太炎、马叙伦、刘文典、蒋锡昌、王叔岷、陈鼓应据陆释“一音博”、《太平御览》九、赵谏议本、世德堂本均作“搏”校正。○章太炎：“风不可抟。”○五代陈抟，名抟，字图南，名、字均取自《逍遥游》，其时“搏”已讹为“抟”（抟）。陈抟又号希夷，取自《老子》。

［9］六月息：鹏飞六月，到达南溟栖息。○旧释“六月息”为六月之风。义不可通。

◎第一章第二节：大鹏起飞，渐积厚风之艰难，譬解“大知”改宗之艰难。鹏飞六月到达南溟，譬解“大知”成为“至知”、“遥”达彼道之艰难。

［10］野马：中天之风云。尘埃：近地之风尘。

［11］天……极：“道极”变文。

“其远”之“其”：地面视天之人，喻“小知”。

“其视下”之“其”：中天视地之鹏，喻“大知”。

亦若是：大鹏（大知）于中天视地，亦如地面之人（小知）视天。

◎第一章第三节：大知虽胜小知，仍然有待有蔽，仍未“遥”达彼道。

[12] 坳ōo堂：坳，通“凹”，堂前凹坑。

水之积也不厚、风之积也不厚：有形之水的“积厚”，形象譬解无形之风的“积厚”。

[13] 九万里则风斯在下矣：斜飞渐高九万里之远，渐积厚风于翼下。○此证“九万里”非言大鹏升空之“高”。

培风：凭借、倚待厚风。○王念孙：“‘培’之言‘馮’也。”“馮”（冯）通“凴”（凭）。

[14] 背负青天：句谓大鹏未达天极。

莫之夭阏：“阏”音è，同“遏”（王叔岷）。○《淮南子·俶真训》作“莫能夭遏”。《尔雅·释诂》：“遏，止也。”

[15] 图南：图往南溟，欲达彼道。

◎第一章第四节：大鹏（大知）倚待厚风，方能飞往南溟。抵达南溟之前，尚非“无待”、“逍遥”之“至知”。○旧释“大鹏”已达“无待”、“逍遥”至境，义不可通。

●第一鲲化鹏章：内七篇之开篇总寓言。初述大知寓言，大知超越寓言。鲲鱼不欲陷溺北溟，化为鹏鸟将适南溟。

二

蜩与鷽鸠笑之曰[1]：“我决起而飞[2]，抢榆枋而止[3]。时则不至，而控于地而已矣[4]。奚以之九万里而图南为[5]？”

适莽苍者，三餐而返，腹犹果然；适百里者，宿舂粮；适千里者，三月聚粮[6]。之二虫又何知？[7]

今译

蜩与鸴鸠嘲笑大鹏说："我一跃就能起飞，飞上榆树、枋树就能停止。有时一飞不至，跌在地上而后停止。何须渐积九万里厚风而后图谋南飞？"

远足郊外之人，三餐而后返回，腹中仍然充实；远涉百里之人，提前一天舂捣干粮；远行千里之人，提前三月舂捣干粮。这两只小虫怎能明白？

校注

［1］蜩 tiáo：蝉。鸴 xué 鸠：小鸠，山鹊。○蜩、鸠均喻"小知"。

［2］决起而飞：蜩、鸠"起飞"容易。○反衬大鹏"起飞"艰难。

［3］抢榆枋 fāng 而止：反衬大鹏（凤）"非梧桐不栖"（《秋水》所引庄言）。

【校勘】"抢榆枋"下旧脱"而止"二字。刘文典、王叔岷、陈鼓应、方勇、陆永品据《庄子阙误》引文如海本、江南古藏本、《文选》注、《太平御览》九四四、《事类赋》三○虫部注引均有"而止"、郭注"小鸟一飞半朝，抢榆枋而止"校补。

［4］时则不至：蜩、鸠虽笑大鹏欲"至"，尚知自己"不至"。

控于地：义同《大宗师》"处于陆"。蜩、鸠虽笑大鹏欲达天道，尚知自己陷溺人道。

［5］【校勘】"南"上旧脱"图"字。俞樾、郭庆藩、刘文典、王叔岷据《文选》江淹《杂体诗》注、《太平御览》九四四引均有"图"字校补。

◎第二章第一节：蜩、鸠不理解大鹏，譬解"小知"不理解"大知"。

［6］莽苍：近郊之色（司马彪），草野之色（崔譔）。

［7］二虫：蜩、鸠。○郭象反注："'二虫'，鹏、蜩也。"旧多视为误注，实为郭象自圆"小大虽殊，逍遥一也"而系统反注。

◎第二章第二节：三"适"卮言，譬解庄学四境之"小知"、"大知"、"至知"三境。省略初境"无知"，因为人皆有知。预伏《大宗师》"自适其适"、"适人之适"。

●第二蜩鸠笑鹏章：初述小知寓言，小知自慰寓言。小知不解大知，引出下文“小大之辨”。

三

小知不及大知，小年不及大年[1]。奚以知其然也？朝菌不知晦朔，蟪蛄不知春秋[2]。此小年也。楚之南有冥灵者，以五百岁为春，五百岁为秋[3]；上古有大椿者，以八千岁为春，八千岁为秋[4]。此大年也[5]。而彭祖乃今以久特闻，众人匹之，不亦悲乎[6]？汤之问棘也是矣[7]。汤问棘曰：“上下四方有极乎？”棘曰：“无极之外，复无极也。”[8]

今译

小知不能企及大知，小年不能企及大年。何以知其如此？因为朝生暮死的菌芝不知月亮圆缺，夏生秋死的寒蝉不知春秋变化。这是小知小年。楚国南方有海龟叫冥灵，以五百年为春，以五百年为秋；上古有神树叫大椿，以八千年为春，以八千年为秋。这是大知大年。然而寿仅八百的彭祖如今却以长寿特别闻名，众人无不匹偶企羡，岂不可悲？商汤问夏棘，即明此义。商汤问夏棘说：“上下四方，有无极限？”夏棘说：“无极之外，仍无极限。”

校注

[1]“知年”二句：年之小大，譬解知之小大。○庄义：小大殊异，小不及大。郭象反注：“小大虽殊，逍遥一也。”

[2]朝菌：粪上芝菌，朝生暮死，晦者不及朔，朔者不及晦（崔譔）。“无知”范型。

晦朔shuò：月初曰朔，月末曰晦。

蟪huì蛄gū：寒蝉，春生夏死，夏生秋死（司马彪）。“小知”范型。

［3］冥灵：海龟。“冥”通“溟”，“灵”指龙凤龟麟四大灵兽之一“龟”。“大知”范型。

【辨析一】“冥灵”隐喻大知，典出庄子拒楚聘相之言。参看《秋水》庄拒楚聘之言：“吾闻楚有神龟，死已三千岁矣，王以巾笥而藏之于庙堂之上。此龟者，宁其死留骨而贵乎？宁其生而曳尾于涂中乎？”“神龟”即“冥灵”（《秋水》辨析八）。○司马彪、李颐误释“冥灵”为树。

［4］大椿chūn：“至知”范型。

【辨析二】“朝菌↗蟪蛄↗冥灵↗大椿”，是庄学四境“无知↗小知↗大知↗至知（无知）”的动植范型。○郭象“小知↗大知”二境，违背庄学四境。郭义“褒大知贬小知”，又与上文郭注“小大虽殊，逍遥一也”自相矛盾（《齐物论》辨析七）。

［5］【校勘】“此大年也”四字旧脱。刘文典、蒋锡昌、王叔岷、陈鼓应、方勇、陆永品据《庄子阙误》引成玄英本有此四字、成疏又言“故谓之大年也”校补。

［6］彭祖：历夏经殷至周，年八百岁。《大宗师》“彭祖得之，上及有虞，下及五伯（霸）”。

众人匹之，不亦悲乎：众人匹偶彭祖，甚为可悲。《齐物论》“莫寿于殇子，而彭祖为夭”。

［7］汤：商汤，商代开国之君。棘jí：夏棘，夏代末年之人。

［8］无极之外，复无极也：“遥”达彼道，永无极限。○“至知”彻悟“无极之外，复无极也”，彻悟人难尽知天道，因而自“道”己德，导致众人笑之。“大知”不悟“无极之外，复无极也”，不悟人难尽知天道，因而自矜己德，导致众人匹之。

【校勘】郭象删去“汤问棘曰”至“无极之外，复无极也”二十一字，因与郭注“物各有极”抵牾。本书据闻一多发现的《北山录》原文及慧宝注复原。○闻一多《庄子内篇校释》：“唐僧神清《北山录》曰：‘汤问革曰：上下四方有极乎？革曰：无极之外，复无极也。’（宋）僧慧宝注曰：‘语在

《庄子》，与《列子》小异。’案：革、棘古字通，《列子·汤问》正作‘革’。神清所引，其即此处佚文无疑。惜句多省略，无从补入。”〇陈鼓应将闻一多所辑佚文补于下章，并将下章之重述鲲鹏寓言，断为夏棘之言。义不可通。〇南朝梁僧祐《弘明集》之《弘明论后序》：“昔汤问革曰：‘上下八方有极乎？’革曰：‘无极之外复无极，无尽之中复无尽，朕是以知其无极无尽也。’”又多“无尽之中复无尽，朕是以知其无极无尽”十六字，或为郭象所删此处庄文之全豹。可惜仅加“昔”字，未言引庄。

●第三“四境范型”章：以庄学四境“无知↗小知↗大知↗至知（无知）”，阐明“小知不及大知”、“大知不及至知”、“至知不能尽知天道”。

四

终北之北有溟海者，天池也[1]。有鱼焉，其广数千里，未有知其修者，其名为鲲[2]。有鸟焉，其名为鹏，背若泰山[3]，翼若垂天之云，搏扶摇而上者九万里[4]，绝云气，负青天，然后图南，且适南溟也。[5]

今译

北极之北有溟海，是天道造就的大池。那里有大鱼，体宽几千里，无人知其体长，其名为鲲。那里有大鸟，其名为鹏，背部大如泰山，其翼有如垂悬天际的云，搏击双翼扶风摇摆而上九万里，下绝云气，上负青天，然后图谋南飞，将往南海。

校注

[1] 终北之北：终北之外复有北，上扣“无极之外，复无极也”。

【校勘】“终北”旧讹为“穷发”，义不可通。先于郭象的司马彪本、崔譔本已讹。据《列子·汤问》作“终北之北”校正。

[2]其广数千里，未有知其修者：广，鲲之体宽。修，鲲之体长。

【辨析三】首章“鲲之大，不知其几千里”，言彼鲲之体长。本章“有鱼焉，其广数千里，未有知其修者”，“其广数千里”言此鲲之体宽，“未有知其修者”言此鲲之体长。可证此鲲大于彼鲲，本章之鲲并非首章之鲲。○首章为初述大知寓言，即大知超越寓言，“鲲化为鹏”，明言彼鲲不愿陷溺北溟，遂化为彼鹏。本章为重述大知寓言，即大知两歧寓言，“有鱼焉，其名为鲲”，“有鸟焉，其名为鹏”，暗示此鲲陷溺北溟，此鹏超越北溟。《天下》“以重言为真”，谓内七篇“重言”晦藏庄学真义。

[3]背若泰山：言鹏之大，暗示鹏非至大。《齐物论》“泰山为小”。

[4]【校勘】“搏”旧讹为“搏”(抟)。“扶摇”下旧衍“羊角”二字，马叙伦认为注文羼入而删。○“扶摇”非谓“羊角风”(详首章注)，乃谓大鹏在近地风薄之处，扶风摇摆，随时可能“夭阏”。

[5]且适南溟：“且”训将，尚未“至”。“适”训往，上扣三“适”卮言。○鹏适南溟，是无待庙堂的“自适其适”(《大宗师》)。鲲溺北溟，是倚待庙堂的“适人之适”(《大宗师》)。

●第四鲲不化鹏章：重述大知寓言，大知两歧寓言。鲲鱼陷溺北溟，鹏鸟将适南溟。

五

尺鴳笑之曰[1]：“彼且奚适也[2]？我腾跃而上，不过数仞而下，翱翔蓬蒿之间，此亦飞之至也[3]。而彼且奚适也？”

今译

尺鴳嘲笑大鹏说：“他将欲往何处？我腾跃而上，不过数仞而下，翱翔在蓬草芦苇之间，这也是飞翔的至境。然而他将欲往何处？”

校注

［1］尺鴳：鴳yàn，又作“鷃”，同“鹌”ān。小鸟，四境动植范型定位于“小知”。

【校勘】“尺”旧讹为“斥”，形近而讹。郭庆藩据陆释引一本、崔譔本、《文选》江淹《杂体诗》注引均作“尺鴳”、《淮南子·精神训》“凤皇不能与之俪，而况尺鴳乎”、《一切经音义》“鴳长唯尺，即以名焉”校正。

［2］尺鴳之言，首尾重言“彼且奚适也”，上扣三“适”卮言、“且适南溟”。

［3］此亦飞之至也：尺鴳自矜“飞之至”，反扣蜩、鸠承认“时则不至”。○庙堂等级“以隶相尊”（《齐物论》），小知蜩、鸠居于下层，故其虽笑大鹏，自承“不至”。小知尺鴳居于上层，故其既笑大鹏，又自矜“飞之至”。

●第五尺鴳笑鹏章：重述小知寓言，小知自矜寓言。重言小知不解大知，引出下文“小大之辨”。

六

此小大之辨也。[1]

故夫知效一官、行比一乡、德合一君、能征一国者[2]**，其自视也，亦若此矣。**[3]

而宋荣子犹然笑之[4]**，且举世誉之而不加劝，举世非之而不加沮**[5]**，定乎内外之分，辨乎荣辱之境。斯已矣。彼其于世，未数数然也。虽然，犹有未树也。**[6]

夫列子御风而行[7]**，泠然善也，旬有五日而后返。彼于致福者，未数数然也**[8]**。此虽免乎行，犹有所待者也。**[9]

若夫乘天地之正，而御六气之变，以游无穷者[10]**，彼且恶乎待哉**[11]**？故曰：至人无己，神人无功，圣人无名。**[12]

今译

这就是小与大的区别。

所以那些心智胜任一项官职、行为超卓一处乡里、德性投合一国之君、才能冠绝一个邦国的人，他们看待自己，一如尺鴳。

然而宋荣子仍然嘲笑他们，而且举世赞誉不能使他奋进，举世非议不能使他沮丧，审察内德外境之分际，明辨荣誉耻辱之界限。不过仅止于此。宋荣子对于世俗的一切，未曾汲汲以求。尽管如此，仍然未达至境。

列子御风飞行，轻盈美妙，十五天后才会返回。列子对于致福的天道，未曾汲汲以求。尽管免于步行，仍然有所倚待。

至于驾乘天地之正道，而顺应六气之变化，游心于无穷天道的至知，何须有所倚待？所以说：至人致无我执，神人致无功利，圣人致无声名。

校注

［1］小大之辨：小知、大知的区别。

【辨析四】“小大之辨”仅谓小知（蜩、鸠、尺鴳）、大知（鲲、鹏）的境界之异，非谓庄学仅有“小”、“大”二境。《大宗师》“藏小大有宜，犹有所遁。若夫藏天下于天下，而不得所遁”，可证小大二境“犹有所遁”，至境“不得所遁”。

［2］知效一官、行比一乡、德合一君、能征一国：四种鴳型“小知”。

【校勘】“能”旧作“而”。郭庆藩、王叔岷据《淮南子·原道训》、《吕览》之《去私》、《不屈》及《士容》高诱注“而，能也”、刘向《说苑》“能”字皆作“而”校正。〇郭庆藩：“‘能’、‘而’古声近通用也。‘官’、‘乡’、‘君’、‘国’相对，‘知’、‘行’、‘德’、‘能’亦相对。”

［3］其自视也，亦若此矣：此，尺鴳。

【辨析五】郭象官至黄门侍郎、太傅主簿，“任职当权，熏灼内外”（《晋书·郭象传》），正是倚待庙堂的成功小知。尺鴳自矜“翱翔蓬蒿之间，此亦飞之至也”，正是郭注宗旨“圣人虽在庙堂之上，然其心无异于山林之中”。庄子贬斥“知效一官、行比一乡、德合一君、能征一国”、自矜“至知”的鴳型“小知”，无异于贬斥郭象倚待庙堂，故郭象必欲反注。倚待庙堂的郭象追随者亦然。

◎第六章第一节：鴳型“小知”，自矜“至知”，实非“至知”。

［4］宋荣子（约前360—约前290）：即宋钘（《天下》）。战国中期宋人，与庄子同国同时。○对应于上文“鲲”（大知）。

［5］“举世”二句：义同《德充符》“以可不可为一贯”、《大宗师》“过而弗悔，当而不自得”。

【校勘】两“举世”后，旧皆衍“而”字。据《淮南子·俶真训》引文均无“而”字校删。

［6］数数shuò然：汲汲以求。

斯已矣：止于“大知”之境。对宋荣子“不然于不然”（《齐物论》）。

彼其于世，未数数然也：宋荣子嘲笑倚待庙堂的悖道“小知”，对世俗声名、庙堂富贵不汲汲以求。对宋荣子“然于然”（《齐物论》）。

犹有未树：宋荣子仅是“大知”，尚非“至知”。

◎第六章第二节：鲲型“大知”，犹有未树，尚非“至知”。

［7］列子（前450—前375）：名御寇，战国初期郑人，老聃弟子关尹之弟子，与郑繻公（前422—前396在位）、郑相泗子阳（？—前398）同时。《汉书·艺文志》著录《列子》八篇，久佚，今本为东晋张湛伪托编纂。○对应于上文“鹏”（大知）。

［8］列子御风而行，泠líng然善也：列子由鲲化鹏。对列子“然于然”。

彼于致福者，未数数然也：列子对致福的天道不汲汲以求。对列子“不然于不然”。

［9］犹有所待：列子“御风”一如大鹏“培风”，均属有待于“风”的“大知”，尚非逍遥的“至知”。○郭象反注：“得其所待，然后逍遥。”（《世说新语·文学》刘孝标注引）

◎第六章第三节：鹏型“大知”，犹有所待，尚非“至知”。

［10］无穷：上扣“无极”。

乘天地之正……以游无穷：内七篇“乘↗游”句式（五见）之范型。《人间世》“乘物以游心（于道）”点破寓意。

【校勘】御六气之变：“变”旧作“辩”，字通。王念孙、王叔岷据陆释引《胠箧》向秀注“乘天地之正，御日新之变”校正。

［11］恶wū乎待：本篇设问。《齐物论》异篇回答：“待彼。”○《逍遥游》“恶乎待”谓无待外物，《齐物论》“待彼”谓独待彼道，是为“至待无待”。○或驳郭注“得其所待，然后逍遥”，以为庄义是“无待逍遥”，仍非庄义。

［12］至人、神人、圣人：“至知”及其变文。《知北游》所引庄言“异名同实，其指一也”，《老子》“同出而异名”。

至人无己，神人无功，圣人无名：“至境”三句，庄学至境“至知无知”之范式。“无”训致无、丧忘，义同《齐物论》“寓诸无”，即自“道”己德。

◎第六章第四节：达道至人，无待外物，方为“至知”。

●第六小大四境章：首句“小大之辨”，总领鴳型“小知”、鲲型“大知”、鹏型“大知”、达道“至知”四节。省略“无知”，同于“三适”卮言。

下篇

七

尧让天下于许由，曰[1]：“日月出矣，而爝火不息，其于光也，不亦难乎？时雨降矣，而犹浸灌，其于泽也，不亦劳乎[2]？夫子立而天下治，而我犹尸之，吾自视缺然[3]。请致天下！”

许由曰：“子治天下，天下既已治也。而我犹代子，吾将为名乎？名者，实之宾也。吾将为实乎[4]？鹪鹩巢于深林，不过一枝；鼹鼠饮河，不过满腹[5]。归休乎君！予无所用天下为。庖人虽不治庖，尸祝不越樽俎而代之矣。”[6]

今译

唐尧欲将天下禅让给许由，说："日月既已出来，我的火把若不熄灭，欲与日月争夺光芒，岂非难事？春雨按时普降，我若仍然浇灌庄稼，欲与天地争夺恩泽，岂非徒劳？夫子无为而立，天下已得治理，而我仍然尸居君位，自感亏心。请允许我向先生托付天下！"

许由说："你治理天下，天下已被治平。而我还要代你为君，我是想贪图虚名吗？虚名，仅是实利之宾。我是想贪图实利吗？鹪鹩筑巢于深林，仅需一枝；鼹鼠饮水于江河，仅需满腹。回去歇着吧您哪！天下对我毫无用处。庖人即使不整治祭品，祭司也不会越过祭台代其整治。"

校注

[1]尧yáo：唐尧，上古华夏部落联盟首领。许由：与唐尧同时的至人。

[2]日月、时雨、夫子立而天下治：唐尧比拟、褒扬许由之顺应无为天道。

爝jué火、浸灌、自视缺然：唐尧自比、自贬其开创有为人道。《字林》："爝，炬火也。"

[3]尸：代替死者接受祭拜的人，引申义"尸位素餐"、无功得利。

吾自视缺然：反扣鴳型小知"自视"至知。

[4]"吾将为名乎"设问，"名者实之宾"否定，上扣"圣人无名"。

"吾将为实乎"设问，"鹪鹩巢于深林，不过一枝；鼹鼠饮河，不过满腹"否定，上扣"神人无功（实）"。

【校勘】"實"（实）旧讹为"賓"（宾）。俞樾校正："本作'吾将为实乎'，与上'吾将为名乎'相对成文。"

[5]"鹪jiāo鹩liáo"、"鼹yǎn鼠"二喻：保身所需外物极其有限。隐斥庙堂君主之有为治民，实为贪求多于保身所需的外物。○《至乐》"多积财而不得尽用，其为形也，亦外矣"。

[6]"庖人"二句："庖人"指唐尧，隐喻有为治民的庙堂人道。"尸祝"

指许由，隐喻无为不治的江湖天道。许由不欲代替唐尧有为治民，隐斥庙堂人道“代大匠斫”(《老子》)。○郭象反注，贬斥许由是“俗中之一物”，又谓“尧、许之行虽异，其于逍遥一也”。

●第七尧许异治章：贬斥庙堂大知唐尧有为治人，褒扬江湖至知许由无为不治。

八

肩吾问于连叔曰[1]："吾闻言于接舆[2]，大而无当，往而不返。吾惊怖其言，犹河汉而无极也；大有径庭，不近人情焉。"[3]

连叔曰："其言谓何哉？"

"曰：'藐姑射之山[4]，有神人居焉，肌肤若冰雪，绰约若处子[5]；不食五谷，吸风饮露，乘云气，御飞龙，而游乎四海之外[6]。其神凝，使物不疵疠而年谷熟。'吾以是狂而不信也。"[7]

连叔曰："然。瞽者无以与乎文章之观，聋者无以与乎钟鼓之声[8]。岂唯形骸有聋盲哉？夫知亦有之[9]。是其言也，犹时汝也[10]。之人也，之德也，将旁薄万物以为一[11]。世祈乎乱[12]，孰弊弊焉以天下为事？之人也，物莫之伤，大浸稽天而不溺，大旱金石流、土山焦而不热。是其尘垢秕糠，将犹陶铸尧舜者也[13]。孰肯纷纷然以物为事？"[14]

今译

肩吾问连叔说："我闻听接舆之言，觉得大而无当，往而不返。我惊怖于接舆之言，犹如银河没有极限；大相径庭，不近人情。"

连叔问："他的话怎么说？"

"他说：'远离姑射国的海岛，有神人居住，肌肤洁白如冰雪，风姿绰约如处女；不食五谷，吸风饮露，乘着云气，驾着飞龙，游于四海之外。

神人心神凝定无为，就能使万物不受灾害而五谷丰登。’我以为这是疯话而不敢相信。”

连叔说：“确实如此。盲人无法与之同看美观的花纹，聋子无法与之同听钟鼓的乐音。岂仅身形才有聋盲？心知也有聋盲。这句话，正好适用于此时的你。那样的神人，那样的至德，将混同万物使成一体。世人祈求神人整治乱世，神人谁肯鄙陋地把整治天下视为要事？那样的神人，万物不能伤害他，洪水滔天也淹不死，大旱金石熔解、土焦山焚也热不死。神人的尘垢秕糠，就将足以范铸尧舜。神人谁肯纷纷扰扰把整治外物视为要事？”

校注

［1］肩吾：泰山之神。《大宗师》“肩吾得之，以处泰山”。

连叔：连，参看《大宗师》“连乎其似好闭”（对庙堂人道关闭心扉）。叔，四境排行隐喻定位于“小知”（《德充符》辨析八）。〇肩吾、连叔、接舆、神人，分别对应于庄学四境。

【辨析六】内七篇寓言问答范式：庄子模拟寓言人物之言，无不符合四境定位，毕肖人物口吻。由于先言为“唱”，后言为“和”，至人“和而不唱”（《德充符》）、“感而后应”（《刻意》），因此先言者（大知小知）均非庄学代言人，后言者（至知至人）均为庄学代言人。外杂篇寓言，大多仿拟内七篇的寓言问答范式。〇郭象及其追随者，常据先言者之言，反驳后言者之言（其例散见各篇），貌似有据，实反庄义。

［2］接舆：春秋末年楚人，佯狂不仕。与孔子同时，反孔始祖。

［3］无极：上扣“无极之外，复无极也”。

径：门外路。庭：门内院。

不近人情：义同《德充符》“无人之情”。参看《齐物论》天道、人道“两行”，《列御寇》所引庄言“古之至人，天而不人”。〇庄学褒词“不近人情”，因郭象反注转为贬义。

［4］藐：同“邈”，训远。“遥”之变文。

姑射yè：《山海经·东山经》有“北姑射山”、“南姑射山”，《海内东经》

有“列姑射”：“朝鲜在列阳东，海北山南。列阳属燕。列姑射在海河洲中，姑射国在海中。”

藐姑射之山：山，岛。远离姑射国之岛。虚构岛名，“南溟”变文。○《列子·黄帝》：“列姑射山在海河洲中，山上有神人焉。”把《逍遥游》的“藐姑射之山”等同于《山海经》的“列姑射山”，即海岛，非陆山。○郭象妄注“藐姑射之山”在尧都“汾阳”（今属山西）。无据。

［5］【校勘】“绰”旧讹为“淖”。王叔岷据覆宋本、道藏成疏本、王元泽本、林希逸本、褚伯秀本、《文选》之《上林赋》、《射雉赋》及《舞赋》注、《后汉书·张衡传》注、《艺文类聚》七八、《初学记》二、《太平御览》一二及八八二、《事类赋》三及八、《记纂渊海》八一及八六引均作“绰”校正。○成疏：“绰约，柔弱也。”

［6］乘云气……游乎四海之外：第二次“乘↗游”句式。义即“乘物以游心（于道）”。

［7］吾以是狂而不信：“是”，指接舆之言。“狂”，接舆佯狂装疯。肩吾以其言为疯话而不信。

［8］【校勘】陆释：“崔、向、司马本此下更有‘眇者无以与乎眉目之好，夫刖者不自为假文屦’。”二句预伏《德充符》“刖者之屦，无为爱之”。义难衔接，故不补入。○王叔岷：“有此二句，与下文仅承以‘聋、盲’不符，郭本删之，是也。”王辨殊非。义难衔接，只能证明郭删不止二句，不能证明郭删正当。

［9］岂唯形骸有聋盲哉？夫知亦有之：庄子认为天道无极限，物德有极限，故心知亦有聋盲。○《齐物论》“人固受其黮暗”，《养生主》“吾生也有涯”，《山木》“人之不能有天，性也”。

［10］是其言也，犹时汝也：所谓知有聋盲之言，（说的）犹如此时的你。○“时汝”旧作“时女”，“女”通“汝”，司马彪、成疏、郭庆藩误释为“处女”。焦竑、钱穆、王叔岷驳正。

［11］旁薄：混同（司马彪）。旁、薄，均训趋近，合词仍训聚合。○今语“磅礴”本此，义有引申。

［12］世祈乎乱：世人祈求神人治理乱世。○《天运》“三王之治天下，

名曰治之，而乱莫甚焉”。

［13］陶铸：范土曰陶，熔金曰铸。○古人用陶范铸造青铜器。《大宗师》“大冶铸金”、“范人之形”，“范”即陶范（用作动词）。

其尘垢秕bǐ糠，将犹陶铸尧yáo舜shùn：其，神人。《让王》“道之真以持身，其绪余以为国家，其土苴以治天下”。○庄义：尧舜仅得神人之尘垢秕糠，必无神人之实。郭象反注：“尧舜必有神人之实焉。今所称尧舜者，徒名其尘垢秕糠耳。”

［14］【校勘】“孰肯”下旧脱“分分然”三字，“分”通“纷”。王叔岷、陈鼓应据《淮南子·俶真训》有此三字校补。○连叔之言，至此已终。旧或断第九宋人章、第十尧治章为连叔之言，义颇难通。

●第八藐姑射神人章：至知寓言。无为不治的江湖至知的尘垢秕糠，即可陶铸有为治人的庙堂大知。

九

宋人资章甫而适诸越[1]，越人断发文身，无所用之。[2]

今译

宋人前往越国推销礼冠，越人断发文身，无所可用。

校注

［1］宋人：隐喻有为治人的庙堂。宋人庄子（前369—前286），与暴君宋王偃（即宋康王，前337—前286在位五十二年）毕生共始终。内七篇涉及当时的首则寓言即斥宋国，又内七篇贬斥最多的当时邦国亦为宋国，均非偶然。庄子贬斥宋人，实为隐斥宋王偃。○《曹商》所引庄言：“今宋国之深，非直九重之渊也；宋王之猛，非直骊龙也。子能得车者，必遭其

睡也。使宋王而寤，子为齑粉夫?”

章甫：宋人礼冠，束发冠。此指衣冠。○孔子远祖为宋人，故孔子及其弟子均着“章甫”(《论语·先进》、《礼记·儒行》)，后成儒服衣冠之标志。

［2］越人：隐喻无为不治的江湖。

断发：越人剪掉头发，无需束发冠。

文身：越地炎热，文身而无需穿衣。宋越异道，冠服皆异。

无所用之：无用于庙堂人道。○嵇康《与山巨源绝交书》：“不可自见好章甫，强越人以文冕也。”深明本章之旨。

●第九宋越异道章：贬斥有为治人的庙堂人道，褒扬无为不治的江湖天道。

十

尧治天下之民，平海内之政，往见四子藐姑射之山，汾水之阳窅然丧其天焉。[1]

今译

唐尧治理天下民众，平定海内政事，然后前往远离姑射国的海岛拜见四位神人，于是汾阳民众六神无主如丧其天。

校注

［1］汾水之阳：尧都。此指汾阳民众。郭象误断之后，妄释藐姑射之山在尧都汾阳。汾阳在今山西省，藐姑射之山为海岛，两地远隔。若在一地，无须“往见”。

丧其天：丧失真德的民众，以君为天。一日无君，如丧其天。

【校勘】"天"下旧衍"下"字。○郭象先误断"尧往见四子藐姑射之山、汾水之阳"，使"丧其天"的主语"汾水之阳"，承上变成"尧"。"尧丧其天"仍不通，郭象再于"天"下妄增"下"字，变成"尧丧其天下"，唐尧遂从被庄子贬斥的俗君，变成被庄子褒扬的圣君。

●第十尧治悖道章：贬斥唐尧有为治民，导致民众丧失真德不能自立，因而唐尧乍离汾阳，民众如丧其天。

十一

惠子谓庄子曰[1]："魏王贻我大瓠之种[2]，我树之成，而实五石。以盛水浆，其坚不能自举也。剖之以为瓢，则廓落无所容[3]。非不枵然大也？吾为其无用而掊之。"[4]

庄子曰："夫子固拙于用大矣。宋人有善为不龟手之药者[5]，世世以洴澼纩为事[6]。客闻之，请买其方百金。聚族而谋曰：'我世世为洴澼纩，不过数金；今一朝而鬻技百金，请与之。'客得之，以说吴王。越有难，吴王使之将，冬与越人水战，大败越人，裂地而封之。能不龟手一也，或以封，或不免于洴澼纩，则所用之异也[7]。今子有五石之瓠，何不虑以为大樽，而浮乎江湖[8]，而忧其廓落无所容？则夫子犹有蓬之心也夫！"[9]

今译

惠子对庄子说："魏王赠我大葫芦的种子，我种植而成，果实五石。用于盛水，硬度不足以自举其重。剖开大葫芦做瓢，又忧愁它阔大无法舀水。岂非徒有其大呢？我因其无用而砸碎了它。"

庄子说："夫子实在拙于用大。有个宋人善于配制防治皮肤皲裂药膏，世世代代以漂洗麻絮为业。有个客人听说以后，愿出百金购买他的药方。他聚集亲族商议说：'我们世世代代漂洗麻絮，获利不过数金；如今一旦出售药方，即可获利百金，应该卖给他。’客人得到药方，就去游说吴王。越国正对吴国发难，吴王命他为将，冬天与越人水战，大败越人，吴王割地分封此人。能够防治皮肤皲裂的功能无异，有人成为封君，有人不能免于漂洗麻絮，只是用途大异。如今你有五石的大葫芦，何不考虑作为大酒樽，而后系于腰间浮于江湖，何必忧愁它阔大无法舀水？夫子的德心犹如堵塞了蓬草吧！”

校注

［1］惠子（前380—前300）：名施，战国中期宋人，约长庄子十一岁。仕魏四十余年，任魏惠王之相十九年（前340—前322）。战国中期与公孙衍共同主持“合纵”，因被主持“连横”的秦相张仪取代魏相，又在大梁名辨中被公孙龙击败，先后两次自魏返宋，成为庄子论敌及畏友，最后死于宋，葬于宋。

［2］魏王：魏惠王（前369—前319在位）。惠施称之，表明庙堂立场。

大瓠hù：大葫芦，四境动植范型定位于“至知无知”的“至人”。惠施隐指庄子。○惠施批评“大瓠大而无用”，略同孔子反对“匏瓜系而不食”(《论语·阳货》)。“瓠”即“匏”。内七篇贬斥“儒墨”(《齐物论》)，出场最多的孔子（四篇十次），是“儒”之代表。出场次多的惠施（三篇四次），是“墨”之代表。

［3］廓落：廓，同阔。空落落。

【校勘】“廓”旧作“瓠”，字通（下同）。王叔岷据陆释引简文帝、《太平御览》九七九引，均作“廓落”校正。

［4］枵xiāo然：空虚。无用：对庙堂无用。掊pǒu之：击之。动用庙堂斧斤，惩罚顺道之人。

［5］宋人：庄子隐指宋人惠施。龟jūn：同“皲”。皮肤开裂。

［6］洴píng澼pì：漂洗麻絮的拟声词。纩kuàng：麻絮。

【校勘】“纩”旧作“絖”kuàng，字通。刘文典、王叔岷据《韵府群玉》二〇引作“纩”校正。

［7］鬻yù：卖。所用之异：大知小知用于庙堂人道，至人用于江湖天道。

［8］虑：考虑。樽：酒樽。〇司马彪：“樽如酒器，缚之于身，浮于江湖，可以自渡。”陆释：“所谓腰舟。”

江湖：“庙堂”之对词，庄学重要名相，隐喻“天道”。〇“庙堂”见于《秋水》庄拒楚聘之言。

［9］有蓬之心：蓬草堵塞之心。“蓬”字上扣尺鴳自矜“翱翔蓬蒿之间，此亦飞之至也”。〇本章寓言，以真实对话为据。《外物》：“惠子谓庄子曰：‘子言无用。’庄子曰：‘知无用，而始可与言用矣。夫地非不广且大也？人之所用容足耳。然则侧足而堑之至黄泉，人尚有用乎？’惠子曰：‘无用。’庄子曰：‘然则无用之为用也，亦明矣。’”

●第十一庄惠辩用章：大知倚待庙堂，拙于用大；至知笑傲江湖，致无其用。惠施笑庄，正如尺鴳笑鹏。庄子斥惠，乃代大鹏斥鴳。

十二

惠子谓庄子曰：“吾有大树，人谓之樗[1]。其大本臃肿而不中绳墨，其小枝卷曲而不中规矩。立之途，匠者不顾。今子之言，大而无用，众所同去也。”

庄子曰：“子独不见狸狌乎[2]？卑身而伏，以候遨者；东西跳梁，不避高下，中于机辟，死于网罟。今夫斄牛，其大若垂天之云[3]。此能为大矣，而不能执鼠。今子有大树，患其无用，何不树之于无何有之乡[4]，广漠之野，彷徨乎无为其侧[5]，逍遥乎寝卧其下[6]？不夭斤斧，物无害者[7]，无所可用，安所困苦哉？”

今译

惠子对庄子说：“我有大树，世人称为臭樗。大树干臃肿而不合绳墨，小树枝卷曲而不合规矩。立在路边，木匠不看。如今你的言论，大而无用，众人共同抛弃。”

庄子说：“你难道没见过狸猫吗？低身伏于草丛，守候出游之鼠；东窜西跳，不避高下，中了机关，死于网罗。至于牦牛，其大有如垂悬天际的云。牦牛能成其大，然而不能捕鼠。如今你有大树，忧虑其无用，何不树立于无何有之乡，广漠的旷野，无为地徘徊于大树周围，逍遥地寝卧于大树下面？能够不夭折于斧斤，不被外物伤害，那么无所可用，又有何困苦呢？”

校注

［1］大樗chū：大树，四境动植范型定位于“至知无知”的“至人”。惠施隐指庄子。

【辨析七】“大樗”与“至知”范型“大椿”同种，椿香樗臭，樗即“臭椿”。以天道观之，至人属“香椿”。以人道观之，至人属“臭樗”。“天之香椿”=“人之臭樗”，是为庙堂人道颠倒价值之范式，亦为天道、人道“两行”(《齐物论》)之范式。应用于《齐物论》“天之所是”=“人之所非”,《养生主》“天之所善”=“人之所恶”,《人间世》“天之异材”=“人之不材”,《德充符》“天之美人”=“人之恶人”,《大宗师》“天之君子”=“人之小人”,“天之小人”=“人之君子”。

［2］狸狌shēng：小兽，四境动植范型定位于“小知”。庄子隐指惠施。○《秋水》：“骐骥骅骝，一日而驰千里，捕鼠不如狸狌。”

［3］中zhòng于机辟bì：机，弩机。辟，通“繴”bì，自动翻盖的捕鸟器。死于网罟gǔ：网，捕兽网。罟，捕鱼网。

斄lí牛：旄牛（司马彪）。大兽，四境动植范型定位于“大知”。庄子自喻。○庄子自比“大知”斄牛，自谦尚非“至知”,“大知”惠施同步降为“小知”狸狌。此为应用四境范型定位人物的变通之例。

其大若垂天之云：上扣大鹏“翼若垂天之云”，暗示“斄牛”、“大鹏”之四境定位相同。○不明四境定位，无法解释为何把“斄牛”之大，夸张为“若垂天之云”。

［4］无：致无，丧忘。何：任何，一切（物德）。有：持有，即不“道”己德。

无何有：致无一切物德之持有，即自“道”己德。○“无何有之乡”，义同“藐姑射之山”，亦为“南溟”变文。《应帝王》重言。

［5］彷páng徨：义同“以德为循”、“自适其适”（《大宗师》）。

无为：不作悖道之为。不以有限心知，损益天道。《大宗师》“不以心损道”、“不以人助天”（“助”同“益”）。○“无为”乃道家核心名相，常与“无不为”连用（《大宗师》辨析十二）。旧多误释“无为”为“无所作为”，误释“无不为”为“无所不为”。不合老、庄之义。

［6］逍遥：全篇唯一的篇名点题。自“道”己德，“遥”达彼道（详见题解）。○王夫之：“逍者，向于消也，过而忘也。遥者，引而远也，不局于心知之灵也。”

［7］斤斧：“代大匠斫”的庙堂人道之身心二刑。○德心罹患以名治心的人道心刑“名教”，则心残、心死。身形罹患以刑治身的人道身刑“刑教”，则身残、身死。

不夭斤斧，物无害者：因应外境，首当“不近刑”（《养生主》）、不“中道夭于斧斤”（《人间世》）、“免刑”（《德充符》）、“终其天年而不中道夭”（《大宗师》）。

●第十二庄惠辩樗章：天之香椿，人之臭樗；天之君子，人之小人。

【附论】

《逍遥游》为内七篇的总领之篇。

先明庄学四境：“无知”（以无生物为范型）、“小知”（以小兽为范型）、“大知”（以大兽为范型）、“至知（无知）”（以植物为范型）。

兼明庄学三义：庄学宗旨“顺应天道”（“遥”达彼道），庄学真谛“因循内德”（自“道”己德），庄学俗谛“因应外境”（“不夭斤斧”）。

其后六篇，广泛运用“庄学四境”，逐一展开“庄学三义”。

齐物论

题解

魏牟版初始本、刘安版大全本、郭象版删残本和古今《庄子》一切版本，"内篇众家并同"（陆序），《齐物论》均为内篇第二。本书把庄子亲撰的《齐物论》3015字，复原于魏牟版内篇第二。校正郭象篡改和历代讹误：补脱文27字，删衍文8字，订讹文27字，厘正误倒2处，移正错简1处38字。

《齐物论》居内七篇之次，是内七篇的义理核心，故以"论"名篇。篇名读作："齐物/论"。六朝以前多取此读，合于庄义。唐宋以后多读为"齐/物论"，属于郭义，全反庄义。

庄义"齐物"，大要有三。

其一，万物无不禀道而生，物德之质齐一于道。故曰"旁薄万物以为一"（《逍遥游》），"天地与我并生，万物与我为一"（《齐物论》点题语），"自其同者视之，万物皆一也"（《德充符》），"德总乎道之所一"（《管仲》），"万物一府"（《天地》所引庄言）。

其二，每物之德由道分施，物德之量天生不齐。故曰"自其异者视之，肝胆胡越也"（《德充符》），"德非不同，才有巨小"（《庚桑楚》），"道之所一者，德不能同也"（《管仲》）。

其三，物德之量天生不齐，无须人为予以剪齐。故曰"吹万不同"（《齐物论》首章），"以德为循，自适其适"（《大宗师》），"不同同之之谓大，有万不同之谓富"（《天地》所引庄言）。

《齐物论》开篇，即明物德之量不齐，所以地籁之吹，吹万不同，吹虽不齐，无不应和天籁（天道）。然后贬斥大知小知的悖道人籁必欲剪齐物德之量，褒扬至知至人的顺道人籁反对剪齐物德之量。《老子》主张"人法地，地法天，天法道，道法自然"，庄子主张人籁效法地籁，各循内德，德虽不齐，无不应和天籁（天道）。

郭象否定天道之存在，于是通过篡改、妄断、反注，把“地籁”、“天籁”混淆为一。庄义“齐物/论”，遂被反转为郭义“齐/物论”（以庙堂人道剪齐天下物论）。

《逍遥游》破“倚待”而明“逍遥”之旨，《齐物论》破“对待”而明“齐物”之旨。欲明“齐物”之旨，必须先明天道是万物的终极驱使者，如此方能不对待外物，继而不倚待外物，进而“独待彼道”。

庄撰《齐物论》，可分十一章。

上篇四章，阐明庄学俗谛“然于然，不然于不然”，贬斥拔高一己相对之是为万物绝对之是的人道。

下篇七章，阐明庄学真谛“然不然，不然然”，达至超越每物相对之是的天道。

通篇阐明“自然”天道、“名教”人道之“两行”。

上篇

一

南郭子綦隐几而坐，仰天而嘘[1]，嗒焉似丧其偶。[2]

颜成子游立侍乎前[3]，曰：“何居乎？形固可使如槁木，而心固可使如死灰乎[4]？今之隐几者，非昔之隐几者也。”[5]

子綦曰：“偃，不亦善乎？尔之问也[6]。今者吾丧我，汝知之乎[7]？汝闻人籁而未闻地籁，汝闻地籁而未闻天籁夫？”[8]

子游曰：“敢问其方。”

子綦曰：“夫大块噫气，其名为风[9]。是唯无作，作则万窍怒号。尔独不闻之翏翏乎？山林之畏隹[10]，大木百围之窍穴，似鼻，似口，似耳；似枅，似圈，似臼，似洼者，似污者[11]。

激者，𫍢者；叱者，吸者，叫者，譹者，宎者，咬者[12]。前者唱于，而随者唱喁；泠风则小和，飘风则大和[13]。厉风济，则众窍为虚[14]。尔独不见之调调、之刁刁乎？”[15]

子游曰：“地籁则众窍是矣，人籁则比竹是矣。敢问天籁？”[16]

子綦曰：“夫吹万不同[17]，而使其自已也[18]。咸其自取，怒者其谁邪？”[19]

今译

南郭子綦靠着凭几而坐，仰天缓缓嘘吸，木然好似丧忘与己对待的外物。

颜成子游侍立于前，问：“吾师德心神游何处？身形固然可以使之如同枯木，德心竟然也可以使之如同死灰吗？今日靠着凭几的吾师，似非往日靠着凭几的吾师。”

子綦说：“偃，你之所问甚善。今日之吾丧忘了与物对待之我，你明白吗？你曾闻人籁而未闻地籁，曾闻地籁而未闻天籁吧？”

子游问：“请问其中的奥妙。”

子綦说：“大地呼吐气息，其名为风。风要么不起，一起便万窍怒号。你难道未曾耳闻飕飕风声？山丘林木的崔巍，百围大树的窍穴，其形或像鼻子，或像嘴巴，或像耳朵；或像方柱，或像圆圈，或像碓臼，或像深池，或像浅坑。其声或如飞瀑下泻，或如泉水上涌；或如喝叱，或如嘘吸，或如呼喊，或如哭号，或如欢笑，或如切齿。前者呜呜高唱，后者喁喁低唱；小风就小和，大风就大和。凌厉之风过后，众窍复归虚寂。你难道未曾看见树枝轻轻摇摆，树叶微微颤动？”

子游问：“地籁就是众窍所发之声，人籁就是排箫所吹之乐。请问何为天籁？”

子綦说：“风吹万窍而发不同之声，又使万窍自行止声。既然万窍都自行发声止声，那么使万窍自行怒号的是谁呢？”

校注

［1］南郭子綦qí："南"指"南溟"，定位于"至知无知"的"至人"。○《人间世》"南伯子綦"，《德充符》"伯昏无人"，《大宗师》"南伯子葵"，均为"南郭子綦"的变文化身。

隐几jī而坐：几，弧形三足凭几，坐时上身前倾倚靠之具。靠着凭几而坐。

仰天而嘘：嘘，复义偏举，嘘吸。仰天嘘吸（呼吸）。

［2］嗒tà焉：解体貌（《集韵》）。偶：与己匹偶对待的外物。○司马彪训"偶"为"身"，未明"丧偶"之义。俞樾认为"丧偶"即"丧我"，未明"丧偶/丧我"之异。

丧其偶：超越与外物的对待。义同下文"彼是莫得其偶"。

［3］颜成子游：名偃。子綦弟子，定位于"小知"。其名杂合四人：孔子弟子颜回；孔子弟子言偃，字子游；宋国暴君宋王偃；窃国大盗田成子。

［4］形如槁gǎo木：义同《大宗师》"堕其肢体"。木，四境动植范型定位于"至知无知"的"至人"。

心如死灰：义同《大宗师》"黜其聪明"、《德充符》心如"止水"。

【辨析一】"心如死灰"并非德心之死，而是对外境之撄yīng扰、伪道之黥qíng劓yì，关闭心扉（《大宗师》"连乎其似好闭"），心如"止水"（《德充符》）。旧释庄子主张"心死"，既与下文"其形化，其心与之然，可不谓大哀乎"、"近死之心，莫使复阳"抵牾，又与《德充符》"心未尝死"、《田子方》"哀莫大于心死，而人死亦次之"抵牾。

［5］"今之"二句：子綦由鲲化鹏，已至南溟。

［6］偃yǎn：子綦开言，双关颜偃、宋王偃。○子綦对子游之教诲，亦可视为对庙堂俗君、倚待庙堂的大知小知之教诲。

【校勘】"之问"旧误倒为"问之"，义不可通。

［7］吾：人称代词。丧：丧忘、致无、"寓诸无"（下文）。我：哲学名相，义近今语"主体"。

吾丧我：《逍遥游》"至人无己"之变文，即自"道"己德，超越"物/我"

对待，消泯分别之心，达至“齐物”之境。〇“丧其偶”、“吾丧我”合义，即后世常言“物我两忘”。

【辨析二】元人赵德《四书笺义》：“‘吾’、‘我’二字，学者多以为一义，殊不知就己而言则曰‘吾’，因人而言则曰‘我’。”胡适《吾我篇》：“‘吾’、‘我’用此二字分别甚严。‘我’字自别于他人。”开篇子綦之“丧其偶”，取子游视角。子綦先肯定子游善于观察，再纠正子游浅见，抉发“丧偶”之前提“丧我”：必先达至主体超越之“丧我”，而后方能达至超越客体之“丧偶”。

［8］籁 lài：排箫。

人籁：譬解人类之言。分为“顺道人籁”、“悖道人籁”。

地籁：譬解物类之吹。物类无知，亦无成心，故无对待。〇《老子》主张“人法地”，庄子主张“人籁效法地籁”。下文先褒地籁“吹万不同”，无不应和“天籁”。再斥大知小知的“悖道人籁”，再褒至知至人的“顺道人籁”。

天籁：“道”之变文。异于地籁、人籁，无声。〇道不可名，故以假名“天籁”、“真宰”、“化声”比况譬解。旧多未明诸多假名均为“道”之变文，导致本篇义理千古聚讼。

［9］大块：大地。

【辨析三】郭象反注：“大块者，无物也。物之生也，莫不块然而自生。”俞樾驳正：“大块者，地也。此本说地籁，大块者非地而何?”此非一名训诂之偶误，而是服从于郭象之系统篡改、全面反注。老、庄之义“道生万物”，肯定“道”之存在。郭象之义“物皆自生”、“独化自得”，否定“道”之存在。

噫 ài 气：譬解风之形成，如同大地噫吐胃气。《说文》：“噫，饱出息也。”〇或误注“噫”音为 yī（叹词）。

［10］飂飂 liáo：风声。畏 wěi 崔 cuī：即“崔畏”，今作“崔巍”。形容山之高峻。

【校勘】“畏崔”旧作“畏佳”，“隹”又讹为“佳”。刘师培据《玉篇》引作“畏崔”校正。

［11］枅jī：柱上方木（陆释）。柱上横木上的方孔（方勇、陆永品）。

洼、污：深池为洼，小池为污（《说文》）。

“似鼻”三项：拟人形。“似枅”五项：拟物形。〇八项拟窍穴之形不齐，譬解万物之物形不齐。

［12］“激者”二项：拟物声。“激”为水下坠、溅上之声，“滈”为水上涌、下落之声，均为水声。〇《说文》：“滈，久雨也。从水，高声。”《广韵》：“滈，瀑水涌。”

【校勘】“滈”hào旧讹为“謞”hè。《尔雅·释训》：“謞謞，谗慝也。”简文帝、成疏均释“謞”为“箭去之声”，无据。〇“笑”旧讹为“宎”yǎo、“窔”yào。“宎”、“窔”异体字，均释屋之东南角。司马彪、成疏均释“宎”为“深”，无据。

“叱者”六项：拟人声。〇八项拟窍穴之声不齐，譬解万物之物德不齐。

［13］前者唱于，而随者唱喁yú：物类无知，亦无“物/我”对待，无须“丧偶”、“丧我”，因而随者并不附“和”，像前者一样自“唱”。

泠风则小和，飘风则大和：地籁之“前者”、“随者”，均为应和天籁的自适之唱，无心于“和”（hè），而无不“和”（hé）。

【辨析四】人类有知。顺道人籁能够“丧偶”、“丧我”，超越“物/我”对待，效法地籁，应和天籁，“自适其适”（《大宗师》），“和而不唱”（《德充符》）。悖道人籁未能“丧偶”、“丧我”，坚执“物/我”对待，故“前者”为“唱”（倡），“随者”无论赞成、反对，均非自适之“唱”，均属适人之“和”（hè），故常不“和”（hé）。

［14］众窍为虚：地籁众窍能虚，故能应和天籁。《人间世》“唯道集虚”。〇“虚”字下伏顺道人籁、悖道人籁之异：悖道人籁不能“虚”己，不“道”己德，故而违背天籁。顺道人籁能够“虚”己，自“道”己德，故能应和天籁。

［15］调调tiáo：树枝摇动。刁刁：树叶微动。

［16］比竹：排箫（之乐声），譬解一切“人籁”，包括人类之言。〇旧多以为“人籁”仅指人类的音乐。

“地籁”、“人籁”、“天籁”三句：子游先说明“地籁”、“人籁”，再问

“天籁”，可证三籁绝无重叠。三籁若有重叠，上文子綦，此处子游，均无必要分举。

［17］吹万不同：众窍承受天籁之风，发出万千不同之地籁。庄子以此褒扬“地法天”，引出下文主张“人法地”。○《天地》所引庄言“不同同之之谓大，有万不同之谓富”，《管仲》“德总乎道之所一。道之所一者，德不能同也”，《庚桑楚》“德非不同，才有巨小”。

【辨析五】郭象反注：“此天籁也。夫天籁者，岂复别有一物哉？”由于郭象否定“道”之存在，主张万物“独化自生”，遂予反注，混淆“天籁”、“地籁”为一。王叔岷被郭象反注误导，早年著作《庄子校释》（1947）曰：“《世说新语·文学篇》注引‘吹万不同’上，有‘天籁者’三字，文意较明。”严灵峰、陈鼓应、方勇、陆永品又被王氏误导，误将“天籁者”三字补入“夫”下，改原文为“夫天籁者，吹万不同”。○郭注“此天籁也”，足证原文必无“天籁者”三字。王叔岷晚年著作《庄子校诠》（1988）纠正前书误辨曰：“《世说新语·文学篇》注引‘天籁者’三字，盖据郭注所增。”古今注家既被郭象反注误导，又据郭象反注妄改原文，越改越合郭义，越改越反庄义。

［18］使其自已：地籁之“自已”，背后另有“使”之者，即天籁。

【校勘】郭象改“已”为“己”，然后加注：“自己而然。”取消“使其自已”之“使”的涵义，亦即取消“道”的存在。○《文选》江淹《杂体诗》、谢灵运《九日从宋公戏马台集送孔令诗》、《道路忆山中诗》注引先于郭象的司马彪之注，均作“已，止也”。

［19］怒者其谁：怒，使动，使其怒；怒者，指“天籁”，即道。○郭象反注：“物皆自得之耳，谁主怒之使然哉！”

【辨析六】“咸其自取，怒者其谁”，言地籁之“吹”（发声）、“已”（止声），虽皆“自取”（自循物德），但是物德禀自天道，所以天籁（天道）是地籁自循物德发声、止声的终极驱“使”者。故而下文贬斥大知小知“不知其所为使”。○子綦不欲立刻回答何为“天籁”，才以“（使之）怒者其谁”启发子游。下文直至篇末，均为子綦展开“怒者其谁”之言（子游插入三问）。

●第一地籁章：先明至人丧偶丧我，超越对待；然后标举“三籁”，阐明物类无偶无我，超越对待，所以地籁因循内德，应和天籁（值得人籁效法）。

二

大知闲闲，小知閒閒[1]；大言炎炎，小言詹詹[2]。其寐也魂交，其觉也形开[3]。与接为构，日以心斗，缦者，窖者，密者[4]。小恐惴惴，大恐缦缦[5]。其发若机栝，其司是非之谓也[6]。其留如诅盟，其守胜之谓也[7]。其杀若秋冬，以言其日消也[8]；其溺之所为，不可使复之也[9]。其厌也如缄，以言其老洫也[10]。近死之心，莫使复阳也。喜怒哀乐，虑叹恋慹，摇曳启态。[11]

今译

大知自矜自得，小知亦步亦趋；大言狂妄炽烈，小言卑怯琐碎。他们睡寐以后身心交融，醒觉以后身心分裂。与人交接运用机心，天天勾结争斗，掩盖嗜欲，深藏机心，密谋捣鬼。小恐惴惴不安，大恐缦缦笼罩。他们发言如发机弩，专司是非争辩。他们坚执己见如同固守盟誓，固守到底自居胜利。他们肃杀如同秋冬阴气，日渐消损春夏阳气。他们陷溺其所为，无法使之复归。他们最后厌倦闭口，只是因为年老体衰。他们渐近死亡的德心，难以使之复归阳气。他们忽喜忽怒，忽哀忽乐，时忧时叹，时恋时惧，摇曳作态。

校注

[1] 大知：其知达于相对的大境。闲闲：自矜自得貌。

小知：其知达于相对的小境。閒閒：亦步亦趋貌。

【辨析七】郭象只有把庄学四境缩减为“小知↗大知”二境（《逍遥游》辨析二），方能谬解庄子“褒大知贬小知”，但与《逍遥游》郭注“小大虽殊，逍遥一也”自相矛盾。

［2］大言：大知倡导之言。炎炎：狂妄炽烈。

小言：小知附和之言。詹詹zhān：卑怯琐碎。

【辨析八】《逍遥游》“众人匹之，不亦悲乎”，兼斥小知小言及其匹偶追随的大知大言。参看《田子方》贬斥“夫子步亦步，夫子趋亦趋”。○郭象反注《齐物论》褒“大言炎炎”，贬“小言詹詹”。古人多知“大言炎炎”义同“徒托大言”，均含贬义，从无褒义。下文之“其”，无不兼斥“大知”“大言”、“小知”“小言”。整章未有一字褒扬“大知”“大言”。

［3］二句“魂/形”对举，互文省略，补足当作：其寐也形魂相交，其觉也形魂相开。意为：大知小知习染后天伪德，压抑先天真德，睡寐之时，受先天真德（潜意识）驱使，身形、心魂交融，成为真际的真人；醒觉之时，受后天伪德（明意识）驱使，身形、心魂分裂，成为实际的假人。○下文展开“其觉也形魂相开”的种种假人之状。

［4］接：与人交接。构：勾结。心：成心（见于下节）。

缦màn者：掩盖（嗜欲）。窖jiào者：深藏（机心）。密者：密谋（捣鬼）。

［5］小恐惴惴，大恐缦缦：惴惴，不安貌。缦缦，笼罩貌。○郭义“褒大知贬小知”，延至“褒大言贬小言”已不可通，延至“褒大恐贬小恐”更不可通。

［6］机：弩机。栝：箭栝kuò，箭末扣弦之处。司是非：司，专职。专管是非。

［7］“其留”二句：坚执“我是人非”之成心，以固守到底为胜。

［8］“其杀”二句：春夏阳气渐盛而万物生，秋冬阴气渐盛而万物杀。譬解德心之阳气，日日消杀，趋近死亡。参看下文贬斥“近死之心，莫使复阳”。

［9］“其溺”二句：陷溺其所为，难以使之复归。参看下文贬斥“不知其所归”。

【校勘】“其溺之所为”下，旧衍“之”字。

[10] 缄 jiān：封闭（不言）。洫 xù：败坏（体衰）。〇二句预伏下篇“养生”之义。

[11] 喜怒哀乐，虑叹恋慹 zhí：人籁八字。“喜/怒”，“哀/乐”，“虑（忧虑）/叹（叹息）”，“恋（留恋）/慹（恐惧）”，四组对举。

【校勘】“戀”（恋）旧作“變”（变），形近而讹。若作“变/慹”，义不可通。〇“摇曳”旧作“姚佚”，字通。

摇曳 yè 启态：上承八字，概括大知小知神态不定，下启“其所言者特未定”。

【辨析九】人籁八字，与地籁之八形、八声对比，阐明无心地籁之有定，有心人籁之无定。〇旧多盲从郭象反注，认为庄子抹煞是非，主张不定是非。下章贬斥“其所言者特未定”，《天道》所引庄言“非至人孰能定之”、“至人之心有所定矣”，《寓言》“定天下之定”，《至乐》“无为可以定是非”，《管仲》“知大定”，《宇泰定》“以有形者象无形者，而定矣”，《泰初》“神性不定者，道之所不载也”，均证旧解之谬。

◎第二章第一节：大知小知身心分裂，坚执对待，人籁无定。

乐出虚，蒸成菌，日夜相代乎前，而莫知其所萌[1]。已乎！已乎！旦暮得此，其所由以生乎?[2]

非彼无我，非我无所取[3]。是亦近矣，而不知其所为使。[4]

若有真宰，而特不得其朕。可行己信，而不见其形，有情而无形[5]。百骸九窍六藏，赅而存焉，吾谁与为亲[6]？汝皆悦之乎[7]？其有私焉[8]？如是皆有，为臣妾乎[9]？其臣妾不足以相治乎[10]？其递相为君臣乎[11]？其有真君存焉[12]！如求得其情，与不得，无益损乎其真。[13]

一受其成形，不化以待尽[14]。与物相刃相磨，其行尽如驰，而莫之能止，不亦悲乎[15]？终身役役，而不见其成功[16]，苶然疲役，而不知其所归，可不哀邪[17]？人谓之：不死奚益？其形化，其心与之然，可不谓大哀乎[18]？人之生也，固若是芒乎？

其我独芒？而人亦有不芒者乎？

夫随其成心而师之，谁独且无师乎[19]？奚必知化[20]？而心自取者有之，愚者与有焉[21]。未成乎心而有是非，是“今日适越而昔至”也[22]。是以无有为有[23]。无有为有，虽有神偊，且不能知，吾独且奈何哉？[24]

今译

乐声出于虚窍，湿气蒸发朝菌，昼与夜相互交替于眼前，而大知小知竟然不知万物变化的萌生者。罢了！罢了！若是一朝一夕就能得悟萌生者，他们还是被萌生之物吗？

没有萌生者就没有被萌生的我，没有我就不能自取行止。这已接近真相了，但还没明白萌生者如何驱使我自取行止。

（万物之上）似有真宰，只是不易找到征象。（然而真宰）能够运行自己的规律（于天地万物），只是不现形迹，所以真宰真实存在却又没有形迹。骨骸百节，上下九窍，腹中六脏，完备地存于吾人之身，吾人与谁特别亲近？你是全都喜爱？还是有所偏爱？如果全都喜爱，是否全都视为臣妾？你的臣妾为何不能相互治理？你的臣妾为何不能逐级隶属为君臣？因为你有德心真君存在！无论能否找到德心真君存在的征象，都不影响德心真君的真实存在。

万物一旦禀受天道真宰萌生成形，若未物化死亡，唯有静待气尽。大知小知却与外物相互刃割相互磨损，悖道疾驰而行，无人能够停止，岂不可悲？终生受役于人道假宰的役使，而无望成功，疲困于被人役使，又不知万物所归的天道真宰，岂不可哀？人们说：这种人不死何益？身形物化近死，德心也随之物化近死，岂非大哀？人的一生，怎能如此糊涂？莫非独有我糊涂？那么还有不糊涂的人吗？

追随成心而以之为师，谁又会无师呢？何必知晓造化之存在？自取成心的人如果算是有师，那么愚人也可算是有师。心中没有成见却有是非纷争，正如“今日往越而昨日至越”（那样不可能）。自师成心就是以无师为有师。以无师为有师的人，即便是神人女偶，尚且不能使其知晓造化之存在，我又如之奈何？

校注

［1］乐yuè出虚：上扣“众窍为虚”。〇《人间世》“唯道集虚”。

蒸成菌：“蒸”即湿气。“菌”前射《逍遥游》“朝菌”。〇成疏：“湿暑气蒸，故能生成朝菌。”

日夜相代乎前：昼夜有规律地交替相代于天地万物面前。〇以上三句列举“天籁”之显证。

莫知其所萌：其所萌，“道”之变文。句谓大知小知无视诸多显证，不知萌生万物的“天籁”之存在。上扣首章悬念“怒者其谁”。

［2］“已乎”四句：感叹被萌生之物（大知小知）领悟萌生者（天道）之难。〇郭象反注：“言其自生。”

◎第二章第二节：大知小知萌生于天道，却不知萌生他们的天道之存在。

［3］非彼无我：彼，上扣“其所萌”（道）。没有萌生万物的彼道，就没有被萌生的“我”。

非我无所取：没有被萌生的“我”，就无法“自取”行止。〇此句上扣“咸其自取”。没有“天籁”，“地籁”就无法“自取”发声止声。

【辨析十】“彼↘我”，即“道↘物”。郭象反注：“彼，自然也。自然生我，我自然生。故自然者，即我之自然，岂远之哉！”郭义“自然”，即“自己而然”，与“道”无关，故曰“独化自生”。庄老“自然”，即“自道而然”，故曰“道生万物”。

［4］是亦近矣：能知“自取”行止（自循物德），已近萌生万物、分施物德的彼道。

不知其所为使：能知“自取”行止，仍然不知使我“自取”行止的驱使者。〇此句上扣“使其自已”之“使”。

【辨析十一】郭象反注：“凡物云云，皆自尔耳，非相为使也。”郭象“自尔”、“自然”义同，均谓“独化自生”、“自己而然”。庄义“所为使”，意为道使万物，非谓物与物“相为使”。郭象先谬解庄义，再反驳庄义。

◎第二章第三节：大知小知均被天道驱使，却不知驱使他们的天道之存在。

［5］真宰：“天籁”之转辞，“道”之变文。○严复：“一切世间所可言者，止于对待。若真宰，则绝对者也。”

不得其朕：大知小知不得天道之朕象。○非谓庄子不得天道之朕象。郭象反注：“起索真宰之朕迹，而亦终不得，则明物皆自然，无使物然也。”

“可行”三句：义同《大宗师》“夫道有情有信，无为无形”。

［6］“百骸”首问：赅gāi，完备。组成人身之各部分，完备存于一人之身，吾人有无亲疏？○人身百骸，隐喻天地万物。德心真君，隐喻天道真宰。

［7］汝皆悦之乎：德心真君对人身百骸全都爱悦。

［8］其有私焉：德心真君对人身百骸无所偏私。

［9］如是皆有，为臣妾乎：人身百骸均为吾人所有，都是德心真君的臣妾。

［10］其臣妾不足以相治乎：人身百骸不能相互统治，只受德心真君的统治。

［11］其递相为君臣乎：人身百骸不能逐级隶属为君臣，只能全部隶属于德心真君。○参看下文贬斥庙堂伪道“以隶相尊”。

［12］其有真君存焉：此句总答上问。人身百骸不能相互统治、逐级隶属，是因为有统治人身百骸的德心真君存在。

［13］“如求得其情”三句：无论能否求得德心真君存在的征象，都不影响德心真君的真实存在。

【辨析十二】德心“真君”隐喻天道“真宰”，合词“真君真宰”，晦藏对词“假君假宰”（俗君僭主）。伪道俗见多以天道真宰找不到征象，而否定天道的存在（郭象正是如此）。庄子以德心真君同样不易找到征象，但是不影响德心真君的真实存在，贬斥伪道俗见。旧多盲从郭象反注，认为庄子否定天道的存在，认为庄子主张人类应该“递相为君臣”、“以隶相尊”。〇人类社会之管理，必须假借“君宰”（或名君主，或名总统）。顺道的管理者自知其为“假君假宰”，知有“真君真宰”，故非僭主；悖道的管理者不自知其为“假君假宰”，自居“真君真宰”，故为僭主。

◎第二章第四节：以德心真君之真实存在，譬解天道真宰之真实存在。

［14］化：“物化”之略。此取“物化”之狭义：死亡。

【校勘】“化”旧讹为“亡”、“忘”。刘师培、王叔岷、严灵峰、陈鼓应据《田子方》“一受其成形，而不化以待尽”校正。

“一受”二句：插语，正面主张。以下继续贬斥大知小知。

［15］相刃相磨：大知小知有我有偶，坚执对待，故与外物相刃相磨。

【校勘】“磨”旧作“靡”。孙诒让、王闿运、马其昶、奚侗、朱桂曜、王叔岷校正。

【辨析十三】“刃”、“磨”程度虽异，均属贬词。郭注：“群品云云，逆顺相交。”成疏：“刃，逆也。靡，顺也。”谬解“靡”为“顺”、“刃”为“逆”，谬解大知“顺”物、小知“逆”物，乃是自圆谬解“褒大知、贬小知”。既反本句之义，又与下句“其行尽如驰，而莫之能止，不亦悲乎”抵牾。

［16］役役：前“役”动词，后“役”名词。义同《大宗师》“役人之役”（受役于人道假宰之役使）。参看下文贬斥“以隶相尊，众人役役”。

［17］苶nié然疲役：疲倦于“役人之役”。

【辨析十四】本章先后三句“莫知其所萌”、“不知其所为使”、“不知其所归”，贬斥大知小知不知天地万物的终极萌生者、终极驱使者、终极复归处——“天籁”、“真宰”、“道”。《田子方》“生有所乎萌，死有所乎归”承之。

［18］“其形化”三句：庄学俗谛“因应外境”，主张“身形外化”（身形随外境而化）。庄学真谛“因循内德”，主张“德心不化”（德心不随外境而化）。〇《知北游》“外化内不化”承之。

◎第二章第五节：大知小知，不知天地万物归宿之道。相刃相磨，莫之能止；役人之役，心死大哀。

［19］成心：小成而“雄成”、自矜“自得”、不“道”己德之心。参看下文“道隐于小成”、《大宗师》“不雄成”、“不自得”。〇庄义贬斥“成

心”。郭注褒扬“成心”:“人自师其成心，则人各自有师矣。人各自有师，故付之而自当。”

［20］知化：化,“造化”之略,“道”之变文。知造化之存在。

【校勘】“知化”旧讹为“知代”，不可通。钱穆、王叔岷校正。○《吕览》有“知化”篇。

［21］“而心”句：大知小知自师成心，不师天道，并无真师，实为愚人。○至人以道为师，方有真师。《大宗师》“以天为父”，又称天道为“吾师”,《则阳》“以天为师”承之。

［22］今日适越而昔至：借用惠施辩题“今日适越而昔来”(《惠施》)，以其不可能，譬解“未成乎心而有是非”之不可能。

［23］是以无有为有：自师成心，乃是以无师为有师。

［24］【校勘】“偊yǔ”旧作“禹”。《人间世》斥禹“求实无已”。《庄子》多处斥“禹”，未曾褒“禹”。据《大宗师》“女偊”校正。

◎第二章第六节：自师成心，遂有是非；坚执成心，莫可奈何。

●第二人籁章：大知小知有偶有我，坚执对待，自师成心，不师天道。

三

夫言非吹也[1]。言者有言，其所言者特未定也[2]。果有言邪？其未尝有言邪？其以为异于鷇音，亦有辩乎？其无辩乎？[3]

道恶乎隐而有真伪？言恶乎隐而有是非？道恶乎往而不存？言恶乎存而不可[4]？道隐于小成，言隐于荣华[5]。故有儒墨之是非，以是其所非，而非其所是[6]。欲是其所非，而非其所是，则莫若以明。[7]

物无非彼，物无非是[8]。自彼则不见，自是则知之[9]。故曰彼出于是，是亦因彼。彼是，方生之说也。虽然，方生方死，方死方生；方可方不可，方不可方可[10]；因是因非，因非因是[11]。是以圣人不由，而照之于天，亦因是也。[12]

是亦彼也，彼亦是也。彼亦一是非，此亦一是非[13]。果且有彼是乎哉？果且无彼是乎哉[14]？彼是莫得其偶，谓之道枢[15]。枢始得其环中，以应无穷[16]。是亦一无穷，非亦一无穷也[17]，故曰莫若以明。[18]

今译

人籁之言异于地籁之吹。大知小知虽有所言，但其所言总是游移无定。无定之言果真可算有言？抑或未曾有言？他们以为人言异于鸟鸣，能否有所辩护？抑或无法辩护？

天道被什么遮蔽而有了真伪？人籁被什么遮蔽而有了是非？真道隐藏于何处而不再显现？至言隐藏于何处而不被认可？真道被小成的伪道遮蔽而隐藏，至言被华美的言辞遮蔽而隐藏。所以有儒墨的相互对待之是非，以对方所非为是，以对方所是为非。必欲以对方所非为是，以对方所是为非，不如彰明天道。

无物不是“彼”，无物不是“此”。从“彼”的角度无法看见“此”之“是”，从“此”的角度方能认知“此”之“是”。所以说“彼”相对于“此”而存在，“此”也相对于“彼”而存在。“彼”、“此”，是同生的言说。尽管如此，“彼”、“此”同生同死，同死同生；可以同时认可，也可以同时不认可；因循“是”就是因循“非”，因循“非”就是因循“是”。所以圣人都不因循（彼此、是非），仅仅观照以天道，亦即仅仅因任绝对之是。

“此”也是“彼”，“彼”也是“此”。彼也有一己之是非，此也有一己之是非。果真有彼、此之分吗？果真没有彼、此之分吗？彼人、此人一起丧忘匹偶对待，即可抵达天道的枢轴。枢轴如同圆环的中心，足以因应无穷是非。是也一直无穷，非也一直无穷，所以说不如彰明天道。

校注

［1］言非吹：人籁异于地籁。〇第一章专论地籁有定，第二章专论人

籁无定。第三章专论人籁应该效法地籁，应和天籁。

［2］其所言者特未定：人籁之无定，与地籁之有定对比。○物类无偶无我，亦无对待，故地籁之吹因循内德，自适其适，所吹有定而皆和。悖道人籁有偶有我，亦有对待，故追逐外境，适人之适，所言无定而不和。

［3］果有言邪？其未尝有言邪：邪，疑问词，犹“耶”。句谓无定之人籁，可否称为有言？

其以为异于鷇音：鷇 kòu 音，雏鸟之鸣。大知小知认为其无定人籁异于（高于）鸟鸣。

亦有辩乎？其无辩乎：问其对于“无定人籁高于鸟鸣”能否自我辩护。

◎第三章第一节：言异于吹，吹胜于言；地籁无成心而有所定，悖道人籁有成心而无所定。

［4］前二问之“隐”：被隐藏，被遮蔽。

第三问“往而不存”：义同“隐”。第三问上承第一问，乃问“真道恶乎隐而（如同）不存”。

第四问“恶乎存”：第三问“恶乎往而不存”之缩略。第四问上承第二问，乃问“（超越是非之）至言恶乎隐而不（被认）可”。

［5］小成：上扣“成心”。荣华：荣，草木茂盛。华，同“花”。对词“根本”。

“道隐”、“言隐”二句：概括回答“道”、“言”四问。阐明小成者自矜大成，明德，明物，明技，明术，同时“非所明而明之”（下文）地拔高为道，因而遮蔽天道。大成者不自矜大成，亦明德，明物，明技，明术，但不拔高为道，所明一切，均为彰明天道。

［6］故有儒墨之是非：举“儒墨”显学为例，贬斥无定人籁。

以是其所非，而非其所是：上扣“其所言者特未定”。

“故有”三句：举例回答“道”、“言”四问。道因“儒墨”而有“真伪”，言因“儒墨”而有“是非”；真道因“儒墨”显学而不显，至言因“儒墨”被人认可而不被认可。

［7］以明：彰明天道。○“明”喻“道”，“光”喻“德”（参看下文“葆光”），义本《老子》“用其光，复归其明”（参看《老子》“知其子，复守其

母”）。

◎第三章第二节：天道隐于小成，至言隐于荣华。儒墨坚执“物/我”、“彼/此”、“是/非”对待，导致人籁无定而不和（下节破之）。

［8］物无非彼，物无非是：“彼/是”对待，兼言“彼/此”、“是/非”对待。○严复：“彼、是，对待之名词。”章太炎：“‘彼’、‘是’对举，即‘非’、‘是’对举。”

［9］【校勘】“自是”旧讹为“自知”。王叔岷校正：“既‘自知’矣，何待言‘则知之’邪?”○上句“物无非彼，物无非是”，下句“彼出于是，是亦因彼”，均证原文“自彼”、“自是”对举。○郭注“自知其所知”，可证郭改原文“自是”为“自知”。

［10］方生方死，方死方生：方，同时。相对的“彼/此”、“是/非”，同时生死。○化用惠施辩题“物方生方死”（《惠施》）。

方可方不可，方不可方可：相对的“彼/此”、“是/非”，可以同时认可，也可以同时不认可。

［11］因是因非，因非因是：因，因循，因任。“彼/此”、“是/非”相对之时，因“此”之“是”，即因“彼”之“非”。因“此”之“非”，即因“彼”之“是”。

【辨析十五】“因是因非，因非因是”二句，乃是庄子破除相对的“彼/此”、“是/非”之绝对性，并非正面主张。旧释庄子主张“因是因非，因非因是”（意为庄子抹煞是非），与下句“圣人因是”（不因非）抵牾。

［12］圣人不由：圣人不因循“物/我”、“彼/此”、“是/非”之对待。

照之于天：圣人以道极视点超越“物/我”、“彼/此”、“是/非”之对待。

因是：圣人“丧偶丧我”，故其所“因”之“是”，并非与“偶彼非”对待的“我此是”，而是因任天道，因循内德。

【辨析十六】“因是”二义：其一，因任天道（天籁、真宰，绝对之是），即庄学宗旨“顺应天道”。其二，因循真德（超越对待的相对之是），即庄学真谛“因循内德”。○此处“因是”侧重前义，下文“因是已”侧重后义。

◎第三章第三节：儒墨坚执对待，拔高一己相对之是（德）；圣人超越对待，因任万物绝对之是（道）。

［13］是亦彼也，彼亦是也：庄子之破论。破除“彼/此”、“是/非”之相互对待。

彼亦一是非，此亦一是非：庄子之破论。破除彼人之“是/非”与此人之“是/非”的相互对待。○王叔岷：“是、非（彼），乃对待之名。道之要，在去对待也。”

【辨析十七】上文“莫若以明”、“照之于天”、“圣人因是”（不因非），下文“彼是莫得其偶，谓之道枢”、“圣人和之以是非，而休乎天均”，均证庄子彰明天道超越“彼/此”、“是/非”之相互对待，主张破除“彼/此”、“是/非”之相互对待，可证四句均为庄子之破论。旧多盲从郭象反注，认为四句是庄子之立论。

［14］“果且”二句：认为“彼/此”对待的相对“是/非”，仅有相对价值，没有绝对价值。

［15］彼是莫得其偶：上扣篇首“丧其偶”。足证“丧偶”异于“丧我”。

道枢：即道。枢，门之枢轴。以门户围绕枢轴旋转，譬解万物围绕天道旋转，每物相对之是围绕绝对之是旋转。超越“物/我”、“彼/此”、“是/非”之对待，即可抵达超越“物/物”对待的天道中枢。

［16］环中：“道枢”变文。

枢始得其环中，以应无穷：达至“道枢”、“环中”的绝对之是，方能因应无穷的每物相对是非。

［17］【辨析十八】“是亦一无穷，非亦一无穷也”二句，上接“以应无穷”，下接“故曰莫若以明”，故“是亦一无穷，非亦一无穷也”外在于“圣人”，是“圣人”必须因应的外境之“无穷是非”，并非“圣人”自己“是亦一无穷，非亦一无穷”地混淆是非。旧多盲从郭象反注，视为后义。○成疏：“物莫不自是，故是亦一无穷；莫不相非，故非亦一无穷。”“自是”、“相非”均被庄子否定（《老子》“自是者不彰”，《列御寇》“自是，有德者已不知也，而况有道者乎?”），可证成疏已知“是亦一无穷，非亦一无穷”并非庄子之立论。

［18］故曰莫若以明：重言第二节“莫若以明”。主张彰明天道，不被“是亦一无穷，非亦一无穷”的无穷相对是非左右。

◎第三章第四节：悖道人籁有我有偶，坚执“彼/此”、“是/非”之相互对待，拔高一己相对之是为绝对之是；顺道人籁丧我丧偶，超越“彼/此”、“是/非”之相互对待，不拔高一己相对之是为绝对之是，仅以天道为绝对之是。

以“指”喻指之“非指”，不若以非指喻指之非指也[1]。以“马”喻马之“非马”，不若以非马喻马之非马也[2]。天地一指也，万物一马也。[3]

可乎可，不可乎不可[4]。道行之而成，物谓之而然[5]。恶乎然？然于然。恶乎不然？不然于不然[6]。恶乎可？可于可。恶乎不可？不可于不可[7]。物固有所然，物固有所可。无物不然，无物不可。[8]

故为是举莛与楹，厉与西施，诙诡谲怪，道通为一[9]。其分也，成也；其成也，毁也。凡物无成与毁，复通为一[10]。唯达者知通为一，为是不用而寓诸庸[11]。庸也者，用也；用也者，通也；通也者，得也[12]。适得而几矣，因是已[13]。已而不知其然，谓之道。[14]

今译

用一物的能指说明一物的能指并非一物的受指，不如用万物的能指说明万物的能指并非万物的受指。用小名“白马”说明小名“白马”并非大名“马”，不如用总名“马”说明大名“马”并非总名“马”。天地可冠同一能指，万物均属同一马体。

认可天道认可的，不认可天道不认可的。天道行于天地而绝对大成，万物冠以总名而总体肯定。如何肯定每物小名？就是肯定每物小名的相对意义。如何不肯定每物小名？就是不肯定每物小名的绝对意义。如何认可每物小实？就是认可每物小实的相对价值。如何不认可每物小实？就是不认可每物小实的绝对价值。每物小名固有相对意义，每物小实固有相对价值。没有一物的小名没有相对意义，没有一物的小实没有相对价值。

所以可举莛草与楹柱、丑人与西施为例，万物千奇百怪，天道通约为一。天道分施物德，于是万物形成；天道成就万物，同时毁坏万物。万物没有绝对大成和绝对毁坏，无不复归于道一。唯有达道至人方知万物复归于道一，为此不用小成之心而寓诸庸常。寓诸庸常，就能大用真德；大用真德，就能与物相通；与物相通，就能悟得天道。悟得天道就近于物德极限，就能因循真德而又知止。知止以后承认不知绝对之然，称之为“道”。

校注

[1]“指”、“马”四句：隐驳公孙龙辩题“指非指”、“(白)马非马”。公孙“离”万物之名实，庄子“合”万物之名实，故隐驳之。上文合“彼/此”，业已隐破公孙龙《名实论》之离“彼/此”。〇公孙龙（前325—前250）早年成名（约前305与惠施辩论），庄子（前369—前286）晚年著书，故可隐驳。庄子卒年，公孙龙约四十岁。

【辨析十九】公孙龙《指物论》，辨析“指/物”，即辨析“一物之名/一物之实”。首句“物莫非指”，定义篇名之“物”，意为每物莫非“受指”。次句“而指非指”，定义篇名之“指”，意为一物的“能指”并非一物的“受指”。所以公孙之“指”有二义：一物的能指、名相，一物的受指、实体。〇庄子之“指”也有二义：万物的能指、名相，万物的受指、实体。庄子认为：一物的能指固然并非一物的受指，万物的能指亦非万物的受指。由于“道行之而成”(下文)，道的实体可以“行”于万物的实体，道的名相未必可以“行”于万物的实体，因此道的实体是终极认知对象、至高受指，即“天地一指”。庄子遂以二句隐驳之。庄义实为：道的能指、名相，并非道的受指、实体（下文“一与言为二”）。

以“指”喻指之“非指”：此句隐指公孙辩题“指非指”。第一、第二“指”是一物的能指。第三“指”是每物的受指。

不若以非指喻指之非指也：此句隐驳公孙辩题“指非指”。“以非指”，承于上句“以指”。“以指”意为“用一物的能指”，“以非指”意为“不用一物的能指”，即“用万物的能指”。“喻”即“说明”，“指之非指”即“万物的能指并非万物的受指”。

［2］【辨析二十】公孙龙《白马论》，辨析“白马非马”，即辨析“小名、分名/大名、总名”。“白马”是小名、分名，“马”是大名、总名。“白马非马”意为：小名、分名“白马”，并非大名、总名“马”。○庄子认为：与小名、分名“白马”相比，“马”确实是（相对的）大名、（一类的）总名。但与万物的大名、总名相比，“马”也是（相对的）小名、（万物的）分名。由于“物谓之而然”（下文），因此万物也可冠以终极大名、至高总名“马”，即“万物一马”。庄子遂以二句隐驳之。

以“马”喻马之“非马”：此句描述公孙辩题“白马非马”。第一、第二“马”都是小名（马的分名），均略“白”字，因为“白马”仅是马的分名之一，庄子又欲与上句一律。第三“马”是大名（马的类名）。

不若以非马喻马之非马也：此句隐驳公孙辩题“白马非马”。“以非马”，承于上句“以马”。“以马”意为“用小名马”，“以非马”意为“不用小名马”，即“用总名马”。“喻”即“说明”，“马之非马”即“大名马并非总名马”。

［3］天地一指，万物一马：“天地”、“万物”互文，均指“天地万物”。“指”、“马”互文。上文“指”、“马”均兼名相、实体，此处亦然。句义：天地可冠同一能指，万物均属同一马体。

◎第三章第五节：天地可冠同一能指，万物均属同一马体。

［4］【辨析二一】“道行之而成，物谓之而然”二句，承“天地一指也，万物一马也”二句，分谓名实，义亦相接。此前“可乎可，不可乎不可”二句，与下“恶乎可？可于可。恶乎不可？不可于不可”重复，或为注文羼入，无据不删。

［5］道行之而成：上扣“万物一马”。以“马”之“行”，隐喻“道”之实体“行”于万物之实体。○道之“大成”，永无“亏损”（死亡）。物之“小成”，则有“亏损”（死亡）。

物谓之而然：上扣“天地一指”。每物之小名，一类之大名，谓之而然，是相对之然。万物之总名（道），也谓之而然，则是绝对之然。

“道”、“物”二句：标举“道↘物”单向绝对关系，总破“物/物”双向相对关系。引出庄学俗谛。

[6]然于然，不然于不然：名相范畴的庄学俗谛。肯定每物小名的相对意义，不肯定每物小名的绝对意义（即反对拔高）。

[7]可于可，不可于不可：实体范畴的庄学俗谛。认可每物小实的相对价值，不认可每物小实的绝对价值。〇庄学同时超越“此小名/彼小名”、“此小实/彼小实”之对待，所以庄学俗谛有名相范畴、实体范畴的两种表述。为免繁琐，本书注引庄学俗谛，不论名相范畴、实体范畴，均引“然于然，不然于不然”。

【校勘】“恶乎可？可于可。恶乎不可？不可于不可”十五字旧脱，王先谦、王闿运、刘文典、严灵峰、王叔岷、陈鼓应据《寓言》校补。〇陆释引崔譔本“无物不然，无物不可”下有“可于可，而不可于不可，不可于不可，而可于可也”十九字，亦证此有脱文。

[8]“物固有所然”四句：重言。强调每物小名，均有相对之“然”，每物小实，均有相对之“可”。

【辨析二二】如果仅以一己之是为“相对之是”，那么庄学俗谛就运用肯定原则“然于然”，即主张每物“因”己之“是”，主张“以德为循，自适其适”（《大宗师》）。如果拔高一己相对之是为“绝对之是”，那么庄学俗谛就运用否定原则“不然于不然”，即反对“因”他人之“是”（亦即“因非”），反对“役人之役，适人之适”（《大宗师》）。

◎第三章第六节：阐明庄学俗谛。主张每物皆有一己相对之是，反对拔高一己相对之是为万物绝对之是。

[9]莛tíng：草茎。楹yíng：屋柱。厉：喻丑人。西施：美女。

“故为是举莛与楹”四句：举例譬解“无物不然”（每物皆有相对之是）。以“小/大”、“美/丑”之对待，譬解“物/我”、“彼/此”、“是/非”之对待。超越双向、可逆的“物/我”相对关系，达至单向、不可逆的“道↘物”绝对关系。

[10]其分也，成也：道分施物德于每物，每物方有小成。

其成也，毁也：每物既有小成，也有小毁（死亡）。〇小毁之后，复归于道，重新成为别物（《大宗师》“万化未始有极，弊而复新”）。唯有天道永无损毁，故每物不可自矜小成，不可拔高小成之德为大成之道。

凡物无成与毁，复通为一：每物无论小成、小毁，无不复归通约为一体。○《大宗师》“假于异物，托于同体”，《达生》“合则成体，散则成始”，《知北游》“聚则为生，散则为死。故万物一也。通天下一气耳”。

［11］达者：“至人”变文。

不用：不用“物/我”、“彼/此”、“是/非”对待之“成心”。

寓诸庸：寓诸凡庸，自“道”己德。○《老子》：“大白若辱，广德若不足。知其雄，守其雌。知其白，守其黑。”《山木》：“去名与功，而还与众人同。”

［12］通也者，得也：“得”是动词，“德”是名词。物德得于天道，与天道同质，故“德”通于“道”。

［13］适得而几矣：“得”即“德”，上承“通也者，得也”，故作“得”不作“德”。“适得”即“因循内德”（《大宗师》“以德为循，自适其适”）。“几矣”，谓“因循内德”近于顺应天道。

因是已：因是而止。因循内德，必须知止。○钱穆：“王敔曰：‘已，止也。谓因是而即止也。’圣人因是而止，不复因于是非也。”旧多误训“已”通“矣”，未明庄义。

【辨析二三】上文圣人“因是”，即因任天道（万物绝对之是）；此处“因是已”，即因循物德（一己相对之是）而又知止。人难尽知天道，因任天道，唯有落实于因循物德。物德必有极限，因循物德也有极限。止于物德极限，方可免于从“因是”转为“因非”。大知小知“莫之能止”（第二章），不止于物德极限，拔高一己相对之是为万物绝对之是，拔高小成之德为大成之道，必然否定别物均有的一己相对之是，遂从“因是”转为“因非”。

［14］“已而”二句：止于物德极限之后，承认不知绝对之然，谓之“道”。

【辨析二四】“不知其然，谓之道”，强调人难尽知天道。“道”是实体之道的假名（实体之道异于名相之道，非谓道如万物之有实体之形）。《老子》“吾不知其名，字之曰道”，《则阳》“不知其然，性也”，《山木》“人之不能有天，性也”。“遥”达彼道，非谓自矜尽知天道，乃谓信仰天道之遍在永在。

◎第三章第七节：天地万物，道通为一；道难尽知，因是当止。

●第三言吹章：悖道人籁之无定，异于地籁之有定。标举庄学俗谛“然于然，不然于不然”。

四

劳神明为“一”，而不知其同也，谓之“朝三”。[1]

何谓“朝三”？[2]

狙公赋芧[3]**，曰：“朝三而暮四！”**

众狙皆怒。[4]

曰：“然则朝四而暮三？”[5]

众狙皆悦。[6]

名实未亏，而喜怒为用，亦因是因非也[7]**。是以圣人和之以是非，而休乎天均**[8]**。是之谓两行。**[9]

今译

劳心伤神地修剪物德之量使之齐一，却不知物德之质原本齐同，谓之“朝三”。

（子游问：）何为“朝三”？

狙公命令众狙上交橡实作为赋税，说：“上午三颗，下午四颗！”

众狙全都大怒。

狙公说：“那就上午四颗，下午三颗？”

众狙全都大喜。

狙公名实未亏，而众狙喜怒为用，也是时而因循人道相对之是，时而因循人道相对之非。因此圣人超越人道相对是非，而休止于天道绝对之是。这就叫众人、圣人两行其道。

校注

［1］劳神明为“一”：大知小知“因是”而不“已”，转为“因非”，劳心伤神地修剪物德之量使之齐一（假一）。

不知其同：不知物德之质原本齐同于道一（真一）。

谓之“朝三”：讽刺庙堂“假一”并非江湖“真一”。

［2］子游插入第一问。〇“朝三”讽刺庙堂假一，是本篇支离其言、晦藏其旨的重要关目。不作“谓之朝三暮四”，仅作“谓之朝三”，正是支离其言。故让子游插入一问，以醒读者眼目。

［3］狙 jū 公：隐喻庙堂假君。赋：义同《山木》“赋敛”、《渔父》“征赋”。芧 xù：橡实。

【辨析二五】橡实为众狙采摘，非狙公采摘。旧释狙公分施橡实给众狙，义不可通。唯有释为狙公命令众狙采摘橡实上交赋税，义始可通。“赋”与上文“终身役役”、“苶然疲役”、下文“以隶相尊，众人役役”之“役”，是庙堂假君奴役江湖民众的基本两项。明人刘基《郁离子》：“楚有养狙以为生者，楚人谓之狙公，旦日必部分众狙于庭，使老狙率以之山中求草木之实，赋什一以自奉。或不给，则加鞭棰焉。群狙皆畏苦之，弗敢违也。一日有小狙谓众狙曰：‘山之果，公所树欤？’曰：‘否也，天生也。’曰：‘非公不得而取欤？’曰：‘否也，皆得而取也。’曰：‘然则吾何假于彼而为之役乎？’言未既，众狙皆悟。其夕相与伺狙公之寝，破栅毁柙，取其积，相携而入于林中，不复归。狙公卒馁而死。”释“赋”为狙公“赋什一以自奉”，深明本章之旨。

［4］众狙：隐喻江湖民众。皆怒：因狙公征税而怒，属“因是”。〇“赋”若训“赋予”，难以解释众狙之怒。

［5］然则朝四而暮三：“朝三暮四”遭到反对，易为换汤不换药的“朝四暮三”，讽刺庙堂伪道之“所言未定”。

［6］众狙皆悦：被狙公愚弄而悦，属“因非”。

［7］名实未亏：省略主语“狙公”。众狙名实皆亏。

喜怒为用：省略主语“众狙”。狙公并未喜怒。

亦因是因非也：也是时而因循相对之是，时而因循相对之非。

【校勘】郭象删去“因是”下“因非”二字，义不可通。狙公、众狙均属“因是因非”，下句“圣人和之以是非”又兼言“是非”，均证原文必作“亦因是因非也”。狙公、众狙若属“因是”，则与“圣人”并非“两行”（详下）。

［8］均：本义陶均（崔譔），陶轮。使用陶轮所制陶器，比不用陶轮所制陶器，表面更为均平，故引申义为均平。

天均：取“陶均”本义。以陶泥围绕陶轮旋转，譬解万物围绕天道旋转，每物相对之是围绕天道绝对之是旋转。

【校勘】“天均”旧作“天钧”。王叔岷据陆释一本、道藏成疏本、林希逸本、褚伯秀本、陈景元本、罗勉道本、覆宋本皆作“天均”校正。〇《寓言》亦作“天均”，《宇泰定》则作“天钧”。《管仲》“大均缘之”，“大均”即“天均”。

【辨析二六】“道枢”、“环中”、“天均”，均以围绕（枢轴、圆心、陶轮）旋转，譬解万物围绕天道旋转。《老子》“三十辐，共一毂，当其无，有车之用”，亦以车轮围绕车毂旋转，譬解万物围绕天道旋转。〇郭象反注：“莫之偏任，故付之自均而止也。”无视崔譔正解，用引申义“均平”。

［9］是之谓两行：狙公、众狙奉行人道“假一”，圣人躬行天道“真一”，是为人道、天道之“两行”。

【辨析二七】庄子欲明的真是非，正是“天道/人道”之“两行”，此义遍布全书。内七篇如《逍遥游》“香椿/臭樗”、“江湖/庙堂”、“无用/有用”。《齐物论》“天籁/人籁”。《养生主》“不祈畜乎樊中/畜乎樊中”。《人间世》“与天为徒/与人为徒”、“阴阳之患/人道之患”、“天命/人义”、“散木/文木”。《大宗师》“知天之所为/知人之所为”、“自适其适/适人之适”、“游方之外/游方之内”。外杂篇如《外物》“有甚忧两陷而无所逃”，即谓众人忧虑深陷于天道、人道“两行”之交战，不知如何逃脱。《列御寇》所引庄言“古之至人，天而不人”，是对“天人两行”的抉择。〇庄义可以概括为“天人两行，天而不人”，郭义可以概括为“天人一行，人而不天”。郭义“名教即自然”，正与“天道人道两行”抵牾，故先篡改（删去“因非”），后妄断（“两行”系于圣人），再反注：“己无是非，故恣物两行”(《天下》郭注)。〇旧多盲从郭象反注，认为庄子主张“此亦一是非，彼亦一是非”、“是亦一无穷，非亦一无穷”、推动是非“两行”，厚诬庄学为“相对主义”。《秋水》贬斥公孙龙“知不知是非之境，而犹欲观于庄子之言，是犹使蚊负山，商蚷驰河也，必不胜任矣”，正可移于此辈。

●第四狙公章：庙堂狙公，朝三暮四；江湖众狙，皆被愚弄。天道、人道交战，众人、圣人“两行”。

下篇

五

古之人，其知有所至矣[1]。恶乎至？有以为未始有物者，至矣，尽矣，不可以加矣[2]。其次以为有物矣，而未始有封也[3]。其次以为有封焉，而未始有是非也[4]。是非之彰也，道之所以亏也[5]。道之所以亏，爱之所以成。[6]

果且有成与亏乎哉？果且无成与亏乎哉[7]？有成与亏，故昭氏之鼓琴也；无成与亏，故昭氏之不鼓琴也[8]。昭文之鼓琴也，师旷之枝策也，惠子之据梧也，三子之知几乎[9]？皆其盛者也，故载之末年[10]。唯其好之也，以异于彼；其好之也，欲以明之。彼非所明而明之[11]，故以坚白之昧终[12]。而其子又以文之纶终，终身无成[13]。若是而可谓成乎？虽我无成，亦可谓成也[14]。若是而不可谓成乎？物与我无成也[15]。是故滑疑之耀，圣人之所鄙也[16]，为是不用而寓诸庸。此之谓以明。

今且有言于此，不知其与“是”类乎？其与“是”不类乎？类与不类，相与为类，则与“彼”无以异矣[17]。虽然，请尝言之：有始也者，有未始有始也者，有未始有夫未始有始也者。有有也者，有无也者，有未始有无也者，有未始有夫未始有无也者。俄而有“无”矣，而未知有“无”之果孰有孰无也[18]？今我则已有谓矣，而未知吾之所谓，其果有谓乎？其果无谓乎？[19]

天下莫大于秋毫之末，而泰山为小；莫寿于殇子，而彭祖为夭[20]。天地与我并生，而万物与我为一[21]。既已为一矣，且得有言乎？既已谓之“一”矣，且得无言乎[22]？一与言为“二”，“二”与一为“三”[23]。自此以往，巧历不能得，而况其凡乎[24]？故自无适有，以至于“三”，而况自有适“有”乎[25]？无适焉，因是已。[26]

夫道未始有封，言未始有常，为是而有畛也[27]。请言其畛：有左，有右；有论，有议[28]；有分，有辩；有竞，有争。此之谓八德[29]。六合之外，圣人存而不论；六合之内，圣人论而不议；《春秋》经世，先王之志，圣人议而不辩[30]。故分也者，有不分也；辩也者，有不辩也。[31]

曰：何也？[32]

圣人怀之，众人辩之以相示也[33]。故曰：辩也者，有不见也。[34]

夫至道不称，至辩不言，至仁不亲，至廉不谦，至勇不忮[35]；道昭而不道，言辩而不及，仁常而不周，廉清而不信，勇忮而不成[36]。五者无弃而几向方矣[37]。故知止其所不知，至矣[38]。孰知不言之辩，不道之道？若有能知，此之谓天府，注焉而不满，酌焉而不竭，而不知其所由来。此之谓葆光。[39]

今译

古之至人，其知达于至境。怎样的至境？有人认为万物生于“无”，这就是至境，这就是尽头，无以复加了。其次有人认为万物生于“有”，然而万物没有封疆。其次有人认为此物、彼物各有封疆，然而彼此没有是非。彰明此物之是、彼物之非，天道遂亏；天道之亏，才有偏私之成。

偏私果真有成而天道果真有亏吗？偏私果真无成而天道果真无亏吗？偏私有成则天道有亏，如同昭文弹琴（乐成、音亏）；偏私无成则天道无亏，如同昭文不弹琴（乐不成、音不亏）。昭文之弹琴，师旷之击杖，惠施之倚梧（论辩），三人之知近乎极致吧？都是出类拔萃的大知，所以盛名传于后世。唯因他们所好之技，异于他人；他们酷好其技，必欲彰明。他们都把不宜彰明之技彰明为道，故以精通“坚白”的愚昧告终。而昭文之子又以昭文之技的余绪告终，终身无成。如此可称有成吗？那么我虽无成，也可称为有成了。如此不可称为有成吗？那么他们与我一样无成。因此混乱可疑的炫耀，圣人予以鄙弃，为此不用小成之心而寓诸庸常。这就叫彰明天道。

如今姑且假言于下，不知吾言与“是”同类呢？抑或与“是”不同类呢？无论与“是”同不同类，吾言均属一类，就是不立与“彼”对待之异。尽管如此，姑且尝试假言：有时间开始，有时间尚未开始，有时间尚未开始之前启动时间的“无”。有空间展开，有空间尚未展开，有空间尚未展开前的“有”，有“有”尚未展开之前的“无”。忽然有了“无”，然而不知有了“无”究竟属于有，抑或属于无？如今吾已假言，然而不知吾之假言，究竟属于有言？抑或属于无言？

天下没有比秋天的毫末再大之物，而泰山极小；天下没有比早夭的幼儿长寿之人，而彭祖短命。天地与我同生于道，万物与我合为一体。既然万物合为一体，怎能（自外于万物）言说“万物合为一体”？既已言说“万物合为一体”，怎能做到无言？实体一与名相“一”是对待的“二”，对待的“二”加没有对待的一是“三”。自从实体一有了名相以来，精通历算者也算不清关于实体一的纷繁言说，何况世间凡夫？所以从道无名相到道有名相，已积为“三”，何况从不变之真有（天道）产生总名到恒变之假有（万物）均有分名？不要往适了，因循相对之是必须知止。

天道没有封疆，人言没有常然，为此而有畛域。姑且假言人言的畛域：有左，才有右；有论说，才有评议；有分判，才有辩论；有竞逐，才有争斗。这是相互对待的八项畛域。六合之外的道，圣人知其存在而不论说；六合之内的物，圣人有所论说而不评议；《春秋》史实，先王心志，圣人有所评议而不辩论。所以分判天地万物的众人，必有不能分判；辩论相对是非的众人，必有不能辨析。

（子游）问：为何如此？

（子綦说：）圣人兼怀万物（而自逍己德），众人热衷辩论而标榜自我。所以说：辩论相对是非的众人，必定有所未见。

至道不可指称，至辩不落言筌，至仁无所亲疏，至廉不事谦让，至勇不逞强横；道若昭明必非真道，言若雄辩必有不及，仁若常施必不周遍，廉若至清必不可信，勇若逞强必将失败。五者不弃始能趋近彼道。所以心知止于自己不知之域，就是至境。谁能知晓无言之辩，不说之道？若是有人能够知晓，那就如同天池巨府，注入永不满溢，汲取永不枯竭，却不知其所由来。这叫永葆德光而不外耀。

校注

［1］知有所至："至知"的支离其言。〇上篇贬斥大知小知，下篇之始即褒扬至知，而托于古人。以下应用庄学四境，分言对于天地万物的四种认知。

［2］未始有物：超越"道↘物"之"物"。《大宗师》"乐通物，非圣人也"。

至矣，尽矣，不可以加矣：至人自"道"己德，"遥"达彼"道"。〇至境。

［3］有物矣，而未始有封：虽已有"物"（浑沌未分的万物总德、始基、元气），尚无"物/我"对待。〇大境。

［4］有封焉，而未始有是非：不仅有"物"，且有"物/我"对待，尚无"是/非"对待。〇小境。

［5］是非之彰也，道之所以亏也：坚执对待，彰明、拔高一己相对"是/非"为万物绝对是非，导致绝对之是（道）亏损。〇末境。

［6］爱：偏私。兼言儒家"仁爱"、墨家"兼爱"。

道之所以亏，爱之所以成：天道之亏，才有偏私之成。〇天道无为，不“仁”一人，不“爱”一物，至仁至爱遍及天地万物。人道有为，“仁”及一人，“爱”及一物，仁爱有偏，未能遍及天地万物，无为天道因而亏损。

◎第五章第一节：应用庄学四境，辨析认知四境。

［7］“果且”二问：为免上文“成”、“亏”二句被人误解，先出二问。然后举例说明，人道之小成，导致天道之用的亏损，但是不能导致天道之体的亏损。○天道之体永不亏损。《管仲》“古今不代，不可以亏”，《骈拇》“古今不二，不可亏也”。

［8］昭氏：姓昭，名文，春秋晚期郑国乐师。

有成与亏，故昭氏之鼓琴也：昭文鼓琴，一声之成，余音俱亡。譬解人道之成，天道之用即亏。

无成与亏，故昭氏之不鼓琴也：昭文不鼓琴，一声未成，每音俱在。譬解人道不成，天道之用不亏。○“成/亏”之辨，上扣“成心”、“名实未亏”。坚执对待“成心”的大知小知，仅求自己“名实未亏”，不顾他人“名实皆亏”，不顾天道之用的亏损。

［9］师旷：春秋晋平公时乐师。定位于“大知”。杖策：举杖击节。

【校勘】“杖”旧讹为“枝”。刘文典据陆释引崔譔本作“杖”及《让王》“杖策”校正。

梧：凤（鹏）栖之树。○《秋水》所引庄言“鹓雏（凤）非梧桐不栖”。《诗经·大雅·卷阿》：“凤凰鸣矣，于彼高冈。梧桐生矣，于彼朝阳。”

据梧：隐喻惠施身负大才，却“拙于用大”。○《德充符》“（惠施）倚树而吟，据梧而瞑”。

三子之知几乎：以易于直观的昭文、师旷之精于技，譬解惠施之精于技而未达道。

［10］皆其盛者：三子皆为精于一技的大知。载之末年：盛名传于后世。

［11］唯其好之也，以异于彼：甲好甲技，乙好乙技，所好之技，彼此互异。

其好之也，欲以明之：自好其技，必欲彰明为道。即“拔技为道”。

彼非所明而明之：拔技为道，无助于彰明真道，反而遮蔽真道。

【辨析二八】庄子贬斥"儒墨"，非谓儒墨二家全无相对之是，乃斥儒墨二家拔技为道、拔德为道，拔高一己相对之是为万物绝对之是，即"非所明而明之"。《天下》："天下之治方术者多矣，皆以其有，为不可加矣。天下各得一察焉以自好，百家众技也。虽然，不赅不遍，一曲之士也。"

［12］坚白：名家著名辩题。石，手触为坚，目视为白。

【辨析二九】名家出于墨家。惠施主张"盈坚白"，合于墨家正统（证见《墨子·经上》"坚白不相外"）。公孙龙《坚白论》主张"离坚白"，不合墨家正统。前305年左右，二人曾在魏都大梁辩论（详见《惠施》）。

昧：庄子认为道合万物，公孙龙"离坚白"悖道，惠施"盈坚白"所合太小，辩之愈明，愚昧愈甚。

终：惠施于大梁辩论失败之后归宋，殁于宋，葬于宋（《徐无鬼》庄过惠墓）。○惠施盛名"载之末年"、"以坚白之昧终"，均证惠施殁后，庄子于晚年撰定内七篇。

［13］其子：昭文之子，兼及师旷之子、惠施之子（弟子后学）。以昭文起譬，亦以昭文之子终譬。

文：昭文。纶：绪余。终身无成：终身攻技而小成，未能达道而大成。○《养生主》"技进乎道"。

［14］【校勘】"无成"、"可谓"四字旧脱。刘文典据《庄子阙误》引江南古藏本校补。

［15］"若是"二句：技之小成不可谓道之大成，万物均不可自矜大成。

［16］是故滑gǔ疑之耀，圣人之所鄙也：滑，音骨，乱也（《广韵》）。外耀己德，即不"道"己德，圣人鄙之。

【校勘】"鄙"原作"啚"，后讹为"圖"（图），字讹而义反。○《天下》"鄙傲乎救世之士"，"鄙"原亦作"啚"，后亦讹为"圖"（图）。

◎第五章第二节：拔高小技，亏损大道；道体无亏，道用有亏。

［17］今且有言于此：指下文"请尝言之"与"今我则已有谓矣"之间的道论九句。

与"是"类、与"是"不类：此"是"不与"非"对待，属绝对之"是"（道），即上文"圣人因是"、下文"物所同是"之"是"，故作"与'是'

不类”，不作“与‘非’类”。

类与不类，相与为类：无论下文吾言是否合于绝对之“是”（道），均属一类（即不与“非”对待）。

则与“彼”无以异矣：不以与“彼”相异为旨。下文“众人辩之以相示”，才是以与“彼”相异为旨。〇上扣“唯其好之也，以异于彼，其好之也，欲以明之，彼非所明而明之”，此谓庄子彰明天道，并非因己所好，欲与“彼”异而明之，乃是当所明而明之。

【辨析三十】上节斥技，本节言道。言道之先，先以六句上接“彼/是”对待，申明已言无论是否属“是”，均不志在与“彼”相异，均属超越对待之言。一欲读者知其假言，二欲读者得意忘言。

［18］道论九句：属于宇宙发生论（《大宗师》道论八字属于宇宙本体论），分为三层。前三句，逆溯“宙”（时间）之发生。中四句，逆溯“宇”（空间）之发生。末二句，致无前七句，“自言自扫”（王夫之）。

【辨析三一】道论九句之前七句，均用“有……也者”句式，义同“有……之发生阶段”。如“有有也者，有无也者”，去其句式，名相仅为“有”、“无”。旧多混淆句式与名相，误读为“有有”、“有无”。义遂难明。

［19］“今我”四句：反扣上文“（大知小知）果有言邪？其未尝有言邪？”〇大知小知坚执对待而“所言未定”，故其有言如同无言。庄子超越对待而致无其言，故其有言均属假言。

【校勘】“之所谓”旧误倒为“所谓之”。

◎第五章第三节：宇宙发生，先后有序；彰明天道居先，彰明人技居后。

［20］泰山为小、彭祖为夭：前射《逍遥游》大鹏“背若泰山”、“彭祖乃今以久特闻，众人匹之，不亦悲乎”。可证大鹏、彭祖象征大知，并非象征至知。

【辨析三二】旧多盲从郭象反注，未明庄学四境，认为大鹏、彭祖代表庄学至高之境，认为《齐物论》主张秋毫大于泰山，殇子寿于彭祖，视为颠倒常识的相对主义诡辩。实则《齐物论》乃以“天地与我并生，万物与我为一”的道极视点，突破以秋毫为至小、以泰山为至大、以大鹏为至知、以彭祖为至年的普通常识，阐明毫末、殇子只要达至道极视点，则至大至寿，泰山、彭祖若不能达至道极视点，则至小至夭。〇《秋水》："以差观之，因其所大而大之，则万物莫不大；因其所小而小之，则万物莫不小。"《徐无鬼》："登高不可以为长，居下不可以为短。"《骈拇》："长者不为有余，短者不为不足。"《庄子》佚文："人长七尺，不以为大；蝼蚁七寸，而得大名。""以足言之，则殇子为寿；不足论之，则彭祖为夭。"均演此义，均非颠倒常识的相对主义诡辩。

[21] 天地与我并生，而万物与我为一：揭破"齐物"篇旨。二"我"上扣"毫末"、"殇子"。消泯并超越"天地万物"与"我"之对待。《天地》所引庄言"万物一府，死生同状"。〇"毫末"、"殇子"一旦"丧我"而自"道"己德，就与天地万物为一，就能至大至寿。未能"丧我"而自"道"己德的"泰山"、"彭祖"，终有毁夭之时，难以至大至寿。

[22] 既已为一：天地万物为一，属实体一。

既已谓之"一"：认知、表述"天地万物为一"，属名相"一"。〇本节加引号者为名相（能指），不加引号者为实体（受指）。

且得有言乎、且得无言乎：人类言道，均属假言。

【辨析三三】庄子认为道不可言，只可假言。原因有三：其一，人类是道生万物之一，人类言说万物及万物之道，均属自我指涉的吊诡之言。其二，有限物德低于无限天道，人类不可能尽知天道。其三，道之名相（能指），异于道之实体（受指）。

[23] 一与言为"二"：一，实体一；言，名相"一"。实体一+名相"一"="二"。

"二"与一为"三"："二"（实体一+名相"一"）+一（实体一）="三"。

【辨析三四】庄子区分实体一、名相"一"。理由有三：其一，实体一，不与天地万物对待，也不与名相"一"对待；名相"一"，既与实体一对待，又与他人之名相"一"对待。其二，实体一，有真无伪；名相"一"，有真有伪。其三，人难尽知天道，唯有永远超越名相"一"，方能不断增进对于实体一的认知。〇《齐物论》"既已谓之'一'矣……一与言为'二'，'二'与一为'三'"，似为戏仿隐斥公孙龙《通变论》"谓鸡足一，数足二，二而一故三”。两者之义虽异，均属演绎《老子》“道生一，一生二，二生三，三生万物”。王弼《老子注》：“已谓之一，岂得无言乎？有言有一，非二如何？有一有二，遂生乎三。”《老子》并未及“言”，王弼以庄注老，不合老义，颇合庄义。

［24］巧历：精通历法计算者。

凡：凡夫，盲从伪道的众人。

［25］自无适有：从实体一无名相，到实体一有名相。

自有适“有”：有，永恒不变的天道真有。“有”，永恒物化的万物假有（《知北游》“汝身非汝有”）。四字之义：从天道真有（实体一）有名相，到万物假有（分自实体一）均有名相。○庄子贬斥大知小知“非所明而明之”地辨析万物名相，越辨析越琐碎（如惠施、公孙龙从“石”辨析出“坚/白”），离实体一越来越远，而自以为彰明天道。

［26］无适焉，因是已：与上文“适得而几矣，因是已”，似相反，实相成。“适得”落足于“因是”（因任天道），“无适”落足于“已”（因循内德达于极限而止）。二义合观，即庄学至境“至适无适”。

◎第五章第四节：实体之道，高于天地万物，异于名相之道。

［27］道未始有封：道，实体一。实体一遍在永在于万物，无有封疆、局限。

言未始有常，为是而有畛zhěn也：言，名相“一”。名相“一”所言未定，是非无常，为此而有畛域、局限。

【辨析三五】实体一，属“道”；名相“一”，属“德”。“德”低于“道”，故名相“一”低于实体一。以名相“一”为实体一，即拔“德”为“道”，与拔技为道相同，必属伪道。“道”是没有封畛、遍在永在的绝对价值，“言”、“德”是必有封畛、此有彼无、此多彼少、此正彼反、此是彼非的相对价值。

［28］请言其畛：请言“言”、“德”之畛域、局限。

【校勘】“论”、“议”，旧讹为“伦”、“义”。俞樾、王先谦据陆释引先于郭象的崔譔本作“有论有议”校正。○下文“圣人存而不论”、“圣人论而不议”，可证原文必作“论”、“议”。○郭注：“物物有理，事事有宜。”“理”释“伦”，“宜”释“义”，可证郭象以儒解庄，妄改原文。

[29]八德：“言”之“八畛”。○“言”（人籁）之畛域、局限，即“德”（物德）之畛域、局限。

[30]六合之外：道。六合之内：德。《春秋》经世，先王之志：仁义礼乐。○“圣人”三句，先言“道”，次言“德”，再言“仁义礼乐”。

【辨析三六】道家价值序列“道↘德↘仁↘义↘礼↘乐”，义本《老子》“失道而后德，失德而后仁，失仁而后义，失义而后礼”。老、庄不反对“仁义”，仅是反对拔高“仁义”僭代“道德”，反对把“道↘德↘仁↘义”颠倒为“仁义=道德”，尤其反对不仁不义、假仁假义的俗君僭主自诩“仁义道德”（《大宗师》辨析八）。

[31]“故分也者”四句：非言“圣人”，而是与“圣人”对比的众人。因为上文明言圣人“不辩”，隐含圣人“不分”。

◎第五章第五节：天道无封，人籁有畛；“道↘德↘仁↘义”，价值序列。

[32]子游插入第二问。○子游插入三问，独此一问有“曰”字。若属庄子自问，当无“曰”字。此字可证，三问均属子游所问。子游所问之外，均为子綦之言。

[33]圣人怀之：此释圣人为何“不分”、“不辩”。圣人超越“物/我”、“彼/此”、“是/非”之对待，自“道”己德。○《老子》“圣人被褐怀玉”。

众人辩之以相示：此释众人为何欲“分”、欲“辩”。众人坚执“物/我”、“彼/此”、“是/非”之对待，不“道”己德。

[34]辩也者，有不见也：变文重言上文“辩也者，有不辨也”。可证上文“故分也者”四句，非言“圣人”，乃言“众人”。

[35]至勇不忮zhì：忮，《说文》训“很”，今作“狠”。逞强。

【校勘】“至道”、“至辩”、“至仁”、“至廉”、“至勇”之“至”，旧皆作“大”，不合庄学四境之褒至境、贬大境。外杂篇十见“至道”，七见“大道”；五见“至仁”，无一“大仁”。可为旁证。○“至仁不亲”之“亲”旧讹为“仁”，王叔岷据《大宗师》“有亲非仁也”及其郭注“至仁无亲”、又《天运》亦有“至仁无亲”校正。

[36]道昭而不道：大知小知昭彰明示、自诩揭示天道无遗的名相之道，

必非真道。〇《老子》“明道若昧”,《知北游》“道不可言，言而非也。道不当名”。

言辩而不及：言语虽辩，难以遍及一切。

仁常而不周：仁义常施，难以周遍万物。〇《知北游》所引庄言，谓道“周、遍、咸”。

【校勘】“周”旧讹为“成”。奚侗、刘文典、王叔岷据《庄子阙误》引江南古藏本、郭注“常爱必不周”、《列御寇》(本书在《曹商》，郭象拼接于《列御寇》)郭注“爱之则有不周”校正。

[37]方：即“道术”(《大宗师》)。又作“大方”(《山木》、《秋水》、《则阳》、《管仲》)，义本《老子》“大方无隅”。

【校勘】“无弃”旧讹为“园”。奚侗、陈鼓应据《淮南子·诠言训》“五者无弃而几向方矣”校正。

[38]知止其所不知，至矣：义同《老子》“知不知，上”。庄言“所不知”，义同老言“不知”，均指人必有不知之域。对于“物”之不知，能够从不知变成知，对于“道”之不知，不能从不尽知变成尽知。

【辨析三七】至人不仅“尽其所受乎天”(《应帝王》)，充分展开天赋物德，尽己所能认知、趋近天道；同时“因是已”(《齐物论》)、“不雄成，不自得”(《大宗师》)、“无见得”(《应帝王》)，止于物德极限，不妄称尽知天道，自知无知，致无其知。此即庄学至境“至知无知”。

[39]天府：天赋物德。义同《逍遥游》“天池”。

“不满”、“不竭”二句：譬解下句“葆光”之二义。

葆光：一义，葆德之光，使之“酌焉而不竭”。二义，光而不耀(《老子》)，使之“注焉而不满”。〇“葆光”上扣“以明”,“光”喻“德”,“明”喻“道”，义本《老子》“用其光，复归其明”(参看《老子》“知其子，复守其母”)。

【辨析三八】“葆光”二义：永“葆”己德，自“道”己德。内七篇兼言“葆光”二义之例有四:《养生主》“善刀而藏之”,《德充符》“才全而德不形，内葆之而外不荡”,《应帝王》“尽其所受乎天，而无见得”。单言“葆光”一义之例，遍布内七篇。外杂篇单言二义、一义者无数。

◎第五章第六节：圣人怀德而葆光，众人矜德而耀光。

●第五至知章：拔德为道，道必亏损；道难尽知，德当永葆。

六

故昔者尧问于舜曰[1]："我欲伐宗、脍、胥敖[2]，南面而不释然，其故何也？"

舜曰："夫三子者，犹存乎蓬艾之间。若不释然，何哉？昔者十日并出，万物皆照[3]，而况德之进乎日者乎？"[4]

今译

从前唐尧问虞舜："我打算征伐宗、脍、胥敖，每天居于尊位而不能释怀，是何缘故？"

虞舜说："那三个小邦，犹如存在于蓬蒿艾草之间。你不能释怀而欲吞并，是何缘故？从前十个太阳并悬天空，万物均得普照，何况物德胜于太阳的你？"

校注

[1] 尧舜：唐尧虞舜，已见《逍遥游》"是其（至人）尘垢秕糠，将犹陶铸尧舜"。○《礼记·中庸》："子曰：'舜其大知也欤！'"亦证庄子不褒尧舜、不褒"大知"。

[2] 宗、脍kuài、胥敖：三苗。○《人间世》作"丛、枝、胥敖"。宗、丛，音近相通（孙诒让、王叔岷）。奚侗："'枝'，疑'快'之误。'快'、'脍'，音近也。"

[3] 昔者十日并出，万物皆照：上扣"圣人照之于天"、"莫若以明"、"葆光"，借用"尧令羿射九日"神话，譬解唐尧以前道之用未亏，唐尧以

后道之用已亏。○“尧令羿射九日”，乃是“葆光”的反动，导致十日仅剩一日，人道假君假宰僭代天道真君真宰；从“照之于天”的“因是”，降至“照之于人”的“因是因非，因非因是”。

［4］德之进乎日：臣子虞舜面谀君主唐尧，与《逍遥游》唐尧自况“爝火”而誉许由为“日月”相反。

【辨析三九】尧伐三苗，未因虞舜之劝阻终止。臣子既谀君德“进乎日”，俗君必然自矜代表天道，必然“代大匠斫”。谀君然后谏君，自相矛盾，必然失败。○此言虞舜劝阻唐尧征伐三苗，异于《史记·五帝本纪》“舜迁三苗于三危”、《后汉书·西羌传》“舜流三苗，徙之三危”，当属寓言。

●第六尧舜章：庙堂假君，不“道”己德；坚执对待，征伐同类。

七

啮缺问乎王倪曰[1]：“子知物之所同是乎？”[2]

曰：“吾恶乎知之？”

“子知子之所不知邪？”

曰：“吾恶乎知之？”

“然则物无知邪？”

曰：“吾恶乎知之？虽然，尝试言之。庸讵知吾所谓知之非不知邪？庸讵知吾所谓不知之非知邪[3]？且吾尝试问乎汝：民湿寝，则腰疾偏死，鳅然乎哉？木处，则惴栗恂惧，猿猴然乎哉？三者孰知正处？民食刍豢，麋鹿食荐，蝍蛆甘带，鸱鸦嗜鼠[4]。四者孰知正味？猿，猵狙以为雌[5]，麋与鹿交，鳅与鱼游；毛嫱西施，人之所美也，鱼见之深入，鸟见之高飞，麋鹿见之决骤[6]。四者孰知天下之正色哉[7]？自‘我’观之，仁义之端，是非之途，樊然淆乱[8]。吾恶能知其变？”

啮缺曰：“子不知利害，则至人固不知利害乎？”

王倪曰：“至人神矣[9]！大泽焚而不能热，河汉冱而不能寒，

疾雷破山而不能伤，飘风振海而不能惊[10]。若然者，乘云气，骑日月，而游乎四海之外[11]。死生无变于己，而况利害之端乎？"

今译

啮缺问王倪说："先生可知万物同有的绝对之是？"

王倪说："我如何能知？"

"先生可知先生之不知？"

王倪说："我如何能知？"

"莫非无物能知绝对之是？"

王倪说："我如何能知？尽管如此，不妨尝试假言。如何能知我所谓知并非不知呢？如何能知我所谓不知并非知呢？且让我尝试问你：人睡湿地，会得腰病偏瘫，泥鳅会吗？人在树上，就会惊慌恐惧，猿猴会吗？三物之中有谁知道绝对正处？人吃五谷六畜，麋鹿食用草木，蜈蚣爱吃小蛇，鸱枭嗜好老鼠。四物之中有谁知道绝对正味？猿以猵狙配偶，麋与鹿交配，泥鳅与鱼同游；毛嫱、西施，人皆称美，鱼见了深潜水底，鸟见了高飞天宇，麋鹿见了撒腿逃跑。四物之中有谁知道绝对正色？从'我'的成心观察万物，仁义的两端，是非的两歧，必定囿于樊篱而淆乱无定。我如何能知它们怎样变动？"

啮缺问："先生不知利害，难道至人原本不知利害？"

王倪答："至人神啦！大泽焚烧也不能使之炎热，河汉冰冻也不能使之寒冷，迅雷劈山也不能使之受伤，飓风海啸也不能使之惊惧。如此之人，乘着云气，骑着日月，游于四海之外。死生也不能使之改变真德，何况利害两端呢？"

校注

[1] 啮niè缺：隐喻真德被伪道啃啮而缺损，定位于"小知"。

王倪：下文"天倪"之变文，道极之人格化，定位于"至知无知"的"至人”。王，“王德之人”（《天地》所引庄言）。倪，极。

［2］物之所同是：“道”之变文，绝对之“是”。义同《徐无鬼》所引庄言“公是”。

［3］“庸讵jù”二问：“知之非不知”，“不知之非知”，上扣“知止其所不知，至矣”。〇《知北游》：“弗知乃知乎？知乃不知乎？孰知不知之知、知之不知乎？”

［4］偏死：半身不遂。刍：素食。豢huàn：荤食。荐：草。蝍jí蛆jū：蜈蚣。带：蛇，小蛇。鸱chī鸮xiāo：猫头鹰。

【校勘】“鸮”旧讹为“鸦”，形近而讹。鸦无嗜鼠之性。〇初版漏校，修订版补校。

［5］猿，猵piàn狙以为雌：旧多连读“猿猵狙”，义颇难明。〇司马彪、崔譔读作“猿，猵狙以（之）为雌”，意为雌猿与雄猵狙交配。亦可读作“猿，以猵狙为雌”，则意为雄猿与雌猵狙交配。

［6］鱼见之深入，鸟见之高飞：鱼鸟不以为美。〇成语“沉鱼落雁”本此，反用为鱼鸟惊艳其美。庄义多反俗见，故俗见多予反用。

麋mí鹿见之决骤：麋鹿不以为美。〇王叔岷：“决与赽通，亦与駃通，《广雅·释诂一》：‘赽，疾也。’《释宫》：‘駃，犇也。’《说文》：‘骤，马疾步也。’”

【校勘】“西施”旧涉下文“丽之姬”讹为“丽姬”。刘文典、朱桂曜、王叔岷、方勇、陆永品据陆释引崔譔本、《太平御览》三八一、《初学记》一九、《白孔六帖》七引作“毛嫱西施”、《抱朴子·广譬篇》“飞鸟睹西施而惊逝”校正。

［7］“正处”、“正味”、“正色”三喻：扩展《逍遥游》“天之苍苍，其正色邪”，譬解一类独有之是、相对之是（理），并非万类共有之是、绝对之是（道），阐明不可拔高一己相对之是（理）为万物绝对之是（道）。〇上篇专明庄学俗谛“万物殊理”（《则阳》），下篇专明庄学真谛“万物同道”。《齐物论》篇旨即“万物同道殊理”。

［8］我：“物/我”对待之“我”。

自“我”观之：囿于“物/我”对待的人间视点，义同《秋水》“以物观之”。又《秋水》“以道观之”，即超越“物/我”对待的道极视点。

端：义同王倪之“倪”，亦训极。合词“端倪”。《大宗师》“返复终始，不知端倪”。

仁义之端，是非之途，樊fán然淆xiáo乱：上扣“其所言者特未定”。○仁义之“端”，即人道之极。天道之“倪”，即天道之极。

［9］至人神矣：揭破《逍遥游》“藐姑射神人”即“至人”。

［10］“大泽焚”四句：略同《逍遥游》对“藐姑射神人”的文学夸张。冱hù：冻（向秀）。

【校勘】“而不能伤飘”五字旧脱。王叔岷、陈鼓应据《淮南子·精神训》“大雷毁山而不能惊也，大风晦日而不能伤也”校补“而不能伤”。奚侗、刘文典、方勇、陆永品据成疏“飘风涛荡而振海”、《庄子阙误》引江南李氏本校补“飘”。

［11］乘云气，骑日月，而游乎四海之外：第三次“乘↗游”句式。变文重言《逍遥游》“藐姑射神人”之“乘云气，御飞龙，而游乎四海之外”。

●第七王倪章：江湖至人，自“道”己德；超越对待，尊重异类。

八

瞿鹊子问乎长梧子曰[1]：“吾闻诸夫子[2]：‘圣人不从事于务[3]，不就利，不违害[4]，不喜求，不缘道[5]；无谓有谓，有谓无谓[6]，而游乎尘垢之外。’[7]夫子以为孟浪之言，而我以为妙道之行也[8]。吾子以为奚若?”

长梧子曰：“是黄帝之所听荧也，而丘也何足以知之[9]？且汝亦太早计，见卵而求时夜，见弹而求鸮炙[10]。予尝为汝妄言之，汝以妄听之：奚傍日月，挟宇宙，为其吻合，置其滑涽[11]？以隶相尊，众人役役[12]；圣人愚钝，参万岁而一成纯[13]。万物尽然，而以是相蕴[14]。予恶乎知悦生之非惑邪？予恶乎知恶死之非弱丧而不知归者邪[15]？丽之姬，艾封人之子也，晋国之始得之也，涕泣沾襟；及其至于王所，与王同筐床，食刍豢，而

后悔其泣也[16]。予恶乎知夫死者不悔其始之祈生乎？梦饮酒者，旦而哭泣，梦哭泣者，旦而畋猎[17]；方其梦也，不知其梦也，梦之中又占其梦焉，觉而后知其梦也[18]。且有大觉而后知此其大梦也，而愚者自以为觉，窃窃然知之[19]。君乎牧乎，固哉[20]！丘也与汝皆梦也[21]，予谓汝梦亦梦也[22]。是其言也，其名为吊诡[23]。万世之后而一遇知其解者，是旦暮遇之也。"[24]

今译

鹳鹊子问长梧子说："我把所闻之言转告于夫子：'圣人不从事俗务，不追逐利益，不躲避危害，不妄求尽知天道，不盲从名相之道；无所坚执而有所假言，有所假言而致无其言，游心于尘世扰攘之外。'夫子以为这是轻率之言，而我以为这是妙道之行。先生以为如何？"

长梧子说："这些至言黄帝听了也会迷惑，孔丘如何能够知解？况且你也太过性急，一见鸡蛋就想孵出雄鸡，一见弹弓就想烧烤枭肉。我尝试为你姑妄言之，你不妨姑妄听之：何必倚傍日月，挟持宇宙，修剪物德之量使之齐一，却对物德之质原本齐同弃置不顾？层层隶属而上尊下卑，众人受役于假君假宰的役使；圣人自知愚钝，参透古今不变的大成纯一之道。万物均有相对之然，而以相对之是相互蕴涵。吾人如何能知爱悦生命不是大惑呢？吾人如何能知厌恶死亡不是幼年离开故乡而不知归宿呢？丽姬，是艾封人之女，刚被晋国掳去之时，哭得涕泪沾襟；等她来到晋国，与晋君同床共枕，享用荤素美食，然后懊悔当初之哭泣。吾人如何能知死者不会懊悔当初之祈求长生？夜梦饮酒作乐之人，晨醒反而哭泣；夜梦哭泣之人，晨醒反而驰骋打猎；当其陷溺梦境，不知身在梦中，梦中又会做梦，醒觉以后始知身在梦中。况且唯有大觉之后始知陷溺大梦，而梦中愚人却自以为大觉，窃窃自喜于尽知天道。鼓吹君啦臣啦，固陋至极！孔丘与你（德心、身形）均陷大梦，我说你们（德心、身形）均陷大梦，（德心虽悟大梦，身形）仍陷大梦。（身形陷于大梦的）我只能假言，名为吊诡。万世之后若能一遇知其解者，如同一朝一夕就遇知音。"

校注

［1］鸜qú鹊què子：小鸟之人格化，四境动植范型定位于“小知”，虚构的孔子弟子（颜回化身）。

长梧子：梧桐之人格化，四境动植范型定位于“至知无知”的“至人”。○孔子“长”人，被喻为“凤”（鹏），而“凤”栖于“梧”，故“长梧子”实可视为真际孔子（庄学代言人）。○《史记·孔子世家》：“孔子长九尺有六寸，人皆谓之长人而异之。”先秦一尺约23.1厘米，九尺六寸超过2.2米。未知是否神化夸大。

［2］吾闻诸夫子：使动句，吾使夫子得闻“圣人不从事于务”八句。○旧多误释“圣人不从事于务”八句为“夫子”（孔子）之言，与“夫子以为孟浪之言”抵牾。

［3］圣人不从事于务：前射《逍遥游》“孰肯纷纷然以物为事”，后伏《德充符》“何肯以物为事”。

［4］不就利：不趋近庙堂富贵。预伏《德充符》哀骀它鄙弃相位。○《天运》所引庄言“至贵，国爵摒焉；至富，国财摒焉；至显，名誉摒焉”，《天道》所引庄言“天下奋柄，而不与之偕”。

不违害：不惧怕因为顺应天道而被庙堂刑教惩罚。预伏《养生主》右师、《德充符》三兀者之被刖足。○《大宗师》“古之真人，过而弗悔”。

［5］不喜求：不妄求尽知天道。○《山木》“人之不能有天，性也”。

不缘道：不盲从名相之道（顺应实体之道，因循自身真德）。○上文“一与言为二”。

［6］无谓有谓，有谓无谓：圣人不言名相之道，假言实体之道，又致无假言之名相。○《外物》所引庄言“得意而忘言”，《天道》所引庄言“语之所贵者，意也”，《寓言》“终身言，未尝言”，《则阳》“其口虽言，其心未尝言”。

［7］游乎尘垢之外：游心于道。前射《逍遥游》“其尘垢秕糠，将犹陶铸尧舜”，后伏《大宗师》“游方之外”。○“圣人”八句，高度浓缩庄学要义。

［8］孟浪之言：鄙野之言（司马彪），不精要之言（崔譔），无稽之言（释德清）。

“夫子以为”二句：应用《逍遥游》“鱼卵成长为鲲”的“小知”成长范式，表明小知鸜鹊子之成长、改宗，预伏《人间世》、《大宗师》孔子弟子颜回之成长、改宗。

［9］听荧：听了疑惑。

丘：孔丘（前551—前479），儒家祖师。小知鸜鹊子之师，至知长梧子斥之，定位于“大知”。○崔譔、成玄英出于尊孔成心，谓“丘”为长梧子自称。与长梧子下言“丘也与汝皆梦也，予谓汝梦亦梦也”抵牾。俞樾驳正。

丘也何足以知之:《史记·老子韩非列传》“庄周著书，诋訿孔子之徒”。

【辨析四十】长梧子之“梧”，即凤栖之树:《秋水》所引庄言“鹓雏（凤）非梧桐不栖”。《逍遥游》“鲲化为鹏（凤）”之“大知”改宗范式，预伏贯穿内七篇之孔子改宗，即从信奉人道的实际孔子，化为信仰天道的真际孔子。《齐物论》长梧子贬斥实际孔子，即斥实际孔子尚未凤栖于梧。《人间世》孔子三章，从俗谛层面对孔学之合道部分“然于然”，篇末斥孔虽为人中之“凤”，却不葆真德而“德衰”。《德充符》孔子三章，从真谛层面对孔学之悖道部分“不然于不然”。至《大宗师》孔子三章，信奉人道的实际孔子经过“积厚”渐变，终于积渐为顿，化为信仰天道的真际孔子，完成鲲化为鹏（凤）、凤栖于梧之改宗。详后各篇。

［10］“且汝亦太早计”三句：譬解小知鸜鹊子急于让大知孔子理解至人之言，使之改宗。

【辨析四一】庄子不急于让孔子改宗，而用四篇十章虚构了孔子“积厚”渐变的全过程，所以《大宗师》孔子改宗之前，又重言“卵”、“弹”二喻，暗示经过数篇“积厚”渐变，鸡蛋已经孵出雄鸡，弹弓已经求得鸮炙，真际孔子终于鲲化为鹏（凤），凤栖于梧。

［11］宇宙：四方上下曰宇，往古来今曰宙（《尸子》）。○《墨子·经上》:“久，弥异时也。宇，弥异所也。”《墨子·经说上》:“久，合古今旦

暮。宇，蒙东西南北。”《淮南子·齐俗训》：“往古来今谓之宙，四方上下谓之宇。”

奚傍日月，挟宇宙：傍，倚待。挟，强制。反“乘↗游”句式，反扣上文至人“乘云气，骑日月，而游乎四海之外”。○郭象误将“奚”字断于上句之末，王先谦、刘文典、王叔岷、陈鼓应等盲从，导致原义反转。内七篇“奚”字十五见，或在句首，或在句中，无一在句末。

为其吻合：上扣“劳神明为一，而不知其同”。剪齐民众物德之量，使成“编户齐民”。

置其滑gǔ涽hūn：滑，音骨，乱也（《广韵》）。“滑涽”，义同《应帝王》“浑沌”，参看《泰初》“溟涬”、《在宥》“涬溟”。句谓对于物德之质原本齐同于道，弃置不顾。

［12］以隶相尊：贬斥庙堂伪道，凭借相互隶属役使，显示尊卑贵贱。

众人役役：上扣“终身役役”。“役役”义同《大宗师》“役人之役”（受役于人道假宰之役使）。○成疏：“役役：驰动之容也。”郭嵩焘：“众人役役：较量今日，又较量明日，今日见为是，明日又见为非。”方勇、陆永品：“众人役役：谓凡人驰逐是非之境，劳役不息。”均非。

［13］圣人愚钝：圣人自“道”己德，上扣“不用而寓诸庸”，义同后世常言“大智若愚”（《老子》有此义，无此语）。

参万岁而一成纯：圣人“遥”达彼道，参透万古不变、大成纯一之道的遍在永在（但不自矜尽知）。

【校勘】“纯”旧作“芚”chūn，字通。朱骏声、王叔岷校正。

［14］万物尽然：上扣“无物不然”。以是相蕴：以相对之是，相互蕴涵。

［15］弱丧：年少离开故乡。不知归：不知归宿。上扣“苶然疲役而不知其所归”。

“生”、“死”二句：譬解“万物尽然，以是相蕴”。死生亦相互蕴涵，“道通为一”。○上扣“其分也，成也；其成也，毁也。凡物无成与毁，复通为一”。

【辨析四二】唯有“齐死生”，方能“齐万物”。不能“齐死生”，必然不能“丧我”，必然坚执“物/我”、“彼/此”、“是/非”对待，从而不能“齐万物”。唯有“齐死生”，方能“丧我”，方能超越“物/我”、“彼/此”、“是/非”对待，从而“齐万物”。

［16］成疏：“昔秦穆公与晋献公共伐丽戎之国，得美女一，玉环二。秦取环而晋取女，即丽戎国艾地守封疆人之女也。”

［17］“梦饮酒者”四句：饮酒、畋猎，均指乐事。以梦中、醒后之相反，譬解大知小知之身心对立、人格分裂。○上扣“（大知小知）其寐也魂交，其觉也形开”。

［18］“方其梦也”四句：梦者不知身陷梦境，觉者方知曾陷梦境，譬解大知小知信奉庙堂人道，不知所奉之道实属伪道，至知觉醒达至天道之后，始知庙堂人道属于伪道。

［19］“大觉”、“大梦”三句：以身形之“小梦/小觉”，譬解德心之“大梦/大觉”。

［20］君乎牧乎，固哉：牧，牧民之臣。隐斥孔子鼓吹“君君臣臣父父子子”（《论语·颜渊》）。《人间世》“天子之与己，皆天之所子”，《让王》“天子不得臣，诸侯不得友”。○郭象反注：“夫愚者大梦而自以为寤，故窃窃然以所好为君上，而所恶为牧圉，欣然信一家之偏见，可谓固陋矣。”

［21］丘也与汝皆梦也：贬斥鼓吹君臣纲常、庙堂人道的大知孔子，德心、身形均陷大梦。

［22］予谓汝梦亦梦也：我说你们德心、身形均陷大梦，因为我的德心不在梦中，但是我的身形仍然陷于大梦（身陷悖道语境，《人间世》“无适而非君，无所逃于天地之间”），因而不能明言，只能支离其言。○此为庄子自言内七篇“支离其言，晦藏其旨”之原因，其义极其隐晦。庄子自知其义极其隐晦，故有下语。

［23］吊诡：违背排中律的自涉吊诡。

是其言也，其名为吊诡：此谓“予谓汝梦亦梦也”，属于自涉吊诡。兼扣上文“既已为一矣，且得有言乎”，亦属自涉吊诡。

【辨析四三】《齐物论》两大吊诡：“齐物”吊诡“一与言为二”，乃谓江湖天道不可明言，只能勉强假言，得意忘言。“大梦”吊诡“予谓汝梦亦梦也”，乃谓庙堂人道难以明斥，只能支离其言，晦藏其旨。

［24］万世之后而一遇知其解者，是旦暮遇之也：《齐物论》两大吊诡，总摄庄学大要。由于庄子支离其言、晦藏其旨（内七篇皆然），两大吊诡极其隐晦，庄子预言万世之内，无人能解其义。

【校勘】“一遇”后旧衍“大圣”二字。“大圣”与“知其解者”语义重叠，文法不通。或为郭象自居其注得庄真义，妄增“大圣”二字以自况。

●第八长梧斥孔章：内七篇之孔子初见章。孔丘如凤，尚未栖梧；人道大梦，至人先觉。

九

既使我与若辩矣[1]，若胜我，我不若胜，若果是邪？我果非也邪？我胜若，若不吾胜，我果是邪？尔果非也邪？其或是邪？其或非也邪？其俱是邪？其俱非也邪？我与若不能相知也，则人固受其黮暗[2]。吾谁使正之？使同乎若者正之，既与若同矣，恶能正之？使同乎我者正之，既同乎我矣，恶能正之？使异乎我与若者正之，既异乎我与若矣，恶能正之？使同乎我与若者正之，既同乎我与若矣，恶能正之[3]？然则我与若与人，俱不能相知也，而待彼也邪？[4]

化声之相待，若其不相待[5]。和之以天倪[6]，因之以蔓衍，所以穷年也[7]。忘年忘义[8]，振于无境，故寓诸无境。[9]

何谓和之以天倪？[10]

曰：是不是，然不然[11]。是若果是也，则是之异乎不是也，其无辩；然若果然也，则然之异乎不然也，亦无辩。[12]

今译

假如我与你辩论，你胜我，我不胜你，你果真是，我果真非吗？倘若我胜你，你不胜我，我果真是，你果真非吗？难道必有一是？难道必有一非？抑或彼此皆是？抑或彼此皆非？我与你不能相互知解，可见人必禀受物德之昏暗。吾人让谁公正裁断？让观点同于你者裁断，既然观点同于你，怎能公正裁断？让观点同于我者裁断，既然观点同于我，怎能公正裁断？让观点异于你我者裁断，既然观点异于你我，怎能公正裁断？让观点同于你我者裁断，既然观点同于你我，怎能公正裁断？既然你与我和任何人，都不能相互知解，岂非唯有独待彼岸天道？

造化之声被万物倚待，又好似不倚待。和合万物以道极，因任天道而推移，以此穷尽小年。丧忘人类小年，丧忘人道小义，方能振拔于道无之境，寄身于致无之境。

（子游问：）何谓和合万物以道极？

（子綦）说：就是以天道所“是”，“是”人道所“不是”，以天道所“然”，“然”人道所“不然”。倘若你之所“是”果真合于天道所“是”，那么你之所“是”必定异于天道所“不是”，那么你我就无须辩论；倘若你之所“然”果真合于天道所“然”，那么你之所“然”必定异于天道所“不然”，那么你我也无须辩论。

校注

［1］若：子綦称子游。本章“若”“尔”皆然。○此证第二章以下，均为子綦对子游所言（上文子游已插入二问）。本章“待彼”（待道）至关重要，子綦遂直接对子游言说。

［2］黮dǎn暗：反扣上文“以明”、“葆光”。

人固受其黮暗：物德必有极限，人皆有其无知。○《逍遥游》“知有聋盲”，《养生主》“吾生也有涯，而知也无涯”，《山木》“人之不能有天，性也”。

［3］“使同乎我与若者正之”三句：庄子偶误。

【辨析四四】上列四种可能裁断者，前三种均属客观实有，第四种“同乎我与若者”并非客观实有。因为“我”与“若”辩论之前提，即观点不同，故“同乎我与若者”决非客观实有。庄子小失，仅此一见。○假设某丙裁断某甲、某乙之不同观点，既同意某甲之观点，又同意某乙之观点，复谓某甲、某乙之不同观点并无不同。如此情形，固为世间常有，然而纯属某丙主观故意胡搅，与前三种裁断者之观点，客观同异于某甲、某乙之观点，不属同一逻辑层面，仍当视为庄子偶误。

［4］待彼：待道。

【辨析四五】“待彼”是对首章预伏的通篇悬念“怒者其谁”的最终回答。庄义“此待彼而正”，郭象反注为“待彼不足以正此”，成疏反注为“言其不待之也”，盲从者进而厚诬庄学为“不待道”的“相对主义”。王叔岷既知郭注不通，遂谓“待彼”是待“第四人”。实则原文“我与若与人”，业已囊括全体人类，决不存在“第四人”。○“待彼”即“待道”，除了本章文义，尚有诸多外证。《人间世》：“虚而待物者也。唯道集虚。”《大宗师》：“而况万物之所系，而一化之所待乎？夫道，有情有信，无为无形。”《山木》“正而待之”、“所以待天”，《田子方》“待是而后成功”，《知北游》“六合为巨，未离其内；秋毫为小，待之成体”。六例之“待”，均为“待彼”之“待”。○《天道》所引庄言“夫形色名声果不足以得彼之情”，《达生》“正平则与彼更生”，《宇泰定》“敬中以达彼”，《管仲》“冥有枢，始有彼”，《在宥》“彼其物无穷，而人皆以为有终；彼其物无测，而人皆以为有极”。五例之“彼”，均为“待彼”之“彼”（道）。○“待彼”可明“无待”二义：无待此岸之物，独待彼岸之道。“待彼”又明庄学二谛：庄学俗谛，物德相对，故有局限；庄学真谛，道极绝对，故无局限。

［5］化声：化，造化。声，天籁。○地籁之吹、人籁之言，都是天籁之声（造化之声）的回响。“声/响”对举，参看《惠施》“穷响以声”、《在宥》“声之于响”。

化声之相待，若其不相待：造化之声被万物（之响）倚待，又好似不倚待（此谓道之无形，故当循“德”进“道”，据“响”溯“声”）。○二句为首章“敢问天籁”之最终回答。

【校勘】本节“化声之相待”至“寓诸无境”八句三十八字，旧错简于“何谓和之以天倪”至“亦无辩”四十六字之后，义不可通。唯有子綦先言“和之以天倪”，子游方能询问“何谓和之以天倪”。错简移正之后，“化声之相待”上接“待彼”，整章始于“既使我与若辩矣”，卒于“亦无辩”，义理全通。○吕惠卿、褚伯秀、宣颖、王先谦、王叔岷、陈鼓应移正“化声之相待”至“所以穷年也”五句二十五字，“忘年忘义”至“寓诸无境”三句十三字仍保留于“亦无辩”之后，义仍难通。

［6］天倪：“道极”变文，即道极视点。○义同上文“道枢”、“环中”、“天均”。

和之以天倪：以道极视点和合天地万物。○义同上文“圣人和之以是非而休乎天均”。

【辨析四六】郭象反注：“天倪者，自然之分也。”同于反注上文“天均”。庄义一再言“和”，主张独待天道，齐一万物的物德之质，听任人籁“吹万不同”。郭义一再言“分”，主张倚待人道，剪齐万物的物德之量，强迫人籁“舆论一律”。贬斥儒墨的庄义“齐物/论”，遂成以儒解庄的郭义“齐/物论”。《天地》所引庄言“不同同之之谓大，有万不同之谓富”，亦证庄义言“同”不言“分”，兼证郭义全反庄义。

［7］因之：因任天道。义同上文“因是”。○本篇辨析十六“因是”二义：因任天道（万物绝对之是），因循内德（一己相对之是）。

以蔓衍：（因应外境）推移屈伸。义同“彷徨”（《逍遥游》、《大宗师》）。○《山木》所引庄言“无誉无訾，一龙一蛇；与时俱化，而无肯专为”。

因之以蔓衍：因任天道而推移屈伸。义同“与造物者为人”（《大宗师》、《应帝王》）、“与化为人”（《天运》）、“与道徘徊”（《子张》）。○五字囊括庄学三义“顺应天道，因循内德，因应外境”。

所以穷年也：庄学三义，必须贯彻、穷尽于人生小年。

［8］忘年忘义：丧忘个体人生之小年，丧忘庙堂人道之小义。○《人间世》“彼其所保与众异，尔以义誉之，不亦远乎？”《大宗师》“黥汝以仁义”、“齑万物而不为义，泽及万世而不为仁”、“回忘仁义矣”。

［9］振于无境：“无境”二字连读，义同“道无之境”。意为自我振拔，循德趋道，“遥”达彼道。

寓诸无境：“寓诸无”三字连读，“无境”二字不连读，义同“寓诸无之境”。“寓诸无”意为，致无，丧忘，致无我执，葆光不耀，自“逍”己德。

［10］子游插入第三问。〇下言庄学真谛，故让子游插入最后一问，以醒读者眼目。

［11］是不是，然不然：庄学真谛之肯定原则："是"此岸人道之"不是"，"然"此岸人道之"不然"。晦藏庄学真谛之否定原则"不是是，不然然"："不是"此岸人道之"是"，"不然"此岸人道之"然"。

【辨析四七】庄学俗谛"然于然，不然于不然"，适用于人间视点的物德相对领域。庄学真谛"然不然，不然然"，适用于道极视点的道极绝对领域。庄学二谛之价值标准、适用范围，完全不同。庄学真谛，是对庄学俗谛的超越。〇旧谓庄子主张"然于然，不然于不然"，反对"是不是，然不然"；或谓庄子自相矛盾，既主张"然于然，不然于不然"，又主张"是不是，然不然"。未明庄学二谛及其不同价值标准、不同适用范围。《荀子·性恶》："不恤是非，然不然之情，以期胜人为意，是下勇也。"荀况深明庄学真谛"然不然"之旨而隐斥之。

［12］【校勘】上下二句，旧均作"亦无辩"。刘文典、王叔岷据《庄子阙误》引江南古藏本上句作"其无辩"、下句作"亦无辩"，校正上句。

是若果是、然若果然：前"是"、前"然"，你之所"是"、所"然"，上扣"我与若辩"的你之所"是"、所"然"。后"是"、后"然"，即天道绝对之"是"、绝对之"然"，上扣"我与若辩"的"若果是邪"、"我果是邪"、"待彼"之"彼"。

"是若果是也"六句：你之所"是"倘若"果是"而合于彼岸天道，那么你之所"是"即使异于我之所"是"，亦可"以是相蕴"，无须争辩（否定对方的相对之是）。

【辨析四八】待彼章结论：囿于此岸人道，坚执"物/我"、"彼/此"、"是/非"对待，必定不能说服对方，他人裁断亦然。因此唯有超越"物/我"、"彼/此"、"是/非"对待，超越一己相对之是，超越此岸人道，方能齐一天地万物，抵达万物绝对之是，独待彼岸天道。

●第九待彼章：天倪道极，庄学真谛；超越此岸人道，独待彼岸天道。

十

魍魉问影曰："曩子行，今子止；曩子坐，今子起。何其无特操欤？"[1]

影曰："吾有待而然者邪[2]？吾所待又有待而然者邪[3]？吾待蛇蚹蜩翼邪[4]？恶识所以然？恶识所以不然？"[5]

今译

魍魉问影子说："原先你行路，如今你止步；原先你坐着，如今你站起。为何如此缺乏特定操守？"

影子说："我对外物有所倚待才会如此吧？我倚待的外物又对外物有所倚待才会如此吧？我所倚待的外物岂非蛇蜕、蝉壳？我怎能明白我所倚待的外物为何时而以此为然？我怎能明白我所倚待的外物为何时而以此为不然？"

校注

［1］魍wǎng魉liǎng：影之影，副影。隐喻民众（众狙）。○魍魉倚待影子，隐喻民众倚待官吏牧守。

影：隐喻臣子（牧）。○影子倚待人形，隐喻官吏牧守倚待庙堂假君（狙公）。

曩nǎng：原先。特操：特，超出平常。特定操守。

［2］吾有待而然者邪：影子承认有待。同时自我辩护：影子之"无特操"，源于影子倚待的人形"无特操"。

【辨析四九】庄子贬斥影子"坐起有待"地倚待外物，即贬斥众人"以隶相尊"地倚待外物。郭象反注："言天机自尔，坐起无待。"此处郭注"天机自尔"，义同首章郭注"自己而然"。可证郭改首章"皆其自已"为"皆其自己”，再注“自己而然”，乃是系统篡改、故意反注。又证郭义“名教即自然”，意为信奉名教出于臣民自愿。郭象认为，只要自愿倚待外物，“坐起有待”即可视为“天机自尔，坐起无待”。

［3］吾所待又有待：影子所待外物，徒具人形，并无真德，又有待于地位更高的外物。○上扣“以隶相尊，众人役役”。臣民都是上级的奴隶，都是下级的主人。

［4］蛇蚹 fù 蜩 tiáo 翼：蛇皮、蝉蜕，隐喻庙堂假君（狙公）。○影子倚待的并非真人，而是徒具人形的假人。

【辨析五十】庄义：魍魉倚待影子，影子倚待人形，卒至于有待，而造化之道暗矣。郭象反注：“卒至于无待，而独化之理明矣。”

［5］“恶识”二句：上扣“吾有待而然”、“吾所待又有待而然”。影子无法明白主人为何忽止忽坐、毫无“特操”。○“然”、“不然”之寓言语境的字面义，是“这样”、“不这样”，即忽止忽坐。超越寓言语境的深层义，则是应用庄学真谛“然不然，不然然”，“然”人道之“不然”，“不然”人道之“然”。

【辨析五一】《齐物论》承前《逍遥游》之破“倚待”。篇首先破“倚待”之前提：与外物“对待”。篇终再破“对待”之结果：对外物“倚待”。贬斥庙堂伪道“以隶相尊”，逐级倚待，逐级依附，逐级奴役，认为文化“名教”违背造化“自然”。○郭象信奉庙堂伪道，系统反注庄学，认为庄学宗旨是“名教即自然”，否定“造化”天道之存在，主张万物“独化自尔”。郭象认为，“以隶相尊”的逐级倚待、逐级依附、逐级奴役，合于“自己而然”的所有臣民之自愿。

●第十魍魉章：庙堂伪道，以隶相尊；逐级倚待，终身役役。

十一

夕者庄周梦为蝴蝶，栩栩然蝴蝶也，不知周也。俄然觉，则蘧蘧然周也[1]。不知周之梦为蝴蝶欤？蝴蝶之梦为周欤[2]？周

与蝴蝶，则必有分矣[3]，此之谓物化。[4]

今译

夜晚庄周做梦变成蝴蝶，栩栩如生以为自己就是蝴蝶，不知自己原为庄周。突然觉醒，惊讶地发现自己实为庄周。不知是庄周做梦变成蝴蝶？抑或是蝴蝶做梦变成庄周？庄周与蝴蝶，（以俗谛观之）必有分别，（以真谛观之）谓之物化。

校注

［1］栩栩xǔ然：生动貌。

俄然觉：上扣“有大觉而后知此其大梦”，隐喻庄子中年悟道之前，亦不明庙堂人道实为伪道，大觉之后始知江湖天道方为真道。参看《山木》庄子雕陵悟道章。

蘧蘧qú然：惊觉貌，上扣“俄然觉”，参看《大宗师》“蘧然觉”。此喻庄子之自我觉醒，彻悟天赋真德为天道分施，因循内德即顺应天道，因而反对“役人之役，适人之适”，主张“自适其适”、“以德为循”（《大宗师》）。

【校勘】此下旧衍“自喻适志欤”五字。郭注“自快得意”，可证五字乃郭象自圆“独化—自得”、“自己而然”谬说而妄增。〇陆释仅引郭象之后的李颐对此五字之注，未引郭象之前的司马彪、崔譔、向秀对此五字之注，可证司马彪本、崔譔本、向秀本均无五字。〇刘文典：“‘自喻适志与’五字隔断文义，似是后人羼入正文。《艺文类聚·虫豸部》、《太平御览》九四五引并无此五字（三九七引有），盖唐代犹有无此五字之本。”〇蝴，旧作“胡”，字通。后同。

［2］“不知”二句：上扣“方其梦也，不知其梦也，梦之中又占其梦焉，觉而后知其梦也。且有大觉而后知此其大梦也”、“丘也与汝皆梦也，予谓汝梦亦梦也”。〇“庄周/蝴蝶”，同构于“梦者（丘）/觉者（长梧子）”。

庄子自"道"己德，未必对位于"觉者长梧子"，也可对位于"梦者丘"。丘、梧均属假言，得意即可忘言。○欤，旧作"与"，字通。后同。

［3］周与蝴蝶，则必有分矣：篇末反扣篇首"丧偶"、"丧我"。不能"丧偶"、"丧我"，坚执"物/我"对待，则以为"物/我"有分，不能齐一万物。这是俗谛之浅见。

［4］物化："造化"之对词(《大宗师》)。○前射《逍遥游》"鲲化为鹏"。

此之谓物化："丧偶"、"丧我"，超越"物/我"对待，则以为"物/我"无分，仅是"物化"，遂能齐一万物。这是真谛之洞见。

●第十一梦蝶章：此岸俗谛观之，万物不齐有分；彼岸真谛观之，万物齐一无分。

【附论】

《齐物论》是内七篇的义理总纲，上下篇分别阐明真俗二谛。

上篇四章，专论万物之"德"，即此岸"物化"俗谛。阐明庄学俗谛"然于然，不然于不然"，结于贬斥庙堂伪道的"朝三暮四"寓言。阐明悖道人籁，不如地籁；贬斥伪道狙猴，俗见盲从。

下篇七章，专论主宰万物"物化"之"道"，即彼岸"造化"真谛。阐明庄学真谛"然不然，不然然"，结于贬斥庙堂伪道的"魍魉问影"寓言。阐明顺道人籁，仿效地籁；应和天籁，超越人籁。

为免读者"既其文，未既其实"(《应帝王》)，终篇末章以"庄周梦蝶"致无假言，告诫读者切勿死于句下，务必"得意忘言"(《外物》所引庄言)。

《齐物论》之义理重心是"齐物"，故全篇结于"物化"。《大宗师》之义理重心是主宰万物"物化"的"造化"，故彼篇始言"造化"。

养生主

题解

魏牟版初始本、刘安版大全本、郭象版删残本和古今《庄子》一切版本，“内篇众家并同”（陆序），《养生主》均为内篇第三。本书把庄子亲撰的《养生主》570字，复原于魏牟版内篇第三。校正郭象篡改和历代讹误：补脱文1字，订讹文4字。

庄撰《养生主》，篇名读作：养生之主。“生”，涵盖“身形/德心”。“养生”，兼养“身形/德心”。“养生”之“主”，葆养德心“真君”（《齐物论》）。《淮南子·泰族训》：“治身，太上养神，其次养形。”深明本篇宗旨。

《齐物论》已明“为知”闻道，必须“丧我”，方能超越此岸人道，达至彼岸天道。《养生主》继明“为行”成道，必须“存吾”，方能兼养身形、德心，以葆养德心为主。

全文可分四章。首章卮言，总论养生义理：近刑亏身，近名亏德；知殆知止，保身葆德。其后三章寓言，譬解首章义理。

第一寓言“庖丁解牛”：至知庖丁，知殆知止，保身葆德。

第二寓言“右师刖足”：大知右师，知殆不止，亏身葆德。

第三寓言“老聃之死”：小知众人，不知殆止，保身亏德。

一

吾生也有涯，而知也无涯[1]**。以有涯随无涯，殆已；已而为知者，殆而已矣。**[2]

为善无近名，为恶无近刑[3]**。缘督以为经**[4]**，可以保身**[5]**，**

可以全生[6]，可以养亲[7]，可以尽年。[8]

今译

吾人身心有限，而知识无限。以有限身心追随无限知识，有殆当止；止于身心极限的认知者，知殆而止。

所为被誉为善，勿近名教；所为被非为恶，勿近刑教。因循中道作为常经，可以免患保身，可以全生葆德，可以颐养亲属，可以尽己天年。

校注

[1] 吾："吾丧我" 之 "吾"。○《人间世》"古之至人，先存诸己，而后存诸人"，《大宗师》"终其天年而不中道夭者，是知之盛也"，均言为知 "丧我" 以后，仍当为行 "存吾"。参看《老子》："圣人后其身而身先，外其身而身存。非以其无私邪？故能成其私。" 老义 "后其身"、"外其身"、"无私"，即庄义 "丧我"。老义 "身先"、"身存"、"成其私"，即庄义 "存吾"。

生：兼言身形、德心。

吾生也有涯：吾人天赋物德（身形、德心），均有极限。○《逍遥游》"知有聋盲"，《齐物论》"人固受其黮暗"，《山木》"人之不能有天，性也"。

而知也无涯：吾人对宇宙的认知，永无极限。○《逍遥游》"无极之外，复无极也"，《齐物论》"不知其然，谓之道"，《秋水》"计人之所知，不若其所不知"。

[2] 殆 dài 已、殆而已矣："已" 均训 "止"。义本《老子》"知止不殆"。○《齐物论》"因是已"，意在免于 "因非"，必须 "丧我"。《养生主》"殆而已"，意在免于危殆，从而 "存吾"。

【辨析一】旧训 "已" 通 "矣"，义不可通。"已" 训 "止" 之本篇内证：下文 "无近名"、"无近刑"、"缘督"、"官知止"、"视为止，行为迟"。又有异篇外证：本篇 "殆已，已而为知者" 之顶真句式，同于《齐物论》之顶真句式 "因是已，已而不知其然"。《齐物论》贬斥大知小知 "莫之能止"，主张“知止其所不知”。《人间世》“不止”、“无已”互文：“其用兵不止，其求实无已”。又重言“殆乎”、“已乎”：“已乎已乎，临人以德；殆乎殆乎，画地而趋。”《德充符》：“人莫鉴于流水，而鉴于止水。唯止，能止众止。”

［3］无近名：前射《逍遥游》“圣人无名”。

为wéi善无近名：所“为”被人道赞誉为“善”，不要趋近以名治心的庙堂名教。〇第二章庖丁所“为”被文惠君誉为“善”，庖丁驳之，即不“近名”。

无近刑：前射《逍遥游》“不夭斤斧”。

为wéi恶无近刑：所“为”被人道非议为“恶”，不要趋近以刑治身的庙堂刑教。〇第三章右师所“为”被庙堂伪道非议为“恶”，未能知殆而止，即“近刑”。

【辨析二】庙堂伪道定义的“善”、“恶”，庄子不视为“善”（《老子》“天下皆知善之为善，斯不善矣”），不视为“恶”。“善”、“恶”二句运用庄学真谛“然不然，不然然”（《齐物论》），善（伪道之）不善，恶（伪道之）不恶，不善（伪道之）善，不恶（伪道之）恶。〇旧或以为“为恶无近刑”是主张“为恶”必须有度，乃以俗见妄解庄子。

［4］缘督：缘，因循。督，中（司马彪、李颐）。因循“道枢”、“环中”（《齐物论》）。

【辨析三】“缘督”即因循中道。由于“无极之外，复无极也”（《逍遥游》），“不知其然，谓之道”（《齐物论》），“吾生有涯，而知无涯”（《养生主》），因此人类所窥道体，均为局部。每人所窥局部有小大，所缘中道亦不同。小知仅窥123，大知仅窥12345，然而无不自矜窥见道体之全部，因而坚执其知。至知已窥1234567，然而自知仅窥道体之局部，因而致无其知。故小知以2为中，以1、3为偏，而独断坚执。大知以3为中，以2、4为稍偏，以1、5为大偏，而独断坚执。至知以4为中，以3、5为稍偏，以2、6为更偏，以1、7为极偏，而不独断，不坚执。

［5］保身：养生第一义，即养身。养身是养心的物质基础，顺应天道的人生起点。

［6］全生：养生第二义，即养身之后继以养心，此为“养生”之“主”。

"养心"即"葆全初始真德"，参看《德充符》"葆始"、"全德"、"才全"。因应外境而养身的终极目标，就是因循内德而养心。

【辨析四】养生四义之核心"全生"，本于子华子（约前380—约前320）"人生四境"："全生为上，亏生次之，死次之，迫生为下。"（《吕览·贵生》）亏身亏德，均属"亏生"。亏德之"亏生"，其害大于亏身之"亏生"。参看下文右师刖足章、《德充符》兀者三章。"役人之役，适人之适"（《大宗师》），属"迫生"，其害大于死亡。参看《齐物论》"终身役役，不死奚益？"《田子方》"哀莫大于心死，而人死亦次之"。

[7]养亲：养生第三义，即全生之后上养父母，下养子女。行有余力，则遵循"天之道，损有余而补不足"（《老子》），兼养万物。

[8]尽年：养生第四义，即"穷年"（《齐物论》）、"终其天年"（《人间世》、《大宗师》重言四次）。尽年是顺应天道的人生终点。

●第一知止全生章：近名亏德，近刑亏身；知殆知止，保身葆德。

二

庖丁为文惠君解牛[1]，手之所触，肩之所倚，足之所履，膝之所踦[2]，砉然响然，奏刀𬴃然，莫不中音[3]。合于《桑林》之舞，乃中《经首》之会。[4]

文惠君曰："嘻，善哉！技盍至此乎？"[5]

庖丁释刀对曰："臣之所好者道也，进乎技矣[6]。始臣之解牛之时，所见无非全牛者[7]。三年之后，未尝见全牛也[8]。方今之时，臣以神遇而不以目视，官知止而神欲行。依乎天理[9]，批大隙，导大窾，因其固然[10]。枝经肯綮之未尝[11]，而况大骨乎？良庖岁更刀，割也；族庖月更刀，折也[12]。今臣之刀十九年矣，所解数千牛矣，而刀刃若新发于硎[13]。彼节者有间，而刀刃者无厚；以无厚入有间[14]，恢恢乎其于游刃必有余地矣，是以十九年而刀刃若新发于硎。虽然，每至于族，吾见其难为，

怵然为戒，视为止，行为迟[15]，动刀甚微，磔然已解[16]，如土委地。提刀而立，为之四顾，为之踌躇满志[17]，善刀而藏之。”[18]

文惠君曰：“善哉！吾闻庖丁之言，得养生焉。”[19]

今译

庖丁为文惠君解牛，手之所触，肩之所靠，足之所踏，膝之所顶，动作砉然作响，运刀騞然有声，无不切中音律。其行合于《桑林》之祭舞，其声切合《经首》之节奏。

文惠君说：“嘻嘻，善哉！技术为何能够达至如此境界？”

庖丁放下刀说：“吾之所好乃是天道，超越了技术。起初我解牛之时，所见都是全牛。三年之后，不再看见全牛。时至今日，我仅凭心神相遇而不用肉眼观看，感官知止而心神欲行。依照牛体的天然肌理，批开大缝隙，直入大空档，因循牛体固有构造。关节、经络、筋腱、软骨也未曾碰到，何况大骨呢？优秀庖人一年一换刀，是因为用刀割肉；普通庖人一月一换刀，是因为用刀砍骨。如今我的刀已经用了十九年，解牛数千头，然而刀刃就像刚在磨刀石上磨过。关节有空隙，而刀刃没厚度；以没厚度进入有空隙，恢弘得遨游刀刃必有余地，因此用了十九年而刀刃就像刚在磨刀石上磨过。尽管如此，每次到达筋腱骨肉纠结之处，我知道难以因应，怵惕戒惧，目光凝止，动作迟缓，运刀轻微，牛体便已分解，如土堕地。我提刀而立，四顾外境，踌躇自适，葆养吾刀而晦藏光焰。”

文惠君说：“善哉！吾闻庖丁之言，得悟养生之主。”

校注

[1] 庖丁：宋君之庖人，定位于“至知无知”的“至人”。《吕览·精通》：“宋之庖丁好解牛。”《论衡·订鬼》：“宋之庖丁学解牛。”

文惠君：虚构宋君。〇司马彪、崔譔、成玄英释“文惠君”为魏惠王，刘文典释为赵惠文王，无据。宋之宫廷庖人，不得为魏、赵之君解牛。魏惠王，谥“惠成”，不谥“文惠”。赵王何，前266年死后得谥“惠文”，庄子已殁20年。

［2］足之所履：内七篇“履”为动词，“屦”为名词。外杂篇“履”、“屦”混用，“履”亦常作名词。是为外杂篇非庄所撰之一证。

膝之所踦yǐ：踦，同“倚”。〇马其昶：“《说文》：踦，一足也。谓屈一足之膝，以案之也。”

［3］砉huā然：动作迅疾声。奏刀：舞刀如奏乐。騞huō然：以刀解牛声。

［4］桑林：商汤乐舞（司马彪、孙诒让）。宋乃商后，此亦扣宋。

经首：黄帝乐舞《咸池》之乐章。参看《天运》“（黄）帝张《咸池》之乐于洞庭之野”、《天下》衍文“黄帝有《咸池》”。〇或谓《咸池》为虞舜之乐舞。《礼记·乐记》“《咸池》”郑玄注：“黄帝所作乐名也，尧增修而用之。”

［5］善哉：庖丁所“为”，被文惠君赞誉为“善”，上扣首章“为善”。可证首章“为善”并非主观意欲“为善”，乃是所“为”被外境赞誉为“善”。庖丁斥之，即“无近名”。

【校勘】盍：训“为何”。繁体字本旧讹为“蓋”（“盖”之繁体字），简体字本旧讹为“盖”。〇初版漏校，修订版补校。

［6］所好者道也，进乎技矣：“道↘技”之辨。庖丁“当所明而明之”。〇《齐物论》贬斥大知小知“非所明而明之”，即贬斥拔“技”为“道”。

【辨析五】《说文》：“术，邑中道也。”段注：“引申为技术。”学之四境：道↘术↘方↘技。《骈拇》“小惑易方，大惑易性”，“小惑”谓不明“术”、“方”、“技”，“大惑”谓不明“道”。若不明“道”，则“术”、“方”、“技”越精，悖道越甚，亏生越甚，无益于顺道全生，必失“养生”之“主”。〇“术”、“方”、“技”（艺）常可混用为“方术”、“方技”、“技术”、“技艺”。明于一“术”一“方”一“技”一“艺”者，谓之“术士”、“方士”。

［7］全牛：譬解道体大全。

【校勘】“全”字旧脱。王孝鱼、陈鼓应据赵谏议本校补。

［8］三年：技有小成之年。

【辨析六】《应帝王》“列子三年不出”，《寓言》“三年而通”，《庚桑楚》

"居三年，畏垒大穰"、"若此三年，则可以及此言矣"，《列御寇》"三年而缓为儒"、"三年技成"，《管仲》"三年而国人称之"，《百里奚》"三年，文王观于国"，《在宥》"三年躬身求之，乃今也得"。"三年"均谓技有小成之年。

［9］天理：汉语史首见。牛体譬解道体。既言牛体，遂言一类独有之"天理"，不言万类共有之"天道"。

【辨析七】宋儒朱熹承认"天理"名相取自《养生主》。宋明"理学"又称"道学"，混淆"道"、"理"，未明"万物殊理（同道）"（《则阳》），故将偶在暂在的相对之"理"（如君臣纲常），拔高为遍在永在的绝对之"道"。拔"理"为"道"，即拔"技"为"道"。○理学名言"理一分殊"，义不可通。庄学义理"道一理殊"，义始圆通。

［10］窾 kuǎn：中空。

因其固然：因循物理固有的相对之是。《齐物论》"因是"、"无物不然"。

［11］枝：通"肢"，训肢节（关节）。经：经络。肯：附骨之肉。綮 qìng：筋腱纠结之处。

【校勘】"枝"旧讹为"技"。俞樾、王叔岷、李桢、陈鼓应、方勇、陆永品据纂图互注本作"枝"校正。

［12］良庖：隐喻大知。族庖：隐喻小知。割、折：隐喻大知小知"与物相刃相靡"（《齐物论》）。○庖丁隐喻至知，故不割不折，与物不相刃不相靡，"因是"而"已"，知殆而止。

［13］十九年：技进于道之年。○太阴历、太阳历不尽相合，古人置闰月以修正。十九年七闰，为一循环周期。庄子遂以"十九年"为天道循环、技进于道之年。

十九年而刀刃若新发于硎：刀刃，隐喻天赋真德，故要"善刀而藏"，常葆如初，即葆德。硎，磨刀石。隐喻至人顺应天道之循环，葆全天赋真德。

［14］刀刃者无厚：隐喻至人葆全真德又自"逍"己德。

以无厚入有间：隐喻至人自"逍"己德以处世。与《老子》"无有入无间"文异而义近。预伏《人间世》之"间世"，《德充符》之"才全而德不形，内葆之而外不荡"。

［15］族：筋腱骨肉纠结之处。

见其难为，怵chù然为戒：怵，害怕。戒，防备。上扣“殆已”、“殆而已”之“殆”。

视为止，行为迟：上扣“殆已”、“殆而已”之“已”。

[16] 磔zhé：开也（《广雅》）。

【校勘】“磔”旧作“謋”huò。王闿运、奚侗校正。

[17] 为之四顾：因应外境。

为之踌chóu躇chú满志：因循内德。踌躇，义近《逍遥游》“彷徨”、《大宗师》“自适其适”。○“为之四顾，为之踌躇”整饬成韵（《百里奚》“方将踌躇，方将四顾”亦然），“满志”与《齐物论》“注焉而不满”、《大宗师》“不自得”抵牾，合于郭义“自得”，疑为郭象妄增。无据不删，存疑待考。

[18] 善刀而藏之：此谓“葆光”二义（《齐物论》辨析三八），义同《德充符》“才全而德不形，内葆之而外不荡”、《应帝王》“尽其所受乎天，而无见得”。

[19] 得养生：扣题。

●第二庖丁全生章：所为被誉为善，知殆而止远名；因循间世中道，保身葆德全生。

三

公文轩见右师而惊曰[1]：“是何人也？恶乎介也[2]？天欤？其人欤？”[3]

曰[4]：“天也，非人也[5]。天之生是使独也，人之貌有与也[6]。以是知其天也，非人也[7]。泽雉十步一啄，百步一饮，不祈畜乎樊中[8]。形虽王，不善也。”[9]

今译

公文轩看见右师而吃惊说：“这是何人？为何独足？是禀受天道身刑？

还是罹患人道身刑？”

（右师）说：“是天道心刑，而非人道心刑。天道心刑使我（罹患人道身刑而）独足，天道生我原有双足。因此知道是天道心刑（使我德心浅薄未能知殆而止），而非人道心刑。江湖野鸡十步一啄食，百步一饮水，也不愿畜养于庙堂樊笼之中。（庙堂家禽）身形虽如王者，德心其实不善。”

校注

［1］公文轩xuān：宋人（司马彪）。右师：宋人。

【辨析八】《辞源》“右师”：“春秋宋官名。《左传·成公十五年》：‘于是华元为右师。’战国齐也有右师。”当属宋国首创，齐国仿效。庖丁、右师、公文轩均为宋人。右师被刖，隐斥宋王偃之残暴嗜杀。

［2］介：独足。《广雅》：“介，独也。”○司马彪、崔譔、郭象、成玄英释“介”为被刖独足。宣颖驳正：“介，谓一足。”王叔岷亦驳正：“公文轩既问右师，不得先以为偏刖。”王先谦、刘武、陈鼓应释“介”为先天独足，不合篇旨、章旨。

［3］天欤、人欤：公文轩问右师，独足究为天道之身刑，抑或人道之身刑。

【辨析九】“生”分“身/心”，“刑”分“天/人”，合计“天人四刑”：天道之心刑（物德厚薄、天池小大、天机深浅），天道之身刑（性别、残全、寿夭）；人道之心刑（以名治心之庙堂名教），人道之身刑（以刑治身之庙堂刑教）。

○庄义：不逃天刑，仅逃人刑。天道之身刑、心刑，皆当“受而喜之”（《大宗师》）。人道之身刑、心刑，皆当“知殆而止”。参看第四章贬斥“遁天之刑”（《大宗师》重言）。

［4］曰：前略“右师”。“曰”字以下至“不善也”，均为右师答公文轩之言。○释德清、张默生、陈鼓应、方勇、陆永品等，释为公文轩之言（自答上问），义不可通。

［5］天也，非人也：是天道心刑，而非人道心刑。

【辨析十】公文轩所问为身刑，右师所答为心刑（详下）。《人间世》“彼其所保与众异”（信奉人道者保养身形，信仰天道者葆全德心），《德充符》“犹有尊足者存”（德心比身形尊贵）。

［6］天之生是使独也：独，（被刖）独足。天道生我德心浅薄，使我（不能知殆而止而被人道身刑）刖足。

人之貌有与也：与，双足（郭注、成疏）。天道生我原有双足。〇王叔岷：“《治要》引《慎子·德立篇》：‘吾在有与，不在独也。’‘与’、‘独’亦对言。”

［7］以是知其天也，非人也：因此知道是天道心刑使我德心浅薄未能知殆而止，而非人道心刑。

【辨析十一】右师未受人道心刑，所以信仰天道、“不祈畜乎樊中”，但是德心浅薄，不知庙堂人道必然惩罚信仰天道者，未能知殆而止，因而被刖。〇《宇泰定》：“备物以将形，藏不虞以生心，敬中以达彼，若是而万恶至者，皆天也，而非人也。”亦言“天也，非人也”。其言“万恶至”，实为悖道人境之恶运，然而至人不归咎于悖道人境之险恶，而归咎于自己天赋物德太薄，未能“知殆而止”、“知止不殆”，未能“善刀而藏之”、“才全而德不形”（“葆光”二义）。至人彻悟悖道人境之险恶，故有不傻不天真的无畏。众人幻想悖道人境不险恶，故有很傻很天真的愚勇。

［8］泽雉zhì：泽，“江湖”变文。雉，野鸡。四境动植范型定位于“小知”。右师实为顺道大知，自谦为“小知”。泽雉常常单足而立，右师以此自嘲。〇王先谦、王叔岷、陈鼓应、方勇、陆永品，断“泽雉”至“不善也”为客观陈述，非右师之言。义不可通。

不祈畜xù乎樊中：躬行天道者，“不祈畜乎樊中”。奉行人道者，必欲“畜乎樊中”。此扣《齐物论》天道、人道之“两行”。

［9］形虽王wàng，不善也：身形虽王，德心已亏，亏生不善。

【校勘】“形”旧讹为“神”，疑为郭象所改。褚伯秀校正：“‘神’为‘形’之误，‘神王’不得谓之‘不善也’。”

【辨析十二】郭象倚待庙堂而“畜乎樊中”，故本章“不祈畜乎樊中，形虽王，不善也”深触其痛。郭注宗旨：“圣人虽在庙堂之上，然其心无异于山林之中。”正与本章之旨针锋相对。本章文字之支离，超出庄子支离其言之常态，当与郭象删改有关。○“形虽王，不善也”，运用庄学真谛“不是是，不然然”（《齐物论》辨析四七），不善（伪道之）善，不恶（伪道之）恶。右师所“为”，被庙堂人道非议为“恶”，上扣首章“为恶”，可证首章“为恶”亦非主观意欲“为恶”，乃是所“为”被伪道非议为“恶”。右师未能“知殆而止”，未能“无近刑”，因而被刖。○庄子主张“知殆而止”、“知止不殆”，并非主张为免危殆而信奉人道、“畜乎樊中”，而是主张既要顺应天道、因循内德、“不祈畜乎樊中”，又要善于因应外境，即“善刀而藏之”（《养生主》），“才全而德不形，内葆之而外不荡”（《德充符》），从而“无近刑”、“终其天年而不中道夭”（《大宗师》）。“顺应天道，因循内德”者，若是不善“因应外境”而“近刑”，亦不后悔，故《齐物论》曰“圣人不违害”，《大宗师》曰“古之真人，过而弗悔”。本篇右师、《德充符》三兀者皆然。

●第三右师葆德章：所为被非为恶，不知有殆近刑；不入庙堂樊笼，亏身仍可葆德。

四

老聃死[1]，秦佚吊之[2]，三号而出。[3]

弟子曰[4]：“非夫子之友邪？”

曰：“然。”

“然则吊焉若此，可乎？”

曰：“然。始也吾以为至人也[5]，而今非也。向吾入而吊焉，有老者哭之，如哭其子；少者哭之，如哭其母。彼其所以会之，必有不祈唁而唁，不祈哭而哭者。是遁天悖情，忘其所受，古者谓之遁天之刑[6]。适来，夫子时也；适去，夫子顺也。安时而处顺，哀乐不能入也，古者谓是帝之悬解。脂穷于为薪，火传也，不知其尽也。”[7]

今译

老聃死了，秦佚前往吊丧，号哭三声而出。

老聃弟子问："你不是夫子的朋友吗？"

秦佚说："是啊。"

老聃弟子又问："那么如此吊丧，可以吗？"

秦佚说："可以。我原以为老聃弟子当属至人，现在始知并非至人。刚才我进去吊丧，有老人恸哭老聃，如同恸哭儿子；又有少年恸哭老聃，如同恸哭母亲。他们聚会于此，必有不愿吊唁而假装吊唁，不愿恸哭而假装恸哭者。这是逃遁天道，悖逆实情，忘了生命受自天道，古人称为逃遁天道之身刑。当初得生而来，是夫子之时命；如今得死而去，是夫子之顺化。安于时命而顺处物化，哀乐不能入于德心，古人称为天帝解除倒悬。（个体生命的）油脂作为柴薪虽会燃尽，（群体生命的）火种却会传递下去，而不知何处是尽头。"

校注

[1] 老聃dān（约前570—约前480）：春秋末期陈人，约长孔子（前551—前479）二十岁。道家祖师。《史记·老子韩非列传》："老子者，楚苦县厉乡曲仁里人也。姓李氏，名耳，字聃。周守藏室之史也。著书上下篇，言道德之意五千余言。"战国学派竞争，儒家后学神化（圣化）孔子，道家后学亦神化（仙化）老聃，遂谓老聃不死，妄言前479年楚灭陈后老聃仍在，遂谓楚人，《史记》采之。庄子超越学派竞争，本章老聃之死，即破老聃不死之神话。

[2] 秦佚：老聃之友。诸籍未见，或属虚构。

[3] 三号而出：《大宗师》"孟孙才其母死，人哭亦哭"，《至乐》"庄子妻死，鼓盆而歌"，均属"简之不得，已有所简"（《大宗师》）。

[4] 弟子：老聃弟子。

【辨析十三】老聃弟子面斥秦佚不哀恸，实赞哀恸者。秦佚遂面斥老聃弟子，兼斥其他吊丧哀恸之徒"遁天悖情"。郭象误以为"弟子"是秦佚弟子，遂误以为“弟子”所称“夫子”是秦佚，与下文秦佚称老聃为“夫子”抵牾。此误导致郭象误以为秦佚是对自己弟子背斥老聃，因而后解全误。

［5］始也吾以为至人也：秦佚原本以为老聃弟子必为至人。

【校勘】“至”旧讹为“其”。奚侗、刘文典、王叔岷、陈鼓应据《庄子阙误》引文如海本校正。○郭象以为秦佚对自己弟子背斥老聃非“至人”，又以为庄子不应贬斥老聃非“至人”，遂妄改“至人”为“其人”。

［6］忘其所受：忘了人的身形、德心受自天道。

遁dùn天之刑：逃遁天道之身刑。此指逃避死亡，死亡是天道身刑之一。详上辨析八。

［7］“脂穷”三句：“脂薪”隐喻个体生命，“火种”隐喻群体生命。“薪尽火传”隐喻个体生命有尽，群体生命无尽，譬解生死物化之无尽。○旧多误释为身形死亡，灵魂不灭。庄学无“灵魂不灭”之义。

【校勘】郭象篡改“脂”为“指”，证见郭注“手指”。朱得之、朱桂曜、闻一多、方勇、陆永品校正。○“脂穷于为薪”至“不知其尽也”均为秦佚之言，旧多误断为非秦佚之言。

●第四老徒亏德章：逃遁天道身刑，闻道未能行道；甘受人道心刑，近名必然亏德。

【附论】

《养生主》四章。首章先明养生四义“保身，全生，养亲，尽年”。其后寓言三章，分别提要性阐明庄学三义，此后三篇按序一一对应地加以深入展开。

第一寓言“庖丁解牛”提要性阐明庄学俗谛“因应外境”，由《人间世》深入展开。

第二寓言“右师刖足”提要性阐明庄学真谛“因循内德”，由《德充符》深入展开。

第三寓言“老聃之死”提要性阐明庄学宗旨“顺应天道”，由《大宗师》深入展开。

因此《养生主》虽是内七篇最短之篇，却是七篇总结构的中转纲目：前承《齐物论》之“为知”闻道（丧我），转入“为行”成道（存吾）。

人间世

题解

魏牟版初始本、刘安版大全本、郭象版删残本和古今《庄子》一切版本，“内篇众家并同”（陆序），《人间世》均为内篇第四。本书把庄子亲撰的《人间世》2799字，复原于魏牟版内篇第四。校正郭象篡改和历代讹误：补脱文4字，删衍文6字，订讹文7字，厘正误倒5处。

庄撰《人间世》，篇名读作：人间jiàn于世。间jiàn，动词，非名词。

庄子之前，未见“人间”连用成词之例，庄子本人亦然。后世误读“人间世”篇名，遂致“人间”连用成词。“人间世”三字连读，则篇名无义，不合内七篇篇名均有动词、均寓篇旨之例。

全文可分九章。前八章寓言，譬解“与人为徒”的庄学俗谛“因应外境”。终篇章卮言，概括“间世”之义。

《人间世》深入展开《养生主》第一寓言“庖丁解牛”，阐明“人间于世”（本篇篇名）、“游刃有余”（《养生主》）的庄学俗谛“因应外境”。

《齐物论》所言“得其环中，以应无穷（是非）”，《养生主》所言“为善无近名，为恶无近刑”、“缘督以为经”、“以无厚入有间”，无不预伏《人间世》“间世”之义。外篇《山木》所引庄言“周将处乎材与不材之间”，外篇《达生》所言“无入而藏，无出而阳，柴立其中央”，外篇《天运》所言“圣人不出，圣人不隐”，均演《人间世》“间世”之义。

“得其环中”的“缘督”、“间世”之道，即“天人合一”的二谛圆融之道：德心“为知”而“丧我”（《齐物论》），必须“与天为徒”（《人间世》首章），“知天之所为”（《大宗师》），方能顺应天道而因循内德。身形“为行”而“存吾”，必须“与人为徒”（《人间世》首章），“知人之所为”（《大宗师》），方能顺应天道而因应外境。

“顺应天道”是庄学宗旨，“因循内德”是庄学真谛，“因应外境”是庄学俗谛。真俗二谛圆融，大鹏两翼展开，方能抵达南溟。

不明庄学真俗二谛，难明“间世”之义。不明庄学“间世”之义，难明庄学奥义。

一

颜回见仲尼，请行。[1]

曰：“奚之？”

曰：“将之卫。”

曰：“奚为焉？”

曰：“回闻卫君[2]，其年壮，其行独，轻用其国，而不见其过；轻用民死，死者以国，量乎泽若蕉[3]，民其无如矣。回尝闻之夫子曰：‘治国去之，乱国就之。医门多疾。’[4]愿以所闻，思其所行，则庶几其国有瘳乎？”[5]

仲尼曰：“嘻！若殆往尔刑耳！[6]

“夫道不欲杂，杂则多，多则扰，扰则忧，忧而不救。古之至人，先存诸己，而后存诸人。所存于己者未定，何暇至于暴人之所行？且若亦知夫德之所荡，而知之所为出乎哉？德荡乎名，知出乎争[7]。名也者，相轧也；知也者，争之器也。二者凶器，非所以尽行也。

“且德厚信矼[8]，未达人气；名闻不争，未达人心。尔强以仁义绳墨之言，炫暴人之前者，是以人恶其有美也[9]，命之曰灾人。灾人者，人必反灾之。若殆为人灾夫！且苟为悦贤而恶不肖，恶用尔求有以异？若唯无诏，王公必将乘人而斗其捷。尔目将荧之，尔色将平之，口将营之，容将形之，心且成之。是以火救火，以水救水，名之曰益多，顺始无穷。若殆以不信厚言，必死于暴人之前矣。[10]

“且昔者桀杀关龙逢，纣杀王子比干[11]，是皆修其身以伛拊人之民[12]，以下拂其上者也，故其君因其修以挤之。是好名者也[13]。昔者尧攻丛、枝、胥敖[14]，禹攻有扈[15]，国为虚厉，身为刑戮，其用兵不止，其求实无已[16]。是皆求名实者也，尔独不闻之乎？名实者，圣人之所不能胜也，而况若乎？虽然，若必有以也，尝以语我来！”

今译

颜回来见仲尼，请求允许出行。

仲尼问：“欲往何处？”

颜回说：“将往卫国。”

仲尼问：“意欲何为？”

颜回说：“我听说卫君，正当壮年，独断专行，轻率治国，然而不知己过；随意置民死地，死者盈城，如同长满湖泽的生麻，民众不堪忍受。我曾闻夫子教诲：‘离开太平的邦国，前往混乱的邦国。医家门前必多病人。’我愿遵循夫子教诲，指导我之践行，或许卫国之病有望痊愈吧？”

仲尼说：“哈！你恐怕是前往你的刑场吧！

“道不能杂乱，杂乱必定纷繁，纷繁必定撄扰，撄扰必定忧患，忧患必定自身难救。古之至人，必先保存自身，而后保存他人。能否保存自身尚未确定，哪有余暇纠正暴君之暴行？再说你是否明白真德为何外荡，心知为何外显？真德外荡源于外求声名，心知外显源于外争功利。声名，是相互倾轧的工具；心知，是相互争斗的工具。二者均属驱人近刑之凶器，无助于完善你的践行。

“况且物德淳厚、信用笃实之人，难以拥有人气；淡泊声名、不喜争斗之人，难以深入人心。你强行用仁义准则之言，炫耀于暴君面前，那么暴君必定憎恶你拥有美德，把你视为有害之人。对他人有害之人，他人必定反过来加害于他。你恐怕难免被人加害吧！况且卫君倘若喜欢贤人而厌恶不肖，何用你自求标新立异？你未奉其诏而主动往谏，卫君必将寻找漏洞逞斗其便捷口才。你的目光将会闪烁不定，你的神色将会强装平静，嘴巴将会自我营救，面容将会泄露心迹，心里将会急于求成。这是用火救火，用水救水，助长君恶使之更多，顺此开始再难终止。你恐怕是不获信任而多嘴，必将死于暴君面前。

“再说从前夏桀诛杀的关龙逢，商纣诛杀的王子比干，都是修剪自身以便赢得君主的属民，以下犯上之人，所以君主借其修剪自身而挤兑诛杀。关、比都是好名者。从前唐尧攻伐丛、枝、胥敖，夏禹攻伐有扈，导致邦国虚空衰败，民众身遭刑戮，尧、禹用兵不止，都是求实不止。关、比、尧、禹都是好名求实之人，你难道未曾听闻？虚名实利，圣人尚且难以战胜，何况你呢？尽管如此，你必有理由，试着说给我听听！”

校注

［1］颜回（前521—前481）：孔子弟子，小孔子三十岁，定位于“小知”。前521年生于鲁，前497年二十五岁随孔子自鲁适卫，前484年三十八岁随孔子自卫返鲁，前481年四十一岁死于鲁。颜回长期随孔在卫却不谏卫君，返鲁之后不可能请求往谏卫君。此为虚构寓言。

仲尼：孔子，名丘，字仲尼。仲，四境排行隐喻定位于“大知”(《德充符》辨析八)。《齐物论》长梧斥孔章，孔丘亦定位于“大知”。

［2］卫：象征专制邦国。卫君：象征专制君主。

【辨析一】司马彪坐实“卫君”为卫庄公蒯聩，然而颜回死于蒯聩（前480—前478在位）逐子为君前一年。陆德明坐实“卫君”为卫出公辄，然而卫出公继祖父卫灵公为君之时（前492—前481，前元），其年尚幼，不合“其年壮”。卫庄公死后，先是卫公子斑师、卫公子起短暂为君（前477），随后出奔鲁国的卫出公返国复位（前476—前456，后元），其时颜回已死五年。寓言之“卫”、“卫君”均属虚指，旨在遍斥庙堂伪道、俗君僭主。坐实“卫”、“卫君”，则使遍斥之旨，转为偏斥之旨。

［3］蕉：生麻。〇章太炎：“蕉,《说文》云：‘生枲xǐ也。’言死者其多如枲，犹云死人如麻耳。”

死者以国，量liàng乎泽若蕉：《吕览·期贤》"死者量于泽矣"，高诱注："量，犹满也。"

［4］【辨析二】《论语·泰伯》孔言："危邦不入，乱邦不居。天下有道则见，无道则隐。"与颜引孔言"治国去之，乱国就之"义反。庄子乃借颜回之口，隐讽孔子"所言未定"（《齐物论》）。本章孔、颜之辩，展开《齐物论》长梧斥孔章"夫子（孔子）以为孟浪之言，而我（鸜鹊子）以为妙道之行"之对立、"两行"（《齐物论》）。虚构孔子弟子"鸜鹊子"，即颜回化身。

［5］愿以所闻，思其所行：颜回以此隐讽孔子言行不一。瘳chōu：病愈。

【校勘】"思其"下旧脱"所行"二字，讽孔言行不一之义遂湮。当属尊孔后儒所删，而非无意脱文。○刘文典、王叔岷、陈鼓应据《庄子阙误》引李氏本校补。下文孔言"非所以尽行"，亦证原文应作"思其所行"。

［6］往尔刑：反扣《养生主》"无近刑"。孔言首句总领，以下三层分疏。

［7］德之所荡、德荡乎名：外荡己德，即不"道"己德；外求俗名，悖于"圣人无名"（《逍遥游》）、"无近名"（《养生主》）。

知之所为出、知出乎争：外显己知，即不"道"己知；外争俗功，悖于"神人无功"（《逍遥游》）。

○孔言第一层：批评颜回往谏的主观动机：趋近俗名，趋近俗功。

［8］德厚：物德深厚。信矼kòng：信用笃实。

［9］暴人、人：卫君。人恶其有美：其，颜回。卫君憎恶颜回拥有美德。

【校勘】"炫"旧作异体字"衒"，后讹为"術"（术），形近而讹。郭庆藩、奚侗、刘文典、王叔岷、陈鼓应据《庄子阙误》引江南古藏本校正。○"其有"旧误倒为"有其"，作"人恶有其美"，句义反转。成疏："必遭卫君憎恶。"可证成本未倒。《德充符》"未尝闻其有唱"，"其有"旧亦误倒为"有其"。

［10］不信厚言：交浅言深（王叔岷）。○《论语·子张》："信而后谏，未信则以为谤己也。"

○孔言第二层：批评颜回往谏的客观效果：无诏往谏，多嘴招杀。

［11］关龙逄：夏桀之贤臣。王子比干：殷纣之叔父。

［12］修其身：修剪自身真德，属于自我“黥劓”(《大宗师》)、自我“雕琢”(《应帝王》)。〇庄学贬斥“修身”、“修心”，主张“至人不修”(“修”训修剪)，参看《田子方》辨析二。

以伛yǔ拊fǔ人之民：伛，折腰。拊，通“附”，训依附。人，君主。民，臣民。句谓：(大臣好名修身)而赢得君主的臣民折腰依附自己。〇参看《应帝王》贬斥“臧仁以要人”。

【校勘】“伛拊”前旧衍“下”字。俞樾、刘文典、王叔岷据文义校删。

［13］好名者：指关龙逄、比干。〇郭象反注“好名者”为桀、纣，与“名实者圣人之所不能胜”抵牾。

［14］丛、枝、胥敖：三苗。《齐物论》作“宗、脍、胥敖”。

［15］有扈hù：禹之庶长子，禹嫡长子启之庶兄。

【辨析三】《史记·夏本纪》：“帝禹东巡狩，至于会稽而崩。启遂即天子之位。有扈氏不服，启灭有扈氏，天下咸朝。”可证灭有扈者非禹，乃启，然而《史记》仅言“有扈氏不服”，未言有扈氏乃是义兵。〇《淮南子·齐俗训》：“有扈氏为义而亡，知义而不知宜也。”高诱注：“有扈以尧、舜举贤，禹独与子，故伐启。启亡之。”明言有扈氏“为义而亡”，后世反谓“不义而亡”，是为伪道篡改史实之沧海一粟。〇庄谓“禹攻有扈”，正是晦藏其旨的追本溯源，隐斥禹开创违背天道的“家天下”政体。

［16］其用兵不止，其求实无已：两“其”均指尧、禹。〇郭象反注两“其”指丛、枝、胥敖之君，与“名实者圣人之所不能胜”抵牾。

〇孔言第三层：列举历史成例，批评颜回与关、比、尧、禹相同，均属“求名实者”。

◎第一章第一节：颜回欲谏卫君，孔子斥为往刑。

颜回曰：“端而虚，勉而一，则可乎？”［1］

曰：“恶！恶可［2］**！夫以阳为充孔扬，采色不定，常人之所不违**［3］**。因案人之所感，以求容与其心**［4］**。名之曰日渐之德不成，而况大德乎？将执而不化**［5］**。外合而内訾，其庸讵可乎？”**［6］

“然则我内直而外曲[7]，成而上比。内直者，与天为徒[8]；与天为徒者，知天子之与己，皆天之所子[9]，而独以己言祈乎人善之、祈乎人不善之邪[10]？若然者，人谓之童子。是之谓与天为徒。外曲者，与人为徒也[11]；擎跽曲拳，人臣之礼也，人皆为之，吾敢不为邪[12]？为人之所为者，人亦无疵焉[13]。是之谓与人为徒。成而上比者，与古为徒；其言虽教，责之实也[14]，古之有也，非吾有也。若然者，虽直而不病。是之谓与古为徒。若是，则可乎？”[15]

仲尼曰：“恶！恶可[16]！太多政，法而不谍，虽固亦无罪[17]。虽然，止是耳矣，夫胡可以及化[18]？犹师心者也。”[19]

今译

颜回说：“我进谏之时神色端庄而态度谦虚，尽心尽力而话题专一，是否可行？”

仲尼说：“不！不可行！内心激昂却冒充谦虚，神色不定，常人也不能违背这种情形。你想揣摩卫君感受，冀求谏言容纳于卫君之心。这是说日渐养成的后天习性尚难改变，何况天性大德呢？卫君将会坚执成心而顽固不化。你将会外表附合而内心非议，怎么可行呢？”

颜回说：“那么我保持内德正直而婉曲因应外境，仅举成例而上比古史。保持内德正直，就是德心与天道同行；德心与天道同行之人，彻悟天子与自己，都是天道之子，何必在乎吾之谏言是被卫君赞成还是不被卫君赞成？如此之人，人们称为童子。这就叫德心与天道同行。婉曲因应外境，就是身形与人道周旋；拱手跪拜弯腰抱拳，这是人臣应守之礼，众人皆为，我怎敢不为？为众人所为之事，卫君必难指摘。这就叫身形与人道周旋。仅举成例而上比古史，就是与古人同行；我之谏言虽属教诲，然而言必有据，古已有之，非我编造。如此之人，即使直谏也无可指责。这就叫与古人同行。如此进谏，是否可行？”

仲尼说：“不！不可行！匡正方式太多，照此实行难达己意，虽然确实可能不被治罪。但是仅止于此，怎么可能感化卫君？你和卫君仍将各师成心。”

校注

［1］端而虚：虚，态度谦虚。实属假装谦虚，进谏即非谦虚。○异于下文孔言“气也者，虚而待物者也。唯道集虚。虚者，心斋也”之“虚”。

勉而一：一，话题专一。意为对事不对人，仅批评治国之策，不批评治国之君。○异于下文孔言“一若志”之“一”。

［2］恶wū！恶wū可：王引之：“上‘恶’字，不然之词。下‘恶’字，训为安。”安，反问之词。

［3］夫以阳为充孔扬：阳，通“佯”。充，冒充。孔扬，激昂。○此谓颜回不可能“端而虚”。

采色不定：神色不定。○此谓颜回不可能“勉而一”。

常人之所不违：常人难以违背这种情形（而神色镇定）。○此谓颜回为何不可能“端而虚，勉而一”。

［4］因案人之所感，以求容与其心：因循卫君之感受，以求谏言容纳于卫君之心。○以上二句所略主语为颜回。或释二句主语为卫君，义不可通。

［5］日渐之德：后天习染而得。小德，习性。

大德：先天禀受而得。本性。

将执而不化：孔子认为，卫君仍将坚执己见，顽固不化。○以上三句所略主语为卫君。或释三句主语为颜回，义不可通。

［6］外合而内訾zǐ，其庸讵jù可乎：孔子认为，颜回仍不可免刑。○以上二句所略主语为颜回。或释二句主语为卫君，义不可通。

【校勘】郭象于“訾”前妄增“不”字，证见郭注“外合而内不訾”。义不可通。○颜回对卫君“外合而内訾”，即外合内不合，与“庸讵可乎”义通。颜回若对卫君“外合而内不訾”，则内外皆合，无须往谏，又与“庸讵可乎”抵牾。

［7］内直而外曲：颜回主张“内直”（神离）居先、“外曲”（貌合）居后，小驳孔言“外合”（貌合）居先、“内訾”（神离）居后。○颜回再拟进谏策略，不仅反击孔子，而且长篇大论教诲孔子，异于实际颜回对孔子“无所不悦”（《论语·先进》）。

［8］内直者，与天为徒：徒，步行（《说文》），引申义同行。内德正直，与天道同行。此言庄学真谛“因循内德”。

［9］天子之与己，皆天之所子：十字金言。大破孔子仅奉庙堂假君为“天子”，不承认江湖民众亦为“天之所子”。《让王》“天子不得臣，诸侯不得友”承之。○郭象反注：“物无贵贱，得生一也。”

［10］而独以己言祈乎人善之、祈乎人不善之邪：此言运用庄学真谛“善不善，不善善”（《齐物论》辨析四七、《养生主》辨析二）。

【校勘】两“祈乎”后，旧皆衍“而”字。○《逍遥游》两“举世”后，旧亦皆衍“而”字。

［11］外曲者，与人为徒也：婉曲因应外境，与人道同行（周旋）。此言庄学俗谛“因应外境”。

【校勘】“与人”后旧衍“之”字。闻一多、王孝鱼、王叔岷、陈鼓应、方勇、陆永品据褚伯秀本、赵谏议本、释德清本均无“之”字校删。

［12］擎qíng跽jì曲拳：擎手跽足，磬折曲躬（成疏）。

［13］为人之所为者，人亦无疵cī焉：“与人为徒”的俗谛目标。

【辨析四】以“与人为徒”的庄学俗谛“因应外境”言之，当求“人亦无疵”。以“与天为徒”的庄学真谛“因循内德”言之，则当不祈乎“人善之”、“人不善之”（上文）。参看《逍遥游》“举世非之而不加沮”，《德充符》“以可不可为一贯”。○孔学属“与人为徒”之学，与庄学俗谛稍有相合，故庄子让孔子充当庄学俗谛“因应外境”的代言人。孔学无“与天为徒”之学，与庄学真谛完全不合，故庄子让颜回充当庄学真谛“因循内德”的代言人。○颜回之化身“鸜鹊子”，已于《齐物论》长梧斥孔章完成“改宗”，故本篇之颜回，并非实际颜回，而是真际颜回。本节是真际颜回对实际孔子之初步教诲，预伏《大宗师》坐忘章之真际颜回对实际孔子的最终教诲（孔子因此“改宗”）。

[14] 责之实也：“责”旧作“谪”，字通。《广雅·释诂》：“谪，责也。”证诸史实。〇郭注、成疏训“谪”为“责”不误，训“责”为“谴责”则非。“责”当训“核查”，义同“循名责实”（先秦诸子常言）之“责”。

[15] 若是，则可乎：真际颜回临时充当庄学真谛代言人之后，回归实际颜回之弟子身份，仍问孔子“可乎”。

[16] 恶！恶可：孔子仍不赞成。但是已非不赞成往谏，而是退而仅斥颜回往谏的方法。

[17] 太多政：政，动词，匡正。匡正的方法太多。

法而不谍dié：法，动词，效法，引申为实行。谍，动词，传递信息，通达己意。义同《列御寇》“形谍成光”之“谍”。

虽固亦无罪：孔子默认“天子之与己，皆天之所子”，承认颜回往谏并非往刑，卫君不应对颜回治罪，即在真谛层面同意颜回往谏卫君。〇孔颜之辩至此，真谛层面颜回胜利。

[18] 虽然，止是耳矣，夫胡可以及化：孔子进而认为，真谛与俗谛不属同一层面（略同今语“理论与实际不属同一层面”）。颜回往谏，真谛层面可行而无罪，俗谛层面未必能够感化卫君。

[19] 犹师心者也：师心，自师成心。此句省略主语，兼指颜回、卫君。孔子认为，颜回自师成心，尚未“丧我”，往谏在俗谛层面必然失败（故下言“坐忘”，教颜“丧我”）。卫君亦将不纳谏言，仍然自师成心，独断专行。

◎第一章第二节：颜回阐明真谛，孔子默许真谛。

颜回曰：“吾无以进矣，敢问其方？”

仲尼曰：“斋，吾将语若。有心而为之，其易邪？易之者，暤天不宜。”[1]

颜回曰：“回之家贫，唯不饮酒不茹荤者数月矣。如此，则可以为斋乎？”

曰：“是祭祀之斋，非心斋也。”

回曰：“敢问心斋？”

仲尼曰："一若志[2]！无听之以耳而听之以心，无听之以心而听之以气[3]。耳止于听，心止于符[4]。气也者，虚而待物者也。唯道集虚[5]。虚者，心斋也。"[6]

颜回曰："回之未始得使，实有回也；得使之也，未始有回也[7]。可谓虚乎？"

夫子曰[8]："尽矣。吾语若，若能入游其樊，而无感其名[9]。入则鸣，不入则止[10]。无门无毒[11]，一宅而寓于不得已，则几矣。绝迹易，无行地难[12]。为人使，易以伪；为天使，难以伪[13]。闻以有翼飞者矣，未闻以无翼飞者也；闻以有知知者矣，未闻以无知知者也[14]。瞻彼阕者，虚室生白，吉祥止也[15]。夫且不止，是之谓坐驰。夫循耳目内通，而外于心知，鬼神将来舍，而况人乎[16]？是万物之化也，禹、舜之所纽也，伏羲、几蘧之所行终，而况散焉者乎？"[17]

今译

颜回说："我已别无良策，请问进谏的方法？"

仲尼说："你先斋戒，我再告诉你。自师成心而有为，岂能轻易成功？以为轻易之人，天道以为不宜。"

颜回问："我家境贫寒，不饮酒不食荤已有数月。如此，可否视为斋戒？"

仲尼说："这是祭祀鬼神的身形之斋戒，而非信仰天道的德心之斋戒。"

颜回问："何为信仰天道的德心之斋戒？"

仲尼说："专一你的心志！勿用耳朵倾听而用心灵倾听，勿用成心倾听而用德心倾听。耳朵止于有声之声，成心止于有形之形。德心，就是冲虚而能容物的天池。天道仅仅栖止于冲虚之德心。自逍已德而冲虚，就是德心之斋戒。"

颜回说："未得到夫子准许出使之时，弟子确实'有我'；得到夫子准许出使以后，弟子已经'丧我'。如此可算德心冲虚吗？"

夫子说："达于至境了。我告诉你，你可以入游庙堂樊笼，然而勿被'君主'假名迷惑。卫君听得入耳就进言鸣放，卫君听不入耳就知殆而止。勿开医国之门，勿近毒民之药，德心寄于一宅而寓于不能停止的自适其适，庶几或能趋近彼道。隐身绝迹容易，行地无迹困难。被人道役使，易于违背德心；被天道驱使，难以违背德心。曾闻有真德之翼而能翱翔外境，未闻无真德之翼而能翱翔外境；曾闻有真谛之知而达俗谛之知，未闻无真谛之知而达俗谛之知。仰望天道高阕的至人，心室冲虚生白，吉祥栖止德心。游心天道永无止境，这叫身坐心驰。收视返听而内通德心，超越成心之知，鬼神亦将前来投宿，何况人呢？化育万物的天道，是夏禹、虞舜欲往的枢纽，伏羲、几蘧欲达的终极，何况凡庸俗君呢？"

校注

［1］【校勘】"有"下旧脱"心"字。刘文典、王叔岷、陈鼓应、方勇、陆永品据郭注、成疏均作"有其心而为之"，《庄子阙误》引张君房本亦有"心"字校补。

暤hào天：暤，明亮。同"昊"，异体字。

［2］一若志：反扣上文"端而一"。〇上言"与人为徒"的身形之"一"，此言"与天为徒"的德心之"一"。

【校勘】"一若志"旧误倒为"若一志"。释德清、王先谦、刘文典、闻一多、钱穆、王叔岷、方勇、陆永品据成疏"志一汝心"校正。〇方勇、陆永品："《知北游》'一汝视'、'一汝度'，亦可作为佐证。"

［3］心：后天成心。气：先天德心。先天德心，得于天道。先天之"气"，得于"气母"（《大宗师》）。〇《文子·道德》："上学以神听，中学以心听，下学以耳听。"袭用此文，以"神"易"气"。

［4］耳止于听：人耳止于听闻有声之声（地籁、人籁），无法听到无声之声（天籁）。

【校勘】旧误倒为"听止于耳"。俞樾、郭庆藩、马叙伦、王叔岷、陈鼓应、方勇、陆永品据成疏"止于听"校正。

心止于符：后天成心止于有形符征（天道符征），无法感悟有形万物背后的无形之道。

［5］虚而待物：虚而待道。反扣上文“端而虚”，前射《逍遥游》“无己”、《齐物论》“丧我”。〇上言“与人为徒”的身形之“虚”，此言“与天为徒”的德心之“虚”。

唯道集虚：自“道”己德，方能“遥”达彼道。

【辨析五】“虚而待物”之“待物”，即“待道”，义同《齐物论》“待彼”。老、庄偶尔称“道”为“物”，乃是“道不可名”的无奈之举，均有上下文限定，如《老子》“道之为物，惟恍惟惚”，“有物混成，先天地生，吾不知其名，字之曰道”。此处“虚而待物”，则被“唯道集虚”限定。

［6］心斋：自“道”己德。义同《逍遥游》“无己”、《齐物论》“丧我”、《大宗师》“坐忘”。

［7］回之未始得使，实有回也：颜回承认孔子开始不许颜回使卫有理，自己确实尚未“丧我”。

【校勘】“有”旧讹为“自”。奚侗、陈鼓应据下句“未始有回”校正。〇郭注：“未使心斋，故有其身。”成疏：“谓颜回之实有也。”均证原文作“有”。

得使之也，未始有回也：颜回表示，得到孔子允许使卫，自己现在已能“丧我”。

【辨析六】上节孔言“固亦无罪”，已经放弃“往刑”之说，默许颜回所言“天子之与己，皆天之所子”，同意颜回使卫，仅仅认为颜回尚未“丧我”，仍难感化卫君。本节遂教颜回“心斋”而“丧我”，孔言“若能入游其樊”、“入则鸣，不入则止”，无不教诲颜回使卫之后如何进谏。旧皆盲从郭象反注，导致“心斋”一节与颜回往谏卫君无关。

［8］夫子曰：异于上文“仲尼曰”。暗示“曰”者已非实际孔子，而是真际孔子（庄学代言人）。因为孔子已经默认“天子之与己，皆天之所子”，正从实际孔子向真际孔子渐变。

［9］入游其樊 fán：前射《养生主》“畜乎樊中”。

无感其名：上扣“天子之与己，皆天之所子”，即不被“君主”假名迷惑。前射《齐物论》“真君真宰”晦藏的“假君假宰”。〇两“其”均指卫君。

［10］入则鸣，不入则止：卫君入耳则谏，不入耳则止。〇《论语·颜渊》所引孔言“忠告而善道之，不可则止，毋自辱焉”，《论语·先进》所引孔言“以道事君，不可则止”，均证“与人为徒”的孔学，与“与天为徒”的庄学俗谛“因应外境”略有相合。

［11］无门：勿开医国之门（隐喻“治国”）。上扣“医门多疾”。

无毒：勿近毒民之药（隐喻庙堂伪道之虚假“仁义”）。

［12］绝迹易，无行地难：不行无迹（出世）较易，行地无迹（间世）较难。

【辨析七】二句以“行地有迹”（入世）为前提，仅是省略未言。马其昶：“不行而绝迹，此出世法。行而不践地，则入世而不为世撄者。”已悟庄义“间世”（入世而不为世撄），仅是未明篇名读法。旧之已悟庄义“间世”而不明篇名读法者，多谓所悟庄义为“超世”。

［13］为人使，易以伪；为天使，难以伪：人道属伪道，天道属真道。故而“两行”（《齐物论》）。

［14］闻以有翼飞、闻以有知知：承上“为天使，难以伪”。庄子褒之。

未闻以无翼飞、未闻以无知知：承上“为人使，易以伪”。庄子贬之。

【辨析八】“闻……未闻”句式，无不前褒后贬。庄子认为，“为天使”，则有真德之“翼”，方能如鹏而“飞”；“为人使”，则无真德之“翼”，不能如鹏而“飞”。“知”亦然。〇旧释庄子认为“无翼”方能“飞”，“有翼”不能“飞”。既反庄义，亦反常识。

［15］阕 què：古代宫殿之前的仪式性高峻建筑。合词“宫阕”。

彼阕：隐喻彼岸天道。〇司马彪释“阕”为“空”（视“阕”通“缺”），读作“瞻彼/阕者”，义不可通。当读“瞻/彼阕/者”，义始可通。

虚室生白：上扣“虚者，心斋也”。虚己心室（自“道”己德），方生洁白。

吉祥止也：上扣“唯道集虚”。道集德心（“遥”达彼道），吉祥永驻。〇下伏第六章“神人之所以为大祥也”。

【校勘】“也”旧讹为“止”。俞樾、奚侗、杨伯峻、王叔岷据《淮南子·俶真训》“虚室生白，吉祥止也”、《列子·天瑞》唐人卢重玄解“虚室生白，吉祥止耳”、《刘子·清神》“虚室生白，吉祥至矣”校正。〇旧多不知字讹，曲说“止止”，义均难通。

［16］循耳目内通：因循耳目感官，自悟道施之德。

外于心知：外于违背内德的成心之知。《大宗师》“离形去知”。

鬼神将来舍，而况人乎：鬼神低于道（《大宗师》“道，神鬼神帝”），高于人。“人”隐指卫君。〇参看《寓言》学道九阶“六年而鬼入”。

［17］禹、舜、伏羲、几蘧qú：圣明之君。散焉者：凡庸之君（隐指卫君）。

◎第一章第三节：孔子教诲颜回，丧我方可往谏。

●第一颜回往刑章：“俗谛”三章之首章。本章孔子是庄学俗谛“因应外境”的代言人，隐含庄子对孔学相对之是“然于然”。颜回是庄学真谛“因循内德”的代言人，隐含庄子对孔学相对之非“不然于不然”。因此真谛层面是颜回胜利，主张因循内德，人皆天子；俗谛层面是孔子胜利，主张因应外境，切勿往刑。

二

叶公子高将使于齐，问于仲尼曰[1]：“王使诸梁也甚重，齐之待使者，盖将甚敬而不急。匹夫犹未可动，而况诸侯乎？吾甚栗之。子常语诸梁也，曰：‘凡事若小若大，寡不道以欢成[2]。事若不成，则必有人道之患；事若成，则必有阴阳之患[3]。若成若不成而后无患者，唯有德者能之。’吾食也执粗而不臧，爨无欲清之人[4]。今吾朝受命而夕饮冰[5]，我其内热欤？吾未至乎事之情，而既有阴阳之患矣；事若不成，必有人道之患。是两也，为人臣者不足以任之[6]。子其有以语我来！”

仲尼曰：“天下有大戒二：其一命也，其一义也[7]。子之爱亲，命也，不可解于心；臣之事君，义也，无适而非君也[8]。无

所逃于天地之间，是之谓大戒[9]。是以夫事其亲者，不择地而安之，孝之至也；夫事其君者，不择事而安之，忠之盛也。自事其心者[10]，哀乐不易施乎前，知其不可奈何而安之若命[11]，德之至也。为人臣、子者，固有所不得已[12]。行事之情，而忘其身，何暇至于悦生而恶死？夫子其行可矣。

“丘请复以所闻[13]：凡交，近则必相靡以信，远则必忠之以言[14]。言必或传之。夫传两喜两怒之言，天下之难者也。夫两喜必多溢美之言，两怒必多溢恶之言。凡溢之类妄，妄则其信之也莫[15]，莫则传言者殃。故《法言》曰[16]：‘传其常情，无传其溢言，则几乎全[17]。’且以巧斗力者，始乎阳，常卒乎阴，泰至则多奇巧。以礼饮酒者，始乎治，常卒乎乱，泰至则多奇乐。凡事亦然。始乎谅，常卒乎鄙；其作始也简，其将毕也必巨。

“夫言者，风波也；行者，实丧也。风波易以动，实丧易以危。故忿设无由，巧言偏辞。兽死不择音，气息茀然，于是并生厉心[18]。克核太至，则必有不肖之心应之，而不知其然也。苟为不知其然也，孰知其所终？故《法言》曰：‘无迁令，无劝成；过度，溢也。’迁令劝成[19]，殆事。美成在久，恶成不及改。可不慎欤？且夫乘物以游心，托不得已以养中，至矣[20]。何作为报也？莫若为致命。此其难者。”[21]

今译

叶公子高即将出使齐国，遂问仲尼说：“楚王对我出使寄望甚高，齐君接待楚国使臣，大概将会十分恭敬却不急于应允所请。庶民尚难说动，何况诸侯呢？我很害怕。先生常常教诲我说：‘凡事不论小大，少有不合天道而能欢然办成。事若没有办成，必有人道外患；事若办成，必有阴阳内患。不论成或不成均无祸患，唯有葆全真德者方能做到。’我对饮食求粗不求好，口味不求清凉。如今我早晨受命而晚上饮冰，我恐怕已生内热了吧？我还没去办事，已有阴阳内患；事若没有办成，必有人道外患。这两种情形，是身为人臣的我不足以胜任的。先生必定有以教我！”

仲尼说：“天下大戒有二：其一是天道之命，其二是人道之义。子女敬爱双亲，是天道永恒之命，不可解脱于德心；臣仆事奉君主，是人道暂时之义，如今天下到处都有君主。天地之间无处可逃，这就叫作大戒。所以子女事奉双亲，不论在何处都让双亲安心，是孝之极致；臣仆事奉君主，不论做何事都让君主安心，是忠之极盛。自事德心之人，哀乐不易呈于面前，明白人道之义暂时不可奈何而安之如同天道之命，是葆德之至境。身为臣仆、子女，固有不得停止的事务。践行事务之实情，而丧忘自身之得失，哪有闲暇贪生怕死？夫子照此而行即可。

“请让我再转述所闻之教：凡是交往，亲近必须相互磨合增进信任，疏远必须相互忠诚沟通言语。言语必须有人传递。传递双方喜悦、双方愤怒之言，是天下至难之事。双方喜悦必多溢美之言，双方愤怒必多溢恶之言。凡是溢美溢恶之言均属虚妄，虚妄则诚信全无，诚信全无则传言之人必定遭殃。所以《法言》说：‘只传符合常情的实话，不传超出常情的溢言，就能趋近自我保全。’凭借技巧斗力之人，开始使用阳招，而后常使阴招，极致就是出奇弄巧。遵循礼仪饮酒之人，开始规矩守礼，而后常至犯规，极致就是疯狂作乐。凡事大抵如此。始于诚信，而后常至卑鄙；开始之时简朴，将要完毕必定繁复。

“言语，如同风吹波动；行为，常常丧失真实。风吹波动容易动摇德心，丧失真实容易趋近危殆。所以忿怒假如没有理由，就会花言巧语偏颇设辞。野兽临死不择好音，气息勃怒，于是产生暴虐之心。刻薄算计太过，他人必以不良之心回应，而自己还不知他人为何如此对我。倘若不知他人为何如此对我，怎能奢望美好结局？所以《法言》说：‘不要改变君令，不要加速成事；越过合理限度，必将溢出常情。’改变君令，加速成事，事必危殆。美事欲成必须恒久，恶事既成不及悔改。因应外境岂可不慎？唯有身形驾乘外物而德心遨游天道，寄托于不得停止的事务而葆养中道，方为人生至境。何须别有酬报？不如达至天道之命。这是至难之事。”

校注

［1］叶shè公子高：楚庄王玄孙，姓沈，名诸梁，字子高，封于叶（今河南叶县）。

【辨析九】前480年（楚惠王九年，颜回殁后次年），叶公平定楚国白公之乱，扶佐楚惠王复位，此后功成身退，是游方之内的知殆而止者。前489年（楚昭王二十七年），孔子六十三岁，至叶公封地叶（今河南叶县）。《论语·子路》载有孔、叶对话二条。本章是人真事虚的寓言，孔子仍是庄学俗谛“因应外境”的代言人，庄子再对孔学相对之是“然于然”。

［2］凡事若小若大，寡不道以欢成：无论事之小大，没有不合天道而能欢成。〇郭象反注：“夫事无小大，少有不言以成为欢者耳。”奚侗驳正：“郭注训‘道’为‘言’，于义未允。”郭象否定“道”之存在，故意误注“道”字。

［3］人道之患：受到人道惩罚。人之身刑。〇《曹商》：“罹外刑者，金木讯之。”

阴阳之患：受到天道惩罚。天之身刑。此谓违背真德而内疚，阴阳失调得病。〇《曹商》：“罹内刑者，阴阳食之。”

［4］臧zāng：好。爨cuàn：灶火，引申为饮食。

［5］朝受命：叶公误将人君之“令”视为天道之“命”。下文孔子一再驳正。

［6］是两也：“两”前射《齐物论》“两行”，即天道、人道之“两行”。违背天道则有“阴阳之患”，违背人道则有“人道之患”，故叶公忧虑、陷入天人交战。〇《外物》“甚忧两陷而无所逃”。

［7］天下有大戒二：二，即“两”。大戒二，即“两行”的天道、人道。

其一命也，其一义也：孔子驳正叶公，君令并非天道之“命”，仅是人道之“义”。

【辨析十】庄义：顺应天道之“命”，证见《德充符》“受命于天”（蕴涵“受令于人”）。丧忘人道之“义”，证见第四章“以义誉之，不亦远乎”，《齐物论》“忘义”，《大宗师》“黥以仁义，劓以是非”，“息黥补劓”、“忘仁义”,《应帝王》“君人者以己出经式义，是欺德也”。〇王叔岷：“受之于天，自然而然，谓之‘命’。属之于人，不得不然，谓之‘义’。”辨析“天命↘人义”甚明。

［8］子之爱亲，命也，不可解于心：天道之命，不可稍忘。

臣之事君，义也，无适而非君也：人道之义，亦当因应。〇郭象反注：“多贤不可以多君，无贤不可以无君，此天人之道，必至之宜。”庄子之理想是“无君”，决不主张“不可以无君”，更不主张君主专制是“天人之道，必至之宜”。

［9］无所逃于天地之间，是之谓大戒：二句另起，概括“天命”、“人义”。

【辨析十一】庄义：“子之爱亲”的天道之“命”，是永恒不变的第一“大戒”。“臣之事君”的人道之“义”，是随时变化的第二“大戒”，前者高于后者。〇郭象连读“臣之事君，义也，无适而非君也，无所逃于天地之间，是之谓大戒”，遂成郭义“人义即天命”、“名教即自然”。盲从郭义者，遂谓庄学不异儒学，“庄子盖助孔子者”（苏轼）。

［10］忠：会意字。中于己心。

自事其心：上扣“忠”。忠于己心，即忠于内心真德。

［11］不可奈何而安之若命：孔子驳正叶公，人君之“令”仅是庙堂人道的后天“假命”（“若命”），并非江湖天道的先天“真命”。〇《齐物论》“真君真宰”（蕴涵对词“假君假宰”）。

［12］不得已：老、庄常言。“已”训止。“不得已”即不得停止。“天命”永远不得停止，“人义”暂时不得停止。

为人臣、子者，固有所不得已：因应“人义”俗谛，乃是“为人臣者”之暂时“不得已”；顺应“天命”真谛，乃是“为人子者”之永恒“不得已”。〇旧多连读“臣子”。“子之爱亲”的“天命”第一“大戒”，遂被遮蔽。“臣之事君”的“人义”第二“大戒”，遂被拔高为第一、唯一“大戒”。

◎孔言第一层：天道永恒之“命”，高于人道暂时之“义”。

［13］丘请复以所闻：暗示此下并非孔子之言，亦即暗示“寓言孔子”实为庄学俗谛“因应外境”的代言人。

［14］忠之以言：运用言语忠诚表达真实思想。

[15] 信之也莫：不能忠诚表达真实思想的言语，自己也不信，他人更不信。

[16]《法言》：庄子虚构之书。与《逍遥游》之《齐谐》同例。○王先谦："扬子《法言》，名因此。"

[17] 几乎全：趋近于保全自身。上扣首章"古之至人，先存诸己而后存诸人"。前射《养生主》"全生"。

◎孔言第二层：因应"人义"俗谛，不可不慎；顺应"天命"真谛，乃可全生。

[18] 厉心：害人之心。义同下句"不肖之心"。

【校勘】"厉心"旧误倒为"心厉"。武延绪、王叔岷、陈鼓应校正。

[19] 无迁令、迁令：重言驳正叶公把人君之"令"误视为天道之"命"。

[20] 乘物以游心：第四次"乘↗游"句式（点破寓意）。点破《人间世》篇名之"间世"寓意。

【辨析十二】庄学俗谛：身形"乘物"（异于"待物"）而"入世"。庄学真谛：德心"游心（于道）"而"出世"。二谛圆融的"缘督"中道：身心合一而"间世"。

托不得已以养中：身形"入世"，寄托于因应"人义"俗谛的暂时"不得已"；德心"出世"，寄托于顺应"天命"真谛的永恒"不得已"；中道"间世"，"缘督"而身心兼养。

至矣：明于"间世"为"入世"、"出世"之"中"，即为"得其环中"（《齐物论》），即达庄学至境。

[21] 致命：达至天命，义同《应帝王》"尽其所受乎天"（《泰初》"致命尽情"承之）。最后驳正叶公把人君之"令"误视为天道之"命"。○旧释"致命"为忠实传达楚王之"令"，未明"天命↘人令"之辨。忠实传达楚王之"令"极易，与"此其难者"抵牾。不明本章"天命↘人义"、"天命↘人令"、"真命↘假命（若命）"三辨，所释必非。

◎孔言第三层：乘物游心，缘督间世；达至天命，庄学至境。

●第二叶公近刑章："俗谛"三章之次章。天命人义，间世二谛；二谛圆融，得其环中。

三

颜阖将傅卫灵公太子[1]，而问于蘧伯玉曰[2]："有人于此，其德天杀[3]。与之为无方，则危吾国；与之为有方，则危吾身。其知适足以知人之过，而不知其所以过[4]。若然者，吾奈之何？"

蘧伯玉曰："善哉问乎！戒之！慎之！正汝身也哉！形莫若就，心莫若和[5]。虽然，之二者有患。就不欲入，和不欲出[6]。形就而入，且为颠为灭，为崩为蹶；心和而出，且为声为名，为妖为孽[7]。彼且为婴儿，亦与之为婴儿；彼且为无町畦，亦与之为无町畦；彼且为无崖，亦与之为无崖[8]。达之，入于无疵。[9]

"汝不知夫螳螂乎？怒其臂以当车辙，不知其不胜任也，是其才之美者也。戒之！慎之！积伐尔美者以犯之，几矣[10]。汝不知夫养虎者乎？不敢以生物与之，为其杀之之怒也；不敢以全物与之，为其决之之怒也；时其饥饱，达其怒心。虎之与人异类，而媚养己者，顺也。故其杀之者，逆也[11]。夫爱马者，以筐盛屎，以蜃盛尿。适有蚊虻仆缘，而拊之不时，则缺衔，毁首，碎胸。意有所至，而爱有所亡，可不慎邪？"[12]

今译

颜阖即将出任卫灵公太子蒯聩的师傅，遂问蘧伯玉说："有人在此，天赋物德甚薄。我若教导无方，就会危害卫国；我若教导有方，就会危及吾身。他的心知仅知他人有过，却不知他人为何有过。如此之人，我如之奈何？"

蘧伯玉说："问得好啊！要戒惧！要审慎！你要自正己身！身形不如与他亲近，德心不如与他应和。尽管如此，仅仅做到两者仍有危殆。身形亲近而不可投入，德心应和而不可外显。身形亲近而且投入，将被（庙堂刑教）颠覆毁灭，崩溃倒下；德心应和而且外显，将被（庙堂名教）彰扬声名，成妖成孽。太子如同婴儿，你也如同婴儿；太子不拘小节，你也不拘小节；太子漫无边际，你也漫无边际。达至此境，即可无过。

“你不知螳螂吗？螳螂怒举其臂阻挡车轮，不知自己不能胜任，实为自美其才。要戒惧！要审慎！一再自矜美德而冒犯太子，必近危殆。你不知养虎之人吗？养虎之人不敢用活物喂虎，是因为杀死活物将会诱发杀戮之怒；不敢用全物喂虎，是因为撕裂全物将会激发残忍之怒；洞悉虎之饥饱，驾驭虎之怒心。虎与人是异类，却媚事养虎之人，是因为养虎之人顺道因应外境。所以虎若杀死养虎之人，是因为养虎之人悖道因应外境。爱马之人，用竹筐装马屎，用蚌壳盛马尿。恰有蚊虻飞近马身，爱马之人突然拍击，马会受惊挣脱衔口，踢毁人首，踏碎人胸。善意虽达极致，然而因爱自招死亡，岂可不慎？”

校注

［1］颜阖hé：鲁人，与孔子同时。○颜阖未见于先秦诸籍、《史记》，仅见于《吕览》。然而《吕览·适威》颜阖章全钞《庄子·达生》,《吕览·贵生》颜阖章全钞《庄子·让王》。《达生》、《曹商》、《让王》之颜阖章，均仿拟本章。

卫灵公太子：蒯聩（后为卫庄公）。详见首章“卫君”注。

［2］蘧qú伯玉：春秋末年卫相。名瑗，字伯玉。伯，四境排行隐喻定位于“至知无知”的“至人”(《德充符》辨析八)。

【辨析十三】《史记·仲尼弟子列传》:“孔子之所严事：于卫，蘧伯玉。”《孔子世家》:“(孔子)反乎卫，主蘧伯玉家。”《吕览·召类》:“蘧伯玉为相，史鳍佐焉，孔子为客。”《论语·卫灵公》孔言：“直哉史鱼！邦有道，如矢；邦无道，如矢。君子哉蘧伯玉！邦有道，则仕；邦无道，则可卷而怀之。”○本章上承首章。蘧伯玉是首章、次章孔子之替身，庄学俗谛“因应外境”之代言人。颜阖是首章颜回之替身。卫太子是首章卫君之替身。本章情节是首章情节之延伸，申论如何“入游其樊”(首章)。庄子反对“畜乎樊中”(《养生主》)、“画地而趋”(末章)，不反对“入游其樊”，唯当“卷而怀之”，知殆而止。

［3］其德天杀：天杀，即“天刑”。谓太子天赋物德甚薄。《德充符》“天刑之，安可解”，《大宗师》“天之戮民”。○旧释“其德天杀”为太子天性嗜好杀人，未明庄学“天刑”之义。古文“杀”、“殺”形义均异。“杀”训减损，不可作“殺”。“殺”训杀生，不可作“杀”。

［4］其知适足以知人之过，而不知其所以过：义同《天地》“彼审乎禁过，而不知过之所由生”。○太子据人道判断“过”与“未过”，仅知违背人道有过，不知人道悖逆天道，遂将顺应天道的无过者视为有过（《德充符》辨析五）。

［5］和hè：动词，与“就”互文，与“唱”相对。《德充符》“和而不唱”。

【辨析十四】蘧伯玉因史鰌尸谏卫灵公，被迫出任卫相，始终“和而不唱”。《韩诗外传》卷七：“昔者卫大夫史鱼病且死，谓其子曰：‘我数言蘧伯玉之贤而不能进，弥子瑕不肖而不能退。为人臣生不能进贤而退不肖，死不当治丧正堂，殡我于室足矣。’卫君问其故。其子以父言闻。君造然召伯玉而贵之，而退弥子瑕。”卷二：“外宽而内直，自设于隐括之中，直己而不直人，善废而不悒悒，蘧伯玉之行也。”《左传·襄公十四年》：“文子曰：‘君之暴虐，子所知也。大惧社稷之倾覆，将若之何？’对曰：‘君制其国，臣敢奸之？虽奸之，庸知愈乎？’”又《左传·襄公二十六年》：“蘧伯玉曰：‘瑗不得闻君之出，敢闻其入？’”

［6］就不欲入：异于“入世”。和不欲出：异于“出世”。○八字揭破篇名“间世”之义。《达生》“无入而藏，无出而阳，柴立其中央”，《天运》“圣人不出，圣人不隐”。

［7］形就而入，且为颠为灭，为崩为蹶：身形入世将会趋近以刑治身的庙堂刑教。前射《养生主》“无近刑”。

心和而出，且为声为名，为妖为孽：德心外荡将会趋近以名治心的庙堂名教。前射《养生主》“无近名”。

［8］无町tīng畦qí：町，田埂。畦，田埂分开之土区。引申为无界限、无规矩、无约束。○“为婴儿”、“为无町畦”、“为无崖”三喻，譬解“支离其德”（下文）。

［9］达之，入于无疵cī：上扣首章“为人之所为者，人亦无疵焉”。义有递进。

◎蘧言第一层：因应暴君，宜戒宜慎；虚而委蛇，和而不唱。

［10］是其才之美者：是，动词，自是（林云铭），自我肯定。自我肯定其才之美。

积伐尔美以犯之，几矣：积，持续。伐，义同“矜”，自夸。《老子》“自伐者无功，自矜者不长”。自矜美德，即不“道”己德。犯之，冒犯。几矣，危殆。〇上扣首章“是以人恶其有美也。命之曰灾人。灾人者，人必反灾之”。

［11］顺：顺道的因应外境。逆：悖道的因应外境。

【校勘】“杀”下旧脱“之”字。王叔岷、陈鼓应据《列子·黄帝》校补。

［12］蜃shèn：大蚌。此指其壳。蚊虻méng：吮吸人兽血液的昆虫。拊fǔ：拍击。

【辨析十五】三喻大义略同，侧重小异。“螳螂”泛喻人臣，“养虎者”专喻善应之臣，“爱马者”专喻误应之臣。“车辙”泛喻人君，“虎”专喻德薄之君，“马”专喻德厚之君。〇德薄之君多于德厚之君，卫君、卫太子皆其例。《山木》所引庄言“今处昏上乱相之间”，《曹商》所引庄言“宋王之猛，非直骊龙也”，《则阳》“夫楚王之为人也，形尊而严；其于罪也，无赦如虎”。

◎蘧言第二层：德薄之君如虎，德厚之君如马，不善因应皆亡。

●第三颜阖远刑章：“俗谛”三章之末章。置身庙堂，伴君如同伴虎；因应假君，不戒不慎危殆。

【辨析十六】以上“俗谛”三章，从俗谛层面阐明“因应外境”：“入游其樊”（《人间世》）、“畜乎樊中”（《养生主》）者，如何知殆而止地“远刑”、“远名”，远离庙堂刑名之斧斤。

四

匠石之齐，至于曲辕[1]，见栎社树[2]。其大蔽数千牛，絜

之百围；其高临山，十仞而后有枝，其可以为舟者旁十数。观者如市。匠石不顾，遂行不辍。[3]

弟子厌观之，走及匠石曰："自吾执斧斤以随夫子[4]，未尝见材如此其美也。先生不肯视[5]，行不辍，何邪？"

曰："已矣，勿言之矣，散木也[6]！以为舟则沉，以为棺椁则速腐，以为器则速毁，以为门户则液樠，以为柱则蠹。是不材之木也，无所可用，故能若是之寿。"[7]

匠石归，栎社见梦曰："汝将恶乎比予哉？若将比予于文木邪[8]？夫柤梨橘柚，果蓏之属[9]，实熟则剥，剥则辱；大枝折，小枝泄[10]。此以其能苦其生者也，故不终其天年而中道夭，自掊击于世俗者也[11]。物莫不若是[12]。且予求无所可用久矣，几死，乃今得之，为予大用[13]。使予也而有用，且得有此大也邪[14]？且也，若与予也皆物也，奈何哉其相物也[15]？尔几死之散人，又恶知散木！"[16]

匠石觉而诊其梦。[17]

弟子曰："趋取无用，则为社何邪？"

曰："密！若无言！彼亦直寄焉[18]，以为不知己者诟厉也[19]。不为社者，且几有剪乎？且也，彼其所保与众异[20]，尔以义誉之，不亦远乎？"[21]

今译

匠石前往齐国，到了曲辕，看见一棵成为社神的栎树。树冠之大可以遮蔽数千头牛，树干之粗达到百臂合围；树冠之高可比山峰，十仞以上始有旁枝，可造舟船的旁枝数以十计。围观之人多如集市。匠石头也不回，继续行路不止。

弟子看够以后，赶上匠石问："从我手执斧斤跟随夫子至今，未曾见过如此完美的木材。先生不肯一看，行路不止，是何缘故？"

匠石说："罢了，不必说它了，不过是散木！做成舟船必沉，做成棺椁必定迅速腐烂，做成器具必定迅速毁坏，做成门户必渗树脂，做成梁柱必生蛀虫。这是不材之木，无所可用，故能如此长寿。”

匠石回到家，栎社树托梦说：“你用何物比况我？你竟用文木比况我？那些楂、梨、橘、柚，瓜果之类，果实成熟就被摘掉，摘掉果实就是受辱；大枝被砍，小枝被折。这是它们愿意自苦其生，所以不终天年而中途夭亡，自动撞击于世俗斧斤。有用之物无不如此。而我祈求无所可用已经很久，濒于死亡，如今始得如愿，成为我之大用。假使我是有用文木，岂能如此高大？再说，你我均属道生之物，为何把我视为供你砍伐之物？你这濒于死地的散人，又如何能知散木？”

匠石梦觉以后诊断其梦。

弟子问：“既然趋求无用，为何又做社木？”

匠石说：“住口！你勿再言！它也只是寄身庙堂，任凭不知自己之人诟病诋毁。若不寄身庙堂，岂非难逃斧斤修剪？再说，它所保全的与众生相异，你用庙堂之义毁誉它，岂非相差太远？”

校注

［1］匠石：宋人（又见《徐无鬼》所引庄言）。孔子（其祖由宋至鲁）之替身。

之齐：前517年，35岁的孔子携弟子游仕齐国受挫。〇上扣次章“叶公使齐”。上章义承首章，以蘧伯玉为首章孔子之替身。本章义承次章，又以匠石为次章孔子之替身。

曲辕：虚构的寓意地名。孔子故邑“曲阜”之变文。

［2］社：土地庙。引申为社稷、庙堂。

栎lì社树：栎树之人格化，四境动植范型定位于“至知无知”的“至人”。

［3］絜xié：度量周长。围：两手拇指、食指合拢为一围。辍chuò：停止。

观者如市，匠石不顾：前射《逍遥游》惠施谓庄子“立之途，匠者不顾”。匠石斥栎树（对庙堂）无用，义同《逍遥游》惠施斥庄子（对庙堂）无用。

［4］斧斤："代大匠斫"的庙堂"人刑"。前射《逍遥游》"斤斧"。

执斧斤：隐喻孔子弟子向孔子学习"代大匠斫"地剪齐原本不齐之物德，使成"编户齐民"。

［5］餍yàn：饱食，引申为满足。

夫子、先生：匠石弟子对匠石先称"夫子"后称"先生"，全同《德充符》常季对孔子先称"夫子"后称"先生"（《德充符》辨析一），亦证匠石为孔子之替身。

［6］散木：无用之木。隐喻无用于庙堂的至人。

［7］液樠mán：树液渗出。蠹dù：蛀蚀器物之虫。

是不材之木也，无所可用，故能若是之寿：三句义同《山木》所引庄言"此木以不材，得终其天年"。

［8］文木：有用之木。隐喻用于庙堂的大知小知。

【辨析十七】"散木↘文木"之辨：散木，"造化"之木，永葆道施之德，"不祈畜乎樊中"（《养生主》）。文木，"文化"之木，不葆道施之德，必欲"畜乎樊中"。前射《齐物论》信仰天道的至人、信奉人道的众人之"两行"。

［9］柤zhā：同"楂"，山楂树。果蓏luǒ：在树曰果，柤梨之类。在地曰蓏，瓜瓠之徒（成疏）。

［10］【校勘】"抴"yè旧讹为"泄"，形近而讹。俞樾校正："'泄'当读为'抴'。《荀子·非相》：'接人则用抴。'杨倞注：'抴，牵引也。'"郭庆藩、王先谦、刘文典、王叔岷、陈鼓应从之。

［11］能苦其生、不终其天年而中道夭：前射《逍遥游》"中于机辟，死于网罟"。

自掊pǒu击于世俗：上扣首章"往刑"。前射《养生主》"近刑"。

［12］物莫不若是：必欲有用之物（文木），无不如此（能苦其生、不终其天年而中道夭）。

［13］无所可用、为予大用：前射《逍遥游》"所用之异"、"无所可用，安所困苦"。

［14］使予也而有用，且得有此大也邪：前射《逍遥游》惠施之言"非不枵然大也，吾为其无用而掊之"。

[15] 若与予也皆物：你我皆为道生之物。〇此"物"为"齐物"之物。

相物：未能"丧我"者，视外物为仅供开发利用之彼物。〇此"物"为不齐之"物"。

[16] 几死：隐扣孔子"再逐于鲁，伐树于宋，削迹于卫，穷于商周，围于陈蔡之间"(《山木》、《让王》、《盗跖》、《天运》、《渔父》)。

散人："散木"之仿词。点破"文木"、"散木"均喻人。后世远离庙堂者，常自号"散人"。

[17] 匠石觉而诊其梦：前射《齐物论》长梧斥孔"丘也与汝皆梦也"。

[18] 彼：栎树。寄：寄身，即第三章"(身形)就不欲入"，不同于"畜乎樊中"。身形"乘物"寄社，德心"游于"天道。

[19] 不知己者：匠石已悟前斥栎树为"散木"，乃是不知栎树。

[20] 彼其所保与众异：至人葆德兼保身，身心皆不夭斧斤。众人保身不葆德，身亦常夭斧斤。

[21] 义：人道之"义"。上扣次章"天命↘人义"之辨。

誉："毁誉"之略。复义偏举。

以义誉之，不亦远乎：前射《齐物论》"忘义"，后伏《大宗师》"忘仁义"，《应帝王》"君人者以己出经式义，是欺德也"。〇匠石（孔子替身）自斥其所信奉的庙堂人道之"义"，是为孔子"积厚"渐变、由鲲化鹏（凤）之又一环，预伏《大宗师》之孔子最终"改宗"。

●第四栎树免刑章："真谛"三章之首章。文木欲保身而不得，散木欲葆德而保身；至人身寄庙堂，心游江湖。

五

南伯子綦游乎商之丘，见大木焉有异[1]，结驷千乘，将隐庇其所藾。[2]

子綦曰："此何木也哉？此必有异材夫！"[3]

仰而视其细枝，则拳曲而不可以为栋梁[4]；俯而视其大根，

则轴解而不可以为棺椁[5]；舐其叶，则口烂而为伤；嗅之，则使人狂酲三日而不已。[6]

子綦曰："此果不材之木也，以至于此其大也。嗟乎神人，以此不材。"[7]

今译

南伯子綦游于商丘，看见一棵大树十分奇异，千乘四马之车，也可隐没庇荫其下。

子綦说："这是何树啊？此树必定别有异材吧！"

仰头看它的细枝，弯曲不能做成栋梁；低头看它的大根，剖开不能做成棺椁；舔其树叶，口烂而受伤；嗅其气味，使人狂醉三日而不醒。

子綦说："这果真是不材之木，以至于如此硕大。伟哉神人，因此不愿成材。"

校注

［1］南伯子綦：《齐物论》"南郭子綦"之变文化身。南，喻"南溟"。伯，四境排行隐喻。双重定位于"至知无知"的"至人"。

商之丘：宋都"商丘"变文。大木：四境动植范型定位于"至知无知"的"至人"。

［2］千乘shèng：古代兵车，四马一车为一乘。将隐庇其所藾：藾lài，荫蔽。

【校勘】"将隐"旧误倒为"隐将"。奚侗、刘文典、王叔岷、陈鼓应、方勇、陆永品据《庄子阙误》引张君房本作"将隐"、郭注"隐庇"连用校正。

［3］异材：反扣上章匠石妄斥栎社树"不材"。○"天之异材"="人之不材"，应用《逍遥游》价值颠倒范式"天之香椿"="人之臭樗"（《逍遥游》辨析七）。

［4］拳曲：反扣首章“擎跽曲拳，人臣之礼”。○“与人为徒”的孔学，主张对外境主动“曲拳”，祈求成为有用的“文木”，以便倚待庙堂，建功立业。“与天为徒”的庄学，主张对外境主动“拳曲”，祈求成为无用的“散木”，以便逃刑免患，葆德全生。

［5］轴解：严复：“轴解者，木横截时，见其由心而裂至于外也。”王叔岷：“轴，盖今所谓年轮。”

棺椁guǒ：内棺曰棺，外棺曰椁。

“仰而”、“俯而”二句：前射《逍遥游》惠施妄斥庄子“（大樗）大本臃肿而不中绳墨，小枝卷曲而不中规矩”。

［6］舐shì：舌舔。酲chéng：酒醉神志不清。

［7］神人……不材：《逍遥游》“神人无功”变文。○《山木》所引庄言“周将处乎材与不材之间”。

●第五散木大用章：“真谛”三章之次章。葆德全生，散木异材大用；神人不材，拳曲逍遥江湖。

六

宋有荆氏者，宜楸柏桑[1]。其拱把而上者，求狙猴之杙者斩之[2]。三围四围，求高名之欐者斩之[3]。七围八围，贵人富商之家求椫傍者斩之[4]。故未终其天年，而中道夭于斧斤[5]，此材之患也。故解之以牛之白颡者，与豚之亢鼻者，与人有痔病者，不可以适河[6]。此皆巫祝已知之矣，所以为不祥也。此乃神人之所以为大祥也。[7]

今译

宋国有位荆氏，善种文木楸、柏、桑。文木长到双手合围以上，被寻求拴猴木桩的耍猴人砍伐。长到三围四围，被寻求高大名贵栋梁的木匠砍伐。长到七围八围，贵人富商之家为求棺椁厚板又来砍伐。所以未能终其天年，而中途夭于斧斤，这是成材的祸患。所以禳解灾祸的祭祀，凡是牛有白额，以及猪有高鼻，人有痔疮，不能投入黄河祭祀河神。这是所有巫祝已经知道的，因为视不材为不祥。这正是神人视不材为大祥的原因。

校注

［1］宋：庄子母邦。孔子远祖之母邦。

荆氏：虚构的寓意人名。“荆”为“刑”之变文，扣人刑之“斧斤”。○旧或释为地名。

楸qiū柏bǎi桑：上扣“文木”。

［2］拱把：两手相握曰拱，一手相握曰把。杙yì：木桩。

［3］名：名贵。欐lì：上扣“栋梁”。《秋水》“梁欐可以冲城”，“梁欐”即“栋梁”。

［4］椫shàn傍：不拼接的整块棺木。斩之：三次重言，极言庙堂“斧斤”对“文木”（急于用世的大知小知）之戕害。

［5］【校勘】“中道”下旧衍“之”字，王叔岷据道藏成疏本、林希逸本、褚伯秀本、罗勉道本、宣颖本、《淮南子·精神训》“中道”下皆无“之”字校删。

［6］解：禳解，古人祛灾祈福的祭祀仪式。此处专指祭祀河伯（黄河之神）。○《汉书·郊祀志》：“古天子常以春解祠。”颜师古注：“解祠者，谓祠祭以解罪求福。”

牛、豚、人：献祭天神地祇的“牺牲”。色纯为“牺”，体全为“牲”。

牛之白颡sǎng者：颡，额头。此言色不纯。豚tún之亢鼻者、人有痔zhì病者：此言体不全。○参看《德充符》：“为天子之诸御，不剪爪，不穿耳；娶妻者止于外，不得复使。形全犹足以为尔，而况全德之人乎？”

不可以适河：不合格的牺牲品，不可投入黄河祭祀河伯。

［7］不祥、大祥：揭破人道价值观（名教）与天道价值观（自然）之对立、“两行”（《齐物论》）。足证郭义“名教即自然”全反庄学。○宣颖、

郭庆藩、刘文典、王叔岷、陈鼓应断本章为南伯子綦之言（郭庆藩包括下章）。王先谦、刘武、方勇、陆永品断章，与本书同。

●第六文木大患章："真谛"三章之末章。亏德亏生，文木成材大患；自苦其生，夭于人道斧斤。

【辨析十八】以上"真谛"三章，从真谛层面阐明"因应外境"：不欲"入游其樊"(《人间世》)、"不祈畜乎樊中"(《养生主》）者，如何知殆而止地"远刑"、"远名"，远离庙堂刑名之斧斤。

七

支离疏者[1]，颐隐于脐，肩高于顶，会撮指天，五管在上，两髀为胁[2]。挫针治繲，足以糊口；鼓筴播精，足以食十人[3]。上征武士，则支离攘臂而游于其间[4]；上有大役[5]，则支离以有常疾不受功；上与病者粟，则受三钟与十束薪。夫支离其形者，犹足以养其身，终其天年，又况支离其德者乎？[6]

今译

支离疏这人，脸颊埋于脐下，肩膀高于头顶，发髻上指天空，五脏脉管居上，双腿与肋平行。持针缝衣，足以糊口保身；扬糠簸谷，足以养亲十人。庙堂征用武士，支离疏挥舞手臂而穿游其间；庙堂征用劳役，支离疏因有残疾而被豁免；庙堂赈济病残，支离疏却领到三钟粟和十捆柴。支离身形之人，尚且足以保养身形，终其天年，何况支离德心之人呢？

校注

[1] 支离疏：虚构人物。其名寓意：以支离其形，隐喻支离其德。

[2] 颐yí：面颊。髀bì：大腿。胁：腋下至腰。会撮：会聚头发，绾

成一撮（发髻）。五管：五藏之脉管（李颐、王叔岷）。〇五句摹状支离疏上身下折之佝偻驼背，即以“支离其形”，譬解上章“神人不材”之“拳曲”，譬解至人之“支离其德”，并非以支离之形为美（《德充符》辨析十）。

［3］繲xiè：故衣（《集韵》、《类篇》）。治繲：缝补旧衣。筴cè：簸箕。精：脱糠之米。〇司马彪：“挫针，缝衣也。治繲，浣衣也。”王叔岷驳正：“‘挫针治繲’为一事，谓缝衣也；‘鼓筴播精’为一事，谓筛米也。”

［4］攘rǎng臂而游于其间：点破《人间世》篇名之“间”。〇《养生主》“以无厚入有间，恢恢乎其于游刃必有余地矣”。

［5］上有大役：前射《齐物论》“终身役役”、“众人役役”，后伏《大宗师》“役人之役”。

［6］支离其德：自“道”己德。义同《齐物论》“不用而寓诸庸”、《养生主》“善刀而藏之”、《德充符》“才全而德不形”、《大宗师》“不自得”、《应帝王》“无见得”。

●第七支离全生章：小结“真谛”三章。支离其形，足以保身；支离其德，足以葆德。

【辨析十九】本章涵盖“真谛三章”（四至六）。“足以糊口”、“足以食十人”、“终其天年”、“支离其德”，分别前射《养生主》之养生四义“保身”、“养亲”、“尽年”、“全生”（全德）。〇本章五次重言“支离”，暗示内七篇之“支离其言，晦藏其旨”。

八

孔子适楚，楚狂接舆游其门，曰：[1]

“凤兮凤兮，何尔德之衰也？[2]

来世不可待，往世不可追也。[3]

天下有道，圣人成焉；

天下无道，‘圣人’生焉；[4]

方今之时，仅免刑焉。[5]

福轻乎羽，莫之知载；

祸重乎地，莫之知避。[6]

已乎已乎，临人以德；

殆乎殆乎，画地而趋。[7]

迷阳迷阳，无伤吾行；[8]

却曲却曲，无伤吾足。"[9]

今译

孔子前往楚国。楚狂接舆游于门外，唱道：

"凤凰啊凤凰，为何你的真德如此衰退？

你寄望的将来之世不可期待，你仰慕的以往之世不可追回。

天下有道，可以成就无数圣人；

天下无道，才会产生唯一'圣人'；

当今之世，仅能尽量免于刑戮。

天道之福轻于羽毛，你却不知承载；

人道之祸重于大地，你却不知躲避。

停止吧停止吧，以己伪德凌驾世人；

危险啊危险啊，画地为牢自投罗网。

荆棘啊荆棘啊，不要妨碍吾之行路；

绕行啊绕行啊，不要伤害吾之双足。"

校注

[1] 孔子适楚：事在前489年（楚昭王二十七年），孔子六十三岁。

[2] 凤兮凤兮：喻孔为凤（鹏）。《齐物论》长梧斥孔，即斥实际孔子尚未凤栖于梧。本章接舆讽孔，喻孔为凤（鹏），是孔子"积厚"渐变、由鲲化鹏（凤）之又一环，预伏《大宗师》之孔子最终"改宗"。

何尔德之衰也：贬斥实际孔子真德衰退。

【校勘】“尔”原作“而”，尊孔后儒妄改为“如”。俞樾驳正：“‘如’、‘而’古通用，此‘如’字当读为‘而’，即‘尔’。”奚侗校正：“‘如’假作‘而’。汉石经《论语》：‘凤兮凤兮，何而德之衰也！’”○今本《论语》无“而”（尔）字，已被尊孔后儒删去。

［3］“凤兮凤兮”四句：本于《论语》，而有小异。

【辨析二十】《论语·微子》：“楚狂接舆，歌而过孔子，曰：‘凤兮凤兮！何德之衰？往者不可谏，来者犹可追。已而已而！今之从政者殆而！’”本章接舆之歌，据《论语·微子》接舆之歌改编，对观两者异同，可明庄子寓意。接舆之时孔子未殁，故曰“往者不可谏，来者犹可追”（《论语》），讽喻孔子以往信奉人道已不可改，余生犹可改弦易辙。庄子之时孔子已殁，故而改为“来世不可待，往世不可追”（本章），否定孔子希望“来世”追慕、恢复尧舜文武之“往世”。○庄子或受《论语》“来者犹可追”启发，遂以内七篇寓言十章，虚构孔子改宗之全过程。《寓言》所引庄言“孔子行年六十而六十化，始时所是，卒而非之”，即谓孔子六十三岁游楚，经接舆、长沮、桀溺、荷蓧（均见《论语·微子》）等人教诲，痛改前非而改宗。

［4］天下有道，圣人成焉：天下有道，人人均成圣人。

天下无道，“圣人”生焉：天下无道，产生唯一“圣人”。○前后“圣人”义异。无道之世不容圣人，所奉“圣人”必非圣人。

［5］方今之时，仅免刑焉：前射《逍遥游》“不夭斤斧”、《养生主》“无近刑”，上扣首章“勿往刑”。

【辨析二一】《论语·公冶长》孔言：“邦有道，不废；邦无道，免于刑戮。”孔言后义合于庄学俗谛“不夭斤斧”、“无近刑”、“勿往刑”、“免刑”。○孔言前义乃视尧舜文武为“有道”，庄子则视尧舜文武为“无道”。此为孔、庄之异。○庄子所处“方今之时”，正是孔子寄望慕效尧舜文武之“往世”的“来世”。战国之“无道”，孟子视为不行孔子倡导的仁义真道所致，庄子视为奉行孔子倡导的仁义伪道所致。此为孟、庄之异。

［6］福：天道之福（《逍遥游》“致福者”）。祸：人道之祸。

莫之知载、莫之知避：上承“尔德之衰”，省略主语“尔”。

［7］已乎已乎、殆乎殆乎：“殆”、“已”连文重言，揭破《齐物论》“因

是已”、《养生主》“殆已”、“殆而已”，“已”均训“止”。

临人以德：上承“尔德之衰”，省略主语“尔”。正扣上文“积伐尔美”，反扣上文“支离其德”，批评孔子不“逍”己德，更未“遥”达彼道。

画地而趋：上承“尔德之衰”，省略主语“尔”。义同《养生主》“畜乎樊中”。批评孔子自画人道牢狱，自趋庙堂樊笼。〇“与人为徒”的孔学，以“画地而趋”、“畜乎樊中”为“善”。“与天为徒”的庄学，以“画地而趋”、“畜乎樊中”为“不善”。

［8］迷阳：多刺之荆棘。〇王应麟：“胡明仲云：荆楚有草，野人呼为‘迷阳’，其肤多刺，故曰‘无伤吾行’。”王夫之：“迷阳，野草也。”王先谦：“谓棘刺也。生于山野，践之伤足。至今吾楚舆夫遇之，犹呼‘迷阳踢’也。”

［9］却曲：退却盘曲。时进时退，盘曲绕道。

无伤吾足：前射《养生主》右师之近刑刖足，后伏《德充符》三兀者之近刑刖足。

【校勘】“却曲却曲”旧讹为“吾行却曲”。陈继儒、焦竑、刘文典、王叔岷、陈鼓应、方勇、陆永品据《庄子阙误》引张君房本校正。

●第八接舆讽孔章：小结“俗谛”三章。孔子临人以德，未能自“逍”己德；孔子画地而趋，未能“遥”达彼道。

【辨析二二】本章涵盖“俗谛三章”（一至三）。本篇孔子三章：第一颜回往刑章，兼有实际孔子、真际孔子；第二叶公近刑章，纯为真际孔子；第八接舆讽孔章，纯为实际孔子。第一章、第二章之真际孔子，为庄学俗谛“因应外境”代言人，亦即庄子对孔学相对之是“然于然”。第一章之颜回，第八章之接舆，为庄学真谛“因循内德”代言人，二者批评实际孔子，亦即庄子对孔学相对之非“不然于不然”。

九

山木，自寇也[1]；膏火，自煎也。桂可食，故伐之；漆可用，故割之[2]。人皆知有用之用，而莫知无用之用也。[3]

今译

山上文木，自招斧斤；油脂可燃，自招煎熬。桂树可食，故被砍伐；漆树可用，故被切割。众人皆知有用于庙堂的亏生小用，然而不知无用于庙堂的全生大用。

校注

［1］山木，自寇也：典出庄子与弟子蔺且亲历之事（《山木》首章）。

［2］漆可用，故割之：源于庄子早年为漆园吏时之感悟。

［3］有用之用：用于庙堂之小用。

无用之用：用于江湖之大用。上扣“无所可用，为予大用”。前射《逍遥游》“无所可用，安所困苦哉”，《齐物论》“不用而寓诸庸”。

●第九终篇卮言章：总结全篇。小用于庙堂人道，亏身亏德亏生；大用于江湖天道，全身全德全生。

【附论】

《人间世》是历代注家误解最多之篇，首先源于未能正确解读篇名，其次源于本篇中的实际孔子、真际孔子最为纠结——庄子如此着墨，乃因本篇正是内七篇运用四篇十寓言虚构孔子改宗历程的转折点，一而二、二而一的实际孔子、真际孔子，恰好站在天道、人道“两行”的十字路口。

由于历代注家多为儒生，即便并非儒生的道士、隐士，或是已被庙堂伪道“黥劓”、“雕琢”而不自觉，或是迫于庙堂伪道的巨大压力，也不得不盲从郭象反注，妄言庄子尊孔、尊儒至极。这一主流谬论，在内七篇中唯有本篇最能找到“证据”。

历代注家忽略庄子在本篇中对实际孔子的“不然于不然”，仅仅选取庄子在本篇中对实际孔子的“然于然”（孔学与庄学俗谛略有相合），又把庄子虚构的、反复充当庄学俗谛“因应外境”代言人的真际孔子，视为实际孔子，遂将本篇视为庄孔一家、庄子尊孔尊儒的主要证据。

德充符

题解

魏牟版初始本、刘安版大全本、郭象版删残本和古今《庄子》一切版本,“内篇众家并同”(陆序),《德充符》均为内篇第五。本书把庄子亲撰的《德充符》1871字,复原于魏牟版内篇第五。校正郭象篡改和历代讹误:补脱文17字,删衍文8字,订讹文4字,厘正误倒2处。

庄撰《德充符》,篇名读作:“德充”之“符”。意为“真德充盈之符征”。

继《人间世》深入展开《养生主》第一寓言“庖丁解牛”之庄学俗谛“因应外境”之后,《德充符》深入展开《养生主》第二寓言“右师刖足”之庄学真谛“因循内德”。

全文可分六章,阐明身处伪道猖獗的险恶外境,“因循内德”的真人如何“因应外境”。

上篇兀者三章,阐明“才全而德形”、“内葆之而外荡”,难免近刑亏生。

下篇恶人三章,阐明“才全而德不形”、“内葆之而外不荡”,方能免刑全生。

因此《德充符》又是对《齐物论》“葆光”二义的深入阐发,即以“闻道”(《大宗师》)的“既其文”(《应帝王》),付诸“成道”(《大宗师》)的“既其实”(《应帝王》)。“才全”、“内葆之”,即“葆光”第一义:葆全真德。“德不形”、“外不荡”,即“葆光”第二义:自“适”己德。

通篇晦藏的四境排行隐喻“伯↘仲↘叔↘季”(伯昏无人↘仲尼↘叔山无趾↘常季),是《逍遥游》动植四境象征的辅助系统。两者均寓庄学四境:至知↘大知↘小知↘无知。

上篇

一

鲁有兀者王骀[1]，从之游者，与仲尼相若。

常季问于仲尼曰[2]:“王骀，兀者也。从之游者，与夫子中分鲁。立不教，坐不议。虚而往，实而归。固有不言之教，无形而心成者邪？是何人也？”

仲尼曰:“夫子，圣人也。丘也直后而未往耳。丘将以为师，而况不若丘者乎？奚假鲁国？丘将引天下而与从之。”

常季曰:“彼兀者也，而王先生[3]，其与庸亦远矣。若然者，其用心也，独若之何？”

仲尼曰:“死生亦大矣，而不得与之变。虽天地覆坠，亦将不与之遗。审乎无假，而不与物迁[4]，命物之化，而守其宗者也。”[5]

常季曰:“何谓也？”

仲尼曰:“自其异者视之，肝胆胡越也[6]；自其同者视之，万物皆一也[7]。夫若然者，且不知耳目之所宜，而游心乎德之和[8]；物视其所一，而不见其所丧；视丧其足，犹遗土也。”

常季曰:“彼为己，以其知得其心，以其心得其常心，物何为聚之哉？”[9]

仲尼曰:“人莫鉴于流水，而鉴于止水[10]。唯止，能止众止[11]。受命于地，唯松柏独也正，在冬夏青青；受命于天，唯尧舜独也正，在万物之首[12]。幸能正生，以正众生[13]。夫葆始之征，不惧之实[14]。勇士一人，雄入于九军。将求名而能自要者，而犹若是[15]；而况官天地，府万物，直寓六骸，象耳目[16]，

一知之所不知[17]，而心未尝死者乎？彼且择日而登假[18]，人则从是也。彼且何肯以物为事乎？”[19]

今译

鲁国有个被刖一足的王骀，从他游学的人，与仲尼相当。

常季问仲尼说：“王骀，是被刖足的刑余之人。从他游学的人，与夫子平分鲁国。王骀立不施教，坐不议论。学者虚怀而往，充实而归。确有不言之教，不着形迹而德心化成天下之人吗？他是何等样人？”

仲尼说：“夫子，是圣人。我只是落后一步而尚未前往追随。我也将以他为师，何况不如我之人？何止鲁国？我将引领天下人共同追随夫子。”

常季说：“他是被刖足的刑余之人，却高于先生，可见他远非庸常之辈。如此之人，他运用德心，有何独特之处？”

仲尼说：“死生也算大事了，但王骀的德心不随之改变。即使天覆地坠，也不能让王骀遗弃真德。他审察不须假借万物的天道，不随外物变迁，驾乘物之迁化，是笃守万物宗主的人。”

常季说：“此言何意？”

仲尼说：“从物德之量皆异观之，肝胆迥异如同胡越；从物德之质皆同观之，万物齐一于天道。如此观照之人，必将超越耳目对天地万物之好恶，而游心于物德总和之天道；洞观万物齐一于道，就能超越局部得失；王骀视其丧失一足，犹如遗落一块泥土。”

常季说：“王骀为己达道，以其心知得悟德心，以其德心得悟众人的恒常德心，众人为何聚集在他身边？”

仲尼说：“人不能鉴照于流水，只能鉴照于止水。唯有心如止水的至人，方能制止众人的盲动使之心如止水。物类受命于地，唯有松柏独葆正德，历经冬夏长青；人类受命于天，唯有尧舜独居正德，僭居万人之首。幸而至人自正己生，鉴照众生亦正己生。葆全初始真德的符征，就是德心无惧而充实。勇士一人，闯入九军称雄。求取虚名而自我要求的勇士，尚能如此；何况以天地为耳目感官，以万物为六骸腑脏，齐一心知于难以尽知之道，而德心从未死亡的至人呢？王骀即将登达无所假借的天道，众人才会追随他。他哪里会把是否有人追随当一回事？”

校注

［1］兀wù：刖足。奚侗：“兀借为跀，跀为刖之或体。《说文》：‘刖，断足也。’”

王骀tái：王，“王德之人”（《天地》所引庄言）。骀，驽马，引申为愚。定位于“才全而德形”的“至知”（异于“才全而德不形”、“至知无知”的“至人”）。

［2］常季：常，庸常。季，四境排行隐喻定位于“无知”（详下辨析八）。

仲尼：仲，四境排行隐喻定位于“大知”（详下辨析八）。

［3］王先生：王wàng，动词，天下归往谓之王。王骀之德，王（盛）于先生。

【辨析一】常季对孔子先称“夫子”、后称“先生”，前射《人间世》匠石弟子对匠石先称“夫子”、后称“先生”，隐晦点破《人间世》之匠石即孔子替身。《人间世》称呼不一属于矛盾修辞，本篇称呼不一则非矛盾修辞：孔子既然转称王骀为“夫子”，常季遂改称孔子为“先生”。

［4］无假：“道”之变文。道为绝对之“真”（不假），又无所假借（无假）。○《天道》所引庄言“审乎无假，而不与物迁，极物之真，能守其本”，“真”扣“无假”，足证旧释“无假”为“无瑕”之误。

审乎无假，而不与物迁：德心审察无所假借的真道，不随外物、身形之变迁而变迁。○参看《齐物论》“其形化，其心与之然，可不谓大哀乎？”

［5］命物之化，而守其宗者也：义同《人间世》“乘物以游心（于道）”。

【校勘】“宗”下旧脱“者”字。刘文典、王孝鱼、王叔岷据《庄子阙误》引江南古藏本校补。

［6］自其异者视之，肝胆胡越也：譬解物德之量相异，相邻、相似之物亦然。○《庚桑楚》“德非不同，才有巨小”，《管仲》“道之所一者，德不

能同也”。

【校勘】“胡”旧讹为“楚”。刘文典、王叔岷据《淮南子·俶真训》“自其异者视之，肝胆胡越”、《抱朴子·嘉遁》“离同则肝胆为胡越，合异则万殊而一和”校正。

［7］自其同者视之，万物皆一也：譬解物德之质相同，相远、不似之物亦然。○《逍遥游》“旁薄万物以为一”，《齐物论》“天地与我并生，万物与我为一”，《管仲》“德总乎道之所一”，《天地》所引庄言“不同同之之谓大，有万不同之谓富”、“万物一府”。

［8］耳目之所宜：万物表象。德之和：“道”之变文（道即物德之总和）。二句揭破《人间世》“乘物以游心”，即超越万物表象，游心于道。

［9］常心：义同《老子》“常德”。人人皆有的天赋恒常德心。○众人或不自知天赋真德，误以庙堂人道鼓吹的伪德为真德；或自知天赋真德，但迫于庙堂人道而不敢因循真德。

“彼为己”四句：特殊句法。首尾二句，是主层次，乃问王骀为己求道，众人为何追随。中间二句，是副层次，乃谓王骀“自觉”而自知己心，“觉他”而知人常心。○郭象妄断：“彼为己以其知，得其心以其心，得其常心，物何为聚之哉？”俞樾驳正。

【校勘】“聚”旧作异体字“冣”，后讹为“最”，形近而讹。王念孙、王叔岷、陈鼓应校正。

［10］人莫鉴于流水，而鉴于止水：鉴，即镜，此处用作动词，训鉴照。“止水”如镜，“流水”非镜。○《应帝王》“至人之用心若镜”，《天道》“圣人之心静乎！天地之鉴也，万物之镜也”。

［11］唯止，能止众止：唯有心如止水的至人，方能制止众人之盲动使之静止。前射《齐物论》贬斥大知小知“其行尽如驰而莫之能止”。○旧多牵扯《人间世》讹文“吉祥止止”（后“止”为“也”之讹），妄释此处。

［12］受命于地，唯松柏独也正，在冬夏青青：植物受命于地（隐喻无知），唯有松柏独葆正德，“在冬夏青青”。语本《论语·子罕》“岁寒，然后知松柏之后雕（凋）也”，命义则异。○松柏上扣“止水”、王骀。

受命于天，唯尧舜独也正，在万物之首：人类受命于天（隐喻有知），唯有尧舜独居正德，“在万物之首”。〇尧舜上扣“流水”。

【校勘】(唯松柏独也)“正”、“尧”、“在万物之首”七字旧脱。褚伯秀、林疑独、林云铭、焦竑、刘文典、刘武、王叔岷、陈鼓应据《庄子阙误》引张君房本校补。

[13]众生：汉语史首见。后为佛经译者借用，成为佛学重要名相。庄义“万物齐一”，略同佛义“众生平等”。

幸能正生，以正众生：二句之前省略的主语是“王骀”。

【辨析二】庄义：王骀形如松柏，心如止水(义同《齐物论》“形如槁木，心如死灰”)，齐一万物，顺道无为而自正己生；众生鉴于止水，亦得自正其生。尧舜心如流水，“在万物之首”，悖道有为而不自正己生，却欲妄正众生；众生鉴于流水，无法得正其生。〇郭象删去二句之前的“在万物之首”，导致二句承前省略的主语“王骀”变为“尧舜”，方能反注“不正者皆来求正”于尧舜。

[14]葆始：葆全初始真德。义同《齐物论》“葆光”。〇参看《寓言》学道九阶“一年而野”，《缮性》“返其情性而复其初”，《泰初》“性修返德，德至同于初”。

征：符征。扣《德充符》之“符”。实：充实。扣《德充符》之“充”。〇二句分扣篇题，揭明篇旨：葆全初始真德之符征，即德心无惧而充实。三兀者(王骀、申徒嘉、叔山无趾)顺应天道，故而不惧伪道刑教，永葆“才全”，因循内德；仅因未能“德不形”，不善因应外境，遂被伪道惩罚。

【辨析三】初始真德，即“故德”(《天地》所引庄言)。《人间世》“与天为徒，人谓之童子”，《大宗师》“不忘其所始”、“色若孺子”，《老子》“能如婴儿乎”、“常德不离，复归于婴儿”、“含德之厚，比于赤子”，均谓葆全初始真德。人难尽知天道之全部，初始真德则是天道之一端、天道之种子，故唯有葆全、因循初始真德，方能顺应天道。

[15]勇士：身形不惧，异于至人之德心不惧。

求名：异于至人之“无名”(《逍遥游》)。

自要：自我“黥劓”、“雕琢”。〇《应帝王》“有虞氏，其犹臧仁以要人”，“要人”意为“黥劓”、“雕琢”他人。

［16］官：外摄之感官。府：内聚之府藏（今作腑脏）。○合词“官府”，义有引申。庙堂“官府”自居代表天道，以“官”吏为民众之耳目感官，以政“府”为民众之六骸府藏。庄子否定之。

“官天地”四句：特殊句法。以天地为耳目感官，以万物为六骸府藏。上扣“万物皆一”、“物视其所一”。

［17］一：动词，齐一。所不知：“道”之变文（《齐物论》“不知其然，谓之道”）。

一知之所不知：齐一心知于人难尽知之道。

【校勘】“不”字旧脱。俞樾、王叔岷据成疏“知与不知，通而为一”、《淮南子·览冥训》“观九钻一，知之所不知”校补。

［18］登假：义同《大宗师》“登假于道”、《人间世》“游心（于道）”。假借外物，登达天道。○褚伯秀、王叔岷释“登假”为“登遐”，义不可通。

［19］彼且何肯以物为事乎：义同《逍遥游》“孰弊弊焉以天下为事”、“孰肯纷纷然以物为事”。此谓王骀仅求“为己”达道，不以是否有人追随为事。

●第一兀者王骀章：“兀者”三章之首章。王骀自正己生，众生鉴之亦正；尧舜僭居众首，众生鉴之难正。

二

申徒嘉，兀者也，而与郑子产同师于伯昏无人。[1]

子产谓申徒嘉曰：“我先出，则子止；子先出，则我止。”

其明日，又与合堂同席而坐。子产谓申徒嘉曰：“我先出，则子止；子先出，则我止。今我将出，子可以止乎？其未邪？且子见执政而不违，子齐执政乎？”[2]

申徒嘉曰：“先生之门，固有执政焉如此哉[3]？子悦子之执政，而后人者也[4]？闻之曰：‘鉴明，则尘垢不止；止，则不明也[5]。久与贤人处，则无过。’今子之所取大者，先生也，而犹

出言若是，不亦过乎？”

子产曰：“子既若是矣，犹与尧争善[6]！计子之德，不足以自反邪？”

申徒嘉曰：“自状其过，以不当亡者众；不状其过，以不当存者寡[7]。知不可奈何而安之若命，唯有德者能之[8]。游于羿之彀中[9]，然而不中者，命也[10]。人以其全足笑吾不全足者多矣，我怫然而怒[11]；而适先生之所，则废然而反[12]。不知先生之洗我以善邪？吾之自悟邪[13]？吾与夫子游十九年矣，而未尝知吾介者也[14]。今子与我游于形骸之内，而子索我于形骸之外，不亦过乎？”[15]

子产蹴然改容更貌曰：“子无乃称！”[16]

今译

申徒嘉，是被刖一足之人，而与郑相子产共同师事伯昏无人。

子产对申徒嘉说：“我先出去，你就止步；你先出去，我就止步。”

第二天，又共堂同席而坐。子产对申徒嘉说：“我先出去，你就止步；你先出去，我就止步。现在我要出去，你可以止步吗？还是不肯止步呢？你见到执政大臣竟不回避，你想与执政大臣平起平坐吗？”

申徒嘉说：“先生门下，竟有如此执政大臣？你自喜执政俗位，而认为众人应居你后吗？我闻先生教诲：‘镜子明净，尘垢就不留其上；尘垢停留其上，镜子就不明净。长久与贤人相处，就无过失。’如今你择取尊大的，是齐一万物的先生，却仍出言如此，不是太过吗？”

子产说：“你已经这样了，还与尧争善！看看你的德性，不该自我反省吗？”

申徒嘉说：“承认自己有过，以为自己不当亡足的人很多；不承认自己有过，以为自己不当存足的人很少。明白（无道之世难以免刑）是无可奈何之事而承受人运如同安于天命，唯有葆德之人方能做到。游走于后羿的靶心，却能不被射中，纯属天命。很多人因为双足健全而嘲笑我双足不全，我曾勃然大怒；但我来到先生这里，则不再愤怒而反思原因。不知是先生以上善之水洗涤我之德心呢？还是我之自悟呢？我追随夫子游学十九年，而夫子至今不知我是独足。如今你与我以德心相交，而你却专注于我的身形残缺，不是太过吗？"

子产怵然改容变色说："请你不要再说了！"

校注

［1］申徒嘉：申，申斥（子产）。徒，刑徒。嘉，（庄子）嘉许。定位于"才全而德形"的"至知"（异于"才全而德不形"、"至知无知"的"至人"）。

子产：春秋末年郑相（？—前522年），略先孔子。孔子替身，定位于倚待庙堂的"大知"。

【辨析四】子产之言"天道远，人道迩，非所及也"（《左传·昭公十八年》），《大宗师》变文为孔言"彼游方之外者也，而丘游方之内者也，外内不相及"，可证子产为孔子替身。〇《仲尼弟子列传》："孔子之所严事：于郑，子产。"《左传·昭公二十年》："子产卒，仲尼闻之，出涕曰：'古之遗爱也。'"《论语》另有孔子褒扬子产二条。〇子产侧重人道刑教，孔子侧重人道名教。前536年郑相子产铸刑鼎公布中国第一部成文法。前513年晋相赵鞅亦铸刑鼎公布成文法。《左传·昭公二十九年》孔言："晋其亡乎！失其度矣。贵贱不愆，所谓度也。今弃是度也，而为刑鼎，民在鼎矣，何以尊贵？贵贱无序，何以为国？"《论语·泰伯》孔言："民可使由之，不可使知之。"

伯昏无人：《人间世》"南伯子綦"之变文。伯，四境排行隐喻定位于"至知无知"的"至人"。昏，浑沌。无人，致无人道，即致无子产、孔子信奉的"人道"。

［2］子可以止乎：反扣上章"人莫鉴于流水而鉴于止水"。子产心如流水，难止众生，所以申徒不肯"止"步居于子产之后。

子齐执政乎：子产认为执政高于众生。〇《齐物论》"以隶相尊，众人役役”。

［3］固有执政焉如此哉：申徒否认执政高于众生。○《齐物论》“天地与我并生，万物与我为一”，《人间世》“天子之与己，皆天之所子”，《徐无鬼》“天地之养也一，登高不可以为长，居下不可以为短”。

［4］后人：后，动词，认为他人应居己后。

【校勘】“子悦子之执政”，前“子”之后，旧衍“而”字。

［5］鉴明：正扣上章“人莫鉴于流水而鉴于止水”。

尘垢：前射《逍遥游》“其（至人）尘垢秕糠，将犹陶铸尧舜”。

止：（尘垢）落下而栖止（于德心）。成为奉伪道为真道的“蔽蒙之民”（《缮性》）。

［6］犹与尧争善：子产自比为“在万物之首”的“尧舜”（上章）。

［7］自状其过，以不当亡者众：我承认自己有过，但是不当被刖足。二句为申徒自况无道之世难以免刑。

不状其过，以不当存者寡：不承认自己有过，以为自己不当存足的人很少。二句为申徒贬斥子产之妄施刑教，滥用重刑。○《人间世》：“当今之世，仅免刑焉。”

［8］知不可奈何而安之若命：已见《人间世》。天道之“命”高于人道“若命”（假命）。

［9］羿 yì：夏代有穷国之君，善于射箭。史称“后羿”、“夷羿”。

彀 gòu：弓矢所及范围。彀中：靶心（人道之枢）。与《齐物论》“环中”（天道之枢）对举。○参看五代王定保《唐摭言》卷一：“（唐太宗）见新进士缀行而出，喜曰：‘天下英雄入吾彀中矣。’”

游于羿之彀中：义近《大宗师》“泉涸，鱼相与处于陆”。贬斥庙堂伪道“代大匠斫”之严酷。

【校勘】“彀中”后，旧衍“中央者，中 zhòng 地也”六字。隔断文意，当属注文羼入正文。

［10］不中 zhòng 者，命也：不被射中（刖足），仅是天命较好。被射中（刖足），仅是天命不好，与有过无过无关。

【辨析五】庙堂伪道定义的“过”与“非过”，属于伪是非。参看《人间世》第三章"其（卫太子）知适足以知人之过，而不知其所以过"。又《人间世》第一章，孔子先认为颜回欲谏卫君是"往刑"，经颜回反驳以"天子之与己，皆天之所子"，孔子承认"固亦无罪"。○庙堂伪道定义之"过"，小过或属真过，但是滥用重刑；大过均非真过（即顺应天道、违背人道），然而妄施极刑。众人奉伪道为真道，仅仅认为小过不当承受重刑。至人不奉伪道为真道，不仅认为小过不当承受重刑，而且认为无过不当受刑。

［11］人以其全足笑吾不全足者多矣：信奉人道而全足之众人，嘲笑信仰天道而被刖之申徒。○此斥伪道终成俗见。

［12］废然而反：反扣子产上言"计子之德，不足以自反邪"。子产要求申徒反省违抗人道之罪过，申徒则反思顺应天道为何成为罪过，伪道为何终成俗见。

［13］【校勘】"吾之自悟邪"五字旧脱。刘文典、王叔岷据《庄子阙误》引张君房本有此五字、郭注"我为能自反邪"、成疏"为是我之性情能自反复"校补。

［14］十九年："技进于道"之年。参看《养生主》"十九年而刀刃若新发于硎"。

未尝知吾介者：不知申徒之独足。

【校勘】"介"旧讹"兀"，当属以为"兀"（被刖独足）、"介"（独足，不论先天、后天）同训者妄改。据陆释本作"介"校正。○《养生主》公文轩先见右师之"介"（独足），遂问是否属"兀"（被刖独足）。伯昏无人超越形骸，未见申徒之"介"（独足），而非未见其"兀"（被刖独足）。

［15］形骸之内：内在德心。形骸之外：外在身形。

［16］子产蹴cù然改容：子产被申徒折服。上扣首章"唯止能止众止"、"幸能正生，以正众生"。

【辨析六】子产学道于伯昏，乃形式"改宗"。子产折服于申徒，乃实质"改宗"。子产为孔子替身，故子产之"改宗"，亦为孔子"积厚"渐变、由鲲化鹏（凤）之又一环，预伏《大宗师》之孔子最终"改宗"。

●第二兀者申徒章："兀者"三章之次章。子产心如流水，难止申徒；申徒心如止水，遂止子产。

三

鲁有兀者叔山无趾，踵见仲尼。[1]

仲尼曰："子不谨！前既犯患若是矣[2]，虽今来，何及矣？"

无趾曰："吾唯不知务而轻用吾身，吾是以亡足。今吾来也，犹有尊足者存焉，吾是以务全之也[3]。夫天无不覆，地无不载，吾以夫子为天地，安知夫子之犹若是也？"

孔子曰："丘则陋矣。夫子胡不入乎[4]？请讲以所闻！"[5]

无趾出。

孔子曰："弟子勉之！夫无趾，兀者也，犹务学以复补其前行之恶[6]，而况全德之人乎？"[7]

无趾语老聃曰："孔丘之于至人，其未邪[8]？彼何宾宾以学子为[9]？彼且蕲以諔诡幻怪之名闻[10]，不知至人之以是为己桎梏邪？"[11]

老聃曰："胡不直使彼以死生为一条[12]，以可不可为一贯者[13]，解其桎梏，其可乎？"

无趾曰："天刑之，安可解？"[14]

今译

鲁国有个被斩足趾的叔山无趾，用脚跟行走拜见仲尼。

仲尼说："你太不谨慎！从前既然犯法被斩足趾，即使今天再来求道，如何来得及呢？"

无趾说："我仅是不通世务而轻率使用我的身形，我因此失去足趾。今天我来求道，还有比足趾尊贵的德心存在，我因此务求葆全它。苍天无不覆盖，大地无不承载，我以夫子为天地，不料夫子如此重身轻德？"

孔子说："我太浅陋了。夫子何不请进？敬请讲授所闻之道！"

无趾告辞而出。

孔子说："弟子们努力啊！叔山无趾，是亏德受刑之人，仍然努力学道以便修复弥补从前所作之恶，何况全德之人呢？"

无趾对老聃说："孔丘距离至人之境，远未达到吗？他为何彬彬有礼向您请教？他将要祈求奇诡虚幻的名声，不知至人把名声视为自己的桎梏吗？"

老聃说："为何不直接告诉他把死生视为一体，无视外境认可、不认可而保持一贯，解除其桎梏，是否可行呢？"

无趾说："天道施刑于他的德心，我又怎能解除？"

校注

［1］叔山无趾：叔，四境排行隐喻定位于"小知"，成长为"才全而德形"的"至知"（异于"才全而德不形"、"至知无知"的"至人"）。山，前射《逍遥游》"藐姑射之山"。无趾，受刑斩去足趾。

踵 zhǒng 见：踵，动词，以踵行走。

［2］子不谨，前既犯患若是矣：上扣子产斥申徒"子既若是"。

【辨析七】上章申徒之刖足易见，伯昏无人十九年不知。本章无趾之斩趾难见，孔子初会即见。〇本章孔子同于上章子产，均以庙堂伪道之伪是非为真是非，不问受刑者所犯何罪，认定兀者身形有亏，必因德心有亏。亦证上章子产实为孔子替身。

［3］犹有尊足者存焉：德心比身形尊贵。前射《齐物论》"真君"喻德心。

务全之：宁残身形，务全德心。再申《养生主》"葆德重于保身"之义。

【校勘】"存"下旧脱"焉"字。刘文典、王叔岷、陈鼓应据《太平御览》六〇七引文校补。

［4］丘则陋矣：孔子佯装被无趾折服，略同上章子产被申徒折服。再扣首章"唯止能止众止"、"幸能正生，以正众生"。

夫子：孔子前称无趾为“子”，被无趾批评而惭愧，改称无趾为“夫子”。

［5］请讲以所闻：《齐物论》长梧斥孔章，瞿鹊子对孔子讲以所闻“妙道之行”，被孔子斥为“孟浪之言”。本章孔子仍然滞留此境，尚未由鲲化鹏、凤栖于梧。

［6］其前行之恶：孔子佯称“陋矣”，仍视无趾因“为恶”而受刑。〇本篇三兀者，前承《养生主》右师，均属顺应天道而“为”，均被庙堂人道视为“恶”而受刑。足证《养生主》“为恶无近刑”之“为恶”，并非真为恶，而是所“为”被视为“恶”。

【校勘】“其”字旧脱。刘文典、王叔岷据《太平御览》六〇七引文校补。

［7］而况全德之人乎：孔子混淆“形/德”之辨，以为形全即德全，形亏即德亏。可证孔子未明无趾所言“犹有尊足者存焉”之义，“丘则陋矣”言不由衷，故下文无趾斥其“天刑之，安可解”。

◎第三章第一节：小知叔山，明辨形、德。大知仲尼，混淆形、德。

［8］老聃：已见《养生主》老聃之死章。氏老，姓李，名耳，字聃，又字伯阳。伯，四境排行隐喻定位于“至知无知”的“至人”。

孔丘之于至人，其未邪：孔子混淆“形/德”之辨，视保身重于葆德，并非至人。

【辨析八】本篇“伯昏无人（又老聃字“伯阳”）↘仲尼↘叔山无趾↘常季”，晦藏“伯↘仲↘叔↘季”四境排行隐喻，是《逍遥游》四境动植范型的辅助系统。〇《齐物论》小知瞿鹊子师事大知孔子而失望，转而师事至人长梧子。《德充符》小知无趾师事大知孔子而失望，转而师事至人老聃。二章同构，均应用《逍遥游》“鱼卵成长为鲲”的“小知”成长范式。〇《德充符》叔山斥孔，又为《人间世》接舆斥孔之变文。《逍遥游》“连叔”称赞接舆，其名又与“叔山”共享“叔”字，正是“连”接叔山、接舆之人。

［9］宾宾以学子：字面直解，老聃为师而居主位，孔子学之而居宾位。“宾宾”若通“彬彬（有礼）”，则谓孔子执弟子礼。

【辨析九】俞樾：“‘宾宾’犹‘频频’也。”内七篇未曾直接描述孔子学于老聃，难明孔子学于老聃是否史实。《知北游》、《田子方》、《天地》、

《天运》、《天道》等外杂篇，反复言及孔子“频频”学于老聃，未知究属反复演绎史实，抑或反复演绎本章无趾之言。若属史实，似当视为仅有一次之反复演绎，不宜视为孔子“频频”学于老聃。

［10］彼且祈以諔chù诡guǐ幻怪之名闻：正扣首章“求名自要”，反扣《逍遥游》“圣人无名”。〇《论语·卫灵公》孔言：“君子疾没世而名不称焉。”《论语·子罕》孔言：“四十、五十而无闻焉，斯亦不足畏也已。”

［11］桎zhì梏gù：在足曰桎，在手曰梏。古代刑具，类似现代的手铐、脚镣。

至人之以是为己桎梏：外境毁誉，易于使人因循伪德、适人之适，不敢因循真德、自适其适，故至人视“名闻”为“桎梏”，致无名闻。

［12］以死生为一条：义同《大宗师》“知死生存亡之一体”、《天地》所引庄言“死生同状”。此斥孔子未达“葆始之征，不惧之实”，未能勘破生死，未能“顺应天道”。

［13］以可不可为一贯：义同《逍遥游》“举世誉之而不加劝，举世非之而不加沮”、《大宗师》“过而弗悔，当而不自得”。此斥孔子被外境认可、誉之则劝，被外境不认可、非之则沮，未能“因循内德”。

［14］天刑：天道心刑（《养生主》辨析九“天人四刑”）。义同《逍遥游》“知有聋盲”、《人间世》“其德天杀”、《大宗师》“天机浅”、“天之戮”。

天刑之，安可解：天道施刑于德心，外力怎能解除。〇外力虽有小助，终赖自悟自解。《大宗师》“不能自解者，物有结之”、“乐通物，非圣人也”。《人间世》接舆讽孔“画地而趋”，即谓自画自趋，“不能自解”。

◎第三章第二节：小知叔山，贬斥仲尼未至。至知伯阳，寄望仲尼改宗。

●第三无趾斥孔章：“兀者”三章之末章。大知孔子，天赋德薄；重身轻德，盲从伪道。

下篇

四

鲁哀公问于仲尼曰[1]："卫有恶人焉，曰哀骀它[2]。丈夫与之处者，思而不能去也。妇人见之，请于父母曰'与为人妻，宁为夫子之妾'者，十数而未止也。未尝闻其有唱者也，常和人而已矣[3]。无君人之位以济乎人之死，无聚禄以望人之腹[4]；又以恶骇天下，和而不唱[5]，知不出乎四域[6]，且而雌雄合乎前[7]，是必有异乎人者也。寡人召而观之，果以恶骇天下。与寡人处，不至以月数，而寡人有意乎其为人也。不至乎期年，而寡人信之。国无宰，寡人传国焉[8]。闷然而后应，泛然而若辞[9]。寡人丑乎，卒授之国。无几何也，去寡人而行。寡人恤焉若有亡也[10]，若无与乐是国也。是何人者也？"

仲尼曰："丘也尝游于楚矣[11]，适见豚子食于其死母者，少焉眴若，皆弃之而走[12]。不见己焉尔，不得类焉尔[13]。所爱其母者，非爱其形也，爱使其形者也[14]。战而死者，其人之葬也，不以翣资[15]；刖者之屦，无为爱之；皆无其本矣。为天子之诸御，不剪爪，不穿耳[16]；娶妻者止于外，不得复使[17]。形全犹足以为尔，而况全德之人乎[18]？今哀骀它未言而信，无功而亲，使人授己国，唯恐其不受也，是必才全而德不形者也。"

哀公曰："何谓'才全'？"

仲尼曰："死生存亡，穷达贫富，贤与不肖毁誉，饥渴寒暑，是事之变，命之行也。日夜相代乎前，而知不能窥乎其始者也[19]，故不足以滑和[20]，不可入于灵府[21]；使之和豫[22]，通而不失于兑[23]；使日夜无隙[24]，而与物为春[25]，是接尔生

时于心者也[26]。是之谓‘才全’。”[27]

“何谓‘德不形’？”

曰：“平者，水停之盛也。其可以为法也[28]，内葆之而外不荡也[29]。德者，成和之修也[30]。德不形者，物不能离也。”[31]

哀公异日以告闵子曰[32]：“始也，吾以南面而君天下，执民之纪而忧其死，吾自以为至通矣。今吾闻至人之言[33]，恐吾无其实，轻用吾身而亡其国。吾与孔丘，非君臣也，德友而已矣。”[34]

今译

鲁哀公问仲尼说：“卫国有个丑陋之人，叫哀骀它。男人与他相处，思恋不肯离去。女人与他相见，请求父母说‘与其为人之妻，宁为夫子之妾’，十个也不止。未曾听他有所倡导，常常应和他人而止。没有君主之位用来救济他人脱离死地，没有聚敛财富用来填饱他人肚腹；又身形丑陋惊骇天下，应和而不倡导，心知并未超出国人，竟然男女聚合于前，这人必有异于众人之处。寡人把他召来一观，果然身形丑恶惊骇天下。与寡人相处，不足一月，寡人就已倾心其为人。不满一年，寡人就已信任他。正好鲁国没有宰相，寡人意欲托付国事。他沉默良久回应，泛泛似欲推辞。寡人羞愧啊，终究授予国政。没过多久，他辞别寡人而行。寡人郁闷若有所失，似乎鲁国无人再能让我快乐。这是何等样人？”

仲尼说：“我曾游历楚国，恰好看见一群小猪在死母猪身上吃奶，片刻以后受惊，全都离弃母猪逃走。因为发现与己异样，觉得已非同类。小猪之爱母猪，并非爱其身形，而是爱其主宰身形的德心。战死之人，下葬无棺，无须棺饰仪仗；刖足之人，受刑亡足，无须爱惜鞋子；因为皆已无其根本。成为天子的嫔妃，不能剪指甲，不能穿耳孔；娶妻的臣仆止于外廷，不得役使于内廷。身形健全尚且如此可贵，何况葆全德心之人？如今哀骀它无言而使人信赖，无功而使人亲近，使人自愿授予国政，唯恐他不肯接受，这人必属才性健全而真德不形于外的至人。”

哀公问：“什么叫‘才性健全’？”

仲尼说："死生存亡，穷达贫富，贤与不肖的毁誉，饥渴冷暖，既是人事的变迁，也是天命的运行。昼夜有规律地交替相代于眼前，然而心知不能尽窥其终极驱使者，所以万物表象不足以滑乱德心之和顺，不可进入灵魂之府；使德心和顺愉悦，通达而不失门户；使德心日夜没有裂隙，而与万物同沐春风，就是承接你初生之时的真德于心。这就叫'才性健全'。"

哀公问："什么叫'真德不形于外'？"

仲尼说："所谓平，就像水之静止达于极盛。止水可以为人效法，就是内葆真德而不外荡。真德，就是成就和顺的修为。真德不形于外的至人，众人不能离开。"

哀公后来告诉闵子骞："原先，我面向南方而君临天下，执掌臣民之纲纪而忧虑其生死，我自以为已经至于通达之境。如今我听闻至人之言，深恐自己有其名而无其实，轻率使用我的身形而丧亡鲁国。我与孔丘，实非君臣，只是德友。"

校注

［1］鲁哀公（前494—前467在位）：春秋末年鲁君，当孔子晚年。

仲尼：经上章叔山无趾教诲，本章孔子化为真际孔子、庄学代言人。故下文鲁哀公称其为"至人"（反扣上章叔山无趾贬斥实际孔子并非"至人"）。

［2］哀骀tái它：哀，同情。骀，"王骀"略语。它，兼及"申徒嘉"、"叔山无趾"、《养生主》"右师"。其名寓意：同情"才全"的众多兀者因为"德形"而"近刑"。定位于"才全而德不形"、"至知无知"的"至人"。

恶人：丑人。"美/恶"对举。

［3］未尝闻其有唱者也，常和hè人而已矣："唱/和"对举。"唱"同"倡"。详下"和而不唱"。

【校勘】"其有"旧误倒为"有其"，义不可通。○《人间世》"人恶其有美"之"其有"，旧亦误倒为"有其"。

［4］望人之腹：使人之肚腹圆满（饱肚）。望，动词，训圆，满。义同

“月望”之“望”。

［5］和hè而不唱：义同《老子》“不言而善应”。〇《墨子·经说下》：“和而不唱，是不教也；智而不教，功适息。”即斥《德充符》此语。亦证《墨经》成书于《庄子》初始本之后。

【辨析十】《齐物论》褒扬地籁皆“唱”无“和”（hè），而无不“和”（hé）；贬斥人籁有“唱”有“和”（hè），而大不“和”（hé）。地籁皆“唱”属“自适”，悖道人籁常“和”（hè）属“适人”。至人之“和”（hè）并非“适人”，而是为免“近刑”的因应外境。至人“自适”而不“唱”，则是顺应天道的因循内德。

［6］四域：国之四境。引申为国中之人。句谓其知识并未超出国人。

［7］雌雄：男女。古文“雌雄”谓男女，“男女”谓性事。

［8］期jī年：周年，整年。传国：义同下文“卒授之国”。传授国政，非传君位。

［9］闷然而后应，泛然而若辞：上扣“和而不唱”、“常和人而已矣”。〇《外物》所引庄言“顺人而不失己”，《知北游》“外化而内不化”。

【校勘】“泛”下旧脱“然”字。武延绪、陈鼓应据《田子方》“昧然而不应，泛然而若辞”校补。

［10］恤xù：忧（《说文》、成疏）。今语“抚恤”，意为抚慰忧者。

［11］【校勘】“游”旧讹为“使”。马叙伦、王叔岷据孔子无使楚事、陆释一本作“游”、成疏“丘曾领门徒游行楚地”校正。

【辨析十一】本章虚构实际孔子转变为真际孔子，兼有史实基础和文本铺垫。孔子于鲁定公十三年（前497）离鲁，于鲁哀公十一年（前484）返鲁，游楚事在鲁哀公六年（前489，楚昭王二十七年）。楚狂接舆讽孔，长沮、桀溺、荷蓧教孔，均在此年。本章孔子对鲁哀公言及游楚，设于返鲁之后，亦即众多至人讽孔、教孔之后，是为本章的史实基础。《齐物论》长梧斥孔，《人间世》颜回教孔，上文叔山斥孔，则是本章之前的文本铺垫。

［12］豚tún子：小猪。眴shùn若：受惊貌。

［13］不见己焉尔，不得类焉尔：“豚子”见其“死母”，与“己”已非同“类”。

［14］“所爱”三句：豚子爱其母，非爱其身形（初死之时，身形与生时无异），乃爱驱使其身形的德心。

［15］翣shà资：翣，一义，棺具两头之雕饰方木。二义，送葬仪仗之长柄方扇。战死者“马革裹尸”，既无棺头雕饰，亦无送葬仪仗。资，赍送，丧葬用品。

［16］刖yuè：砍足之刑。屦jù：鞋子。天子之诸御：天子之嫔妃婢女。

【校勘】“翦（剪）爪”旧误倒为“爪翦”。武延绪、王叔岷、陈鼓应据成疏“穿耳翦爪”校正。

［17］娶妻者止于外，不得复使：役使内廷之男仆，一旦成丁娶妻，或驱至外廷，或阉后复使。

［18］形全、全德：“形/德”之辨。本篇义理核心。

【辨析十二】上篇之实际孔子及其替身“子产”混淆“形/德”，经三兀者王骀、申徒、无趾反复教诲，下篇之真际孔子业已明辨“形/德”。是为孔子“积厚”渐变、由鲲化鹏（凤）之又一环，预伏《大宗师》之孔子最终“改宗”。

［19］其始者：“道”之变文。道为万物终极之始。人类可据“日夜相代”等天道显证，得悟天道之存在，然而难以尽知天道。

［20］滑gǔ和：滑，音骨，乱也（《广韵》）。此言外境撄扰。和，内德和豫。

［21］灵府：心灵之府。“德心”变文。

［22］使之和豫：“使”之后，承前省略“灵府”。“豫”同“愉”。

［23］通而不失于兑yuè：兑，通“阅”，训门。《老子》“塞其兑，闭其门”，“塞”同“闭”，“兑”同“门”。句谓至人通达而不失心灵之门扉（对天道开通，对人道关闭）。○《大宗师》“古之真人，连乎其似好闭也”。

［24］使日夜无隙：“使”之后，承前省略“灵府”。至人使德心日夜没有裂隙。

【辨析十三】《逍遥游》“藐姑射神人，其神凝”，《大宗师》“古之真人，其寝不梦，其觉无忧”，均谓至人之德心“日夜无隙”。《齐物论》“其寐也魂交，其觉也形开”，则谓大知小知之德心“日夜有隙”（内藏真德，外显伪德）。

［25］与物为春：至人之德心，与万物皆和。“春夏”谓和气，“秋冬”谓杀气。参看首章“松柏（至人）在冬夏青青”，《齐物论》“其（大知小知）杀若秋冬”。

［26］接尔生时于心：尔生时，你初生之时（的真德）。承接你初生之时的真德于心。上扣首章“葆始”（葆全初始真德）。

［27］才全：“才”同“德”。真德健全。

［28］水停……可以为法：上扣首章“人鉴于止水”。

［29］内葆之而外不荡：上扣“才全而德不形”。均谓“葆光”二义（《齐物论》辨析三八），义同《养生主》“善刀而藏之”。

［30］德者，成和之修也：真德是成就和顺的修为。真德外荡外显，均属“临人以德”（《人间世》接舆斥孔之言）。

［31］德不形：真德不形于外。义同《逍遥游》自“道”己德，《人间世》“支离其德”，《大宗师》“不自得”，《应帝王》“无见得”。

物不能离：物指人。上扣首章“从之游者，与夫子中分鲁”、“引天下而与从之”、“人则从是”、本章上文“雌雄合乎前”。

【辨析十四】“才全/德不形”之辨，阐明上篇三兀者、下篇三恶人之异：上篇三兀者，仅能“善刀”、“才全”、“内葆之”，未能“藏之”、“支离其德”、“德不形”、“外不荡”，因而“近刑”。下篇三恶人，不仅“善刀”、“才全”、“内葆之”，而且“藏之”、“支离其德”、“德不形”、“外不荡”，因而“免刑”。

［32］闵mǐn子（前536—？）：姓闵，名损，字子骞。孔子弟子，小孔子十五岁，德行仅次于颜回。《论语·先进》：“德行：颜渊，闵子骞，冉伯牛，仲弓。”

［33］吾：上文哀公八次自称“寡人”，经真际孔子教诲，下文哀公六次自称“吾”。

【辨析十五】哀公改其自称，业已解脱“以隶相尊”（《齐物论》）、君尊臣卑之“桎梏”，由鲲化鹏，完成改宗（虚构）。○《徐无鬼》仿拟这一笔法：魏武侯先四次自称“寡人”，经至人徐无鬼教诲，改为自称“吾”，也由鲲化鹏，完成改宗（虚构）。

闻至人之言："至人"即下句"孔丘"。

【辨析十六】上篇无趾斥孔非"至人"，下篇哀公称孔为"至人"，乃是庄子既晦藏其旨，又自明其旨的矛盾修辞。暗示内七篇实有两个孔子：信奉伪道、外荡伪德的实际孔子，信仰天道、内隐真德的真际孔子（《寓言》辨析四）。

［34］吾与孔丘，非君臣也，德友而已矣：哀公改宗，鄙弃庙堂人道，皈依江湖天道。

●第四孔赞哀骀章："恶人"三章之首章。真际孔子，礼赞至人；哀公改宗，皈依天道。

五

闉跂支离无唇说卫灵公[1]，灵公悦之，而视全人[2]，其脰肩肩。[3]

瓮㼜大瘿说齐桓公，桓公悦之，而视全人，其脰肩肩。[4]

故德有所长，而形有所忘[5]。人不忘其所忘，而忘其所不忘，此谓诚忘[6]。故圣人有所游，而知为孽，约为胶，得为接，工为商[7]。圣人不谋，恶用知？不斫，恶用胶？无丧，恶用得？不货，恶用商？四者天鬻也，天鬻者天食也。既受食于天，又恶用人？[8]

有人之形，无人之情[9]。有人之形，故群于人[10]；无人之情，故是非不得于身[11]。渺乎小哉，所以属于人也；傲乎大哉，独成其天！[12]

今译

闉跂支离无唇教诲卫灵公，灵公爱悦他，而后再看身形齐全之人，仅是其头由肩掮着。

瓮盎大瘿教诲齐桓公，桓公爱悦他，而后再看身形齐全之人，仅是其头由肩掮着。

所以德心有其长处，而后身形有所丧忘。人若不能丧忘应当丧忘的身形，而丧忘不当丧忘的德心，就是真忘。所以圣人游心于道，视心知为妖孽，视誓约为胶漆，视自得为交接，视工巧为买卖。圣人不谋外物，何须心知？不伤万物，何须胶漆？无所丧失，何须自得？不贵财货，何须买卖？四者本是天赋真德，天赋真德是天道所赐精神食粮。既然真德受自天道，又何必外用于人境？

至人有众人的形貌，没有众人的俗情。有众人的形貌，故能与众人相处为群；没有众人的俗情，因而相对是非不沾于身。至人身形渺小，所以寄寓人境；至人德心博大，所以独成天道！

校注

［1］闉yīn跂qí支离无脤：闉，曲也（《字汇补》、司马彪）。闉跂，支离其形。支离，支离其德。无脤，与“说卫灵公”吊诡，上扣王骀“不言之教”、哀骀它“和而不唱”，隐喻“至言不言”。定位于“才全而德不形”、“至知无知”的“至人”。

卫灵公（前534—前493在位）：昏君。

［2］全人：全形之人。反讽上文孔子误视“全形之人”为“全德之人”。

［3］其脰dòu肩肩：脰，同“头”（《说文》段注）。前“肩”名词。后“肩”动词，同“掮”。肩掮其头，意为行尸走肉。〇成疏释“脰”为颈，释“肩肩”为细小貌。义不可通。

［4］瓮盎àng大瘿yǐng：瓮盎，大缸。大瘿，大瘤。以身形之厚大，譬解真德之厚大。定位于“才全而德不形”、“至知无知”的“至人”。

齐桓huán公（前685—前643在位）：贤君。春秋五霸之首。

◎第五章第一节：寓言节。浓缩简述第二、第三恶人，与上篇三兀者构成形式对称。

［5］德有所长，形有所忘：点破“德↘形”之辨。反扣实际孔子及其替身子产“德无所长，形有不忘”。

［6］人不忘其所忘，而忘其所不忘，此谓诚忘：贬斥大知小知（含上篇之实际孔子及其替身子产）不能丧忘身形，却丧忘比身形尊贵的德心。

［7］“知为孽”四句：句前均略“视”字，义同“视知为孽，视约为胶，视得为接，视工为商”。上文笼统批评德荡于外，四句具体批评德荡于外。

［8］斫 zhuó：砍伐。参看《老子》：“夫代大匠斫，希有不伤其手者矣。”鬻 yù：通“育”。

［9］有人之形，无人之情：八字总提本节。八字及本节，均承上省略“圣人”。

［10］有人之形，故群于人：至人有人之俗形，故可与人为群。

［11］无人之情：义同《逍遥游》“不近人情”（庄学褒词），即不合庙堂人道之情。

是非不得于身：不陷入庙堂人道的伪是非之争。〇《天下》“（庄周）不谴是非，以与世俗处”。

［12］渺乎小哉，所以属于人也：至人身形渺小，故可寄寓人境。

傲乎大哉，独成其天：至人德心博大，故可独成天道。参看《大宗师》“成道九阶”。

◎第五章第二节：卮言节。阐明篇旨，小结“德↘形”之辨。

●第五德形卮言章：“恶人”三章之次章。庙堂僭主闻道，无不改宗；至人身形渺小，德心博大。

六

惠子谓庄子曰：“人固无情乎？”[1]

庄子曰：“然。”

惠子曰：“人而无情，何以谓之人？”

庄子曰：“道与之貌，天与之形[2]**，恶得不谓之人？”**[3]

惠子曰:"既谓之人，恶得无情?"

庄子曰:"是非吾所谓情也[4]。吾所谓无情者[5]，言人之不以好恶内伤其身[6]，常因自然而不益生也。"[7]

惠子曰:"不益生，何以有其身?"

庄子曰:"道与之貌，天与之形，无以好恶内伤其身。今子外乎子之神，劳乎子之精[8]，倚树而吟[9]，据梧而瞑[10]。天选子之形[11]，子以坚白鸣。"[12]

今译

惠子对庄子说:"至人可以没有众人之情吗?"

庄子说:"可以。"

惠子说:"既然没有众人之情，为何称之为人?"

庄子说:"道施至人以人的容貌，天赐至人以人的身形，为何不可称之为人?"

惠子说:"既然称之为人，怎能没有众人之情?"

庄子说:"你所言之情非我所言之情。我所言至人没有众人之情，是说至人不以人道好恶内伤其身，总是因任天道自然，而不求增益其生。"

惠子说:"不求增益其生，如何保有其身?"

庄子说:"道施至人以人的容貌，天赐至人以人的身形，所以至人不以人道好恶内伤其身。如今你外驰你的心神，劳顿你的精力，背靠大树而与人争辩，身据梧桐而德心昏睡。天道选中你来明道，你却以坚白之辩鸣世。"

校注

[1]无情:上章"无人之情"之略。"无"训致无、丧忘。义同"忘情"。○《世说新语·伤逝》:"圣人忘情，最下不及情，情之所钟，正在我辈。"

[2]道与之貌，天与之形:"天"、"道"互文同训，合词"天道"。"天道"内七篇未见，外杂篇七见:《庚桑楚》一见,《在宥》四见,《天道》二

见（含篇名）。○旧多盲从郭象反注，“天”、“道”异训。

［3］恶得不谓之人：惠施以合于庙堂人道为“人”，庄子以合于江湖天道为“人”。前射《逍遥游》庄惠辩用：惠施志在用于庙堂，庄子志在用于江湖。

［4］是非：这不是。○郭象连读、反注“是非”二字。王叔岷驳正。

［5］吾所谓无情者：庄子主张“不近人情”(《逍遥游》)，丧忘“遁天悖情”(《养生主》)的人道之伪情、俗情、溢情，常葆天道之“常情”(《人间世》)。前射《齐物论》天道、人道“两行”。参看《列御寇》所引庄言“古之至人，天而不人”。

［6］不以好恶内伤其身：不以庙堂人道之好恶内伤真德。

【辨析十七】大知小知迎合庙堂伪道之好恶，庙堂伪道“誉之”则“劝”，“非之”则“沮”(《逍遥游》)，因此“遁天悖情”(《养生主》)，“能苦其生”(《人间世》)。《外物》所引庄言：“演门有亲死者，以善毁，爵为官师，其党人毁而死者半。”即为“以（庙堂伪道之）好恶内伤其身”之显例。

［7］常因自然而不益生：益，“损益”之略，复义偏举。义同《大宗师》“不以心损道”、“不以人助天”(“助”同“益”)。

【辨析十八】上悖天道，下违德心，欲求庙堂爵禄以益生，必有“人道之患”、“阴阳之患”(《人间世》)，即“以好恶内伤其身”，从而“益之而损”(《老子》)。顺应天道，因循内德，不求庙堂爵禄以益生，从而“不夭斤斧”(《逍遥游》)、“终其天年”(《人间世》、《大宗师》)，即“常因自然而不益生”，从而“损之而益”(《老子》)。

［8］外乎子之神，劳乎子之精：“精”、“神”互文同训，合词“精神”（内七篇未见，外杂篇八见）。

［9］倚树：背靠大树，隐喻惠施倚待庙堂。而吟：隐喻惠施与人争辩。○《徐无鬼》惠施曰“今夫儒墨杨秉，且方与我以辩”，《惠施》“辩者以此与惠施相应，终身无穷”。

［10］据梧：梧为凤栖之树，隐喻惠施身负大才。而瞑：隐喻惠施德心昏睡。

【校勘】“梧”前旧衍“槁”字。王叔岷、陈鼓应据《艺文类聚》八八、

《太平御览》九五六、《事类赋》二五注引皆无“槁”字、《齐物论》“惠子之据梧也”校删。

［11］天选子之形：天道赋予你大才，乃是选中你来明道。

［12］子以坚白鸣：前射《逍遥游》贬斥惠施“拙于用大”，《齐物论》贬斥惠施“非所明而明之，故以坚白之昧终”，伏后《大宗师》谓“卜梁倚（惠施化身）有圣人之才而无圣人之道”。

【辨析十九】本章为惠施“积厚”渐变、由鲲化鹏（凤）之一环，预伏《大宗师》之卜梁倚（惠施化身）最终“改宗”。

●第六庄惠辩情章：“恶人”三章之末章。致无人道俗情，永葆天道常情；常因自然，不求益生。

【附论】

《德充符》是因历代注家之误注，而对中国美学影响（误导）最为深远之篇。

上篇兀者三章，贬斥庙堂伪道“代大匠斫”之残酷暴虐，视顺应天道的无过者为有过而滥施刑教，造成刖足者多、全足者少的末世惨状，亦即《在宥》所言“今世殊死者相枕也，桁杨者相推也，刑戮者相望也”，成疏所言“六国之时及衰周之世，残兀满路”，《左传·昭公三年》所言“踊贵屦贱”（假腿贵、鞋子贱）。旧多盲从郭象反注，谬解庄子以身形残缺为美，以身形残缺为德心充实之前提，与《逍遥游》“不夭斤斧”、《养生主》“无近刑”、《人间世》“无伤吾足”抵牾。

下篇恶人三章，三恶人并非身形真丑，而是以身喻心，应用《逍遥游》价值颠倒范式“天之香椿”=“人之臭樗”，譬解“天之美人”=“人之丑人”，贬斥庙堂伪道之价值颠倒。齐桓公、卫灵公、鲁哀公均属“代大匠斫”的悖道僭主，经过至人教诲无不改宗（虚构），从对至人“恶其有美”（《人间世》），变成视至人为至美。旧多盲从郭象反注，谬解庄子以身形丑陋为美，以身形丑陋为德心充实之前提，与《逍遥游》“毛嫱西施，人之所美也”、《人间世》“美成在久”抵牾。

全篇通过三兀者“才全”、“德形”而“近刑”，三恶人“才全”、“德不形”而“免刑”，一方面抨击庙堂伪道惩罚无过的顺道循德者，对被刑者寄予深切同情；另一方面告诫顺道循德的真人，身处伪道猖獗的险恶外境，唯有“善刀而藏之”、“才全而德不形，内葆之而外不荡”（“葆光”二义），方能“保身”、“全生”，“终其天年”。

通篇晦藏的四境排行隐喻，应用于内七篇之每一篇，是《逍遥游》四境动植范型的辅助系统，也是对庄学四境的重言自证。

第三章暗示的“孔子学于老聃”，原是《大宗师》孔子最终改宗的铺垫，其后成为外杂篇反复演绎填充的母题。

大宗师

题解

魏牟版初始本、刘安版大全本、郭象版删残本和古今《庄子》一切版本，“内篇众家并同”(陆序)，《大宗师》均为内篇第六。本书把庄子亲撰的《大宗师》2968字，复原于魏牟版内篇第六。校正郭象篡改和历代讹误：补脱文23字，删衍文51字（含重简31字），订讹文26字，厘正误倒5处，移正错简2处61字。

庄撰《大宗师》，篇名读作：“大”彼“宗师”。“大”，动词，训“取大”(《德充符》)。“宗师”，“道”之变文，证见第十二章许由称“道”为“吾师”。

全文可分十四章。上篇卮言七章，总结前五篇的“闻道”义理，亦即“既其文”(《应帝王》)。下篇寓言七章，譬解上篇总结的前五篇“闻道”理论，如何付诸“成道”实践，亦即“既其实”(《应帝王》)。因此前五篇预伏的“积厚”渐变，至此抵达大结局：“小知”颜回、鷾鸸子“由卵化鲲”，成长而后改宗。“大知”孔子、惠施（卜梁倚)“由鲲化鹏”，超越而后改宗。“至知”藐姑射四子“且适南溟”，终成达道“至人”。

《人间世》业已深入展开《养生主》第一寓言“庖丁解牛”之庄学俗谛“因应外境”，《德充符》业已深入展开《养生主》第二寓言“右师刖足”之庄学真谛“因循内德”。《大宗师》进而深入展开《养生主》第三寓言“老聃之死”之庄学宗旨“顺应天道”。

《大宗师》是在《逍遥游》阐明庄学总纲、《齐物论》阐明为知“丧我”而“闻道”、《养生主》转入为行“存吾”而“成道”之后，总摄“闻道”、“成道”的终结之篇。王夫之曰：“此七篇之大指，归于一宗者也。”

上篇

一

知天之所为，知人之所为者，至矣[1]。知天之所为者，天而生也[2]；知人之所为者，以其知之所知，以养其知之所不知[3]。终其天年而不中道夭者，是知之盛也[4]。虽然，有患[5]。夫知有所待而后当[6]，其所待者特未定也[7]。庸讵知吾所谓天之非人乎？所谓人之非天乎？[8]

今译

知天道之所为，知人道之所为，方为知之至境。知天道所为之无限，就能彻悟天道生成万物；知人道所为之有限，就能以心知所知的有限所知，颐养心知所不知的无限天道。终其天年而不中途夭折于人道斧斤，堪称知之极盛。虽然如此，仍然有患。因为知识合于所待标准方称允当，然而知识所待标准实未确定。谁能明白我所言天道所为就是真人所为？谁能明白我所言真人所为就是天道所为？

校注

[1] 开篇"天↘人"三句："天道↘人道"之辨。知天道所为，知人道所为，即知其"两行"(《齐物论》)，即知人道违背天道，从而顺应天道，如此方为至人。○《荀子·天论》"唯圣人为不求知天"，反驳庄义。

[2]"知天之所为者"二句：知天道所为之无限，就能彻悟天道生成万物（从而彻悟万物必须"顺应天道"）。

[3]“知人之所为者”三句：知人道所为之有限，就能以心知的有限所知，颐养心知所不知的无限天道（从而彻悟人难尽知天道）。

[4]终其天年而不中道夭者，是知之盛也：前射《人间世》“未终其天年，而中道夭于斧斤”，“不中道夭”后省略“斧斤”（人道刑教）。

[5]虽然，有患：不中道夭于斧斤，仅能“保身”，未必能够“葆德”，故仍有患。

[6]知有所待而后当：知，知识。所待，所待检验知识之标准。当dàng，允当。

[7]其所待者特未定也：真人的真知待于彼岸天道（《齐物论》“待彼”），假人的假知待于此岸人道，“所待”标准“未定”（而皆各称允当）。

[8]天之非人乎、人之非天乎：二句之“人”，异于上文“人之所为”之“人”，乃启下章“真人”。此释“人难尽知天道，如何顺应天道”之疑：真人因循真德，即为顺应天道。

【辨析一】真人“以人合天”，即以人德合于天道，此为庄子所立。假人“以天合人”，即以天道强合人道，此为庄子所破。○《荀子·天论》“明于天人之分，则可谓至人矣”，《荀子·解蔽》“庄子蔽于天而不知人”，反驳庄义。○郭象反注：“知天人之所为者，皆自然也。”意为“天道”属于“自然”，“人道”亦属“自然”，故“名教（人道）即自然（天道）”。○荀况、郭象均知庄义“天道、人道两行”（《齐物论》辨析二七），其异仅在荀况反驳庄义，郭象反注庄义。后世注家不明庄义，亦不明荀况反驳庄义，更不明郭象反注庄义。

●第一天人章：知天道、人道之两行，方为知之至境。真知待于天道而有定，假知待于人道而无定。真人因循真德，即为顺应天道。

二

且有真人而后有真知[1]。何谓真人？古之真人，不逆寡[2]，不雄成[3]，不谟事[4]。若然者，过而弗悔[5]，当而不自得也[6]。

若然者，登高不慄，入水不濡，入火不热[7]。是知之能登假于道者也若此。[8]

古之真人，其寝不梦，其觉无忧[9]；其食不甘[10]，其息深深。真人之息以踵，众人之息以喉[11]。屈服者，其嗌言若哇[12]。其嗜欲深者，其天机浅。[13]

古之真人，不知悦生，不知恶死[14]；其出不欣，其入不拒[15]；翛然而往，翛然而来而已矣[16]。不忘其所始，不求其所终[17]；受而喜之，忘而复之[18]，是之谓不以心损道[19]；不以人助天[20]，是之谓真人。若然者，其心忘[21]，其容寂，其颡頯[22]；凄然似秋，暖然似春，喜怒通四时，与物有宜，而莫知其极。[23]

今译

况且先有真人而后才有真知。何谓真人？古之真人，不以众暴寡，不自雄有成，不谋划治人。如此之人，举世非其有过也不后悔，举世誉其有当也不自得。如此之人，登临高山不恐惧，潜入深水不濡湿，穿行烈火不灼热。这只有心知能够假借外物登达天道的真人方能如此。

古之真人，安寝不梦，觉醒无忧；吃饭不辨香甜，气息深沉绵长。真人的气息直达脚踵，众人的气息仅及咽喉。屈服于人道外境的众人，咽喉出言如同呕吐。身形嗜欲很深的众人，德心天机很浅。

古之真人，不知贪生，不知怕死；出道而生不感欢欣，入道而死不予抗拒；自逍己德往归彼道，自逍己德新生重来。不忘生命受始于何处，不求生命终结于何时；禀受生命而喜悦真德，丧忘生命而复归天道，丧忘生命而复归，这叫作不以心知减损天道；不以人道助长天道，这就叫真人。如此之人，德心丧忘，面容寂静，额头向天；凄清如秋与物同悲，温暖如春与物同乐，喜怒哀乐通达四季，与万物相宜，而不知其极限。

校注

［1］真人：“至人”变文，蕴涵对词“假人”。《天下》“不离于真，谓之至人”。

真知：合于天道的绝对之知。蕴涵对词“假知”（合于人道的相对之知）。

【辨析二】上章言天道、人道“两行”（《齐物论》），“所待”标准不同：真知待于彼岸天道，假知待于此岸人道。本章转言：先有因循真德的真人，而后才有合于天道的真知。因循伪德的假人，只能得到合于人道的假知。

［2］不逆寡：逆，训迎，引申为迎击。不以众逆寡。参看《盗跖》贬斥“以众暴寡”。○庙堂伪道以刑名二教劫持众多假人，逆击永为少数之真人。参看《逍遥游》“众人匹之”、《德充符》“人以其全足笑吾不全足者多矣”。

［3］不雄成：自“道”己德。义本《老子》“知其雄，守其雌”。义同下文“不自得”。前射《齐物论》“道隐于小成”。参看《秋水》“不恃其成”。

［4］不谋事：不谋治人之事。前射《逍遥游》“孰弊弊焉以天下为事？孰肯纷纷然以物为事？”《德充符》“彼且何肯以物为事乎？圣人不谋。”参看《宇泰定》“至知不谋”。

【校勘】“谋”旧作“谟”，“事”旧作“士”，据《逍遥游》“孰弊弊焉以天下为事？孰肯纷纷然以物为事？”、《德充符》“彼且何肯以物为事乎？圣人不谋”、《宇泰定》“至知不谋”校正。

［5］过而弗悔：义同《逍遥游》“举世非之而不加沮”。○《养生主》右师、《德充符》三兀者，均因顺应天道、因循内德，被庙堂人道视为有过而刖足，全都“过而弗悔”。

［6］当而不自得：当，因循真德（“葆光”二义之前义）。不自得，自“道”己德（“葆光”二义之后义）。○“不自得”即上文“不雄成”。

【辨析三】“当而不自得”为庄学根本义（“葆光”二义）。因循真德，同时自“道”己德，方能“遥”达彼道。郭象否定“道”之存在，遂以“自得”反注“逍遥”。庄义“逍遥”，乃谓“自适”。郭义“自得”，本于《孟子·离娄》：“君子深造之以道，欲其自得之也。自得之则居之安，居之安则资之深，资之深则取之左右逢其原。故君子欲其自得之也。”○《大宗师》

明言“不自得”，郭象及其追随者均视而不见。全篇郭注十用“自得”，六用“独化”，二用“自尔”。全篇成疏七用“自得”，五用“独化”，一用“自尔”。后世注家大多盲从。

［7］“登高不慄”三句：略同《逍遥游》对“藐姑射神人”之文学夸张。〇《秋水》：“至德者，火弗能热，水弗能溺，寒暑弗能害，禽兽弗能贼。非谓其薄之也，言察乎安危，宁于祸福，谨于去就，莫之能害也。”后五句抉发庄义并非神仙之说。

［8］登假于道：假借外物，登达天道。义同《人间世》“游心（于道）”。前射《德充符》“登假”。褚伯秀、王叔岷释“登假于道”为“登遐于道”，义不可通。

◎第二章第一节：先有真人，后有真知；自“逍”己德，“遥”达彼道。

［9］其寝不梦，其觉无忧：以身形之“梦/觉”，譬解德心之“梦/觉”。〇真人“其神凝”（《逍遥游》），德心“日夜无隙”（《德充符》）。假人“其寐也魂交，其觉也形开”（《齐物论》）。

［10］其食不甘：字面义与《老子》“甘其食”相反，深层义相成。

［11］真人之息以踵，众人之息以喉：真人气息自口直至脚踵，譬解身心无隙，贯通合一；众人气息自口仅至咽喉，譬解身心有隙，分裂矛盾。〇郭注、成疏、陆释均误释真人以脚踵呼吸。道教据此谬解，进谓“顺息为人，逆息为仙”。庄义遂被改造为“神仙论”。

［12］嗌yì：咽喉。上扣“众人之息以喉”。哇wā：呕吐（朱骏声）。

“屈服”二句：大知小知屈服于伪道，其言出自咽喉（异于发自肺腑），如同呕吐，上悖天道，下违德心，因而“其所言者特未定”（《齐物论》）。

［13］天机：天赋初始真德，即“故德”（《天地》所引庄言）。义同《逍遥游》“天池”。

其嗜欲深者，其天机浅：省略“其嗜欲浅者，其天机深”。〇物德之质齐一于道，物德之量天生不齐（《齐物论》题解）。不同之物，物德有厚薄，天池有大小，天机有深浅。

◎第二章第二节：真人天机深，嗜欲浅；众人天机浅，嗜欲深。

［14］不知悦生，不知恶死：前射《齐物论》“予恶乎知悦生之非惑邪？

予恶乎知恶死之非弱丧而不知归者邪？”均针对未悟生死“物化”者之“悦生恶死”。〇旧或误释庄子主张“恶生悦死”。

［15］其出不欣，其入不拒：揭破“不知悦生，不知恶死”的原因。义本《老子》“出生，入死”。真人彻悟万物之“生”皆“出”于道，万物之“死”皆“入”于道，故不欣不拒。〇《齐物论》贬斥大知小知“莫知其所萌”（出）、“不知其所归”（入）。

［16］翛然而往，翛然而来：翛 xiāo，“逍”之变文。往，物化而死。来，物化而生。真人无论死生，均自逍己德。〇内七篇八言“死生”，未言“生死”。此亦先言“翛然而往”，后言“翛然而来”，乃谓万物之死，均非终极之死，必将“物化”为别物而重来（下文“万化而未始有极者也，弊而复新”）。

［17］不忘其所始，不求其所终：“其所始”、“其所终”，义同《齐物论》“其所萌”、“其所归”。不忘生命受始于何处，不求生命终结于何时（《德充符》“常因自然而不益生”）。

［18］受而喜之，忘而复之：禀受物德而喜悦真德，丧忘生命而复归天道。

［19］不以心损道：与下“不以人助天”对举。

【校勘】“损”旧讹为“捐”。郭庆藩、王闿运、武延绪、朱桂曜、王叔岷、陈鼓应、方勇、陆永品据《史记·屈原贾生列传》索隐引文作“损”校正。〇下句“不以人助天”，亦证“捐”字必为“损”字之讹。

［20］不以人助天：与上“不以心损道”对举。“助”同“益”。二句阐明“顺道无为”二义：不以人道成心“损”之，亦不以人道成心“益”之。〇《秋水》“无以人灭天”之“灭”，《管仲》“不以人入天”之“入”（侵入），均含“损”、“益”二义。

【辨析四】悖道“有为”者，必定“损道”、“助天”。“损道”则遮蔽人类未知之道，“助天”则拔高相对之是为绝对之是，拔高“以隶相尊”、“役人之役”的庙堂伪道为江湖真道，拔高偶在暂在之“理”为遍在永在之“道”。

［21］其心忘：真人的德心，丧忘众多。下文“忘其言”、“相忘于江湖”、“相忘以生”、“忘其肝胆，遗其耳目”、“鱼相忘乎江湖，人相忘乎道术”、“忘礼乐”、“忘仁义”、“坐忘”，均展开此句。

【校勘】“忘”旧讹为“志”，义不可通。陆德明、赵以夫、褚伯秀、林云铭、陆树芝、王懋竑、王叔岷、陈鼓应校正。

［22］其颡sǎng頯kuí：颡，额头。頯，义同“傀”、“魁”，（骨头）大，厚（陆释引《广雅·释诂三》），引申为高耸、饱满。以身喻心，譬解真人举首向天，信仰天道。

［23］莫知其极：前射《齐物论》真人之德“注焉而不满，酌焉而不竭”。

【辨析五】庄言“莫知其极”，语本《老子》“莫知其极，可以有国”。老、庄所言“莫知其极”，均兼二义：其一，天道“莫知其极”。其二，真人“仿道而行”（《庚桑楚》），真德亦“莫知其极”。老、庄之异，在于后义落实于不同之人：老聃落实于“有国”之“侯王”，老学遂成“君人南面之术”，即君主统治民众的方术。庄子落实于“无国”之“真人”，庄学遂成“不为君役”之道，即真人应对伪道的道术（参看《应帝王》巫相壶子章）。

◎第二章第三节：真人顺道顺天，而不损道助天；与物有宜，不知其极。

●第二真人章：欲知天道，必须先有真人；先有真人，而后方有真知。

三

故圣人之用兵也[1]，亡国而不失人心[2]；利泽施乎万世，不为爱人[3]。故乐通物，非圣人也[4]；有亲，非仁也[5]；失时，非贤也[6]；利害不通，非君子也[7]；殉名失己，非士也[8]；亡身不真，非役人也[9]。是役人之役，适人之适[10]，而不自适其适者也。[11]

今译

所以圣人看待兵事，宁愿亡国也不愿失去民心；利泽施及万世，不是为了爱人。所以乐于通物，必非圣人；亲疏有别，必非仁人；违失时势，必非贤人；不通利害，必非君子；殉名失己，必非士人；亏身而无真德，必非受役于天之人。这是受役于他人之役使，安适于他人之安适，而不安适于自己之安适的假人。

校注

［1］圣人之用兵：用，看待。兵，兵事。圣人看待兵事（是不用兵）。参看《人间世》贬斥尧、禹“用兵不止”，《列御寇》“圣人无兵”。〇老聃主张“慎兵”，庄子主张“无兵”。

［2］亡国而不失人心：圣人不用兵而亡己国，不失本国民心。

【辨析六】《让王》：“太王亶父居邠，狄人攻之。太王亶父曰：‘与人之兄居而杀其弟，与人之父居而杀其子，吾不忍也。’因杖策而去之。民相连而从之，遂成国于岐山之下。”即演此义。〇崔譔、成疏误释“亡国而不失人心”为“亡敌国而不失敌国民心”，全反庄义。闻一多、陈鼓应据此认为本章不合庄学，视为衍文。

［3］利泽施乎万世，不为爱人：圣人无兵而惠及万世，不是为了爱人，而是为了爱道（兼爱道生万物）。参看下文“齑万物而不为义，泽及万世而不为仁”。

［4］乐通物，非圣人也：“逐万物而不返”（《惠施》），必不达道。〇假人一非。

［5］有亲，非仁也：有亲有疏，必非至仁。前射《齐物论》“至仁不亲”。参看《天运》所引庄言“至仁无亲”（《宇泰定》亦有此语，未谓庄言）。〇假人二非。

［6］失时，非贤也：违逆时势，必非贤人。《天运》“古今非水陆欤？周鲁非舟车欤？今祈行周于鲁，是犹推舟于陆也，劳而无功，身必有殃”。〇假人三非。

【校勘】“失时”旧讹为“天时”，形近而讹，义不可通。马叙伦、王叔岷据郭注“时之者，未若忘时而自合之贤也”，误校为“时天”，义仍不通。据假人“六非”均为动宾结构校正。

［7］利害不通，非君子也：不知利通于害，害通于利。参看《在宥》“览

乎三王之利，而不见其患”。○假人四非。

［8］殉名失己，非士也：真人不殉名、“不失己”(《外物》所引庄言)。○假人五非。

【校勘】“殉”旧作“徇”，后讹为“行”。吴汝纶、王叔岷据《秋水》“无以德殉名”、《骈拇》“士则以身殉名”校正。《子张》亦有“君子殉名”。

［9］亡身不真，非役人也：既亏身形，又失真德，必非受役于天道的“自适其适者”。○假人六非。

【辨析七】郭象反注：“自失其性，而矫以从物，受役多矣，安能役人乎？”谬解庄子主张“役使他人”。庄子主张“乘物”(《人间世》)，反对“役人”(役使他人)、“役于人”(受役于他人)。此处“非役人”，意为并非受役于天道的“自适其适者”(下文)。

【校勘】此下旧衍“若狐不偕、务光、伯夷、叔齐、箕子、胥余、纪他、申徒狄”十九字，隔断文义。内七篇从无如此单调的穷举法，当属注家以外杂篇“亡身不真”八人旁注，后遂羼入正文。○旁注八人，务光、伯夷、叔齐、箕子、纪他、申徒狄六人见于郭象删改本之外杂篇，狐不偕、胥余二人未见，当在郭象所删篇什、章节之中。

［10］役人之役，适人之适：前射《齐物论》“终身役役”、“众人役役”(“役役”即“役人之役”之略)，《人间世》“为人使，易以伪”。

［11］自适其适：义同下文“以德为循”，即因循内德。义同尼采《查拉图斯特拉如是说》：“不要跟随我，跟随你自己。”《人间世》“为天使，难以伪”。○躬行天道者“自适其适”，奉行人道者“适人之适”，此即天道、人道之“两行”(《齐物论》)。

●第三假人章：假人殉物，役于人道，适人之适；真人乘物，役于天道，自适其适。

四

古之真人，其状峨而不凭，若不足而不承[1]**：举乎其廓而不**

坚也[2]，张乎其虚而不华也，怲乎其似喜也[3]，催乎其不得已也，滀乎其进我色也，与乎其止我德也，广乎其似世也，傲乎其未可制也，连乎其似好闭也，闷乎其忘其言也。[4]

以刑为体，以礼为翼，以知为时，以德为循。以刑为体者，绰乎其杀也[5]；以礼为翼者，所以行于世也[6]；以知为时者，不得已于事也[7]；以德为循者[8]，言其与有足者至于丘也[9]，而人真以为勤行者也。[10]

故其好之也一，其弗好之也一。其一也一，其不一也一[11]。其一，与天为徒；其不一，与人为徒[12]。天与人不相胜也，是之谓真人。[13]

今译

古之真人，状貌高大而不凭借外物，有如不足而无力承担：待人宽容而不顽固，敞开虚怀而不浮华，忧愁而似喜悦，催迫于不得停止的天命，蓄积真德而进于容色，与物相宜而止德外荡，广衮如同世界，博大不可宰制，与世相连而似关闭，闷然沉寂而忘言语。

真人以因应刑教为根本，以因应礼教为辅翼，以心知因应时势，以真德因循天道。以因应刑教为根本，就能游刃有余于杀戮之网；以因应礼教为辅翼，就能行于世间与众人相处；以心知因应时势，就能处理不得停止的日常事务；以真德因循天道，就能与有足者同行而达至高丘，而他人误以为真是勤勉快行之人。

所以真人喜好天道始终如一，不喜好人道也始终如一。真人与天道一致始终如一，真人与人道不一致也始终如一。真人与天道一致，因此德心与天道同行。真人与人道不一致，因此身形与人道同行。德心与天道同行、身形与人道同行不相互取代，方可称为真人。

校注

［1］其状峨而不凭，若不足而不承：义同上文“当而不自得”、《老子》“广德若不足”。○二句总领下文“……乎……也”十句，展开真人章“当而不自得”之义。

【校勘】“峩”（峨）旧作“義”（义）。俞樾、郭庆藩、王叔岷校正。《马蹄》“虽有义台路寝”，《天道》“尔状义然”，“义”皆通“峩”。○“憑”（凭）旧作“朋”。章太炎、王叔岷校正。

［2］举乎其廓而不坚：廓，宽大。不坚，不坚执。

【校勘】“举乎”旧讹为“与（與）乎”，字坏而讹，导致首字同于“与乎其止我德也”。“……乎……也”十句首字均异。初版漏校，修订版补校。○“廓”旧作“觚”gū，通“瓠”，同“廓”。○《逍遥游》“其（大瓠）坚不能自举也。剖之以为瓢，则廓落无所容”，“廓”旧作“瓠”。

［3］怲bǐng乎其似喜也：怲，训忧愁，参看《诗经・小雅・頍弁》：“未见君子，忧心怲怲。”○“怲乎”二字，上扣真人章“其出不欣”。“似喜”二字，上扣真人章“受而喜之”。

【校勘】“怲”旧讹为“邴”bǐng，义不可通。旧或叠作“邴邴”，严灵峰据其他九句均不叠字校删一字。向秀据“似喜”训“邴”为“喜貌”，未明庄义。○本句与下“催乎其不得已也”、“广乎其似世也”二句，“也”旧皆作“乎”。刘文典、陈鼓应据《庄子阙误》引文如海、成玄英、张君房本校正。

［4］滀chù乎其进我色也：滀，蓄积。闷：旧作“悗”mèn，字通。

【校勘】“滀乎其进我色也”，“与乎其止我德也”，“闷乎其忘其言也”，三句均脱“其”字；“……乎……也”十句，“乎”字后均有“其”字。“廣”（广）旧讹为“厲”（厉）。王念孙、郭庆藩、马叙伦据陆释引崔譔本作“廣”（广）校正。

◎第四章第一节：真人厚德，有如不足。

［5］以刑为体者，绰乎其杀也：上扣首章“终其天年而不中道夭者，是知之盛也”。前射《逍遥游》“不夭斤斧，物无害者”，《养生主》“为恶无近刑……恢恢乎其于游刃必有余地矣”，《人间世》“若殆往尔刑耳”，《德充

符》“方今之时，仅免刑焉”。〇郭象反注：“刑者治之体，故虽杀而宽。”张默生、王叔岷、陈鼓应等被郭象反注误导，未明此言“避刑”，非言“用刑”，遂视本节为衍文。

［6］以礼为翼者，所以行于世也：前射《养生主》秦佚之因应丧礼，伏下第十一章孟孙才之因应丧礼。

［7］以知为时者，不得已于事也：上扣“催乎其不得已也”。真人知天知人，与时消息，不得已而因应人事。

［8］以德为循：因循道施之德。上扣“自适其适”。

［9］有足者：隐喻“才全而德不形”的“免刑”至人。前射《人间世》“无伤吾足”，《养生主》右师、《德充符》三兀者之刖足。

与有足者至于丘：与“免刑”至人同行而达至高境，趋近至境。义同《应帝王》“乘成”。

［10］人真以为勤行：真人因循内德，追随“免刑”至人趋近至境，他人误以为行走快速（其实仅是方向正确）。

◎第四章第二节：免刑保身为体，逃礼葆德为翼，以知应时，以德为循。

［11］故其好之也一，其弗好之也一。其一也一，其不一也一：四句支离其言，晦藏其旨。譬解真人“以可不可为一贯”(《德充符》)。“好之”，即好天道。“弗好之”，即不好人道。“其一”，“其好之也一”之略。“其不一”，“弗好之也一”之略。四句末之“也一”，“也”是语气词，“一”谓始终如一。真人好天道、不好人道始终如一。

［12］与天为徒、与人为徒：上扣篇首“知天之所为，知人之所为”。前射《人间世》德心“与天为徒”、身形“与人为徒”。〇重言“其一”、“其不一”，前射《齐物论》天道、人道“两行”。

［13］天与人不相胜：“天”、“人”承上，“与天为徒”、“与人为徒”之略语。句谓“与天为徒”的因循内德（庄学真谛），“与人为徒”的因应外境（庄学俗谛），不可相互取代。

◎第四章第三节：与天为徒的因循内德，与人为徒的因应外境，不可相互取代。

●第四真俗二谛章：真俗二谛圆融，不可相互取代，如此方为真人。

五

死生，命也；其有夜旦之常，天也[1]。人之有所不得与，皆物之情也[2]。彼特以天为父，而身犹爱之，而况其卓乎[3]？人特以有君为愈乎己，而身犹死之，而况其真乎？[4]

泉涸，鱼相与处于陆[5]。与其相呴以湿，相濡以沫，不如相忘于江湖[6]。与其誉尧而非桀也，不如两忘而化其道。[7]

今译

死生，是天道之命；犹如昼夜循环的恒常规律，都是天道使然。人类不得干预天道，是道生之物皆然之实情。唯有真人以天为父，而终身爱戴具象之天，何况高卓的抽象之道？众人只以为唯有君主高于自己，而终身效死君主，何况天道真宰？

泉水干涸以后，鱼类才会共同相处于陆地。与其处于陆地相互嘘气润湿，相互濡染唾沫，不如遨游江湖相互忘记。与其以尧为是而以桀为非，不如两忘尧是桀非而皈化天道。

校注

［1］死生，命也；其有夜旦之常，天也："有"同"犹"（马其昶、吴汝纶、王叔岷）。夜旦，譬解死生。常，规律。"命"、"天"互文同训，合词"天命"，句法同于《论语·颜渊》"死生有命，富贵在天"。

［2］人之有所不得与，皆物之情也：与，参与，引申为干预。皆物，一切道生之物。句谓道生之物（包括人类）不得干预天道，是万物之实情。〇上扣真人章"不以心损道"、"不以人助天"，损道、助天，均属干预。

［3］彼特以天为父：唯有真人以天为父。此"天"指具象之天。

其卓 zhuō："天"之卓，即抽象之道。○郭象反注："卓者，独化之谓也。"

［4］人特以有君为愈乎己：众人却以为唯有君主高于自己（以君为父）。《人间世》"天子之与己，皆天之所子"，《让王》"天子不得臣，诸侯不得友"。

其真：前射《齐物论》"真宰"、"真君"。○成疏盲从郭象而反注："其真，独化者也。"

◎第五章第一节：万物不得干预天道。真人信仰天道而不干预天道，众人奉行人道而干预天道。

［5］泉涸 hé，鱼相与处于陆：是为庙堂人道干预天道的结果。鱼当处水，不当处陆，义本《老子》"鱼不可脱于渊"。○前射《齐物论》"孰知正处"，贬斥庙堂伪道使民众失其"正处"。

［6］与其相呴 xǔ 以湿，相濡 rú 以沫，不如相忘于江湖：鱼处于陆，才须呴湿濡沫。鱼处于水，无须呴湿濡沫。

【校勘】"与其"二字旧脱，与"不如"二字对举，不可省略。据郭注"与其不足而相爱，岂若有余而相忘"及下句"与其誉尧而非桀也，不如两忘而化其道"校补。

【辨析八】鱼喻人：人当如鱼处水，自由地"自适其适，以德为循"；庙堂人道违背、干预天道之后，民众不得不如鱼处陆，失去自由而"役人之役，适人之适"。鱼处于陆而濡沫，隐喻庙堂伪道的虚假"仁义"。鱼处于水而相忘，隐喻脱离庙堂伪道的江湖"道德"。《外物》所引庄述寓言："鲋鱼忿然作色曰：'吾失我常与，我无所处。'"《田子方》："草食之兽，不疾易薮；水生之虫，不疾易水。行小变，而不失其大常也。"均证此义。○本篇成疏："鱼失水所以呴濡，人丧道所以亲爱。"《天运》全引"泉涸"五句，彼篇成疏："此斥仁义之弊。江湖比于道德，濡沫方于仁义，以此格量，故不同日而语矣。"

［7］与其誉尧而非桀也，不如两忘而化其道："尧"喻奉行庙堂伪道之"王道"的圣君，"桀"喻奉行庙堂伪道之"霸道"的恶君。二句主张彻底的"无君"论，两忘"王道"圣君、"霸道"恶君。外杂篇一切"无君"论，

义均本此。

【辨析九】伪道俗见无不“誉尧而非桀”，以“画地而趋”（《德充符》）、“畜乎樊中”（《养生主》）为善。庄子“不祈畜乎樊中”，反对“画地而趋”，主张抛弃一切庙堂人道，复归江湖天道。因为奉行王道之尧舜，奉行霸道之桀纣，无不强迫民众脱离江湖天道的“上善之水”（《老子》），处于庙堂人道的“泉涸”之陆。

◎第五章第二节：庙堂伪道干预天道之后，导致鱼处于陆而“呴湿濡沫”，导致人失自由而“役人之役”。

●第五江湖章：揭破《逍遥游》“江湖↘庙堂”之辨，《齐物论》天道、人道“两行”。贬斥庙堂伪道干预天道，迫使民众从处水变成处陆，从“自适其适，以德为循”变成“役人之役，适人之适”。

六

夫藏舟于壑，藏山于泽，人谓之固矣[1]，然而夜半有力者负之而走，昧者不知也[2]。藏小大有宜，犹有所遁[3]。若夫藏天下于天下，而不得所遁，是恒物之大情也[4]。故圣人将游于物之所不得遁而皆存[5]，善夭善老，善始善终[6]。人犹效之[7]，而况万物之所系，而一化之所待乎？[8]

今译

隐藏小舟于小壑，隐藏大山于大泽，众人以为牢固，然而半夜被至高之力背负移走，昏昧之人浑然不知。隐藏小物于小处、大物于大处而自以为合宜，万物仍有逃遁之处。唯有隐藏天下于天下，万物才无逃遁之处，这是万物永存的真实情形。所以圣人游心于万物不得逃遁而无不依存的天道，视早夭为善，也视长寿为善，视生命为善，也视死亡为善。众人对于圣人尚且愿意仿效，何况对于万物所系，而一切被化之物无不倚待的天道呢？

校注

［1］藏舟于壑hè，藏山于泽，人谓之固矣：舟，喻小物。壑，喻小处。山，喻大物。泽，喻大处。句义详下“藏小大有宜”。

【校勘】“夫藏舟于壑”前，旧衍“夫大块载我以形，劳我以生，佚我以老，息我以死。故善吾生者，乃所以善吾死也”六句三十一字。原为第九章子来之言，重出于此，隔断文义。王懋竑、马叙伦、陈鼓应校删此处，保留彼处。〇“谓之”前旧脱“人”字。刘文典、王叔岷据旧钞本《文选》江淹《杂体诗》李善注引、《淮南子·俶真训》引文校补。

［2］有力者：“道”之变文。昧者：昧，通“寐”，兼训愚昧、睡寐。

“舟壑”四句：造化密移，昧者不知。〇《列子·天瑞》“运转亡已，天地密移”，张湛注：“此则庄子舟壑之义。”

［3］藏小大有宜：隐喻庙堂伪道“以隶相尊”(《齐物论》)、小大有序，自以为合宜（义）。

犹有所遁dùn：万物仍有可遁之处。隐喻庙堂伪道欲治天下，万物均失“正处”(《齐物论》)。

［4］藏天下于天下：前“天下”，至大之物。后“天下”，至大之处。

不得所遁：万物再无可遁之处。隐喻江湖真道不治天下，万物均得“正处”(《齐物论》)。

恒物之大情：上扣第五章“人之有所不得与，皆物之情也”。“物之情”为万物不得干预天道。“恒物之大情”为万物不得逃遁天道。二义互扣。〇“藏小大有宜”五句，前射《逍遥游》“小大之辨”。亦证“小大之辨”蕴涵庄学四境，并非仅谓“小大”二境。

【校勘】“是恒物之大情也”下，旧衍“特范人之形而犹喜之，若人之形者，万化而未始有极者也，其为乐可胜计邪”四句三十字。当属第九章子来之言，错简于此，隔断文义，移正于下。

［5］物之所不得遁而皆存：“道”之变文。《齐物论》“道恶乎往而不存”，《知北游》所引庄言“（道）无所不在”。

圣人将游于物之所不得遁而皆存：圣人游心于万物不得逃遁而无不依

存的天道。《山木》所引庄言“浮游乎万物之祖”。

［6］善夭善老，善始善终：众人以早夭、死亡（终）为不善，以长寿、生命（始）为善。真人均视为善。〇第九章“善吾生者，乃所以善吾死也”。

【校勘】“夭”旧讹为“妖”，王叔岷据陆释一本作“夭”校正：“郭注‘不善少而否老’，疑以‘少’释‘夭’，恐非所见本作‘少’。张本作‘少’，盖据郭注改之也。”〇此亦后世注家据郭注而妄改原文之一例。

［7］人犹效之：之，圣人。圣人尚且被众人仿效（何况天道）。

［8］万物之所系、一化之所待：“道”之变文。

【辨析十】“一化之所待”直启下章之“道”，足证《齐物论》“待彼”即“彼道”（《齐物论》辨析四五）。〇郭象否定“道”之存在，遂将庄义“无待外物”，反注为“无待天道”。〇王叔岷：“庄子所贵者‘无待’，则‘待天’固非贤矣。”乃被郭象反注误导之误辨。

●第六小大章：造化密移，昧者不知；万物所系，一化所待。

七

夫道，有情有信，无为无形[1]。可传而不可受[2]，可得而不可见[3]。自本自根[4]，未有天地，自古以固存[5]。神鬼神帝，生天生地[6]。在太极之上而不为高，在六极之下而不为深[7]。先天地生而不为久，长于上古而不为老。

狶韦氏得之，以契天地[8]；伏羲氏得之，以袭气母[9]；维斗得之，终古不忒；日月得之，终古不息[10]；堪坏得之，以袭昆仑[11]；冯夷得之，以游大川[12]；肩吾得之，以处泰山[13]；黄帝得之，以登云天；颛顼得之，以处玄宫[14]；禺强得之，立乎北极[15]；西王母得之，坐乎少广，莫知其始，莫知其终[16]；彭祖得之，上及有虞，下及五伯[17]；傅说得之，以相武丁，奄有天下[18]，乘东维，骑箕尾，而比于列星。[19]

今译

道，真实可信，无为无形。可以心传而又不能实授，可以领悟而又不能看见。自为本根，未有天地之前，自古以来固存。神于鬼，神于帝，生出天，生出地。在太极之上而不自居为高，在六极之下而不自居为深。先天地生而不自居为久，长于上古而不自居为老。

狶韦氏有得于道，契合天地；伏羲氏有得于道，调和元气；北斗有得于道，终古不变；日月有得于道，终古不灭；堪坏有得于道，合于昆仑；冯夷有得于道，优游黄河；肩吾有得于道，处于泰山；黄帝有得于道，上登云天；颛顼有得于道，处于玄宫；禺强有得于道，立于北极；西王母有得于道，坐于少广，无人知其始，无人知其终；彭祖有得于道，上及虞舜，下及五霸；傅说有得于道，辅佐武丁，广有天下，死后驾乘东维，骑着箕尾，比肩于恒星。

校注

［1］有情：真实。有信：规律。无为：自然（无意志、无人格）。无形：抽象。○《大宗师》道论八字，转为今语，即“自然规律，真实抽象”，属宇宙本体论。《齐物论》道论九句，属宇宙发生论。

［2］可传：可以传授天道遍在永在之真知（信仰）。不可受：不可如同传递实物般实授。

［3］可得：可得天道之朕象（非谓人能尽得天道）。○《齐物论》“若有真宰，而特不得其朕”，乃谓众人得不到天道之朕象，以为天道不存在。

不可见：天道（抽象规律）无形。○《知北游》“道不可见，见而非也”，《天运》“使道而可献，则人莫不献之于其君；使道而可进，则人莫不进之于其亲；使道而可以告人，则人莫不告其兄弟；使道而可以与人，则人莫不与其子孙。然而不可者……”

［4］自本自根：道为万物之终极本根。道之前，别无更终极之本根。

［5］未有天地，自古以固存：《知北游》“遍然而万物，自古以固存”，

及其所引庄言“（道）无所不在”。

［6］神鬼神帝，生天生地：道高于人鬼、天帝，生天生地。○郭象反注：“无也，岂能生神哉？不神鬼帝而鬼帝自神，斯乃不神之神也；不生天地而天地自生，斯乃不生之生也。”否定“道”之存在，坚执“万物独化自生”谬说。郭象之根本义，对立于庄子之根本义，从属于根本义之所有次要义，遂无不对立。

［7］太极：万物总德、始基、浑沌元气。六极：上下四方之极点，义同“六合”（《齐物论》）。○二句之义：道（无极）“在太极（德）之上”，又在“六合之外”（《齐物论》）。前射《逍遥游》“无极之外，复无极也”。

【校勘】“上”旧讹为“先”。俞樾、马叙伦、王叔岷、陈鼓应、方勇、陆永品据郭注“上下无不格”、成疏“道在五气之上”、《淮南子·览冥训》“引类于太极之上”校正。

【辨析十一】“无极”属“道”，分为“体用”（“体”即道体、道无，“用”即总德、道有）。“太极”属“德”，分为“阴阳”。○《老子》“道（无极）生一（太极）”，周敦颐《太极图说》“无极生太极”，《易传·系辞》“易有太极”，三义略同，“易”之位格，相当于“道”（无极）。老、庄之义：人难尽知“道”（无极）。《周易》使“道”（无极）形式化，可操作，可“尽知”。两者遂有根本大异。

◎第七章第一节：本体论之道。实体之道，二有二无；自然规律，真实抽象。

［8］狶shǐ韦氏：百家论道，最远溯至伏羲、黄帝。庄子虚拟一位太古真人，列于其前。

得之：得到对遍在永在于万物的天道之绝对信仰。信仰天道，谓之“道术”（第十章）。

【辨析十二】“道”有二义。其一，彼岸道体（上节所言本体论之道）。其二，此岸道术（本节所言认识论之道）。人难尽知天道，不能得到道体之全部，只能得到道体之局部和对道体之信仰，即认识论之道术。“闻道”、“成道”、“得道”、“有道”系于人，均谓闻、成、得、有“道术”，非谓闻、成、得、有“道体”。若属后者，必为误用误解。○《老子》“道常无为，而无不为”，即谓本体论之道体。道体之“无为”，即无所亲疏，遍及万物；道体之“无不为”，即造化万物，主宰万物。《老子》“为道日损，损之又损，以至于无为，无为而无不为”，即谓认识论之道术。道术之“无为”，即“顺应天道”；道术之“无不为”，即“因循内德”（蕴涵“因应外境”）。得到道术，明于庄学三义，即达庄学至境。不明本体论“道体”、认识论“道术”之异，难明老、庄根本义，亦难明从属于根本义之推衍义。

[9] 袭：调和。气母：阴阳二气之母，即万物总德、始基、浑沌元气。义同“太极”。〇《老子》“一生二”，《易·系辞》“太极生两仪”。

[10] 维斗dǒu：北斗。忒tè：差错。〇维斗指北，日月相代，为天道遍在永在的二大显征。

[11] 堪坏：昆仑之神。

[12] 冯夷：黄河之神，又称“河伯”（《秋水》）。大川：黄河。

[13] 肩吾：泰山之神。已见《逍遥游》。

[14] 颛zhuān顼xū：五帝之一。玄宫：北方之宫。

[15] 禺yú强：北方之神。

[16] 西王母：西方之神。少广：神话山名。

[17] 彭祖：寿长八百。已见《逍遥游》、《齐物论》。有虞yú：虞舜。五伯：即“五霸”。

[18] 傅说yuè：殷高宗武丁之相。奄yǎn有：覆盖。

[19] 乘东维，骑箕jī尾，而比于列星：“乘↗游”句式之变文。〇《楚辞·远游》：“奇傅说之托辰星兮。”司马彪：“《星经》曰：傅说一星在尾上。”东方苍龙七宿，第六宿为尾，第七宿为箕。

【校勘】陆释：“崔本此下更有‘其生无父母，死登假，三年而形遁，此言神之无能名者也。’凡二十二字。”颇似注文，不补备考。

◎第七章第二节：认识论之“道”（道术）。神鬼神帝，生天生地；自古至今，无人能离。

●第七道论章：造化天道，遍在永在；真宰真君，自古固存。

下篇

八

南伯子葵问乎女偊曰[1]："子之年长矣，而色若孺子[2]，何也？"

曰："吾闻道矣。"[3]

南伯子葵曰："道可得学邪？"[4]

曰："恶！恶可！子非其人也[5]。夫卜梁倚有圣人之才而无圣人之道[6]，我有圣人之道而无圣人之才，吾欲以教之，庶几其果为圣人乎？不然。以圣人之道告圣人之才，亦易矣[7]。吾犹告而守之，叁日而后能外天下[8]；已外天下矣，吾又守之，七日而后能外物[9]；已外物矣，吾又守之，九日而后能外生[10]；已外生矣，而后能朝彻[11]；朝彻而后能见独[12]；见独而后能无古今[13]；无古今而后能入于不死不生[14]。故杀生者不死，生生者不生[15]。其为物，无不将也，无不迎也，无不毁也，无不成也[16]，其名为撄宁[17]。撄宁也者，撄而后成者也。"[18]

南伯子葵曰："子独恶乎闻之？"

曰："闻诸副墨之子[19]，副墨之子闻诸络诵之孙[20]，络诵之孙闻之瞻明[21]，瞻明闻之聂许[22]，聂许闻之需役[23]，需役闻之於讴[24]，於讴闻之玄冥[25]，玄冥闻之参寥[26]，参寥闻之拟始。"[27]

今译

南伯子葵问于女偊："你年事已长，然而容色一如婴儿，是何缘故？"

女偊说："我已得闻道术。"

南伯子葵说："我可否学习道术？"

女偊说："不！你不可以！你不是合适之人。卜梁倚有圣人的才具而无圣人的道术，我有圣人的道术而无圣人的才具，我想教他学习道术，他是否果真能够成为圣人呢？不是这样。以圣人的道术告诉圣人的才具，只是闻道容易，成道仍然不易。我告诉他之后仍要守护他，三天以后他方能丧忘天下；丧忘天下以后，我又守护他，七天以后他方能丧忘万物；丧忘万物以后，我又守护他，九天以后他方能丧忘生命；丧忘生命以后，方能一朝彻悟；一朝彻悟以后，方能洞见独立不改的道体；洞见独立不改的道体以后，方能丧忘古今；丧忘古今以后，方能与不死不生的道体同在。所以毁灭生命的道体不会毁灭，创造生命的道体不被创造。道体作用于万物，无一不送，无一不迎，无一不毁，无一不成，洞见独立不改的道体就能撄宁。所谓撄宁，就是不受外境撄扰而永远宁定，然后就能成就道术。"

南伯子葵问："你又如何得闻道术？"

女偊说："我得闻于辗转钞写的至文，辗转钞写的至文得闻于络绎口诵的至言，络绎口诵的至言得闻于亲见征象的澄明，亲见征象的澄明得闻于亲闻天籁的默许，亲闻天籁的默许得闻于必需躬行的力役，必需躬行的力役得闻于世代相传的歌谣，世代相传的歌谣得闻于玄幽冥漠的浑沌，玄幽冥漠的浑沌得闻于参合浑沌的寥一，参合浑沌的寥一得闻于宇宙之始的道无。"

校注

［1］南伯子葵：《齐物论》"南郭子綦"又一化身（《人间世》"南伯子綦"、《德充符》"伯昏无人"亦然）。"南"喻南溟，"伯"属四境排行隐喻，"葵"属四境动植范型，三重定位于"至知无知"的"至人"。○李颐、成疏误释"葵"为"綦"之字讹。

女偊yǔ：《逍遥游》"肌肤若冰雪，绰约若处子"的"藐姑射神人"之具象化，即《齐物论》"神偊"。"女"、"处子"均寓"知雄守雌"之义。定位于"至知无知"的"至人"。○陆释引一云误释"女偊"为"妇人"。《徐无鬼》魏武侯之臣“女商”，亦证“女偊”非妇人。

［2］子之年长zhǎng矣，而色若孺rú子：以身喻心，譬解葆全初始真德。《人间世》“与天为徒，人谓之童子”，《德充符》“葆始”。《老子》“能如婴儿乎”，“常德不离，复归于婴儿”，“含德之厚，比于赤子”。

［3］吾闻道矣：道，“道术”之略。义同“吾闻道术矣”。

【辨析十三】《大宗师》“吾闻道”之“道”，乃言认识论之“道术”，意为：吾闻天道遍在永在之真知，得闻信仰道体之道术。《知北游》“道不可闻，闻而非也；道不可见，见而非也；道不可言，言而非也”之“道”，乃言本体论之“道体”，意为：人类无法尽闻、尽见、尽言天道之全部，自居尽闻、尽见、尽言天道之全部者必非。旧多未明外杂篇非庄所撰，亦不明《大宗师》、《知北游》义理之异，妄斥庄子自相矛盾。

［4］道可得学邪：我可以学道术吗？“可”前省略“吾”，观下句“子非其人”即明。

［5］恶！恶可！子非其人也：你不是学习道术的合适之人（因为南伯子葵已是达道至人）。○旧多未明“道可得学邪”省略“吾”，以为庄子认为“道（术）不可学”，与下“卜梁倚”向女偊学习道术抵牾。

［6］卜梁倚：卜，占卜决定行止。梁，魏之别称（别于音同之“卫”）。倚，倚待（庙堂）。择魏而仕、倚待庙堂的宋人惠施之化身，定位于“大知”。

有圣人之才：有达于至境之大才。前射《齐物论》“惠子之据梧”、《德充符》“据梧而瞑”（梧为凤栖之树）。

无圣人之道：无达于至境之道术。前射《逍遥游》谓惠施“拙于用大”。

【辨析十四】庄子于惠施死后撰著内七篇，《逍遥游》“鲲化为鹏（凤）”的“大知”改宗范式，亦应用于故友惠施。《逍遥游》谓惠施倚待庙堂是“拙于用大”，《齐物论》谓惠施拔技为道是“非所明而明之”，《德充符》谓惠施“天选子之形，子以坚白鸣”，均属“积厚”渐变之中间过程。《大宗师》本章则对惠施之化身卜梁倚“息黥补劓”，使之善于用大，达于至境，鲲化为鹏（凤），凤栖于梧，从信奉人道改为信仰天道。

［7］“不然”三句：以圣人之道告圣人之才，使其闻道虽易，使其成道

仍难。乃谓“闻道易，成道难”。

［8］外天下：“外”，动词，超越、丧忘。成道第一阶。〇“成道”为“成就道术”之略，即成就对天道之绝对信仰。

【校勘】“告而守之”旧误倒为“守而告之”。闻一多、陈鼓应据下文两次重言“吾又守之”、成疏“今欲传告，犹自守之”校正。

［9］外物：成道第二阶。

［10］外生：成道第三阶。《老子》“外其身而身存”。

［11］朝zhāo彻：“彻”训通，通同达，达同至。一朝通达。成道第四阶。

［12］见独：“独”为“道”之变文，《老子》“（道）独立而不改，周行而不殆”。窥见天道。成道第五阶。〇此阶仍分“彼”（独）、“此”（见）。

［13］无古今：成道第六阶。

［14］入于不死不生：“不死不生”，“道”之变文。句谓“入于道”、与道合一。成道第七阶。〇此阶不分“彼”（道）、“此”（物）。

［15］故杀生者不死，生生者不生：“杀生者”、“生生者”均为“道”之变文。二句乃释上句“入于不死不生”即“入于道”，非谓成道者“不死不生”。〇《庄子》佚文：“生物者不生，化物者不化。”

【校勘】“杀生者”前旧脱“故”字。刘文典、王叔岷据《庄子阙误》引江南古藏本校补。

［16］其为物：道作用于万物。将：送。〇四句乃谓天道作用于万物，使之不断变化，客观上构成了对万物的撄扰。杨文会：“将、迎、毁、成，合四句为一‘撄’字。”

［17］撄yīng宁：撄，外境之撄扰。宁，内德之宁定。成道第八阶。

［18］撄而后成：拒绝撄扰直至死亡，而后方为大成。成道第九阶。〇一时“撄宁”，仅为小成。至死“撄宁”，方为大成。此下六章（九至十四），均演成道第九阶“撄而后成”。

【辨析十五】“成道九阶”前三阶，超越、丧忘空间（宇）。中三阶，超越、丧忘时间（宙）。后三阶，物我合一、古今合一、时空合一。经历九阶，达于至境：身形物化，心游造化。〇“九阶”之内证，见于下节“闻道九阶”。“九阶”之外证，既见于《寓言》学道九阶：“一年而野，二年而从，三年而通，四年而物，五年而人来，六年而鬼入，七年而天成，八年而不知死不知生，九年而大妙。”又见于《天道》王道九阶。

◎第八章第一节：譬解“成道九阶”。葆德达道，成就道术；永拒撄扰，至死大成。

［19］副墨之子：论道之文。闻道第一阶。○“闻道”即得闻道术，得闻对天道遍在永在万物之绝对信仰。

［20］络诵之孙：传道之言。闻道第二阶。○前二阶乃言间接闻道。

［21］瞻zhān明：目视心明（亲眼所见天道显证）。闻道第三阶。

［22］聂niè许：耳闻心许（亲耳所闻无声天籁）。闻道第四阶。

［23］需役：尚需力役（亲自践行所闻道术）。闻道第五阶。○中三阶乃言直接闻道。前五阶均属个体闻道。后四阶超越个体生命，追述“古之真人”之闻道。

［24］於wū讴ōu：於，摹状吟诵之声。讴，古传言道歌谣。闻道第六阶。

［25］玄冥：综合《老子》“玄之又玄”、“窈兮冥兮”。意为“幽玄混冥”（阴阳）。闻道第七阶。

［26］参寥：“参”即天地人“相参（叁）”，“寥”即《老子》“寂兮寥兮，独立不改”。意为“道一”（浑沌）。闻道第八阶。

［27］拟始：拟设假言的宇宙终极之始（道无），即“无极之外，复无极也”（《逍遥游》）的道极。《老子》“天下有始，以为天下母。既得其母，以知其子。既知其子，复守其母，没身不殆”。闻道第九阶。○郭象反注：“九重而后疑无是始也。”否定“道”之存在。

【辨析十六】本章先论“成就道术”之九阶，后论“得闻道术”之九阶，理由有二。其一，理论上，“为知”得闻道术，先于“为行”成就道术；实际上，得闻道术难以一时尽闻，成就道术难以瞬间大成。二者互相促进，故先论“为行”成就道术，后论“为知”得闻道术。其二，成就道术与否限于个体，始于个体之生，止于个体之死，故“成道九阶”顺时而下。得闻道术与否不限个体，上溯人类之始，极溯未有人类、未有天地的宇宙之始，故“闻道九阶”逆时而上。

◎第八章第二节：譬解“闻道九阶”。间接传闻，直接亲证；古今相传，道术至境。

●第八道术九阶章：成就道术，至死方休；得闻道术，遥达道体。

九

子祀、子舆、子犁、子来四人相与语曰[1]：“孰能以无为首，以生为脊，以死为尻？孰能知死生存亡之一体者[2]，吾与之友矣。”

四人相视而笑，莫逆于心，遂相与为友。

俄而子舆有病。

子祀往问之，曰：“伟哉！夫造物者将以子为此拘拘也？”[3]

曲偻发背，上有五管，颐隐于脐，肩高于顶，句赘指天[4]。阴阳之气，有沴其心；闲而无事，蹁跹而鉴于井[5]，曰：“嗟乎！夫造物者又将以予为此拘拘也？”

子祀曰：“汝恶之乎？”

曰：“亡。予何恶？浸假而化予之左臂以为卵，予因以求时夜；浸假而化予之右臂以为弹，予因以求鸮炙[6]；浸假而化予之尻以为轮，以神为马，予因以乘之，岂更驾哉[7]？且夫得者，时也；失者，顺也；安时而处顺，哀乐不能入也。此古之所谓悬解也[8]。而不能自解者，物有结之[9]。且夫物不胜天久矣[10]，吾又何恶焉？”

俄而子来有病，喘喘然将死，其妻、子环而泣之。

子犁往问之，曰：“叱！避！无怛化！”[11]倚其户与之语曰：“伟哉造化！又将奚以汝为？将奚以汝适？以汝为鼠肝乎？以汝

为虫臂乎?”[12]

子来曰:“父母于子,东西南北,唯命之从。阴阳于人,不啻于父母,彼近吾死而我不听,我则悍矣,彼何罪焉[13]?夫大块载我以形,劳我以生,佚我以老,息我以死。故善吾生者,乃所以善吾死也[14]。今大冶铸金[15],金踊跃曰:‘我且必为镆铘!’大冶必以为不祥之金。今一范人之形,而曰:‘人耳!人耳!’夫造化者必以为不祥之人[16]。特范人之形而犹喜之[17],若人之形者,万化而未始有极者也[18],弊而复新[19],其为乐可胜计邪[20]?今一以天地为大炉,以造化为大冶,恶乎往而不可哉[21]?成然寐[22],蘧然觉。”[23]发然汗出。[24]

今译

子祀、子舆、子犁、子来四人相互交谈:“谁能把道无视为头脑,把生命视为脊梁,把死亡视为屁股?谁能明白死生存亡同属一体,吾人与他就是朋友。”

四人相视而笑,莫逆于心,于是相互成为朋友。

不久子舆患病。

子祀前往慰问,说:“伟大啊!造物者竟能让你身形如此拘挛?”

子舆佝偻驼背,五脏脉管居上,脸颊埋于肚脐,肩膀高于头顶,发髻上指天空。阴阳元气,有所撄扰他的德心;他悠闲而若无其事,蹁跹而鉴照于井,说:“啊呀!造物者竟能让我身形如此拘挛?”

子祀问:“你厌恶如此吗?”

子舆说:“不。我为何厌恶?假如造物者把我的左臂逐渐物化为鸡蛋,我就用它孵出雄鸡;假如造物者把我的右臂逐渐物化为弹弓,我就用它射枭烤肉;假如造物者把我的屁股逐渐物化为车轮,把我的心神逐渐物化为骏马,我就因循其德驾乘马车,何须更换车驾?况且得生为人,则是时命;失生而死,则是顺化;安于时命而顺处物化,哀乐不能入于德心。这是古人所言的解除倒悬。而不能自解倒悬之人，是被外物有所结缚。况且道生之物永远不能战胜天道，我又何必厌恶物化而死?”

不久子来患病，喘气急迫即将死亡，他的妻儿环绕而哭泣。

子犁前往慰问，说:“嗨！让开！不要惧怕（造化主宰的）物化!”倚着门户对子来说:“伟大啊造化！又将把你物化为何物？又将带你何往？把你物化为老鼠的肝脏吗？把你物化为虫子的手臂吗?”

子来说:“儿子对于父母，不论前往东西南北，唯命是从。阴阳对于人类，更加高于父母，造化驱使我趋近死亡而我不听，我就过于倔犟了，造化又有何罪？大地承载我之身形，用生命让我劳苦，用衰老让我闲佚，用死亡让我休息。所以造化使我得到生命是善待我，使我趋近死亡也是善待我。如今大匠用陶范铸造青铜，青铜跃起大叫:‘必须把我范铸为镆铘!’大匠必将视为不祥之铜。如今我因一度曾被造化范铸为人形，就说:‘必须把我范铸为人！必须把我范铸为人!’造化必将视为不祥之人。岂能仅被造化范铸为人形才肯喜悦？类似人形的物类，千变万化而未有终极，旧形弊坏而复生新形，物化的快乐怎能算清？如今一旦把天地视为冶炼万物的大炉，把造化视为范铸万物的大匠，那么我被重新范铸为何物不可以呢？我将完成此生而物化睡寐，又将变易物形而新生觉醒。”(说毕）发出一身大汗。

校注

[1] 子祀sì：真道祀天，伪道祀人。

子輿:“接輿”变文。〇曾参、孟子均字“子輿”，但《寓言》贬斥曾参，外杂篇八斥“曾（参）史（鳍)”，下章“孟子反”寓意“反孟子”，故“子輿”不指曾参、孟子。

子犁：农耕仰赖天道，无须信奉人道。

子来：子来将“去”(死）而名“来”，前射《养生主》“适来，夫子时也；适去，夫子顺也”(下文子輿临死又变文重言)，意为物德原质不灭，去者必将复来。〇四“子”之名，前射《逍遥游》“藐姑射山四子”，均定位于

“至知无知”的“至人”。

[2] 孰shú：谁。尻kāo：臀部。

知死生存亡之一体：义同《德充符》“以死生为一条”、《天地》所引庄言“死生同状”。

【校勘】“能”字旧脱。王叔岷据成疏“谁能知是”、《初学记》一八、《太平御览》四○九引文均有“能”字校补。

◎第九章第一节：至人四子，相与为友；彻悟死生，道通为一。

[3]【校勘】“子”旧讹为“予”。车柱环、王叔岷据文义校正。

造物者：“道”之变文。义同下文“造化者”、“造化”。

【辨析十七】“道”、“造化”、“造物者”、“造化者”、“真宰”、“天籁”等庄学名相，与“造物主”、“上帝”位格相同，均属宇宙第一推动力，然而前属哲学，后属宗教。哲学之“道”，无人格，无意志，故“无为”而不赏善罚恶。宗教之“上帝”，有人格，有意志，故“有为”而赏善罚恶。

[4] 曲偻lǚ：曲身伛yǔ偻。五管：五脏脉管。

句gōu赘zhuì指天：义同《人间世》“会撮指天”。司马彪：“会撮，髻也。古者髻在项中，脊曲头低，故髻指天也。”○“曲偻发背”五句，略同《人间世》“颐隐于脐，肩高于顶，会撮指天，五管在上，两髀为胁。”

[5] 阴阳之气，有沴lì其心：沴，不和。阴阳不和而病，对子舆的德心构成撄扰。

闲而无事，蹁pián跹xiān而鉴于井：子舆的德心，拒绝撄扰而宁定。○四句上扣成道第八阶“撄宁”。

【校勘】“蹁跹”旧作“跰𨇤”。王念孙据崔譔本作“边鲜”校正：“‘边鲜’，与‘蹁跹’同。皆行不正之貌也。”

[6] 浸：逐渐。假：假如。

【校勘】“卵”旧讹为“鸡”。王先谦、王叔岷据《齐物论》“见卵而求时夜，见弹而求鸮炙”、《淮南子·说山训》“见弹而求鸮炙，见卵而求辰夜”校正。王先谦：“‘时夜’即鸡也，既化为鸡，何又云‘因以求鸡’！惟鸡出于卵，鸮出于弹，故因卵以求时夜，因弹以求鸮炙耳。”

[7]【辨析十八】子舆“浸假”三喻。前二喻为《齐物论》变文（《齐

物论》辨析四十），预伏第十三章之孔子最终改宗（孔子“积厚”渐变至此，已非“太早计”）。第三喻引申己名“子舆”之“舆”（马车），故假设自己死后所化之异物为“轮”、“马”、“乘”、“驾”。

［8］“且夫”数句：略同《养生主》“适来，夫子时也；适去，夫子顺也。安时而处顺，哀乐不能入也。古者谓是帝之悬解”。上扣成道第三阶“外生”、第七阶“入于不死不生”。

［9］而不能自解者，物有结之：二句反扣成道第二阶“外物”。

［10］物不胜天久矣：此句仅言真谛。上文第四章“天与人不相胜”，兼言真谛、俗谛。

◎第九章第二节：子舆有病，子祀问之；物化而死，帝之悬解。

［11］无怛化：怛dá，惧怕。化，（造化主宰的）物化，即死亡。不要惧怕（造化主宰的）物化，即不要怕死。反扣成道第二阶“外生”。

［12］造化：“道”之变文。主宰“物化”（《齐物论》）之力。

【辨析十九】“造化以汝为，以汝适，以汝为鼠肝，为虫臂”，即“造化”（道）主宰“物化”（德）。揭破“子来”之名的寓意，谓其必将“去”（旧死）而复“来”（新生）。

［13］不啻chì：不止。父母于子、阴阳于人：“子于父母”、“人于阴阳”之倒装。

阴阳、彼：造化。○郭象反注：“彼，谓死耳。”王叔岷驳正：“‘彼’谓造化也。郭注非。”

［14］大块：“道”之变文。《齐物论》“大块噫气”。○褚伯秀：“‘大块’本言地，此指造物。”

载我以形：天道赋我以形。据“大块”（地）而言，故不言“赋”而言“载”。

劳我以生，佚我以老，息我以死：《庄子》佚文“生乃徭役，死乃休息”。

【校勘】“夫大块载我以形”至“乃所以善吾死也”六句三十一字，旧重出于第六江湖章“夫藏舟于壑”前，隔断文义。王懋竑、马叙伦、陈鼓应删去彼处，保留此处，两处文义均可贯通。

［15］今大冶铸金：大冶，铸金匠（王先谦），譬解造化者。金，古指铜、青铜。

【校勘】“今”下旧衍“之”字。王孝鱼据世德堂本校删。

［16］镆mò铘yé：古良剑名。〇“今大冶铸金”至“夫造化者必以为不祥之人”诸句，上扣第五章“人之有所不得与”。铜必欲为镆铘，物必欲为人形，即视镆铘贵于凡剑，视人类贵于物类，故欲干预天道。因其未达齐一万物、物无贵贱、唯道至贵，故被庄子斥为“不祥之金”、“不祥之人”。

【校勘】范：旧作“犯”（下同），宣颖据《淮南子·俶真训》引文作“范”校正。

【辨析二十】“范”与下句之“铸”，合词“范铸”，即用陶范铸造青铜器。《逍遥游》“陶铸尧舜”，“陶”即“陶范”（用作动词）。庄子“造化”论，肯定“道”之存在，原文必作“范”，训“范铸”（宣颖、姚鼐、杨树达），谓造化范铸万物，万物生为何物，无权主动选择。郭象“独化”论，否定“道”之存在，故改“范”为“犯”，训“遇”（郭注），谓万物并非造化范铸，万物生为何物，乃是偶遇而成。庄义可通，郭义不可通。

［17］特范人之形而犹喜之：只有被范铸为人形才感喜悦。〇否定人类之“自是”，亦即否定“人类中心主义”。参看《齐物论》“无正处”、“无正味”、“无正色”。

［18］若人之形者，万化而未始有极者也：近于人形之物，千变万化未有终极。此承《齐物论》“无正处”、“无正味”、“无正色”，转言“无正形”。参看《逍遥游》“无极之外，复无极也”。

［19］弊而复新：旧物弊坏，复化新物。《齐物论》“其分也，成也；其成也，毁也。凡物无成与毁，复通为一”。

【校勘】“弊而复新”四字旧脱。王叔岷据《淮南子·俶真训》引文有“弊而复新”四字、郭注有“失于故”校补。〇《老子》“蔽（弊）而新成”、“弊则新”，虽与庄义小异，仍为庄有此文之旁证。

【辨析二一】庄义“弊而复新”，乃谓万物始基不灭，“气”不灭（今谓物质不灭），故旧物死亡，往生新物，异于佛义“轮回”。〇“物化”之渐化、突变、旧死、新生，均被“造化”主宰（今谓万物均被自然规律支配），人力无法干预。

［20］其为乐可胜计邪：不为人形，而为别物之形，其乐亦无穷。

【校勘】“特范人之形”至“其为乐可胜计邪”四句三十字（不含“弊而复新”四字），旧皆错简于第六江湖章“是恒物之大情也”下、“夫藏舟于壑”上，隔断第六章文义，移正于“不祥之人”下、“今一以天地为大炉”上，上下全通。○初版移于“乃所以善吾死也”下、“今大冶铸金”上，仍然欠通。修订版采王业云说，据《淮南子·俶真训》“一范人之形而犹喜，若人者，千变万化而未始有极也。弊而复新，其为乐也，可胜计邪”订正。

［21］往：死后往生新物。上扣（人死之后被造化重新范铸）“为时夜”、“为弹”、“为轮”、“为马”、“为鼠肝”、“为虫臂”。“天地与我并生，万物与我为一”（《齐物论》），死后往生为任何新物，均无不可。

［22］成然寐：视“毁”（旧死）为“成”（新生），视“死”（旧死）为“寐”（长眠）。前射《齐物论》“其分也，成也；其成也，毁也”。

［23］蘧qú然觉：蘧然，惊喜之貌（成疏），上扣“其为乐可胜计邪”。视“弊而复新”、化为别物（新生）为“觉”。

【辨析二二】《齐物论》“俄然觉，则蘧蘧然周也。……此之谓物化”，专释“物化”（《齐物论》附论）。《大宗师》“以造化为大冶……成然寐，蘧然觉”，专释“造化”。两篇共同阐明庄学根本义：“造化”主宰“物化”。四子皆明此义，均已“遥”达彼道。

［24］发然汗出：子来病重将死而勉力长言，故而发汗。

【校勘】“发然汗出”四字旧脱，据陆释引崔譔本、向秀本均有四字校补。向秀本既有四字，剽窃向注的郭象必见四字，足证郭象妄删四字。○子来即将“成然寐”（旧死），尚未“蘧然觉”（新生），故六字并非庄子客观陈述，而是子来之言（预言自己必将旧死新生）。郭象误断六字为庄子客观陈述，遂删“发然汗出”。

◎第九章第三节：子来有病，子犁问之；造化之命，人当顺从。

●第九造化四子章：“明死”三章之首章。四子悟道见独，造化主宰物化；彻悟生死物化，万化未始有极。

十

子桑户、孟子反、子琴张三人相与语曰[1]："孰能相与于无相与[2]，相为于无相为[3]？孰能登天游雾，挠眺无极[4]，相忘以生，无所终穷？"[5]

三人相视而笑，莫逆于心，遂相与为友。

莫然有间，而子桑户死，未葬。孔子闻之，使子贡往侍事焉[6]。或编曲，或鼓琴，相和而歌曰："嗟来桑户乎！嗟来桑户乎！尔已返其真[7]，而我犹为人猗！"[8]

子贡趋而进曰："敢问临尸而歌，礼乎？"[9]

二子相视而笑曰："是恶乎知礼意邪？"[10]

子贡返，以告孔子，曰："彼何人者邪？修行无有，而外其形骸，临尸而歌，颜色不变。无以命之，彼何人者邪？"

孔子曰："彼游方之外者也，而丘游方之内者也，外内不相及[11]。而丘使汝往吊之，丘则陋矣。彼方且与造物者为人[12]，而游乎天地之一气[13]。彼以生为附赘悬疣，以死为决肒溃痈[14]。夫若然者，又恶知死生先后之所在邪[15]？假于异物，托于同体[16]；忘其肝胆，遗其耳目[17]；返复终始，不知端倪[18]；茫然彷徨乎尘垢之外，逍遥乎无为之业。彼又恶能愦愦然为世俗之礼，以观众人之耳目哉？"

子贡曰："然则夫子何方之依？"

孔子曰："丘，天之戮民也[19]。虽然，吾与汝共之。"[20]

子贡曰："敢问其方？"

孔子曰："鱼相造乎水，人相造乎道[21]。相造乎水者，穿池而养给；相造乎道者，无事而性足[22]。故曰：鱼相忘乎江湖，

人相忘乎道术。”[23]

子贡曰：“敢问畸人？”[24]

曰：“畸人者，畸于人而侔于天[25]**。故曰：天之小人，人之君子；天之君子，人之小人也。”**[26]

今译

子桑户、孟子反、子琴张三人相互交谈：“谁能相互一致而无须刻意一致，相互帮助而无须刻意帮助？谁能登临天空遨游云雾，超越阻挠眺望无极，相忘江湖而生，不惧死亡而终？”

三人相视而笑，莫逆于心，于是相互成为朋友。

蓦然之间，子桑户死了，尚未安葬。孔子闻知，派遣子贡前往协理丧事。一子在唱歌，一子在弹琴，相和而歌曰：“哎呀桑户啊！哎呀桑户啊！你已返归天道真宰，而我们还要做人！”

子贡趋步进前说：“请问面对死尸唱歌，合乎丧礼吗？”

二子相视而笑说：“这人怎能明白礼之真意呢？”

子贡返回，告诉孔子，说：“他们是何等样人？不事修行，而置形骸于度外，面对死尸唱歌，神色不变。我无从命名他们，他们是何等样人？”

孔子说：“他们是游方之外的人，而我是游方之内的人，方外、方内其道不同。而我派你前往吊唁，我太浅陋啦。他们将要顺应造物者而做人，游心于天地的浑然一气。他们把生命视为多余赘疣，把死亡视为脓肿溃裂。如此之人，又怎会在乎死亡、生存、生前、身后寄寓于何种物形？他们身形假借于不同物类，德心寄托于同一道体；他们丧忘肝胆的表象之异，超越耳目的纷乱闻见；返归往复终始，不知极限的天道；不知其然地彷徨于尘俗之外，逍遥于无为之业。他们怎肯昏愦糊涂地盲从世俗礼仪，迎合众人的耳目观瞻？”

子贡问："那么夫子何所皈依？"

孔子说："我，是被天道刑戮德心之人。尽管如此，我愿与你共同皈依游方之外。"

子贡问："请问如何皈依游方之外？"

孔子说："鱼类相处于水，人类相处于道。相处于水的鱼类，穿行水池而颐养自给；相处于道的人类，无须治理而德性自足。所以说：鱼类相忘于江湖，人类相忘于道术。"

子贡说："请问何为畸人？"

孔子说："畸人，异于人道而符合天道。所以说：天道的小人，是人道的君子；天道的君子，是人道的小人。"

校注

［1］【校勘】"语"旧讹为"友"。林云铭、胡文英、日本金谷治、陈鼓应、方勇、陆永品据上章"四人相与语曰"校正。

子桑户：据《论语·雍也》"子桑伯子"虚构（胡致堂、朱熹、钱穆、王叔岷）。

孟子反：据《论语·雍也》"孟之反"（即《左传·哀公十一年》"孟之侧"）虚构。晦藏"反孟子"之义。

子琴张：据孔子弟子"琴张"虚构（马叙伦）。《左传·昭公二十年》载琴张往吊宗鲁，庄子反用于子贡往吊子桑户。《孟子·尽心》谓琴张为孔子弟子之"狂者"，庄子改编为临尸而歌者。

【辨析二三】三子定位于"至知无知"的"至人"。四子章、三子章、二子章，共计九子（隐喻道术九阶）。其中八子之名首字为"子"，唯有"孟子反"之名"子"字居中，乃因"子孟反"无法晦藏"反孟子"之义。《孟子·离娄》："养生者，不足以当大事，惟送死可以当大事。"本章以养生为大事，以送死为小事，正与"孟子"相"反"。〇孟子撰文七篇，稍后的庄子晚年著书亦撰文七篇，或亦隐寓"反孟子"之意。

［2］相与yǔ：相互一致。无相与：无须刻意一致。此即下文“莫逆于心”。

［3］相为wéi：相互帮助。无相为：无须刻意帮助。此即下文“相忘以生”。

［4］登天游雾，挠跳tiào无极：前射《逍遥游》“无极之外，复无极也”。

【校勘】“跳”旧作“挑”，义不可通。

［5］相忘以生，无所终穷：“相忘江湖”而生，“无怛化”而死。

◎第十章第一节：江湖三子，相与为友；相忘江湖，遥跳道极。

［6］蓦mò然：突然。

孔子：定位于“大知”。经过《齐物论》、《人间世》、《德充符》七寓言“积厚”渐变之铺垫，《大宗师》三寓言之孔子，均非实际孔子，均为真际孔子（庄学代言人）。故本章孔子自贬“天之戮民”、礼赞江湖道术。

子贡（前520—前450）：姓端木，名赐，字子贡，卫人。孔子弟子，小孔子三十一岁。定位于“小知”。

［7］嗟jiē来：叹词。尔已返其真：“真”谓造化“真宰”（《齐物论》），上扣第五章“而况其真乎”。

［8］而我犹为人猗yī：猗，助词，犹“兮”。此句上扣“泉涸，鱼相与处于陆”，前射“无适而非君”（《人间世》）。故为可悲。

［9］敢问临尸而歌，礼乎：子贡以迫使民众“处于陆”的庙堂礼教，责备二子。

［10］是恶乎知礼意邪：二子遂笑子贡不知庙堂礼教使民处陆之本质。

【校勘】“子”旧讹为“人”，“乎”、“邪”二字旧脱。刘文典、王叔岷据《文选》夏侯湛《东方朔画赞》注、《太平御览》五七一、《北堂书钞》一〇六引校正校补。

◎第十章第二节：子桑返真，二子放歌；子贡往吊，妄斥至人。

［11］游方之外、游方之内：方，“上下四方”之略语。义同“游于六合之内”、“游于六合之外”（《徐无鬼》）。〇“彼游方之外者也”三句，略同子产之言“天道远，人道迩，非所及也”（《左传·昭公十八年》）。可证《德充符》子产为孔子之替身。

［12］与造物者为人：与，合乎，引申为顺应。顺应天道而做人。又见《应帝王》。参看《天运》“与化为人”。〇王引之、王叔岷训“人”为“偶”，不合庄义“丧偶”(《齐物论》)。“道”高于“人”，不可相偶并列。

［13］游乎天地之一气：“游心于道”变文。〇《知北游》“故曰：通天下一气耳”，“故曰”似为暗引庄言。

［14］彼以生为附赘zhuì悬疣yóu，以死为决肒huàn溃痈yōng：上扣“相忘以生，无所终穷”。〇“肒”旧作“疣”huàn。王叔岷：“‘疣’正作‘肒’，犹‘疣’正作‘肬’。《说文》：‘肒，搔生创也。’”

［15］又恶知死生先后之所在邪：上扣“万化而未始有极者也，弊而复新”。

【校勘】“邪”字旧脱。王叔岷据《太平御览》七四〇引文校补。

［16］假于异物，托于同体：义同《齐物论》“凡物无成与毁，复通为一”。〇《知北游》“人之生，气之聚也；聚则为生，散则为死。故万物一也”。

［17］忘其肝胆：丧忘肝胆的表象之异，洞观万物的本质之同。前射《德充符》“自其异者视之，肝胆胡越也；自其同者视之，万物皆一也”。

遗其耳目：超越耳闻目见的纷乱表象。

［18］返复终始，不知端倪：端倪，极限。二句前射《齐物论》“道枢”、“环中”、“天均”、“天倪”(天极、道极)，均言造化天道往复终始，循环无极。《寓言》“始卒若环，莫得其伦，是谓天均。天均者，天倪也”。

［19］丘，天之戮lù民也：前射《德充符》无趾斥孔“天刑之，安可解”。刑、戮同训。“天刑”、“天戮”，均谓“天道心刑”(《养生主》辨析九“天人四刑”)。

［20］虽然，吾与汝共之：此扣子贡之问“夫子何方之依”，乃谓虽然我受天刑而“游方之内”，但我愿与你共同皈依“游方之外”。义同下文第十三章“丘也请从而后也”。〇郭象反注：“虽为世所桎梏，但为与汝共之耳。明己恒自在外也。”

［21］鱼相造乎水，人相造乎道：造，义同“造访”之“造”。相造，相遇。鱼喻人，水喻道。

［22］穿池而养给jǐ、无事而性足："养给"、"性足"对举。

【校勘】"性"旧作"生"。王先谦、王叔岷据成疏"性分静定"校正。《泰初》"神性不定"，"性"旧亦作"生"（吴汝纶、奚侗、马其昶、王叔岷校正）。○"足"旧讹为"定"（成疏本已讹），俞樾、王叔岷、陈鼓应据郭注"自足"、"常足"校正。

［23］道术：认识论之道术。详见上文辨析十二"道体↘道术"。参看《天下》辨析一"道术↘方术"。

鱼相忘乎江湖，人相忘乎道术：鱼喻人，江湖喻道术。上扣第三江湖章。

◎第十章第三节：孔子自贬天之戮民，褒扬江湖道术。

［24］畸jī人："真人"、"至人"之变文。○唯有孔子自贬为"游方之内"的"天之戮民"，又赞"游方之外"的"人之畸人"，子贡方能"敢问畸人"。此前孔赞"畸人"之言被删，文遂不连。

［25］畸于人：异于人。侔móu于天：达于天。侔，相等。

畸于人而侔于天：义同《德充符》"有人之形，无人之情"。《齐物论》天道、人道"两行"，《列御寇》所引庄言"古之至人，天而不人"。

［26］"天之小人"四句：应用《逍遥游》价值颠倒范式"天之香椿"="人之臭樗"。

【校勘】后八字"天"、"人"旧误倒，与前八字重复。奚侗、王先谦、王叔岷、陈鼓应据成疏"天之君子"、《文选》旧钞本江淹《杂体诗》注引后八字作"天之君子，民之小人"校正。

【辨析二四】本章孔子自贬"天之戮民"，礼赞"江湖道术"，贬斥庙堂伪道之价值颠倒，是为孔子"积厚"渐变、由鲲化鹏（凤）之又一环，预伏第十三章之孔子最终"改宗"。

◎第十章第四节：天之小人，人之君子；天之君子，人之小人。

●第十江湖三子章："明死"三章之次章。庙堂伪道，价值颠倒；孔赞畸人，向往天道。

十一

颜回问仲尼曰[1]："孟孙才其母死[2]，哭泣无涕，中心不戚，居丧不哀[3]。无是三者，以善处丧盖鲁国。固有无其实而得其名者乎？回壹怪之。"

仲尼曰："夫孟孙氏尽之矣，进于知矣[4]。唯简之而不得，夫已有所简矣[5]。孟孙氏不知所以生，不知所以死；不知孰先，不知孰后[6]。若化为物，以待其所不知之化已乎[7]？且方将化，恶知不化哉？方将不化，恶知已化哉[8]？吾特与汝，其梦未始觉者邪[9]？且彼有骇形而无损心，有怛宅而无耗精[10]。孟孙氏特觉，人哭亦哭，是自其所以宜也[11]，相与吾之耳矣[12]。庸讵知吾所谓吾之非吾乎[13]？且汝梦为鸟而唳乎天，梦为鱼而没于渊[14]，不识今之言者，其觉者乎？其梦者乎[15]？造适不及笑，献笑不及排[16]。去排而安化[17]，乃入于寥天一。"

今译

颜回问仲尼说："孟孙才在母亲死亡以后，哭泣没有眼泪，内心没有伤悲，居丧没有哀容。三者皆无，却以善于处置丧事名冠鲁国。确有无其实而得其名之事吗？我一直奇怪此事。"

仲尼说："孟孙氏尽其心意了，胜于人道之知。仅因不能彻底简化丧礼，只好略有简化。孟孙氏不知万物为何有生，不知万物为何有死；不知万物何者居先，不知万物何者居后。你既被造化赋形为物，岂非唯有静待不可预知的物化吗？况且正在物化渐死之物，怎能知晓自己不会物化而死？暂时不死的新生之物，怎能知晓自己正在物化趋死？我与你，只是尚未大觉的梦中之人吧？而孟孙氏身形虽有惊骇而德心并未亏损，身宅虽有惊惧而精神并未耗散。孟孙氏独获大觉，所以众人哭泣他也哭泣，这是他尊重俗情的权宜，敷衍吾人之俗耳。怎能知晓吾人所言吾人其实并非吾人？再说你梦为飞鸟则鸣于天空，梦为游鱼则潜入深渊，不知如今非议孟孙的你，究竟是已获大觉者？抑或是陷溺大梦者？相遇安适来不及发笑，真心发笑来不及排练。摈去排练而安于造化，方能入于寥廓道一。”

校注

［1］颜回：定位于“小知”。已见《人间世》。仲尼：定位于“大知”。

［2］孟孙才：庶长之“孟”，与嫡长之“伯”位格相同，四境排行隐喻定位于“至知无知”的“至人”。

【辨析二五】孟孙，复姓，鲁国公族。鲁桓公后裔孟孙氏、叔孙氏、季孙氏，合称“三桓”。前498年，鲁国司寇孔子欲堕“三桓”之都，叔孙氏、季孙氏从之，孟孙氏不从，导致孔子次年去鲁流亡十四年（前497—前484）。本章孔子赞扬孟孙才，是为孔子“积厚”渐变、由鲲化鹏（凤）之最后一环，预伏第十三章之孔子最终“改宗”。

［3］哭泣无涕，中心不戚，居丧不哀：与孟子“颜色之戚，哭泣之哀，吊者大悦”（《孟子·滕文公》）相“反”，此亦可证上章“孟子反”隐寓“反孟子”之义。又邹、鲁相邻，邹人孟轲之先祖，即鲁国公族孟孙氏，此亦可证本章“孟孙氏”隐寓深意。

［4］孟孙氏尽之矣，进于知：“尽之”上扣章首“知人”，“进于知”上扣章首“知天”。《养生主》“所好者道也，进乎技矣”。

［5］唯简之而不得，夫已有所简矣：义同《养生主》秦佚于老聃丧礼“三号而出”。参看《至乐》“庄子妻死，鼓盆而歌”。

【辨析二六】《论语·雍也》：“仲弓问子桑伯子。子曰：‘可也，简。’仲弓曰：‘居敬而行简，以临其民，不亦可乎？居简而行简，无乃太简乎？’”“子桑伯子”已变文为上章之“子桑户”，其对庙堂礼教之删繁就简，则移用于本章之孟孙才。

［6］“不知所以生”四句：上扣第九章“知死生存亡之一体”。

【校勘】两“孰”字旧皆讹为“就”。林云铭、闻一多、王叔岷、陈鼓应据上章“恶知死生先后之所在”校正。

［7］以待其所不知之化：旧死之后，唯有等待自己不知的物化新生。承上第九章谓人死之后“弊而复新”，被造化重新范铸“为时夜”、“为弹”、“为轮”、“为马”、“为鼠肝”、“为虫臂”。

［8］“且方将化”四句：分用“物化”之广义、狭义。广义：万物之永恒渐化。狭义：渐化导致的突变死亡。

且方将化，恶知不化哉：前“化”用广义“永恒渐化”，后“化”用狭义“突变死亡”。句义：况且正在物化渐死之物，怎能知道自己不会物化而死？

方将不化，恶知已化哉：前“化”用狭义“突变死亡”，后“化”用广义“永恒渐化”。句义：暂时不死的新生之物，怎能知道自己正在物化趋死？

［9］吾特与汝，其梦未始觉者邪：前射《齐物论》长梧斥孔章“丘也与汝（鸜鹊子）皆梦也”，再证《齐物论》之虚构孔子弟子“鸜鹊子”，即《人间世》、《大宗师》颜回之化身。

［10］骇形、怛dá宅：互文。损心、耗精：互文。怛，惊惧。宅，身形。

“彼有”二句：母亲之死，孟孙才身形有所惊骇，德心无所亏损。

【校勘】“怛”旧讹为“旦”，“耗精”旧讹为“死情”，又倒为“情死”。刘师培、奚侗、刘文典、王叔岷据陆释引李颐本“旦”作“怛”、崔譔本“旦”作“靼”、《淮南子·精神训》“情死”作“耗精”校正。

［11］人哭亦哭：义同《养生主》秦佚“三号而出”。

是自其所以宜也：孟孙才自认为此已相宜。

【校勘】“宜”旧离为“乃且”二字，导致旧多误断为“是自其所以乃，且也相与吾之耳矣”，义不可通。据郭注“人哭亦哭，正自是其所宜也”、成疏“人哭亦哭，自是顺物之宜者也”、林希逸所见数本“乃且”合为“宜”字校正。〇林希逸：“数本以上句‘乃’字与下句‘且’字合为‘宜’，良可笑也。”数本仍存郭本、成本之旧，林笑实非。

［12］相与吾之耳：（孟孙氏“人哭亦哭”乃是）敷衍吾人之俗耳。此扣上章：“彼又恶能愦愦然为世俗之礼，以观众人之耳目哉？”未觉者之耳

目，已被伪道俗见“黥劓”、“雕琢”，见他人临丧假哭则悦（如孟子之“吊者大悦”），见他人临丧不哭则不悦（如本章之颜回）。孟孙氏认为不值得真当回事，稍加敷衍即可。○旧多以“耳”为虚字，句不可通，义亦不可通。

［13］庸讵知吾所谓吾之非吾乎：怎能知晓吾人是否真是吾人？句谓吾人并非真人，都是假人。

【校勘】“非吾”二字旧脱，义不可通。刘文典、王叔岷、朱桂曜、陈鼓应据成疏“庸讵知吾之所谓无处非吾”校补。

［14］【校勘】“唳”旧作“厉”。王先谦、王叔岷据《诗经·小雅·四月》“翰飞戾天”校正为“戾”。○王先谦训“戾”为“至”，王叔岷训“戾”为“近”，义均难通。“戾”通“唳”，训鸟鸣。“唳”lì、“没”mò对举，均为动词。

［15］今之言者：如今正在非议孟孙才的颜回。

其觉者乎？其梦者乎：“梦/觉”之辨。上扣“孟孙氏特觉”。

［16］造适不及笑，献笑不及排：相遇安适来不及欢笑，自适欲笑来不及安排。

【辨析二七】颜回仅问“哭”。上文孔子亦仅言“哭”，至此转言“笑”，意在突破寓言语境之囿，阐明至人非仅简化丧礼，而是简化一切人道礼教。○真人不迎合伪道俗见而刻意排练，“自适其适”而真哭真笑。假人迎合伪道俗见而刻意排练，“适人之适”而假哭假笑。《渔父》：“强悲者虽哭不哀，强怒者虽严不威，强亲者虽笑不和。”

［17］去排而安化：真人“去排而安化”，假人“安排而去化”。○《列御寇》“圣人安其所安，不安其所不安；众人安其所不安，不安其所安”。

【校勘】郭象篡改“去排而安化”为“安排而去化”，证见郭注以“安于推移”释“安排”，以“与化俱去”释“去化”。本书复原。○郭象版之“安排”，与上句“不及排”抵牾。郭象版之“去化”，尤悖庄义，而合郭义。

●第十一孟孙处丧章：“明死”三章之末章。真人信仰天道，去排安化；假人信奉人道，安排去化。

【辨析二八】明死三章，隐驳孔子之言“未知生，焉知死？”（《论语·先进》)，申论“未知死，焉知生”。死为人生第一恐惧，不能明死，必不达道，不明造化主宰物化，必定不知天、不知人。明死三章之后，下章譬解“息黥补劓”而达道。

十二

鷾鸸子见许由。[1]

许由曰:“尧何以资汝?”

鷾鸸子曰:“尧谓我:‘汝必躬服仁义，而明言是非。’”

许由曰:“尔奚来为只[2]? 夫尧既黥汝以仁义，而劓汝以是非矣[3]，汝将何以游夫遥荡恣睢转徙之途乎?”[4]

鷾鸸子曰:“虽然，吾愿游于其藩。”[5]

许由曰:“不然。夫盲者无以与乎眉目颜色之好，瞽者无以与乎青黄黼黻之观。”[6]

鷾鸸子曰:“夫无庄之失其美，据梁之失其力，黄帝之亡其知，皆在炉锤之间耳[7]。庸讵知夫造物者之不息我黥而补我劓[8]，使我乘成以随先生邪?”[9]

许由曰:“噫！未可知也！我为汝言其大略[10]：吾师乎！吾师乎[11]！齑万物而不为义，泽及万世而不为仁[12]；长于上古而不为老[13]，覆载天地、刻雕众形而不为巧[14]。此所游矣。”[15]

今译

鷾鸸子拜见许由。

许由问:“唐尧对你有何教导?”

鷾鸸子说:“唐尧教导我:‘你必须躬行服膺仁义，而且明确判断是非。’”

许由说:“那你何必来见我? 唐尧已用仁义雕琢了你，又用是非阉割了你，你将凭什么遨游于逍遥自适、物化无尽的造化通途?”

鷾鸸子说："尽管如此，我愿意悠游于天道之域。"

许由说："不行。盲人无法与之分享眉目容色的美好，瞎子无法与之同赏青黄黼黻的奇观。"

鷾鸸子说："无庄得闻道术以后不再自居其美，据梁得闻道术以后不再自居其力，黄帝得闻道术以后不再自居其知，都是造化大炉锤炼所致。怎能认定造物者不能消除我受到的雕琢，修补我受到的阉割，让我乘上成道之车而追随先生呢？"

许由说："唉！或许不无可能！我为你言说道术大略吧：天道吾师啊！天道吾师啊！粉碎万物而不以为义，泽被万世而不以为仁；年长于上古而不以为老，覆天载地、雕刻万类而不以为巧。这就是德心遨游的至境。"

校注

[1]【校勘】"鷾鸸子"旧作"意而子"，据《山木》"鷾鸸"校正。

鷾yì鸸ér：燕子（《山木》陆释、王夫之）。

鷾鸸子：燕子之人格化，四境动植范型定位于"小知"。○李颐释为"贤士"，成疏释为"古之贤人"，陈鼓应释为"假托的寓言人物"，均不确切。王夫之："意而子：燕子名鷾鸸。殆谓其傍人门户。"甚确。

许由：定位于"至知无知"的"至人"。已见《逍遥游》尧让许由章，本篇再次贬斥唐尧之有为人道。

[2]【校勘】"只"旧作"轵"zhǐ。王引之校正："《说文》：'只，语已词也。'字亦作'轵'。"

[3]黥汝以仁义，而劓汝以是非：黥qíng，刺面之刑。劓yì，割鼻之刑。借用人道身刑，譬解人道心刑（《养生主》辨析九"天人四刑"）。

[4]遥荡："遥"达彼道。义同上文"登假于道"、"挠眺无极"。

恣zì睢suī：义同上文"以德为循"、"自适其适"。《山木》"猖狂妄行"承之。

转徙xǐ："物化"变文。义同上文"万化而未始有极，弊而复新"。

途："道"之变文。义同上文"造化"。

［5］游于其藩 fān：义同“游心于道”之藩。○王叔岷据《人间世》“入游其樊”，妄言“樊”与“藩”同。《人间世》“入游其樊”乃谓“游方之内”，“其”指人道之术，“樊”指樊笼，证见《养生主》“不祈畜乎樊中”。本章“游于其藩”乃谓“游方之外”，“其”指天道之体，“藩”指边界。

［6］黼 fǔ 黻 fú：白与黑为黼，青与赤为黻（陆释引《周礼》）。古代礼服所绣华美花纹。○“盲”、“瞽”二句，略同《逍遥游》“瞽者无以与乎文章之观，聋者无以与乎钟鼓之声”。

［7］炉锤之间：上扣“以天地为大炉，以造化为大冶”。○美人无庄“失其美”，力士据梁“失其力”，大知黄帝“亡其知”，非不再有美、有力、有知，而是自“道”己德，致无其美、其力、其知，愈增其美、其力、其知。

［8］息我黥而补我劓：去除人道鼓吹的后天伪德，复返天道所赋的先天真德。义同《应帝王》“雕琢复朴”。参看《山木》“既雕既琢，复归于朴”，《缮性》“返其情性而复其初”，《泰初》“性修返德，德至同于初”。○本章既是《大宗师》之点题章，也是内七篇之核心章。“息黥补劓”，即从信奉人道改为信仰天道，预伏下章孔子、颜回之最终“改宗”。

［9］乘成、随先生：“乘”、“随”义同，“成”、“先生”义同。上扣“与有足者至于丘”，前射《德充符》“彼（至人）且择日而登假，人则从是也”。○乘上道术大成的至人之车，从而“遥”达彼道，是“乘物以游心”的至高“乘物”。

［10］噫 yī：叹词。

我为汝言其大略：我为你假言道体之大略。《田子方》“尝为汝议乎其将”，《知北游》“将为汝言其崖略”。○至人虽有认识论之道术，难以尽知本体论之道体，所以至人许由只能假言道体之大略。

［11］吾师：本体论之道体。点《大宗师》之题。上扣第五章“以天为父”。《则阳》“圣人以天为师”承之。○众人以人为师、以君为父，乃是“无有为有”（以无师为有师），“谁独且无师乎？愚者与有焉”（《齐物论》）。至人以道为师、“以天为父”，方有真师。欲闻道术之人，不囿人师之言，独待天道宗师。

［12］齑 jī 万物而不为义，泽及万世而不为仁：齑，捣碎，引申为毁灭，

上扣“炉锤”。二句揭示天道、人道之“两行”(《齐物论》)：天道尽毁万物（物无不毁）而不自居为义，泽及万世而不自居为仁。人道祸害万物却自居为义，戕贼万世却自居为仁。

［13］长于上古而不为老：此句已见第七道论章。“以重言为真”(《天下》概括内七篇)，揭破许言“吾师”即天道。

［14］覆载天地、刻雕众形而不为巧：句谓庙堂人道不能覆载天地、雕刻万类，却自居为巧。前射《德充符》无趾斥孔：“夫天无不覆，地无不载，吾以夫子为天地，安知夫子之犹若是也?”参看《盗跖》斥孔“巧伪人”、“诈巧虚伪”。

［15］此所游矣：人难尽知天道，仅能“游心于道”，即绝对信仰，不断趋近。

【辨析二九】本章小知“鷾鸸子”之成长，应用《逍遥游》“鱼卵成长为鲲”的“小知”成长范式。《逍遥游》标举“四境动植范型”之后，《齐物论》“瞿鹊子”、《大宗师》“鷾鸸子”是以小鸟隐喻“小知”的仅有二例，均为颜回化身，均经至知“长梧子”、“许由”息黥补劓而改宗。《德充符》喻孔为凤（鹏），是以大鸟隐喻“大知”的仅有一例，则经《齐物论》、《人间世》、《德充符》、《大宗师》孔子九章之“积厚”渐变，直至下章由真际颜回对实际孔子“息黥补劓”，完成大知“孔子”的最终改宗。

●第十二息黥补劓章：点题章。驾乘成道至人，趋近天道真师；息黥补劓，弃伪返真。

十三

颜回曰：“回益矣。”

仲尼曰：“何谓也?”

曰：“回忘礼乐矣。”[1]

曰：“可矣，犹未也。”

他日复见曰：“回益矣。”

曰："何谓也？"

曰："回忘仁义矣。"

曰："可矣，犹未也。"

他日复见曰："回益矣。"

曰："何谓也？"

曰："回坐忘矣。"

仲尼蹴然曰："何谓坐忘？"

颜回曰："堕其肢体，黜其聪明[2]；离形去知，同于大通[3]。此谓坐忘。"[4]

仲尼曰："同则无好也，化则无常也[5]。尔果其贤乎？丘也请从而后也。"[6]

今译

颜回说："我进益了。"

仲尼说："有何进益？"

颜回说："我丧忘礼乐了。"

仲尼说："很好，仍然不够。"

不久颜回又进见说："我又进益了。"

仲尼说："又有何进益？"

颜回说："我丧忘仁义了。"

仲尼说："很好，仍然不够。"

不久颜回又进见说："我又进益了。"

仲尼说："又有何进益？"

颜回说："我坐忘了。"

仲尼吃惊说："何为坐忘？"

颜回说："丧忘肢体，贬黜聪明；离弃身形而摈去心知，德心玄同天道。此为坐忘。"

仲尼说："德心玄同天道就无所偏好，顺应造化做人就无所拘执。你果真如此贤明吗？请允许我追随于后。”

校注

［1］回益矣、回忘礼乐矣：“忘”同“损”，与“益”相对。以“损”为“益”，取义于《老子》。为知于天道，是“为道日损”（四十八章），“损之而益”（四十二章）。为知于人道，是“为学日益”（四十八章），“益之而损”（四十二章）。

【校勘】“回忘礼乐”与下文“回忘仁义”互倒。刘文典、王叔岷、陈鼓应据《淮南子·道应训》引文先言“忘礼乐”、后言“忘仁义”校正。〇王叔岷：“道家以‘礼乐’为‘仁义’之次。礼乐，外也。仁义，内也。忘外以及内，以至于‘坐忘’。若先言‘忘仁义’，则乖厥旨矣。”

［2］堕duò其肢体，黜chù其聪明：义同《齐物论》“形如槁木，心如死灰”。〇或谓“堕”通“隳”，训毁坏，悖于庄义“保身”。《养生主》主张养心为养生之主，养身为养生之次。“堕肢体”仅谓养心重于养身，非谓毁身。

【校勘】二“其”旧脱。王叔岷据《鹖冠子·学问篇》陆注校补。《在宥》“堕尔形体，黜尔聪明”，可为旁证。

［3］离形去知：“离形”即“堕其肢体”，“去知”即“黜其聪明”。〇“坐忘”四句，前三句二分一总，均言自“道”己德；末句“同于大通”，专言“遥”达彼道。

［4］坐忘：义同《逍遥游》“无己”、《齐物论》“丧我”、“寓诸无”、《人间世》“心斋”、本篇上文“不雄成”、“不自得”，其义均为自“道”己德（“葆光”二义之后义）。

【辨析三十】道家价值序列：“道↘德↘仁↘义↘礼↘乐”。丧忘“仁义礼乐”之后，仅余“道德”，为何仍谓“犹未”？因为“葆德”（“葆光”二义之前义）之后，尚须自“道”己德（“葆光”二义之后义），方能“遥”达彼道。“遥”达彼道，又无止境，必须“知止其所不知”（《齐物论》），“外于心知”（《人间世》），“一知之所不知”（《德充符》），“以其知之所知，以养其知之所不知……黜其聪明，离形去知”(《大宗师》)，彻悟道难尽知，达至“至知忘知”，方为至人。

［5］同则无好，化则无常：二句演绎颜言末句“同于大通”。前句演绎颜言“同”。知万物齐同，则对万物无所偏爱。后句演绎颜言“大通”，侧重略异。颜言“大通”谓“造化”，侧重于物德之质，齐同于道。孔言“化则无常”兼谓“造化”与“造化”主宰之“物化”，侧重于物德之量，无常不齐。万物之“物化”，有生有死，变化无常。主宰“物化”之“造化”，无生无死，永恒常存。

［6］丘请从而后：孔子表示愿意跟随颜回，鄙弃庙堂人道，皈依江湖天道。

【辨析三一】《逍遥游》“鱼卵成长为鲲”的“小知”成长范式，应用于颜回（替身鷾鸸子、鸜鹊子、颜成子游、啮缺）等“小知”。《逍遥游》“鲲化为鹏（凤）”的“大知”改宗范式，应用于孔子（替身蘧伯玉、子产）、惠施（化身卜梁倚）等“大知”，又应用于文惠君、卫灵公、齐桓公等君主。庄子通过寓言，虚构了大知孔子、小知颜回的自息自补、互息互补。《齐物论》长梧斥孔，斥其未能“凤栖于梧”。《人间世》孔子三章，譬解孔子明于“方内”俗谛，因而接舆喻孔为凤。《德充符》孔子三章，譬解孔子昧于“方外”真谛，因而无趾斥孔未至。《大宗师》孔子三章，譬解孔子自悟明于“方内”俗谛、昧于“方外”真谛。本章为内七篇之孔子最后出场，经过四篇十寓言的“积厚”渐变，孔子终于由渐而顿，鲲化为鹏（凤），凤栖于梧，完成改宗。

●第十三坐忘人道章：内七篇之孔子结局章。孔子改宗，皈依天道；鲲化为鹏，凤栖于梧。

十四

子舆与子桑为友[1]，而霖雨十日。

子舆曰：“子桑殆病矣！”裹饭而往食之。

至子桑之门，则若歌若哭，鼓琴曰："父邪！母邪！天乎！人乎！"有不任其声，而趋举其诗焉。[2]

子舆入曰："子之歌诗，何故若是？"[3]

曰："吾思夫使我至此极者而弗得也[4]。父母岂欲吾贫哉[5]？天无私覆，地无私载，天地岂私贫我哉[6]？求其为之者而不得也[7]，然而至此极者，命也夫！"

今译

子舆与子桑互为德友，而雨连下十天。

子舆说："子桑大概病了吧！"裹上饭食，前往看望子桑。

到了子桑门前，便听见子桑如歌如哭，鼓琴而歌："父啊！母啊！天啊！人啊！"子桑似乎不能掌控其声，而是急促吟哦诗句。

子舆进屋说："你之诵诗，为何如此？"

子桑说："我思索是谁使我生命将终却未能尽得天道。父母岂愿使我物德贫薄？上天无私地覆盖万物，大地无私地承载万物，天地岂愿使我物德贫薄？寻求使我物德贫薄者而不得，然而我生命将终却未能尽得天道，岂非天命！"

校注

[1] 子舆：已见第九章。子桑："子桑户"变文。○"子桑户"已于第十章死去，本章闪回补述子桑临终场景。

【校勘】"为"字旧脱。王叔岷据《白孔六帖》七、《古今事文类聚》续集一六、《古今合璧事类备要》四五引校补。

[2] 不任：不能胜任。○崔譔："不任其声，憊也。趋举其诗，无音曲也。"

[3] 子之歌诗：歌，动词，吟唱。诗，名词。

[4] 此极：个体生命之极（死亡），末句"此极"义同。弗得：未能尽

得天道。

［5］吾贫：吾之物德贫薄（故不能尽得天道）。○《大宗师》通篇言道，末章不可能言物质财富之贫，乃言德心之贫。

［6］“天无私覆”三句：天道并非单使子桑之物德贫薄不能尽得天道，而是道生万物均难尽得天道，因为“德”低于“道”。

［7］求其为之者而不得：找不到使我物德贫薄、不能尽得天道的原因。

【辨析三二】本篇末章以至人子桑终生自“道”己德，业已“遥”达彼道（第十章“尔已返其真”），然而至死致无其知，不敢自矜尽知天道，譬解第二章“古之真人，不雄成，不自得”，演绎第八章“撄而后成”（成道第九阶），阐明人难尽知天道，“无极之外，复无极也”（《逍遥游》）。

●第十四道极二子章：自“道”己德，“遥”达彼道；求道无极，至死方休。

【附论】

《大宗师》是前五篇的总结之篇。

上篇卮言七章，结构井然有序（详见上篇校注）。

下篇寓言七章，先以第八道术九阶章，譬解第七道论章。继以明死三章（九、十、十一），譬解达道必先明死。继以第十二息黥补劓章，譬解鄙弃人道方能达于天道。再继以第十三坐忘人道章，虚构孔、颜互息互补，鄙弃人道而改宗天道。最后以第十四道极二子章，譬解至人达于道术，永不自矜尽知天道。

下篇寓言七章，同样结构井然，既合本篇通篇结构，又合内七篇总体结构，决非随机任意排列。

应帝王

题解

魏牟版初始本、刘安版大全本、郭象版删残本和古今《庄子》一切版本，“内篇众家并同”（陆序），《应帝王》均为内篇第七。本书把庄子亲撰的《应帝王》1086字，复原于魏牟版内篇第七。校正郭象篡改和历代讹误：补脱文2字，删衍文4字，订讹文9字，厘正误倒2处。

庄撰《应帝王》，篇名读作：应yìng帝之王。应，训顺应、因应，非训应yīng该。“帝”、“王”二字，不可连读。“帝”指天道，“王”指“王德之人”（外篇《天地》所引庄言）、“素王”（外篇《天道》）。篇名读法之本篇内证：全文七章，前六章五见“王”而未见“帝”，第七章三见“帝”而未见“王”。篇名读法之异篇外证：《养生主》“帝之悬解”，“帝”指天道。《齐物论》“王倪”、《德充符》“王骀”，“王”均指“王德之人”。

庄子之时，“王”是人的顶级名相，“帝”不可用于人。然而庄子之时，“人王”僭称“天帝”已露端倪。前288年秦昭王、齐湣王僭称“西帝”、“东帝”，旋即失败。

后于庄子的荀况，始创“帝王术”，韩非、李斯学之，进献秦王嬴政。近人王闿运亦治“帝王术”，杨度学之，进献总统袁世凯。古今士人所治“帝王术”，均非“自为帝王之术”（此为灭族之罪），均为“使王称帝之术”，无不进献于尚未称“帝”之人，从不进献于业已称“帝”之人。荀况“帝王术”之“帝王”，同于鲁仲连“义不帝秦”之“帝秦”，“帝”均为动词，“王”、“秦”（秦王）均为名词，均不连读为名词。

庄子殁后六十五年（前221），李斯运用学于荀况的“使王称帝之术”，帮助韩非信徒秦王嬴政以“人王”僭称“天帝”，终获成功。

郭象反注：“夫无心而任乎自化者，应为帝王也。”误训“应”为“应该”，又以“人王”成功僭称“天帝”以后的悖道史实，倒释“人王”僭称“天帝”之前的顺道文本，错误连读“帝王”为名词，全反庄义。

“应帝之王”，兼寓二义：第一义，顺应真帝（天道真宰）的王德之人。第二义，因应假帝（人道假宰）的王德之人。第五章核心寓言，至人壶子寓第一义，寓言情节寓第二义。第六章点题卮言，“无为名尸”至“亦虚而已”寓第一义，“至人之用心若镜，不将不迎，应而不藏，故能胜物而不伤”寓第二义。

全文可分七章，寓言六章，卮言一章。

前四章之四寓言，分别阐明道家价值序列“道↘德↘仁↘义”，贬斥庙堂伪道之“仁义=道德”。

第五章之巫相壶子寓言，是本篇核心寓言。完整阐明“既其文”的“闻道”之后，如何“既其实”地付诸“成道”实践。首篇《逍遥游》预伏的内七篇最大悬案列子“犹有所待”，至此抵达大结局。

第六章为卮言章，阐明终极至人论。

第七章之浑沌寓言，是内七篇的收尾总寓言，回应内七篇的开篇总寓言“鲲化为鹏”。

《应帝王》是《大宗师》总摄为知“丧我”而“闻道”、为行“存吾”而“成道”之后，猛烈批判庙堂伪道的庄学“政论”之篇。

一

啮缺问于王倪[1]，四问而四不知[2]。啮缺因跃而大喜，行以告蒲衣子。[3]

蒲衣子曰："尔乃今知之乎？有虞氏不及泰氏[4]。有虞氏，其犹臧仁以要人[5]，亦得人矣，而未始出于非人[6]。泰氏，其卧徐徐，其觉盱盱[7]；一以己为马，一以己为牛[8]；其知情信[9]，其德甚真[10]，而未始入于非人。"[11]

今译

啮缺问道于王倪，四问而四不知。啮缺因而雀跃大喜，前去转告蒲衣子。

蒲衣子说："你如今明白了吗？虞舜不及伏羲。虞舜，他仍然希望褒奖仁以约束民众，也得到了民众拥戴，然而动机尚非出于非议真人。伏羲，他寝卧之时悠闲安宁，醒觉之时逍遥自适；一时以为自己是马，一时以为自己是牛；其知真实可信，其德甚为纯真，因而没有入于非议真人的危险。"

校注

［1］啮niè缺：被伪道啃啮，真德有缺。已见《齐物论》，定位于"小知"。

王倪："天倪"（天极、道极）之变文，道极之人格化，定位于"至知无知"的"至人"。王，"王德之人"（《天地》所引庄言）。倪，极。已见《齐物论》。

［2］四问而四不知：前射《齐物论》。

［3］蒲衣子：蒲草地衣之人格化，四境动植范型定位于"至知无知"的"至人"。

［4］有虞yú氏：虞舜，儒墨鼓吹的"五帝"之一。泰氏：太昊伏羲。道家推崇的"三皇"之首。○庄子反对把专用于天神的"帝"号僭用于俗君，故作"有虞氏不及泰氏"，不作"五帝不及三皇"。

［5］有虞氏，其犹臧仁以要人：臧zāng，褒奖。虞舜褒奖仁，意在要求、约束民众，即"黥劓"（《大宗师》）、"雕琢"（下文）民众之真德，"以仁义易其性"（《骈拇》）。○《德充符》贬斥大知小知"求名自要"（为了求名而自我黥劓）。

【校勘】"臧"旧讹为"藏"。王叔岷据成疏一本、陆释一本、简文本、道藏成疏本、褚伯秀本、赵谏议本、《高士传》多本皆作"臧"校正。

［6］未始出于非人：非，动词，非议。虞舜褒奖仁，动机尚非出于非议真人（效果则是非议真人，故不及伏羲）。○后世俗君褒奖仁，动机即为非议真人，因而直接惩罚真人（《养生主》右师、《德充符》三兀者皆然）。

参看《天运》"黄帝之治天下，使民心一；民有其亲死不哭，而民不非也。尧之治天下，使民心亲；民有为其亲杀其服，而民不非也"。

［7］徐徐：安稳貌（司马彪）。盱盱xū：张目（《说文》），视无智巧貌（高诱）。

【校勘】"盱盱"旧作"于于"。王念孙、王叔岷据《盗跖》"卧则居居（倨倨），起则于于（盱盱）"、《淮南子·览冥训》"卧倨倨，兴眄眄（盱盱）"校正。

［8］一以己为马，一以己为牛：褒扬伏羲之世万物齐一，人兽不分。义同《马蹄》："至德之世，同与禽兽居，族与万物并，恶乎知君子小人哉？"

【辨析一】成疏："或马或牛，随人呼召。"乃是牵扯于《天道》"子呼我牛也而谓之牛，呼我马也而谓之马"。《天道》老聃所言牛马二句，针对士成绮妄斥老聃"非圣人"、"不仁"，老聃坦然受之，义同"举世非之不加沮"（《逍遥游》）、"以可不可为一贯"（《德充符》），异于本章之义。

［9］其知情信："情信"为《大宗师》"有情有信"之略语。○天道"有情有信"，真知合于天道，故亦"有情有信"。人道"所待未定"（《大宗师》），假知合于人道，故亦"所言未定"（《齐物论》）。

［10］其德甚真：天道分施的先天真德。《老子》"其德乃真"。○民众的先天真德，被庙堂伪道"黥劓"、"雕琢"之后，遂成后天伪德。

［11］未始入于非人：伏羲崇尚道德，没有入于非议真人之域的危险（虞舜有此危险）。

●第一俗王臧仁章：俗王臧仁，崇尚伪道；失德后仁，民失真德。

二

肩吾见狂接舆。[1]

狂接舆曰："日中始何以语汝？"[2]

肩吾曰："告我：'君人者以己出经式义[3]**，庶民孰敢不听而化诸？'"**[4]

狂接舆曰:"是欺德也[5]! 其于治天下也,犹涉海凿河而使蚊负山也[6]。夫圣人之治也,治外乎?正而后行,确乎能其事者而已矣[7]。且鸟高飞以避矰弋之害,鼷鼠深穴乎神丘之下以避熏凿之患[8],尔曾二虫之无知!"[9]

今译

肩吾拜见佯狂的接舆。

佯狂的接舆问:"日中始对你有何教诲?"

肩吾说:"教诲我说:'君临众人者以己意颁布法令、规定正义,庶民谁敢不听而接受教化?'"

佯狂的接舆说:"这是欺骗民众的伪德!如此治理天下,犹如入海凿河而使蚊背山。圣人治理天下,是治理外物吗?自正己生而后躬行天道,仅做确实力所能及之事而止。况且小鸟尚知高飞以躲避弓矢网罗之害,鼷鼠尚知深挖洞穴于神丘之下以躲避烟熏挖掘之患,你竟比鸟鼠二虫还要无知!"

校注

[1] 肩吾:已见《逍遥游》、《大宗师》。

狂接舆:《逍遥游》、《德充符》作"接舆"。狂,佯狂装疯。接舆直斥孔子"德衰",兼斥"今之从政者",故佯狂避祸。

[2] 日中始:虚构俗君。泛指(崇"仁"虞舜以降的)崇"义"俗王。

【辨析二】《逍遥游》之唐尧,尚推戴许由为"日月",自贬"爝火","自视缺然"。至《齐物论》之虞舜,则面谀唐尧为"德之进乎日者"。至《应帝王》之尧舜以降俗王,则自居"日中始",自命替天行道,悍然"代大匠斫"。庄子以此譬解俗君僭主日益悖道。○内七篇四见虚构俗君:《齐物论》"狙公",《养生主》"文惠君",《应帝王》"日中始"、"神巫季咸"。外杂篇无一虚构俗君,此亦外杂篇非庄所撰之一证。

[3] 君人者以己出经式义:俗王以己意颁布法令、规定正义。参看《管

仲》“是以一人之断制利天下，譬之犹一瞥也”。○“式义”上承“臧仁”。

【辨析三】“仁”训爱，“义”训杀。虞舜崇“仁”，尚出于爱，唯不知崇“仁”必定降至崇“义”，不知崇尚仁爱必定降至崇尚嗜杀。后世俗王崇“义”，已非出于仁爱，而是出于嗜杀，仅是自饰嗜杀即为仁爱、正义。《大宗师》褒扬天道“齑万物而不为义”，即斥人道“齑万物而自居义”。○庄子贬斥庙堂伪道违背天道而规定的“役人之役、适人之适”伪“正义”。参看《齐物论》“忘义”，《人间世》“以义誉之，不亦远乎”，《大宗师》“忘仁义”、“自适其适”，《至乐》“义设于适”。

［4］庶民孰敢不听而化诸：庙堂以刑名二教劫持民众，民众不敢不服从伪道“黥劓”、“雕琢”之“教化”。

【校勘】“庶”旧讹为“度”，“民”旧避李世民讳而改为“人”。刘文典、王叔岷据成疏“四方氓庶”（“氓”亦避“民”之讳）、《庄子阙误》引张君房本作“以己出经式义，庶民孰敢不听而化诸”校正。○因“庶”讹为“度”、“民”改为“人”，旧多错误连读“经式义度”，误断为：“君人者以己出经式义度，人孰敢不听而化诸?”上章贬斥虞舜“臧仁”，本章贬斥后世俗君“式义”之清晰义理递进，遂难辨识。

［5］欺德：欺民之德，伪德。反扣上章“其德甚真”。

［6］“其于治天下也”二句：贬斥庙堂伪道整治天下。“涉海凿河”斥其徒劳无功。“使蚊负山”斥其不自量力。

［7］正而后行：前射《德充符》“（至人）幸能正生，以正众生”。

确乎能其事者而已矣：自治是“能其事”，治人是“涉海凿河”、“使蚊负山”。

［8］矰zēng弋yì：拴绳射鸟的短箭。鼷xī鼠：小鼠。熏xūn凿záo：熏烟凿洞（灭鼠）。

“鸟”、“鼠”二句：人类欲治鸟鼠，鸟鼠尚知避害免患；俗君欲治民众，民众岂能不知避害免患?故俗君欲治民众，必定劳而无功。不知治民必定劳而无功，故比二虫还要无知。

［9］尔曾二虫之无知：前射《逍遥游》“之二虫又何知”。

●第二俗王式义章：俗王式义，崇尚伪德；失仁后义，强暴庶民。

三

无根游于殷阳，至蓼水之上，适遭无名人，而问焉[1]，曰："请问为天下？"[2]

无名人曰："去！汝鄙人也。何问之不豫也[3]？予方将与造物者为人，厌则又乘夫莽渺之鸟，以出六极之外，而游无何有之乡，以处圹埌之野[4]。汝又何暇以治天下感予之心为？"[5]

又复问。

无名人曰："汝游心于淡，合气于漠[6]，顺物自然而无容私焉[7]，而天下治矣。"

今译

无根漫游殷阳，来到蓼河岸边，恰好遇见无名人而问："请问如何有为于天下？"

无名人说："去！你这鄙陋之人。为何问出令人不快的问题？我正要顺应造物者而做人，做够以后就驾乘莽渺之鸟，飞出六合之外，遨游于无何有之乡，静处于空旷无垠之野。你怎么有空用治理天下撄扰我的德心？"

无根又问。

无名人说："你只须遨游德心于恬淡，冥合神气于浑沌，顺从万物之自然而不存偏私之心，而后天下就得到治理了。"

校注

[1] 无根：虚构人物，定位于"小知"。

【校勘】"无"旧讹为"天"，形近而讹。"无根"方为小知"鄙人"，"天根"则为"至知无知"的"至人"。

殷阳：虚构地名，殷地之阳（南），隐指宋国。蓼liǎo水：淮河支流，流经宋国。

无名人：前射《逍遥游》"圣人无名"，定位于"至知无知"的"至人"。○"殷阳"、"蓼水"双扣庄子母邦宋国。"无名人"当属庄子于末篇的化身出场。

［2］为天下：有为于天下。

［3］豫：同"愉"。参看《德充符》"使之和豫"。

［4］乘夫莽渺之鸟……游无何有之乡：第五次"乘↗游"句式。○《逍遥游》大鹏"且适南溟"，《应帝王》乘莽渺之鸟"游无何有之乡"，既证"莽渺之鸟"即大鹏，又证"南溟"、"无何有之乡"异名同实，均为"道"之变文。

圹kuàng埌làng之野：圹、埌均训坟墓，圹为雅言，埌为方言。扬雄《方言》："秦晋谓冢曰埌。"意为无人之野。参看《逍遥游》"广漠之野"。

［5］治天下：针对无根所言"为天下"。贬斥庙堂伪道以"为天下"之名，行"治天下"之实。

【校勘】"叚"（暇）xiá旧讹为"帠"yì。孙诒让、朱桂曜、王叔岷校正。○《在宥》"吾又何暇治天下哉"，《泰初》"尔何暇治天下乎"。

［6］游心于淡：游心于道体（道无）。合气于漠：漠，通寞。合气于浑沌（道有）。

［7］顺物自然而无容私焉：《达生》"从水之道而不为私焉"承之。参看《天地》所引庄言"不拘一世之利以为己私分"，《寓言》贬斥庙堂伪道"劝公以其私"，《徐无鬼》贬斥"君独为万乘之主，以苦一国之民，以养耳目鼻口"。○内七篇二见"自然"：《德充符》"常因自然而不益生"，《应帝王》本句。其义均为"自道而然"，郭注"自己而然"全反庄义。

●第三素王明德章：失道丧德，无根乃治；帝道王德，归根不治。

四

阳子居见老聃曰[1]："有人于此，响疾强梁[2]，物彻疏明[3]，

学道不倦[4]。如是者可比明王乎?”

老聃曰:“是於圣人也[5]? 胥易技系[6],劳形怵心者也[7]。且也虎豹之文来畋,猿狙之便来藉[8],如是者可比明王乎?”

阳子居蹴然曰:“敢问明王之治?”

老聃曰:“明王之治,功盖天下,而似不自己[9];化贷万物,而民弗恃[10];有莫举名,使物自喜[11];立乎不测,而游于无有者也。”[12]

今译

阳子居拜见老聃说:“有人在此,反应迅疾,强壮有力,通彻明物,学道不倦。如此之人,可否视为圣明之王?”

老聃说:“这算什么圣人?胥吏容易心系末技,这是劳苦身形而惊扰德心之人。况且虎豹的斑纹招来猎杀,猿猴的便捷招来捕捉,如此之人可以比于圣明之王吗?”

阳子居惭惶地问:“请问圣明之王如何治理天下?”

老聃说:“圣明之王治理天下,功绩覆盖天下,而似并非自己之功;化育施及万物,而民众无须倚待;有些民众不知其名,听任万物自喜;而他立足于深不可测的道极,遨游于无有形迹的道体。”

校注

[1] 阳子居:阳扣杨,子居扣朱。隐指杨朱。○杨朱(约前395—约前335),战国中期魏人。

老聃:已见《养生主》、《德充符》。○老聃先于孔子(前551—前479),杨朱略先孟子、庄子,必非老聃亲传弟子,当属老聃数传弟子。此为人真事虚的寓言。

[2] 响疾:应“声”为“响”。反应迅疾,即“聪明”。《大宗师》“黜其聪明”。

强梁：强挺脊梁。《老子》“强梁者不得其死”。

［3］物彻疏明：彻，疏，明，均训通。《大宗师》“乐通物，非圣人也”。

［4］学道不倦：所学庙堂人道，实属“方术”，并非“道术”（《天下》辨析一），故下文老聃斥之为“技”（《养生主》辨析五）。

［5］於wū：通“乌”，反问否定。

［6］胥xū：胥吏。易：容易。技系：心系于技。反扣《养生主》“所好者道也，进乎技矣”。

［7］劳形：劳累身形。前射《齐物论》“（狙公）劳神明为一”。

怵chù心：惊骇德心。反扣《大宗师》“彼（至人）有骇形而无损心”。

［8］虎豹之文来畋tián，猿狙之便来藉jí：来，招来。畋，畋猎。藉，系缚。参看《人间世》“文木”、“材之患”，《逍遥游》“中于机辟，死于网罟”。

【校勘】“猿狙之便”下，旧衍“执斄之狗”四字。奚侗、王叔岷、陈鼓应据《淮南子》之《缪称训》、《诠言训》及《说林训》引文均无四字校删。

［9］功盖天下，而似不自己：义本《老子》“功成而弗居”。

［10］化贷万物：贷，施也（《说文》）。义本《老子》“夫惟道，善贷且成”。

而民弗恃：义本《老子》“圣人为而不恃，长而不宰”。○《老子》本言君主“不恃”，庄子转言民众“弗恃”。彼此不恃，即彼此无待。郭象反注：“天下若无明王，则莫能自得。令之自得，实明王之功也。”自曝郭义之“自得”，实为俗君恩赐之假“自得”。

［11］有莫举名，使物自喜：义本《老子》“太上，不知有之。功成事遂，百姓皆谓‘我自然’。”

【辨析四】韩非本、王弼本《老子》作“太上，下知有之”，孙矿、马叙伦、朱谦之据元吴澄本、明焦竑本均作“不”校正。“下知有之”，与“功成事遂，百姓皆谓‘我自然’”抵牾。本篇“有莫举名”，义同《管仲》“圣人并包天地，泽及天下，而不知其谁氏”。意为明王无为不治，百姓不知俗王之名，均证《老子》原文必作“不知有之”。老义“不知有之”主张虚君无为，故法家韩非、儒家王弼均改“不”为“下”。

［12］立乎不测，而游于无有者也：不测、无有，均为“道”之变文。

《秋水》“沦于不测”，《宇泰定》“万物出乎无有”。明王乃是立于道极、游心道体之至人。

●第四明王顺道章：不知有之，明王无为；尧舜以降，暗王有为。

五

郑有神巫曰季咸[1]，知人之死生存亡、祸福寿夭[2]，期以岁月旬日若神[3]。郑人见之，皆弃而走。[4]

列子见之而心醉[5]，归以告壶子曰[6]:“始吾以夫子之道为至矣，则又有至焉者矣。”[7]

壶子曰:“吾与汝既其文，未既其实[8]。尔固得道欤[9]？众雄而无雌，尔又奚卵焉[10]？尔以道与世抗，必信，夫故使人得而相汝[11]。尝试与来，以予示之。”[12]

明日，列子与之见壶子。

出而谓列子曰:“嘻！子之先生死矣，弗活矣，不可以旬数矣[13]。吾见怪焉，见湿灰焉。”[14]

列子入，泣涕沾襟以告壶子。

壶子曰:“向吾示之以地文，萌乎不震不止[15]。是殆见吾杜德机也[16]。尝又与来。”

明日，又与之见壶子。

出而谓列子曰:“幸矣！子之先生遇我也[17]。有瘳矣，痊然有生矣[18]。吾见其杜权矣。”[19]

列子入，以告壶子。

壶子曰:“向吾示之以天壤[20]，名实不入[21]，而机发于踵[22]。是殆见吾善者机也[23]。尝又与来。”

明日，又与之见壶子。

出而谓列子曰:“子之先生不斋，吾无得而相焉。试斋，且复相之。”[24]

列子入，以告壶子。

壶子曰："向吾示之以太冲莫朕[25]。是殆见吾衡气机也[26]。鲵桓之渖为渊[27]，止水之渖为渊[28]，流水之渖为渊[29]。渊有九名，此处三焉[30]。尝又与来。"

明日，又与之见壶子。

立未定，自失而走。

壶子曰："追之！"

列子追之不及，返以报壶子曰："已灭矣，已失矣，吾弗及矣。"

壶子曰："向吾示之以未始出吾宗[31]。吾与之虚而委蛇，不知其谁何，因以为递靡，因以为波流，故逃也。"[32]

然后列子自以为未始学而归[33]。三年不出[34]，为其妻爨[35]，食豕如食人[36]，于事无与亲[37]。雕琢复朴[38]，块然独以其形立[39]。纷然而封哉[40]，一以是终。[41]

今译

郑国有位神巫名叫季咸，能够预知他人的死生存亡、祸福寿夭，精确到年月旬日而灵验如神。郑国民众看见他，无不避开逃走。

列子见了他却心醉神迷，回去告诉壶子："原先我以为夫子的道术已达至境，没想到又有达至更高之境的人。"

壶子说："我已对你穷尽了道术的理论，尚未穷尽道术的实践。你难道以为尽得道术了？像众人一样自雄而不知守雌，你又怎能孵出成道之蛋？你以得道自雄而与世俗相抗，必有征象外显，所以使季咸得以看透你。你尝试请季咸来，我为你演示一下。"

明天，列子请季咸来为壶子看相。

季咸出来对列子说："嘻嘻！你的先生快死了，活不成了，不会超过十天。我看见了怪相，看见了湿透的死灰。"

列子进去，泣涕沾襟地转告壶子。

壶子说："刚才我对他示以大地之象，此象的符征是不动不静。他大概以为我的物德生机业已杜息。你请他明天再来。"

第二天，列子又请季咸来为壶子看相。

季咸出来对列子说："幸运啊！你的先生遇到我。有救了，已有痊愈新生之象。我看见堵塞的生机已有变化。"

列子进去，转告壶子。

壶子说："刚才我对他示以天地之象，此象的符征是致无名实，而生机发自脚踵。他大概以为我的物德生机已有好转。你请他明天再来。"

第三天，列子又请季咸来为壶子看相。

季咸出来对列子说："你的先生未曾斋戒，我无法为他看相。请他斋戒，我再为他看相。"

列子进去，转告壶子。

壶子说："刚才我对他示以冲虚无征的道有之象。他大概看见我的先天元气与后天生机均衡静止。鲸鲵盘桓的水域是一处渊海，止水所处的水域也是一处渊海，流水所处的水域又是一处渊海。天下渊海共有九处，这是其中三处。你请他明天再来。"

第四天，列子又请季咸来为壶子看相。

季咸尚未站定，惊慌失措地转身逃跑。

壶子说："快去追他！"

列子追之不及，回来报告壶子说："他没影了，我看不见了，没能追上。"

壶子说："刚才我对他示以万物所宗的道无之象。我与季咸推移屈伸，季咸不知给谁看相，于是仅见递嬗变幻之象，于是仅见水波流动之象，所以只能逃走。"

此后列子自知学道未成而回家。三年不出家门，为妻子添柴做饭，养猪如同育人，对事不分亲疏。息补雕琢复归纯朴，如同土块一样独立于天地之间。自我封闭于纷乱俗世之外，一直如此直到终其天年。

校注

［1］神巫季咸：“巫咸”之变文，隐喻庙堂俗王。巫咸，上古神巫。首见《尚书·君奭》，后世或谓炎帝、黄帝时人，或谓尧臣、殷臣，均非战国郑人。庄子将“巫咸”变文为“神巫季咸”，“神”字反讽其非神，实为伪神。“季”字则以四境排行隐喻定位于“无知”。

［2］知人之死生存亡、祸福寿夭：表层义，季咸相法精湛。深层义，隐喻俗王嗜杀，主宰民众死生存亡、祸福寿夭。〇本章自始至终，以被相者因应相师（表层义），双关素王因应俗王（深层义）。旧皆仅知表层义，未明深层义，遂使本篇核心寓言与篇旨完全无关。

［3］期以岁月旬日若神：表层义，季咸相法如神。深层义，隐喻俗王僭居为神而“代大匠斫”，命你今日死，不得明日生。

［4］郑人见之，皆弃而走：表层义，郑人恶闻死期。深层义，郑人皆避庙堂刑教。

［5］列子：战国初期郑人，老聃弟子关尹之弟子。已见《逍遥游》，定位于“犹有所待”的“大知”。

见之而心醉：表层义，列子心醉季咸，视为有道。深层义，列子心醉俗王，视为有道。

［6］壶子：列子之师关尹之化身。壶卢（葫芦）之人格化，四境动植范型定位于“至知无知”的“至人”。即篇名“应帝王”之“王”，“王德之人”（《天地》所引庄言），江湖“素王”。〇前射《逍遥游》象征至人的“大瓠”。“壶”、“瓠”音义全同。

［7］始吾以夫子之道为至矣，则又有至焉者矣：二句双扣“至”。表层义，列子以为壶子之道不如季咸之道，未达至境。深层义，列子以为江湖素王之道不如庙堂俗王之道，未达至境。〇列子此误，前射《逍遥游》“彼（列子）于致福者，未数数然也”、“犹有所待”。

［8］吾与汝既其文，未既其实：文，同“名”，与“实”对举。列子业已尽闻道术之理论，尚未尽知道术之实践。

［9］得道：尽得道术。此扣上句。

［10］众雄而无雌，尔又奚卵焉：卵，动词，雌鸡孵蛋。列子一如众人之“雄成”，雄鸡不能孵蛋，故未孵出成道之蛋。

【校勘】“雄”、“雌”二字旧误倒。王叔岷据《淮南子·览冥训》校正。《老子》“知其雄，守其雌”，《大宗师》“古之真人，不雄成，不自得”，均证原文必作“众雄而无雌”。

［11］尔以道与世抗，必信：信，兼训“伸”（外荡）。列子以“雄成”、“自得”之心与世相抗，真德外荡外显。

夫故使人得而相xiàng汝：故使季咸易于相之。列子不知自己像众人一样真德外荡外显，导致季咸易于相之，反视季咸为“至人”。

［12］尝试与来，以予示之：壶子原本“善刀而藏之”（《养生主》）、“才全而德不形，内葆之而外不荡”（《德充符》），为助列子“既其实”，不得已而演示道术至境之实践。

◎第五章第一节：季咸俗王，列子心醉；壶子素王，列子心疑。

［13］“子之先生死矣”三句：表层义，季咸相出壶子将死。深层义，俗王对素王发出死亡威胁，迫其就范。

【校勘】“可”字旧脱。刘文典、王叔岷据《太平御览》八七一、《列子·黄帝》校补。

［14］湿灰：表层义，季咸看见火灭灰湿之征象。深层义，前射《齐物论》南郭子綦（壶子化身）“心如死灰”（心如止水）。

［15］向吾示之以地文，萌乎不震不止：地为阴，阴则静，故曰“不震”。心如流水者，佯装心如止水，方须强止。壶子心如止水，无须强止，故曰“不止”。

【校勘】郭象篡改“止”为“正”。俞樾、王叔岷据陆释引崔譔本、《庄子阙误》引江南古藏本、《列子·黄帝》引文作“不止”、张湛引向秀注作“不自止”校正。〇郭窃向注，而郭注把向注“不自止”改为“不自正”，可证郭改原文，自圆反注。

［16］杜：杜绝。德机：物德之生机。

◎第五章第二节：初示地相，阴静入死；素王守雌，俗王雄成。

［17］幸矣！子之先生遇我也：表层义，相师无不自诩能够禳ráng解

灾祸。深层义，俗王无不自诩握有生杀予夺之权柄。

［18］有瘳chōu矣，痊然有生矣：瘳、痊，互文同训，病愈。表层义，相师自诩禳解灾祸成功。深层义，俗王自诩民众之生存权由其“恩赐”。

【校勘】“痊”旧作“全”。王叔岷校正。

［19］杜权：前之杜塞生机，今已发生变化。

［20］向吾示之以天壤：天为阳，阳则动。壤，“地”之变文。〇前示“地文”（地之象），此示“天壤”（天地合象）。

［21］名实不入：表层义，壶子示以天地大全之象，令季咸无法看清自己之本相（却误以为看清）。深层义，素王对俗王的威胁、恩宠均不接受。

［22］机发于踵：前射《大宗师》“天机”、“真人之息以踵”。真人天机甚深，其息至踵，故可天机发于脚踵，阳动生于阴静。

［23］是殆见吾善者机也：表层义，他大概看见了我所示的生机。深层义，“其嗜欲深者，其天机浅”（《大宗师》）的俗王，迷惑于素王所示之象（自诩看清）。

◎第五章第三节：二示天相，阳动复生；素王不矜，俗王自得。

［24］“子之先生不斋”四句：表层义，被相者心不诚，相师遂谓无法相之。深层义，“相”双关“卿相”，俗王以卿相之位、庙堂富贵，诱引士人“畜乎樊中”（《养生主》）。〇《曹商》、《秋水》均言庄子拒楚聘相。《天运》所引庄言“至贵，国爵摒焉；至富，国财摒焉；至显，名誉摒焉”，《天道》所引庄言“天下奋柄，而不与之偕”。《史记》则谓庄子“王公大人不能器之”。

【校勘】郭象篡改二“齋”（斋）为“齊”（齐），证见郭注“一之”、“玄同”。本书据陆释一本、王元泽本、《列子·黄帝》均作“斋”复原。〇俞樾、王叔岷误据郭注，以为原文作“齐”，义不可通。旧之校勘，多类于此，遂致庄文越校越伪，越校越合郭义。

［25］向吾示之以太冲莫朕：“冲气以为和”（《老子》），没有征象。

【校勘】“向吾”旧误倒为“吾向”。王叔岷、陈鼓应据《列子·黄帝》作“向吾”、本章上下三处均作“向吾”校正。〇郭象篡改“朕”为“勝”（胜），证见郭注“胜负”。刘辰翁、俞樾、王先谦、刘文典、王叔岷据《列子·黄帝》作“朕”校正。

［26］是殆见吾衡气机：气，先天浑沌元气。机，后天物德天机。表层义，他大概看见了我所示的阴阳均衡之象。深层义，素王“才全而德不形”（《德充符》）的“葆光”（《齐物论》）、“全生”（《养生主》）、“全德”（《德充符》）之象，超出了俗王的理解范围。

［27］鲵ní桓huán之渖shěn为渊：渖，同“瀋”，深水。渊，大海，前射《齐物论》“注焉而不满，酌焉而不竭，而不知其所由来，此之谓葆光”。譬解庄学宗旨“顺应天道”。〇“鲵”为“鲸鲵”之缩略。“鲸”为《逍遥游》“鲲”所取象。

【校勘】“瀋”（渖）旧讹为“潘”或“审”（下同）。奚侗校正：“‘瀋’，缺宀则为‘潘’，缺水则为‘审’。”

［28］止水之渖为渊：譬解庄学真谛“因循内德”。自适己德，心如止水。

［29］流水之渖为渊：譬解庄学俗谛“因应外境”。外境纷扰，动如流水。〇壶子以三“渊”对列子小结前三次所示之象，譬解庄学三义。

［30］渊有九名，此处三焉：由于四应巫相演示庄学四境，所以虽以“九渊”之名譬解“道术九阶”（《大宗师》），仅举其三。〇蔺撰《达生》另拟“觞深之渊”，魏撰《外物》另拟“宰路之渊”，魏撰《让王》另拟“清泠之渊”。张湛伪撰之《列子·黄帝》，全钞《应帝王》巫相壶子寓言，又增益另外六渊之名：“鲵旋之渖为渊，止水之渖为渊，流水之渖为渊，滥水之渖为渊，沃水之渖为渊，氿水之渖为渊，雍水之渖为渊，汧水之渖为渊，肥水之渖为渊，是为九渊焉。”旧多不知《列子》为东晋张湛伪撰，误以为《庄子·应帝王》仅举其三的“九渊”之名，源于《列子·黄帝》全举的“九渊”之名。

◎第五章第四节：三示人相，天地均衡；素王道通，俗王技穷。

［31］吾宗：“道”之变文。前射《大宗师》“吾师”。

［32］虚而委wēi蛇yí、递靡mí、波流：因应悖道外境之要旨。《外物》所引庄言“观今之世，夫孰能不波”。

【校勘】“递”旧作“弟”，字通。

【辨析五】壶子四应季咸，演绎庄学四境，为列子“既其实”，演示“顺应天帝的王德之人”（篇名之义），如何战胜违背天道的俗君僭主。壶子因应季咸之总原则，即自“道”己德、“支离其德”（《人间世》）、“善刀而藏之”（《养生主》）、“才全而德不形，内葆之而外不荡”（《德充符》）。○郭象以“应为帝王”反注本篇篇名，无法解释本篇核心寓言之壶子、季咸，何人“应为帝王”。

◎第五章第五节：四示无相，道生万物；素王完胜，俗王完败。

［33］列子自以为未始学而归：列子已“既其文”，故无须留于壶子之处。欲“既其实”，则为归家以后的终生实践。

［34］三年不出：三年技有小成（《养生主》辨析六），距“技进于道”（《养生主》）尚远。

［35］为其妻爨cuàn：上扣“众雄而无雌”。譬解“知雄守雌”（《老子》）。

［36］食sì豕shǐ如食sì人：上扣首章“一以己为牛，一以己为马”。譬解“齐一万物”。

［37］于事无与亲：前射《齐物论》“吾谁与为亲……至仁不亲”，《大宗师》“有亲非仁也”。

［38］雕琢复朴：列子前被伪道“雕琢”、“黥劓”而“心醉”俗王，今经素王壶子“息补”，业已“复朴”。○“雕琢复朴”义同《大宗师》“息黥补劓”。“黥劓”、“雕琢”即修剪真德，“息补”、“复朴”即修复真德（《田子方》辨析二）。参看《山木》“既雕既琢，复归于朴”，《缮性》“返其情性而复其初”，《泰初》“性修返德，德至同于初”，《老子》“常德乃足，复归于朴”。

［39］块然独以其形立：即“丧偶”、“丧我”（《齐物论》），超越对待、超越倚待。参看《大宗师》成道九阶“见独”。

［40］纷然而封哉：义同《大宗师》“撄宁”。纷然，纷纷扰扰之外撄。封，关闭外撄之门，永葆内德宁定。参看《大宗师》古之真人“好闭”。

【校勘】“然”字旧脱。刘文典据《庄子阙误》引张君房本、《列子·黄帝》校补。

［41］一以是终：顺道循德，“技进于道”（《养生主》），“终其天年”（《大宗师》）。句扣《大宗师》“撄而后成”（成道第九阶）。

【辨析六】列子在首篇《逍遥游》尚属“犹有所待”、“且适南溟”的鹏型大知，至末篇《应帝王》已成“雕琢复朴”、达至“南溟”、“至知无知”的至人。○《逍遥游》“鲲化为鹏”的大知改宗范式，运用于儒家之孔子、墨家之惠施，经过“积厚”渐变，于《大宗师》完成改宗。《逍遥游》“且适南溟”的大知达道范式，运用于道家之列子，经过“积厚”渐变，于《应帝王》抵达南溟。内七篇的复调立体结构，至此完美收煞。

◎第五章第六节：闻道无尽，成道无尽；壶子息补，列子复朴。

●第五素王俗王章：内七篇之列子结局章。俗王撄扰，素王撄宁；应帝之王，胜物不伤。

六

无为名尸，无为谋府，无为事任，无为知主[1]。体尽无穷，而游无朕[2]。尽其所受乎天，而无见得，亦虚而已[3]。至人之用心若镜[4]，不将不迎，应而不藏[5]，故能胜物而不伤。[6]

今译

不要成为名声的占居者，不要成为谋略的府库，不要成为政事的担任者，不要成为知识的主宰。体悟穷尽宇宙万物之根本，遨游德心于似无征象的彼岸天道。穷尽自身禀受于天道的全部物德，而又永不自得，仅是永葆德心冲虚而止。至人运用德心如同镜子，不送不迎，因应万物而无所隐藏，所以能够胜物而不被外物伤害。

校注

[1] 四“无为”，意为“不要成为”，并非道家名相“无为”。

[2] 体尽无穷：体悟穷尽真德，永无穷尽。即下“尽其所受乎天”。

而游无朕：无朕，“道”之变文，天道没有（如同万物那样可以确指的）朕象。句义同于“游心于道”。

［3］尽其所受乎天：穷尽天赋真德。此扣“葆光”二义之前义。

而无见得：同时自“遁”己德。此扣“葆光”二义之后义。

亦虚而已：虚己丧我而止于物德极限。此扣《人间世》“唯道集虚”。

【辨析七】“尽其所受乎天”，今谓“自我实现”。自我实现，分为“小成”、“大成”。小知自小，未能充分“以德为循，自适其适”、“尽其所受乎天”，止于“小成”。大知自大，“役人之役，适人之适”，背道而驰地越过物德极限，“因是”而不“已”，毁于“小成”，而“雄成”、“自得”为“大成”。至知既不自小，亦不自大，“以德为循，自适其适”，“尽其所受乎天”，顺道循德地止于物德极限，“因是”而“已”，达至“大成”，而“不雄成，不自得”。

［4］至人之用心若镜：概括上章壶子以及内七篇所有至人，终极回答《德充符》“其（至人）用心也，独若之何？”

［5］不将不迎，应而不藏：将，送。物来留影，物去无迹；留影非迎，无迹非送。

［6］胜物而不伤：前射《逍遥游》“不夭斤斧，物无害者”、《养生主》“不近刑”、《人间世》“免刑”、《大宗师》“终其天年而不中道夭者，是知之盛也”。○以上四句，为内七篇末篇的终极至人论。

●第六至人若镜章：终极至人论。用心若镜，应而不藏；不将不迎，撄而后成。

七

南海之帝为倏，北海之帝为忽［1］**，中央之帝为浑沌。**［2］

倏与忽时相与遇于浑沌之地，浑沌待之甚厚。［3］

倏与忽谋报浑沌之德［4］**，曰：“人皆有七窍以视听食息，此独无有，尝试凿之。”**［5］

日凿一窍[6]，七日而浑沌死。[7]

今译

南海之帝名叫倏，北海之帝名叫忽，中央之帝名叫浑沌。

倏与忽时常相遇在浑沌之地，浑沌款待他们甚厚。

倏与忽商量报答浑沌的厚德，说："他人都有七窍以便视听食息，浑沌偏偏没有，我们尝试为他凿开七窍吧。"

每天为浑沌凿开一窍，第七天浑沌死了。

校注

［1］南海之帝为倏shū，北海之帝为忽：隐喻阴阳二气（道一所分）。南属阳，北属阴。"倏"、"忽"为短暂时间，合词"倏忽"，譬解时间渐积（同时空间渐分）。

［2］浑hùn沌dùn：综合《老子》"圣人在天下，歙歙焉为天下浑其心"、"我愚人之心也哉！沌沌兮"。

中央之帝为浑沌：隐喻道一，万物总德、始基、"气母"（《大宗师》），"浑沌"状其阴阳未分。

【辨析八】"浑沌"寓言，譬解"一（气母）生二（阴阳）"，总摄《老子》"道生一，一生二，二生三，三生万物"。〇"中央之帝"为真宰真帝，即超越"彼/此"对待的"道枢"、"环中"、"天均"、"天倪"之寓言人格化。南北二"帝"为假宰假帝，即"彼/此"对待、有"偶"有"我"的俗君僭主。前288年秦昭王、齐湣王僭称"西帝"、"东帝"，或为本章贬斥南北二"帝"之历史本事。〇前六章有"王"无"帝"，末章有"帝"无"王"，足证篇名"帝"、"王"二字不可连读。

［3］【校勘】"厚"旧讹为"善"。刘文典、王叔岷据《太平御览》六〇、《艺文类聚》八、《白孔六帖》二引校正。"浑沌之地"，厚德载物，以"厚"为当。

［4］浑沌之德：字面义，浑沌厚待倏忽之德。晦藏义，"浑沌"即"道"生之"德"（万物总德）。

［5］视听：聪明。凿：上扣第五章"雕琢"。前射《大宗师》"黥劓"。

［6］日凿一窍："雕琢"、"黥劓"，则开其"聪明"，"为学日益"（《老子》）。○"息黥补劓"、"雕琢复朴"，则"黜其聪明"（《大宗师》），"为道日损"（《老子》）。

［7］七日：七日创世，开天辟地。

浑沌死：世界"失道而后德"（然后"失德而后仁，失仁而后义"）。个人失其初始真德（然后盲从伪道俗见，悖道丧德，"躬服仁义而明言是非"）。○"浑沌"之分，导致"浑沌死"，贬斥庙堂伪道开启"失道而后德，失德而后仁，失仁而后义，失义而后礼"的悖道丧德进程。

●第七失其浑沌章：内七篇之终篇总寓言。日日开凿聪明，必然悖道丧德；唯有"道"其聪明，方能"遥"达彼道。

【附论】

《应帝王》是内七篇最后一篇，全篇结构，既合于篇内小循环，又合于七篇大循环。

第一章贬斥俗王"臧仁"，第二章贬斥俗王"式义"，第三章褒扬素王"明德"，第四章褒扬明王"顺道"，第五章演示真道战胜伪道，第六章褒扬至人顺道循德，第七章贬斥"道分为德"。七章井然有序地阐明道家价值序列"道↘德↘仁↘义"，构成篇内小循环。

《应帝王》末章"浑沌之分"，导致失"道"后"德"，是内七篇的终篇总寓言。《逍遥游》首章"鲲化为鹏"，旨在由"德"返"道"，是内七篇的开篇总寓言。两者首尾衔接，构成七篇大循环。内七篇的结构循环，《寓言》称为"始卒若环，莫得其伦"，是对天道"返复终始，不知端倪"（《大宗师》）的仿拟。

庙堂伪道"黥劓"、"雕琢"天下，为民众开其"聪明"，对其浑沌真德开凿七窍，所以庄子亲撰七篇，对盲从庙堂伪道的民众，予以"息黥补劓"，"雕琢复朴"，"黜其聪明"，息补七窍，"为天下浑其心"（《老子》）。

正编下　魏牟版外篇二十二

寓言

题解

《寓言》被先于刘安的贾谊《鹏鸟赋》、《韩诗外传》钞引，必在魏牟版外篇。刘安版仍在外篇，郭象版贬入杂篇。向秀《庄子注》“有外无杂”（陆序），郭象版杂篇《寓言》却有陆引向注，证明郭象移外入杂。

本书把魏牟版、刘安版外篇《寓言》939字，复原于魏牟版外篇第一。校正郭象篡改和历代讹误：补脱文9字，删衍文3字，订讹文5字。

《寓言》文风内敛含蓄，意旨支离隐晦，撰者当为庄子弟子蔺且。著录庄子一事“庄惠辩孔”，当属亲历亲闻。旧多误将《寓言》视为“庄子自序”，无据。

蔺且，宋人，庄子弟子，约生于前340年，约卒于前260年（《山木》辨析八）。其名仅见《山木》，先秦别书不载，是“葆光”不耀、“才全而德不形”的终生践行者。兼知天之所为、人之所为，先秦诸子鲜有能及。

蔺撰《寓言》，可分六章。篇旨是抉发内七篇之“三言”构成（寓言、重言、卮言）、循环结构、“改宗”范式、“道术”九阶等重要奥义。

第一开篇卮言章，抉发内七篇之三言构成、循环结构。“重chóng言”，郭象误读为“重zhòng言”，误导后世一千七百年。

第二庄惠辩孔章，抉发内七篇两个“孔子”及其“孔子改宗”范式。

第三孔斥曾参章，仿拟内七篇“孔子改宗”范式，贬斥“实际孔学”传人曾参。

第四颜氏学道章，仿拟《大宗师》“成道九阶”，褒扬“真际孔学”传人颜氏（颜回）。

第五魍魉问影章，仿拟《齐物论》“魍魉问影”，贬斥“以隶相尊”、“役人之役”的庙堂伪道。

第六阳子悟道章，抉发内七篇宗旨自"逍"己德、"遥"达彼道，兼明庄学源于老学。

《寓言》抉发内七篇奥义甚多，在蔺撰五篇中、魏牟版外篇二十二中，重要性均居首位。郭象把内七篇以外重要性居首的《寓言》，从地位稍逊的外篇，贬入地位最低的杂篇，并予篡改曲解，是其反注《庄子》的重要组成部分。

一

寓言十九，重言十七，卮言日出，和以天倪。[1]

寓言十九，藉外论之[2]。亲父不为其子媒。亲父誉之，不若非其父者也。非吾罪也，人之罪也[3]：与己同则应，不与己同则反；同于己为是之，异于己为非之。[4]

重言十七[5]，所以己言也[6]。是为耆艾，年先矣[7]。而无经纬本末以期来者，是非先也[8]。人而无以先人，无人道也[9]。人而无人道，是之谓陈人。[10]

卮言日出，和以天倪[11]，因以蔓衍，所以穷年[12]。不言则齐[13]，齐与言不齐，言与齐不齐也[14]。故曰："言无言。"[15]

言无言，终身言，未尝言[16]。终身不言，未尝不言[17]。有自也而可，有自也而不可；有自也而然，有自也而不然[18]。恶乎然？然于然。恶乎不然？不然于不然。恶乎可？可于可。恶乎不可？不可于不可。物固有所然，物固有所可，无物不然，无物不可[19]。非卮言日出，和以天倪，孰得其久[20]？万物皆种也，以不同形相禅[21]，始卒若环，莫得其伦，是谓天均[22]。天均者，天倪也。[23]

今译

（内七篇）寓意之言十分之九，重复之言十分之七，支离之言随机而出，融和以道极。

寓意之言十分之九，假借外物论说义理。正如父亲不为儿子做媒。父亲赞誉儿子，不如他人赞誉儿子。并非父亲之过，而是他人之过：与己相同则呼应，不与己同则反对；同于自己则是之，异于自己则非之。

重复之言十分之七，运用吾师自己之言。年纪先于他人，就是长者。然而长者若无经纬本末启发后生，那就难称先生。人的见识不能先于他人，必无他人称道。长者若无他人称道，只宜称为陈腐之人。

支离之言随机而出，融和以道极。因任道极而蔓衍，以此穷尽其天年。不言则万物齐一，万物齐一与言说万物齐一并不齐一，名相之道与实体之道也不齐一。所以说："言说能够致无的假言。"

言说能够致无的假言，即便终身有言，如同未曾有言。否则终身不言，心中未尝不言。有自身值得认可之物，有自身不值得认可之物；有自身值得肯定之言，有自身不值得肯定之言。如何肯定每物假名？就是肯定每物假名的相对意义。如何不肯定每物假名？就是不肯定每物假名的绝对意义。如何认可每物自身？就是认可每物自身的相对价值。如何不认可每物自身？就是不认可每物自身的绝对价值。每物假名固有相对意义，每物自身固有相对价值。没有一物的假名没有相对意义，没有一物的自身没有相对价值。若非支离之言随机而出，融和以道极，（内七篇）怎能传之久远？万物均含天道的种子，以不同形貌嬗变，首尾衔接有如圆环，难以得其端倪，所以称为天道之轮。天道之轮，就是道极。

校注

[1] 开篇四句总领，下文三节分释。

[2] 寓言：寄寓微意的假言。魏撰《天下》"（内七篇）以寓言为广"。

十九：十分之九。○郭象反注："寄之他人，十言而九见信。"

藉jiè外论之：借助外人，论述己意。

[3]"亲父"三句：说明寓言"藉外论之"的益处。

吾：父也（成疏）。撰者仿拟父亲语气，并非撰者（蔺且）自指。

○旧多据此"吾"字，认定《寓言》为庄所撰，视为"庄子自序"（王夫之），未明外杂篇无一庄撰。

［4］"与己同则应"四句：并非撰者之主张，而是展开"人之罪"。参看新外篇《在宥》"同于己而欲之，异于己而不欲"，杂篇《渔父》"人同于己则可，不同于己则虽善不善"。○四句乃谓，内七篇的寓言人物，各据所奉之道，而有是非同异，不可全都视为庄子之主张（《逍遥游》辨析六"寓言问答范式"）。

［5］重言：重复之言，包括变文。十七：十分之七。

【辨析一】郭象反注："世之所重，则十言而七见信。"后句其谬易见，盲从者少。前句读"重"为zhòng，其谬难明，盲从者众。仅见郭嵩焘驳正："《广韵》：'重，复也。'郭误。"

［6］所以己言也：用为自己之言。魏撰《天下》"（内七篇）以重言为真"。

【校勘】"己"旧讹为"已"（林希逸始改）。据道藏成疏本作"己"、郭注"言出于己"、"言不借外"、成疏"己自言之"校正。郭注、成疏均认为寓言"借于外"，重言"出于己"，亦证原文作"己"。○郭象读"重"为zhòng，不通。林希逸为郭注弥缝，遂改原文"己"为"已"，训止，仍不通。郭庆藩盲从林希逸所改伪原文，又改成疏"己自言之，不藉于外"之"己"为"已"，导致成疏也不通。

［7］是为耆艾，年先矣：是，指庄子。耆艾，老人。一说五十曰艾，六十曰耆（《礼记·曲礼》）。一说六十曰耆，七十曰艾（《逸周书》孔注）。句谓庄子是老人，年纪大了，所以内七篇有大量重复。亦证本篇非庄所撰、庄子晚年撰著内七篇。

［8］"而无经纬本末"二句：无经纬本末的老人，年虽先而义非先，即使重复其言，仍然无人称道。○参看杂篇《泰初》"终始本末不相坐"。

【校勘】"来者"旧讹为"年耆"，又衍"者"字。杨守敬、刘文典、王叔岷据日本高山寺古钞本及郭注"无以待人"校正。○有"经纬本末"者，必期"来者"，不期"年耆者"。

［9］无人道：无人称道。○成疏误释为"无人伦之道"，林希逸、张默生误释为"不能尽其为人之道"，宣颖、王先谦、王叔岷误释为"不能尽人

之道”，陈鼓应误释为“没有做人之道”。

［10］陈人：陈腐之人。○或撰《天运》师金斥孔“取先王已陈刍狗”，老聃教孔“夫六经，先王之陈迹也”。

［11］卮zhī言日出，和以天倪：天倪（语见《齐物论》），天极。支离之言随机而出，融合以道极。

【辨析二】“卮言”多义。其一，“卮”为酒器，满则倾，空则仰（郭注、成疏、陆释）。其二，“卮”借为“支”，卮言即“支离其言”（司马彪、成疏、钟泰）。○《天下》“以卮言为蔓衍”成疏：“以卮器以况至言。”释“卮”为“至”，可释言之四境：无言—小言—大言—至言/无言。未必属于原义，可备一说。○内七篇三言，均属“卮言”（广义）。为便表述，本书将不属“寓言”之言，称为“卮言”（狭义）。“寓言”、“卮言”（狭义）之中，均有“重言”。

［12］因以蔓衍，所以穷年：语本《齐物论》“和之以天倪，因之以蔓衍，所以穷年也”。魏撰《天下》“（内七篇）以卮言为蔓衍”。

［13］不言则齐：义本《齐物论》“一与言为二”。句谓内七篇均为庄子欲齐万物之假言。

［14］齐与言不齐，言与齐不齐也：展开“不言则齐”二义。前句谓万物齐一与言说万物齐一并不齐一。后句谓名相之道与实体之道并不齐一。参看《齐物论》辨析三三、三四、三五。

［15］言无言：无，致无、丧忘。言说可以致无的假言。“至言无言”（至言忘言）之变文。魏撰《知北游》“至言去言”。○“故曰”似为暗引庄言之标志，否则下句无须重言“言无言”。

【校勘】“言”字旧脱。刘文典、王叔岷、张默生、陈鼓应据郭注“故虽有言而我竟不言也”、成疏“故曰言无言也”、日本高山寺古钞本校补。

◎第一章第一节：抉发内七篇三言，阐明三言均为庄子假言。

［16］言无言：重言，引出下二句。终身言，未尝言：抉发庄子为何假言，义同魏撰《则阳》“其口虽言，其心未尝言”。

【校勘】“未尝言”旧作“未尝不言”，“不”字衍，义不可通。马叙伦、刘文典、王叔岷、陈鼓应据道藏白文本、成疏本、林希逸本、褚伯秀本、罗勉道本、焦闳本、王夫之本、宣颖本、日本高山寺古钞本均无“不”字、郭注“虽出吾口，皆彼言耳”校删。

［17］终身不言，未尝不言：众人坚执万物不齐之成心，即使终身不言，心中仍然有言，万物仍然不齐。

［18］“有自也”四句：四“自”均指自身，与“他”对举。成疏：“自、他既空，然、可斯泯。”“可”与“不可”，乃谓万物实体自身的相对价值，即其选择的人生道路，是否相对“可”行。“然”与“不然”，乃谓万物名相自身的相对意义。即其阐明人生道路之言，是否相对属“然”。

［19］【辨析三】“恶乎然”至“无物不可”四十八字，全钞《齐物论》，亦证本篇非庄所撰。内七篇极多略同之变文，极少全同之重言，更无大段全同之重言。《齐物论》此节，旨在阐明庄学俗谛。《寓言》全钞此节，旨在说明内七篇之评价万物，始终遵循庄学俗谛“然于然，不然于不然”，是有“经纬本末”的支离假言，而非“无经纬本末”的拉杂之言。○因语境小异，译文亦随语境而小异。

［20］非卮言日出，和以天倪，孰得其久：天倪，天极（道极视点）。三句抉发内七篇支离其言的原因。内七篇猛烈抨击庙堂伪道，若不支离其言，和以道极视点，庄子必将“近刑”，既违庄学宗旨，其言亦难传之久远。

［21］万物皆种也，以不同形相禅：禅 shàn，同“嬗”。表层义，万物皆有种子，略同《大宗师》“万化未始有极，弊而复新”，又同魏撰《知北游》“形本生于精，万物以形相生”，“精（子）”同“种（子）”。深层义，内七篇假言，驱遣各种物类、人类，又有无尽变文。

［22］始卒若环，莫得其伦：表层义，略同《大宗师》“返复终始，不知端倪”，乃谓天道之循环。深层义，乃谓内七篇之总体结构，仿拟天道之循环，亦首尾相连，结构循环（《应帝王》附论）。

天均：语本《齐物论》。《齐物论》以陶均（陶轮）之旋转，譬解天道之循环。《寓言》以天道之循环，譬解内七篇的首尾循环结构。魏撰《天下》“其书（内七篇）虽环玮，而连犿无伤也”，亦言内七篇的首尾循环结构。

［23］天均者，天倪也：《齐物论》分言“天均”（天道循环）、“天倪”（道

极视点),《寓言》勾连二名，点破内七篇尽管三言纷歧，变文迭出，然而结构首尾循环，并以道极视点一以贯之。

◎第一章第二节：抉发庄子假言的原因，抉发庄学俗谛“然于然，不然于不然”，抉发内七篇之结构循环、道极视点（庄学真谛）。

●第一内篇三言章：抉发内七篇之三言构成、庄学俗谛、结构循环、道极视点（庄学真谛）。

二

庄子谓惠子曰[1]:“孔子行年六十而六十化，始时所是，卒而非之。未知今之所谓是之非五十九非也?”[2]

惠子曰:“孔子勤志服知也。”[3]

庄子曰:“孔子谢之矣，而其未之尝言[4]。孔子云:‘夫受才乎大本[5]，复灵以生[6]，鸣而当律，言而当法[7]。利义陈乎前而好恶是非，直服人之口而已矣[8]。使人乃以心服而不敢强立，定天下之定[9]。已乎！已乎！吾且不得及彼乎?’”[10]

今译

庄子对惠施说:“孔子活到六十岁而后思想发生变化，初始所是，最终非之。不知孔子六十以后所是，是否五十九年所非呢?”

惠施说:“这是孔子勤勉励志，服从真知。”

庄子说:“孔子恐怕敬谢你的谬赞，尽管未曾这样说过。孔子曾说:‘万物禀受才德于天道根本，复归性灵以终其生。鸣唱当合音律，言说当合法则。利与义陈列于眼前而强立好恶是非，只能折服他人之口罢了。使人心悦诚服而不敢强立（好恶是非），方能安定于天下固有的安定。停止吧！停止吧！我尚且不能企及彼岸天道吗?’”

校注

［1］庄子谓惠子曰：内七篇庄子四章，均在篇末。其中三章为庄惠之辩，均为惠施先言，庄子后言（《逍遥游》辨析六“寓言问答范式”）。本篇卮言章之后，即为庄子章，且庄子先言，惠施后言，亦证本篇非庄所撰。

［2］庄子形容孔子四句：魏撰《则阳》形容蘧伯玉四句承之。

【辨析四】《论语·微子》记载：楚昭王二十七年（前489），六十三岁的孔子游楚。楚人接舆讽谏孔子“往者不可谏，来者犹可追”。庄子受此启发，设想孔子周游列国、游说诸侯十四年，一则屡遭“再逐于鲁，伐树于宋，削迹于卫，穷于商周，围于陈蔡之间”等“数患”（蔺撰《山木》，魏撰《让王》、《盗跖》，或撰《天运》，杂篇《渔父》反复重言），二则屡被接舆、晨门、长沮、桀溺、荷蓧、荷蒉等等达道真人教诲，终于思想转变，痛改前非，“始时所是，卒而非之”，始时所非，卒而是之，完成了不为人知的改宗（详见内七篇）。《寓言》撰者身为庄子弟子，深知支离其言、晦藏其旨的内七篇之令人困惑，莫过于难以统一的两个“孔子”，故于卮言章之后，率先著录其所亲闻的庄惠辩孔，抉发内七篇两个“孔子”之谜：“六十而耳顺”之前的孔子，是世人所知、信奉人道的“实际孔子”；“六十而耳顺”之后的孔子，是世人不知、信仰天道的“真际孔子”。

［3］孔子勤志服知也：惠施未能理解庄子对“实际孔子”之贬斥，仍然赞扬实际孔子勤于求道，服从真知。〇郭象反注：“谓孔子勤志服膺而后知，非能任其自化也。此明惠子不及圣人之韵远矣。”把《寓言》原义之庄子斥孔、惠施尊孔，双重颠倒为庄子尊孔、惠施贬孔。

［4］孔子谢之矣，而其未之尝言：庄子认为，惠施没有理解孔子“始时所是，卒而非之”是出于改宗，故孔子当会敬谢惠施“勤志服知”的错误褒扬，只是因为孔子改宗是庄子虚构的寓言，所以“未之尝言”，即不能当面谢绝惠施的褒扬。

［5］受才乎大本：才，“德”之变文。大本，“道”之变文。物德受自天道。

［6］复灵以生：复归性灵，以终其生。

［7］鸣而当律，言而当法：鸣，鸟鸣。律，音律。言，人言。法，法则。前句譬解后句。

［8］“利义”二句：根据对己有利的利与义，而强立一己好恶是非，只能服人之口。

［9］“使人”二句：欲使天下心服，唯有超越对己有利的利与义、好恶是非，方能“定天下之定”。○第五章贬斥庙堂伪道“劝公以其私”，又蔺撰《至乐》“无为可以定是非”。

【校勘】“畺”（彊=强）旧讹为“蘁”，形近而讹。○旧多视“蘁”wù同“忤”wǔ。成疏：“蘁，逆也。”陆释：“蘁音悟，逆也。”马叙伦：“蘁借为牾，《文选·雪赋》注引作‘忤’。逆也。”义均难通。

［10］已乎！已乎！吾且不得及彼乎：吾，孔子自称。彼，彼道（《齐物论》“待彼”），上扣“大本”。孔子“始时所是，卒而非之”之后，感叹自己尚未企及彼岸天道。

【辨析五】本章孔言，罗勉道、焦竑、林云铭、吴世尚、陆树芝、马其昶、支伟成，断至“吾且不得及彼乎”，胜于各断。○郭庆藩、王先谦、刘文典断至“复灵以生”，钟泰断至“言而当法”，王叔岷、张默生、陈鼓应、方勇、陆永品断至“定天下之定”，三断虽异，均断“已乎！已乎！吾且不得及彼乎”为庄子之言，视为庄子尊孔的证据，即成疏：“此是庄子叹美宣尼之言。”○合观《论语·微子》接舆讽孔之歌“往者不可谏，来者犹可追，已而已而”，《德充符》接舆讽孔之歌“已乎已乎，临人以德”，可证“已乎已乎”是庄子虚构孔子得闻接舆讽谏之后，自言知殆而止，改宗天道。

●第二庄惠辩孔章：抉发内七篇的两个“孔子”及其“孔子改宗”范式。

三

曾子再仕而心再化[1]，曰：“吾及亲仕，三釜而心乐；后仕，三千钟而不洎亲，吾心悲。”[2]

弟子问于仲尼曰[3]：“若参者，可谓无所悬其罪乎？”

曰："既已悬矣！夫无所悬者，可以有哀乐乎[4]？彼视三釜三千钟[5]，如鹳雀蚊虻相过乎前也。"[6]

今译

曾子两次出仕而心情有所变化，说："我于双亲健在之时出仕，俸禄三釜而内心快乐；后来出仕，俸禄三千钟而不能奉养双亲，吾心悲戚。"

弟子问仲尼说："像曾参这样，可否视为心无悬系而无过失呢？"

仲尼说："曾参已经心有悬系了！心无悬系的人，还会有所哀乐吗？至人看待三釜与三千钟，如同鹳雀蚊虻飞过眼前。"

校注

[1] 曾子（前505—前435）：名参，字子舆。鲁人。孔子弟子，小孔子四十六岁。

再仕：两次出仕。

[2] 釜fǔ：六斗四升。钟：六斛四斗。及、洎jì：互文同训。前仕"及亲"，父母俱在；后仕"不洎亲"，父母俱亡。

【校勘】"洎"下旧脱"亲"字。刘文典、王叔岷、陈鼓应据《太平御览》七五七校补。

[3] 仲尼：上章抉发孔子改宗，本章孔子遂成真际孔子、庄学代言人。

[4] 既已悬矣：悬，同"系"。参看《大宗师》"安时而处顺，哀乐不能入也。此古之所谓悬解也。而不能自解者，物有结之"。孔子贬斥曾参德心悬系、结缚于外物，未能"安时而处顺，哀乐不能入"。

【校勘】"哀"下旧脱"乐"字。王叔岷据郭注"岂有哀乐于其间哉"、成疏"夫唯无系者，故当无哀乐也"校补。

[5] 彼视三釜三千钟：彼，至人。上扣"无所悬者"。

【辨析六】曾参前仕乐、后仕悲之原因，并非前禄三釜，后禄三千钟，乃是前仕父母健在，后仕父母已逝。以此为据，曾参实无可非。《养生主》

"可以养亲",《人间世》"子之爱亲，命也，不可解于心"，不非"爱亲"、"养亲"。○本句当作"彼视及亲不洎亲"，义理乃密，然而不合庄学。本句既作"彼视三釜三千钟"，虽合庄学，然而譬解不当。此亦可证本篇非庄所撰。

[6]"彼视"二句：至人心无悬系，曾参心有悬系，故非至人。

【校勘】"鹳"旧讹为"觀"(观)，形近而讹，与句首"视"字义复。宣颖、马其昶、钱穆、王叔岷据赵谏议本作"如鹳雀蚊虻"校正。○刘文典、陈鼓应据《庄子阙误》引张君房本作"如观鸟雀蚊虻"、郭注"蚊虻鸟雀"、成疏"鸟雀蚊虻"，保留讹字"观"，又于"观"后补"鸟"。校勘未精。

【辨析七】本章让改宗天道的真际孔子贬斥曾参，当属寓言。旨在贬斥"曾参—子思—孟轲"一系后儒，仅知"六十化"之前信奉人道的实际孔学，不知"六十化"之后信仰天道的真际孔学。○刘凤苞："上(章)是心与道化，此(章)是心与境化。"乃继谬解上章褒扬孔子之后，进而谬解本章褒扬曾参。"心与境化"乃是达于化境之褒语，全反本章贬斥曾参之旨。儒学成心横亘胸中，必然无解不谬。

●第三曾子再仕章：仿拟内七篇"孔子改宗"范式，真际孔子贬斥"实际孔学"传人曾参。

四

颜成子游谓东郭子綦曰[1]："自吾闻子之言也[2]，一年而野，二年而从，三年而通[3]，四年而物，五年而人来[4]，六年而鬼入，七年而天成，八年而不知死不知生，九年而大妙。"[5]

今译

颜成子游对东郭子綦说："自从我得闻夫子教诲，一年由文返野，二年顺从内德，三年与道相通，四年与物齐同，五年众人来亲，六年鬼神来舍，七年天然有成，八年不知死生，九年达道大妙。"

校注

[1] 颜成子游、东郭子綦：承自《齐物论》“颜成子游”、“南郭子綦”。

【辨析八】《齐物论》“南郭子綦”之“南”，隐喻“南溟”，不可变文。《人间世》、《大宗师》变文为“南伯子綦”、“南伯子葵”可证。本篇易“南”为“东”，变文不当。撰者不对“颜成子游”变文，可证深知《齐物论》“颜成子游”实为“颜回”替身，故于上章贬斥信奉人道的“实际孔学”传人曾参之后，本章褒扬信仰天道的“真际孔学”传人颜回。抉发内七篇为何由真际颜回充当庄学真谛代言人，教诲实际孔子最终改宗。

[2]【校勘】“言”下旧脱“也”字。王叔岷据日本高山寺古钞本、《文选》谢灵运《田南树园激流植援》注引校补。

[3] 三年而通：三年技有“小成”(《养生主》辨析六)，距“技进于道”(《养生主》)尚远。

[4]【校勘】“来”前旧脱“人”字。马叙伦：“‘来’上有夺字。成疏：‘为众归也。’或夺‘物’字，或夺‘人’字。”“物”与上句“四年而物”重复，故此句当脱“人”字。“人来”与下“鬼入”对举。○原文谓由外（天道）而“来”，并非“自得”于内。郭象反注：“自得也。”“人”字或亦郭象自圆反注而删。

[5]“一年”至“九年”：学道九阶。抉发、仿拟《大宗师》“成道九阶”。

【辨析九】对观两者如下：外天下/一年而野。外物/二年而从。外生/三年而通。朝彻/四年而物。见独/五年而人来。无古今/六年而鬼入。入于不死不生/七年而天成。撄宁/八年而不知死不知生。撄而后成/九年而大妙。其中八阶，对应无误。唯有《大宗师》第七阶“入于不死不生”,《寓言》降至第八阶“八年而不知死不知生”，亦证《寓言》非庄所撰。后移一阶之因，当属撰者未明“撄宁”、“撄而后成”并非一阶。撰者或曾笼统得闻“九阶”名相于乃师庄子，或以“闻道九阶”反推“成道九阶”，以为庄子偶漏一阶，因而本章另补“七年而天成”。

●第四颜氏学道章：仿拟、抉发《大宗师》“道术九阶”，褒扬“真际孔学”传人颜氏（颜回）。

五

生有为，死也[1]。劝公以其私，死也，有自也[2]；而生，阳也，无自也[3]。而果然乎[4]？恶乎其所适？恶乎其所不适[5]？天有历数，地有人据，吾恶乎求之[6]？莫知其所终，若之何其无命也？莫知其所始，若之何其有命也[7]？有以相应也，若之何其无鬼邪？无以相应也，若之何其有鬼邪？[8]

众魍魉问于影曰[9]："若向也俯而今也仰，向也括撮而今也披发，向也坐而今也起，向也行而今也止，何也？"[10]

影曰："搜搜也，奚稍问也[11]！予有而不知其所以[12]。予，蜩甲也，蛇蜕也，似之而非也[13]。火与日，吾屯也；阴与夜，吾代也[14]。彼，吾所以有待邪[15]？而况乎以有待无者乎[16]！彼来，则我与之来；彼往，则我与之往；彼徜徉，则我与之徜徉[17]。徜徉者，又何以有问乎？"[18]

今译

生而悖道有为，乃是自蹈死地。劝诱天下为公以成其私，就是劝诱天下蹈于死地，乃是坚执自我；然而生命，应由阳气驱动，不可坚执自我。然而（人道）果真对吗？吾人应该适于何道？吾人不应适于何道？天上既有天道历数，地上又有人道凭据，吾人应该求索何道？不知天道终始，怎能断言必无天道定命？不知人道终始，怎能断言必有人道定命？天道既有相应征象，怎能断言必无鬼神之历数？人道既无相应征象，怎能断言必有鬼神之凭据？

众魍魉问影子说："你原先俯地而如今仰天，原先绾髻而如今披发，原先安坐而如今起立，原先行走而如今止步，是何缘故？"

影子说："区区小事，何足一问！我有假形，然而不知假形倚待的凭据。我，就像蝉壳，蛇皮，形似人而实非人。火光与日光，使我屯聚产生；阴天与黑夜，使我代谢消失。有真形的彼人，岂非我有所倚待的凭据？何况你们虽有假形却倚待于无真形的我呢？彼人来，我就与之同来；彼人往，我就与之同往；彼人徘徊，我就与之一起徘徊。你我他无不适人之适而徘徊，你们又何必问我（为何毫无特操）？”

校注

［1］生有为，死也：无为则生，有为则死。贬斥庙堂伪道之有为。

［2］劝公以其私，死也，有自也：庙堂劝诱民众奉公忘私，自蹈死地，乃是庙堂坚执自我（欲成其私）。○或撰《天地》所引庄言“不拘一世之利以为己私分”。

【校勘】“私”字旧脱。奚侗、刘文典据《庄子阙误》引张君房本、郭注“由私其生，故有为”校补。○原文“公/私”对举，后世注家妄删“私”字，义遂难通。

［3］而生，阳也，无自也：然而道生之物，应由阳气驱动（而顺道无为），不可坚执自我。

【辨析十】首章“有自也而可，有自也而不可；有自也而然，有自也而不然”四句，阐明每物自身，既有相对之是，亦有相对之非。本章“有自也”、“无自也”二句，贬斥庙堂伪道拔高自身相对之是为绝对之是，陷溺我执，未能“丧我”；褒扬江湖真道超越我执，达至“丧我”。○首章、本章六“自”，均训“自我”，与“他”对举。首章、本章之六“自”，郭象无不反注：“自，由也。”首章四“自”之成疏：“自、他既空，然、可斯泯。”符合原义。本章二“自”之成疏：“自，由也。”盲从郭象反注，与上自相抵牾。

［4］而果然乎：庙堂伪道果真属然吗？抉发《齐物论》庄学真谛“不然然”（《齐物论》辨析四七）。

［5］“所适”、“所不适”二问：天道、人道“两行”（《齐物论》），吾人应适何道？抉发《大宗师》“自适其适↘适人之适”之辨。

［6］“天有历数”三句：天道之历数有定，人道之凭据无定，吾人应求何道？

【辨析十一】庙堂人道貌似有据，实则仅能“服人之口”，不能“服人之心”，难“定天下之定”，上扣庄惠辩孔章。○林希逸：“人据，人迹之所至，有可考据者。”王叔岷：“章太炎释‘人据’为‘夷险’，是也。”义均难通。

［7］“无命”、“有命”二问：乃问“天道”、“人道”之何者，方属不可违抗之“命”。参看《人间世》辨析十“天命↘人义”。

［8］“无鬼”、“有鬼”二问：乃问鬼神究竟与“天道”相应（则天道有历数），抑或与“人道”相应（则人道有凭据）。○撰者认为，鬼神是与天道“相应”的历数。庙堂伪道认为，鬼神是与人道“相应”的凭据（后世庙堂伪道之“天人感应”亦然）。

◎第五章第一节：卮言节。抉发内七篇“天道人道两行”之旨。

［9］众魍魉问影：仿拟《齐物论》“魍魉问影”。魍魉，影外副影，隐喻倚待大知（影）的小知。影，隐喻倚待人形（君主）的大知。○刘文典、张默生、陈鼓应均以《齐物论》为据，认为“众”字义不可通，断为衍文。实则《寓言》本非庄撰，无须与《齐物论》统一。“众”字为撰者变文所增，影外副影，原本非一，隐喻众人，其义甚当。

［10］括撮：括为一撮，束发。义同《人间世》“会撮”（会聚一撮）。○“众魍魉问于影曰”五句，表层义，魍魉问影子为何“无特操”（《齐物论》）。深层义，小知问大知为何“无特操”。

【校勘】“撮”字旧脱。刘文典、王孝鱼、王叔岷、张默生、陈鼓应据《庄子阙误》引张君房本、成疏“撮，束发也”校补。“披”旧作“被”，字通。

［11］刘师培：“‘搜搜’，犹区区也。‘稍’与‘肖’同，《方言》、《广雅》‘肖’并训‘小’。‘奚稍问’者，犹云奚问之小也。郭注、成疏均未达。”

［12］予有而不知其所以：影子仅有假形，倚待于人之真形。故其所适、所不适，完全“役人之役，适人之适”（《大宗师》），全无自身真德之凭据。此句上扣卮言节，贬斥庙堂人道全无凭据。

［13］予，蜩 tiáo 甲也，蛇蜕 tuì 也，似之而非也：影子以蜩甲、蛇蜕譬解自己仅有人之假形，并非“真人”(《大宗师》)。

【辨析十二】《齐物论》影曰：“吾待蛇蚹蜩翼。”“蛇蚹蜩翼”隐喻影子（大知）、魍魉（小知）倚待的人形（君主）。《寓言》影曰：“予，蜩甲也，蛇蜕也。”“蜩甲蛇蜕”隐喻影子（大知）、魍魉（小知），仿拟小误。亦证本篇非庄所撰。

［14］屯：聚。代：谢。

［15］彼，吾所以有待邪：彼，表层义，影子倚待的人形；深层义，大知倚待的君主。大知承认自己有待于君主。○此触郭象痛脚，故予篡改反注。

［16］而况乎以有待无者乎：影子虽然仅有假形，毕竟倚待的是有真形之人，魍魉不单仅有假形，而且倚待的也是无真形的影子。表层义，影子诃斥魍魉为何质疑影子“无特操”(《齐物论》)，因为魍魉更“无特操”，不配质问自己为何“无特操”。深层义，大知诃斥小知不配质疑大知“无特操”。

【校勘】郭象版作“而况乎以有待者乎”，“有待”下脱“无”字，义不可通。○庄义：“无待”外物，“独待天道”。郭义：“无待”天道，“独化自得”。郭象未改《齐物论》“魍魉问影”原文，仅是反注：“推而极之，则今之所谓有待者，率至于无待，而独化之理彰矣。”郭象删去《寓言》“众魍魉问影”之“无”字，为其反注《齐物论》自造伪证。○《庄子阙误》引张君房本作“而况乎以无有待者乎”，盲从郭象反注，将“无”字移于“有待”之上，义仍不通。

［17］【校勘】“徜徉”旧作“强阳”(下同)，字通。王闿运校正。成疏：“强阳，运动之貌也。”宣颖：“强阳，谓健动也。”

［18］徜徉者，又何以有问乎：表层义，影子虽然傲慢地诃斥魍魉，最终只能承认，魍魉、影子、主人均为逐级倚待的徜徉者。深层义，影子最终只能承认，盲从庙堂伪道的小知、大知、君主，都是不顺天道、不循内德的“有待”者，承认庙堂伪道实无凭据。

◎第五章第二节：寓言节。仿拟、抉发《齐物论》“魍魉问影”奥义。

●第五魍魉问影章：抉发首章“道极视点”蕴涵的庄学真谛“然不然，不然然”，贬斥“以隶相尊”的庙堂伪道实无凭据，贬斥盲从庙堂伪道的大知小知“役人之役，适人之适”。

六

阳子居南之沛，老聃西游于秦，邀于郊，至于梁而遇老子。[1]

老子中道仰天而叹曰：“始以汝为可教，今不可也。”

阳子居不答。至舍，进盥漱巾栉，脱屦户外，膝行而前曰：“向者弟子欲请夫子，夫子行不闲，是以不敢。今闲矣，请问其过。”

老子曰：“尔睢睢，尔盱盱[2]，尔谁与居？大白若辱，盛德若不足。”[3]

阳子居蹴然变容曰：“敬闻命矣！”

其往也，舍迎将[4]。其家公执席，妻执巾栉，舍者避席，炀者避灶[5]。其返也，舍者与之争席矣。[6]

今译

阳子居南行前往沛邑，老聃西游秦国，相约于郊外，行至桥梁而遇见老子。

老子行至半路仰天叹气说：“原先以为你可以教诲，如今方知不可教诲。”

阳子居不敢答话。跟随老聃行至旅舍，服侍洗漱递巾送梳，脱鞋门外，膝行而前说：“刚才弟子想问夫子，夫子行路无暇，因此不敢。如今夫子有闲，请问我之过错。”

老子说：“你神态傲慢，目光骄矜，你能与谁共处？大白当如有污，盛德当如不足。”

阳子居羞愧变色说:“敬受教诲!”

阳子居南行之时自矜自得,旅舍既迎又送。男主人铺设坐席,女主人递巾送梳,客人避席侧身,烤火者避开灶旁。阳子居北归之时不再自矜自得,客人已敢与他争抢坐席了。

校注

［1］阳子居、老聃:本章仿拟《应帝王》阳子居(隐指杨朱)见老聃章。沛pèi:彭城(今江苏徐州)。邀于郊:邀约于郊外相见。梁:桥梁。

［2］睢睢suī、盱盱xū:直视貌。形容阳子居自矜自得。

【校勘】“盱盱”前旧脱“而”(尔)。刘文典据《列子·黄帝》校补。

［3］大白若辱,盛德若不足:语本《老子》“大白若辱,广德若不足”。

［4］【校勘】“舍”下旧衍“者”字。俞樾、王叔岷据日本高山寺古钞本、道藏四解本《列子·黄帝》均无“者”字校删。〇俞樾:“‘舍’与‘舍者’不同。下云‘舍者避席’,又云‘舍者与之争席矣’,皆谓同居逆旅者。此云‘舍’,则谓逆旅主人也。”

［5］炀yáng:对火曰炀(司马彪)。

“其往”六句:阳子居往时,不“道”己德,众人畏之。

［6］“其返”二句:阳子居返时,自“道”己德,众人不再畏之。

●第六阳子悟道章:抉发内七篇的自“道”己德,兼明庄学源于老学。

山木

题解

《山木》被后于魏牟的《吕览》、《韩非子》、先于刘安的《韩诗外传》钞引，必在魏牟版外篇。刘安版、郭象版仍在外篇。

本书把魏牟版、刘安版、郭象版外篇《山木》2212字，复原于魏牟版外篇第二。校正郭象篡改和历代讹误：补脱文26字，删衍文6字，订讹文27字，厘正误倒3处。

《山木》重要性仅次于《寓言》，在魏牟版外篇中，当居《寓言》之后。文风内敛含蓄，意旨支离隐晦，撰者当为庄子弟子蔺且（其名仅见《山木》）。著录庄子三事"庄论间世"、"庄过魏王"、"庄子悟道"，当属亲历亲闻。

蔺撰《山木》，可分十章。篇名取自首句二字，兼扣《人间世》末章"山木，自寇也"，篇旨是抉发《人间世》之"间世"奥义，兼及内七篇其他要义。

第一开篇章的庄子之言，即为总领全篇的卮言。交叉对比的庄子三章、孔子三章，深化篇旨。第十终篇章，由阳子（隐指庄子的道家前辈杨朱）终极论道。

庄子三章，著录其师庄子之重要生平事迹：第一章，著录蔺且受教于庄子的"间世"奥义。第七章，著录庄子面斥魏惠王。第九章，著录庄子中年悟道。

孔子三章，仿拟内七篇"孔子改宗"范式：第五章，太公任教诲实际孔子改宗。第六章，子桑雽教诲实际孔子改宗。第八章，改宗天道的真际孔子充当庄学代言人，教诲颜回改宗。

一

庄子行于山中[1]，见大木，枝叶盛茂。伐木者止其旁而不取也。问其故。曰："不材之散木[2]，无所可用。"

庄子曰："此木以不材，得终其天年。"

夫子出于山，及邑，舍于故人之家。故人喜，具酒肉，命竖子杀雁而享之。竖子请曰："其一能鸣，其一不能鸣，请奚杀?"主人公曰："杀不能鸣者。"[3]

明日，弟子问于庄子曰："昨日山中之木，以不材得终其天年；主人之雁[4]，以不材死。先生将何处?"

庄子笑曰："周将处乎材与不材之间。材与不材之间，似之而非也，故未免乎累[5]。若夫乘道德而浮游，则不然[6]。无誉无訾，一龙一蛇；与时俱化，而无肯专为；一下一上，以和为量[7]。浮游乎万物之祖[8]，物物而不物于物[9]，则胡可得而累邪? 此神农、黄帝之法则也[10]。若夫万物之情、人伦之传则不然[11]：合则离，成则毁，廉则挫，尊则亏，有为则议，贤则谋，不肖则欺[12]，胡可得而必乎哉[13]? 悲夫！弟子志之！其唯道德之乡乎！"[14]

今译

庄子行于山中，看见一棵大树，枝叶茂盛。伐木者止步树旁而不取用。庄子问其原因。伐木者说："不成材的散木，毫无用处。"

庄子对弟子说："此树因为不材，得以终其天年。"

夫子走出山中，到达市邑，投宿于友人之家。友人喜悦，置备酒肉，命僮仆杀鹅招待。僮仆请示说："一只鹅能鸣叫，一只鹅不能鸣叫，请问杀哪只?"主人公说："杀不能鸣叫那只。"

第二天，弟子问庄子说："昨天山中之树，因为不材得以终其天年；主人之鹅，因为不材被杀。先生将如何抉择?”

庄子笑着说:“我将处于材与不材之间。不过材与不材之间，近似真道而非真道，所以未能免于患累。若能乘道循德而沉浮遨游，则可免于患累。致无赞誉致无非毁，一时如龙一时如蛇；因应时势随时变化，而不肯固执行为；一时下行一时上行，以与外物和谐为量度。沉浮遨游于万物之祖，驾驭外物而不被外物驾驭，那样如何会有患累呢？这是神农、黄帝的法则。至于众人的俗情、人伦的传统却非如此：和合必被离间，有成必被非毁，锋利必被钝挫，尊贵必被损亏，有为必被物议，贤良必被谋算，不肖必被欺辱，如何得以必免患累呢？可悲啊！弟子记住！唯有顺道循德方能免于患累!”

校注

[1] 内七篇庄子四章，均在篇末。本篇开篇即为庄子章，章法同于蔺撰《曹商》(略同蔺撰《寓言》、《至乐》开篇卮言章之后即为庄子章)，异于内七篇。

[2] 不材、散木：均见《人间世》。

【校勘】“不材之散木”五字旧脱。王叔岷、张默生据《事类赋》一九《禽部二》注引校补。

[3] 雁：鹅。鹅鸣一如犬吠，有示警之用。

【校勘】“夫”下旧脱“子”字(陈鼓应断“夫”字属上句)。据陆释或本作“夫子”、成疏“门人呼庄子为‘夫子’”、《文选》卢谌《赠刘琨并书》李善注引、第九章蔺且称庄子为“夫子”校补(参看《泰初》辨析二)。○“出于山”下旧脱“及邑”二字，刘文典据《吕览·必己》、《艺文类聚·鸟部》、《太平御览》九一七引文校补。○“故人喜”下旧脱“具酒肉”三字，刘文典据《吕览·必己》、《太平御览》九一七引文校补。○“享”旧讹为“亨”，误作“烹”，王念孙、王叔岷、陈鼓应据《吕览·必己》校正。○“主人”下旧脱“公”字，刘文典据《吕览·必己》、《太平御览》九一七引文校补。

［4］【校勘】“主人之雁”前旧衍“今”字。王叔岷：“木与雁皆昨日之事，不当有‘今’字。《吕览》、《文选》注、《艺文类聚》、《意林》、《太平御览》、《古今事文类聚》、《古今合璧事类备要》、《韵府群玉》一五引此，皆无‘今’字。”

［5］处乎材与不材之间：“间世”（参看《人间世》题解）。

似之而非也，故未免乎累：仅知“间世”（保身俗谛），未免患累。

［6］若夫乘道德而浮游，则不然：乘道循德，方免患累。义同《人间世》“乘物以游心（于道）”。〇以上先言：仅达保身俗谛，仍有患累；兼达葆德真谛，方免患累。以下分别展开：身形“乘物”而“外化”，德心“游道”而“内不化”。魏撰《知北游》“古之人外化而内不化”。

［7］一龙一蛇：龙扣“材”，蛇扣“不材”。龙、蛇均喻因应外境的推移屈伸。

与时俱化，而无肯专为：魏撰《秋水》“无一尔行”，或撰《天地》“与物化而未始有恒”，杂篇《子张》“无专尔行”（《秋水》辨析三）。

【校勘】“一下一上”旧误倒为“一上一下”。姚鼐、俞樾、王叔岷以“上”、“量”为韵校正。

［8］浮游乎万物之祖：义同《人间世》“游心（于道）”，《大宗师》“游于物之所不得遁而皆存”。参看蔺撰《达生》“游乎万物之所终始”，魏撰《田子方》“游心于物之初”。

［9］物物、不物于物：前“物”均为动词，训驾乘、役使；后“物”均为名词，训外物、外境。

物物而不物于物：驾乘（役使）外物而不被外物驾乘（役使）。“物物”即“乘物”（《人间世》），“不物于物”即“游心（于道）”（《人间世》）。〇《管子·内业》：“君子使物，不为物使。”《荀子·解蔽》：“精于物者以物物，精于道者兼物物。”

［10］此神农、黄帝之法则也：庄子自“道”己德，把庄学二谛，均托于古人。庄子不斥神农、黄帝，仅斥尧舜以下俗君。

［11］人伦之传：尧舜开启的庙堂人道。

［12］合则离：“合”言外物之状，“离”言信奉人道者所为。义同“他人合，则彼离之”。七句句法皆同。前六句言“材之患”（《人间世》），第

七句言“不材之患”（内七篇未言）。

廉：锋利。王叔岷：“伪《关尹子·九药篇》：‘锐斯挫矣。’廉、锐皆利也。成疏以廉为清廉，非也。”〇伪《关尹子》义本《老子》“挫其锐”。又《老子》“廉而不刿”，意为锋利而不伤人。

【校勘】“尊则亏，有为则议”旧误倒为“尊则议，有为则亏”。王叔岷据《吕览·必己》“尊则亏”及《淮南子·说林训》“有为则议”校正。

［13］胡可得而必乎哉：必，必然。信奉人道，结果不必然。〇参看魏撰《外物》“外物不可必”。

［14］其唯道德之乡：乡，兼训“向”。唯有向慕天道，因循内德。〇“道”生万物，“德”由道施，二名异义。内七篇无“道德”连用之例（《老子》亦然），外杂篇十五见：魏牟版外篇五见（蔺撰《山木》三，魏撰《庚桑楚》、《天下》各一），刘安版新外篇十见（《骈拇》三、《马蹄》二、《刻意》一、《天道》四）。

●第一庄论间世章：著录庄事，抉发《人间世》“间世”奥义、内七篇的真俗二谛。

二

市南宜僚见鲁侯，鲁侯有忧色。[1]

市南子曰：“君有忧色，何也？”

鲁侯曰：“吾学先王之道，修先君之业；吾敬鬼尊贤，亲而行之，无须臾居[2]**，然不免于患，吾是以忧。”**[3]

市南子曰：“君之除患之术浅矣[4]**！夫丰狐文豹，栖于山林，伏于岩穴，静也**[5]**；夜行昼居，戒也；虽饥渴隐约，犹且胥疏于江湖之上而求食焉，定也**[6]**；然且不免于网罗机辟之患**[7]**。是何罪之有哉？其皮为之灾也**[8]**！今鲁国独非君之皮邪？**[9]**吾愿君刳形去皮，洗心去欲**[10]**，而游于无人之野。**

“南越有邑焉，名为建德之国[11]**。其民愚而朴，少私而寡**

欲；知作而不知藏[12]，予而不求其报[13]；不知义之所适，不知礼之所将[14]；猖狂妄行，乃蹈乎大方[15]；其生可乐，其死可葬。吾愿君去国捐俗，与道相辅而行。”

君曰：“彼其道远而险，又有江山，我无舟车，奈何？”

市南子曰：“君无形倨，无留居，以为君车。”

君曰：“彼其道幽远而无人，吾谁与为邻？吾无粮，我无食，安得而至焉？”

市南子曰：“少君之费，寡君之欲，虽无粮而乃足。君其涉于江而浮于海，望之而不见其崖，愈往而不知其所穷。送君者皆自崖而返，君自此远矣[16]。故有人者累，见有于人者忧[17]。故尧非有人，非见有于人也。吾愿去君之累，除君之忧，而独与道游于大漠之国。”[18]

今译

市南宜僚拜见鲁侯，鲁侯面有忧色。

市南子问：“君侯面有忧色，这是为何？”

鲁侯说：“我学习先王之道，修治先君之业；我敬奉鬼神尊重贤人，亲身践行，从未懈怠，然而不能免于患累，我因此忧虑。”

市南子说：“君侯去除患累的方术太浅陋了！丰美的狐狸，文采的豹子，栖息于山林，隐伏于岩洞，有静之德；黑夜出猎，白昼安居，有戒之德；虽然饥渴难耐，仍然极少在江湖之中寻找食物，有定之德；然而仍然不免于网罗机关之患。它们有何罪过呢？只是皮毛招灾！如今鲁国难道不是君侯的皮毛吗？我愿君侯超越身形去除外皮，洗濯德心节制嗜欲，遨游于不奉人道的荒野。

“南越有个地方，名叫建德之国。那里民风愚钝而素朴，私心极少而嗜欲甚寡；只知劳作而不知贮藏，只知给予而不求回报；不知人道之义为己当适，不知人道之礼为己当从；恣睢自适，就是躬行天道；他们生而快乐，死得安葬。我愿君侯离开邦国捐弃俗世，与道相辅同行。”

鲁侯说："那里路远而且危险，又有江河山川阻隔，我没有合适车船，如之奈何？"

市南子说："君侯不要身形倨傲，不要留恋俗位，就是君侯的车船。"

鲁侯说："那里偏僻遥远而且荒无人烟，我与谁作伴？我没有米粮，没有食物，怎能到达那里？"

市南子说："减少君侯的靡费，节制君侯的嗜欲，即使没有米粮也足以成行。君侯只需渡过江河而浮游大海，远望而看不见此岸，愈行而愈不知穷尽。送君远行者都从海岸返回，君侯从此独自远行。所以役使他人者必有患累，被他人役使者必多忧愁。所以唐尧不愿役使他人，也不愿被他人役使。我愿君侯去除役使他人之累，去除被人役使之忧，而独自与道同游于广漠之野。"

校注

［1］市南宜僚：春秋末年楚人，姓熊，名宜僚，住市南。鲁侯：寓言不宜坐实。

［2］先王之道：上扣"人伦之传"。

【校勘】郭象误读原文，而于"居"前妄增"离"字。俞樾、王叔岷据崔譔本校删。○俞樾："崔譔本无'离'字，而以'居'字连上句读，当从之。《吕览·慎人篇》'胼胝不居'，高诱训'居'为'止'。'无须臾居'者，无须臾止也，正与上句'行'字相对成义。学者不达'居'字之旨，而习于《中庸》'不可须臾离'之文，遂妄加'离'字，而'居'字属下读，失之矣。郭注曰：'居然自得此行。'非是。"

［3］不免于患：上扣"未免乎累"。

［4］君之除患之术浅矣："术"字贬斥鲁侯所言"先王之道"非道。○参看《养生主》辨析五"道↘术↘方↘技"，《天下》辨析一"道术↘方术"。

［5］丰狐文豹：义同《人间世》"文木"。隐喻鲁侯。

［6］犹且：仍然。胥xū疏：稀疏。胥，通"稀"。

【校勘】"且"旧讹为"旦"。宣颖、苏舆、王先谦、刘文典、陈鼓应据唐写本校正。○旧或“旦胥”连读，释“胥”通“夕”，义不可通，且与上句“夜行昼居”抵牾。

［7］不免于网罗机辟之患：上扣“不免于患”。

［8］其皮为之灾也：演绎《应帝王》“虎豹之文来畋”、《人间世》“材之患”。

［9］今鲁国独非君之皮邪：点破“丰狐文豹”隐喻鲁侯，狐豹之皮隐喻鲁国。

［10］刳kū形去皮：自“道”己德。《大宗师》“离形去知”，《德充符》“才全而德不形”。

洗心去欲：义同“洗我以善”(《德充符》)，“息黥补劓”(《大宗师》)，“雕琢复朴”(《应帝王》)。魏撰《知北游》“疏瀹尔心，澡雪尔精神”承之。○丰狐文豹（鲁侯）虽有“夜行昼居”之“戒”，“胥疏求食”之“定”，但无“刳形去皮，洗心去欲”之“慧”。后世佛徒译经，“戒定慧”名相承此。

【校勘】“洗”旧讹为“洒”。据陆释一本作“洗”、《易・系辞》“圣人以此洗心，退藏于密”校正。

［11］南越：譬解质朴无文之国。义本《逍遥游》“宋人资章甫而适诸越，越人断发文身，无所用之”。

建德之国：虚拟国名，暗扣《老子》“建德若偷”。“建”同“立”。立“德”而不立“仁义”，以德进道。

［12］知作而不知藏：积藏货财，必招盗贼。《老子》“多藏必厚亡”。或撰《胠箧》“世俗之所谓知者，有不为大盗积者乎？”

［13］予yǔ而不求其报：《人间世》“何作为报也？莫若为致命”。

【校勘】“予”旧多作“与”。王叔岷据唐写本作“予”校正。

［14］不知义之所适，不知礼之所将：将，顺从。二句分斥庙堂“义”、“礼”。

【辨析一】蔺撰《寓言》“劝公以其私”，贬斥庙堂伪道拔高“私义”为“公义”。蔺撰《山木》“不知义之所适”，蔺撰《至乐》“义设于适”，抉发庄学“适↘义”之辨：江湖真道以“自适其适”为“义”，以“适人之适”为“不义”；庙堂伪道以“自适其适”为“不义”，以“适人之适”为“义”。

○魏撰《外物》所引庄言“事果乎众宜”，或撰《天地》所引庄言“大小长短修远，各得其宜”。“宜”同“义”。

［15］猖狂妄行：义同《大宗师》“恣睢”、“自适”，魏撰《外物》所引庄言“流遁之志，决绝之行”、“覆坠而不返，北驰而不顾”。○参看魏撰《庚桑楚》“百姓猖狂不知所如往”，或撰《在宥》“猖狂不知所往”。

【辨析二】“大方”，“道术”(《大宗师》）变文，本于《老子》“大方无隅”。与“道枢”、“环中”、“天均”(《齐物论》)、“大均”(《管仲》）相对，意为据“方”求“圆”。魏撰《秋水》“吾长见笑于大方之家”，魏撰《则阳》“在物一曲，夫胡为于大方”，魏撰《管仲》“知大方”、“大方体之”，“大方”均承蔺撰《山木》。大方（道术）不偏于一方一隅，小方（方术）偏于一方一隅。参看《养生主》辨析五“道↘术↘方↘技”,《天下》辨析一“道术↘方术”。

［16］君自此远矣：“遥”达彼道。○参看魏撰《田子方》“远矣，全德之君子”，魏撰《管仲》“其后而日远矣”，魏撰《则阳》“其于人心者，若是其远也”。

［17］有人：役人。见有于人：被役于人。二句之义：役人者累，被役于人者忧。

［18］宜僚之言至此终，旧断多含下章。王叔岷驳正：“以下乃作者申论之辞。”

●第二宜僚论道章：譬解首章所引庄言“物物而不物于物”，抉发内七篇“自适其适而不适人之适、役人之役”奥义。

三

方舟而济于河[1]，有虚船来触舟，虽有惼心之人，终不怒也[2]。忽有一人在其上，则一呼张之，一呼歙之[3]。一呼而不闻，再呼而不闻，于是三呼也，则必以恶声随之。向也不怒而今也怒，向也虚而今也实。人能虚己以游世，其孰能害之？[4]

今译

有人驾舟渡河，若有空船撞来，即便此人天性急躁，终究不会发怒。忽见有人在船上，就会大喊对方左避，大喊对方右避。一喊对方不听，二喊对方不听，那么三喊必出恶声。起初不怒而后来发怒，是因为起初以为空船而后来知道并非空船。人能虚己而游世，那么谁能害他？

校注

［1］方舟：两舟相并曰方舟。济于河：渡于河。

［2］虽有惼biǎn心之人，终不怒也：惼，同“褊”biǎn，气量狭小，急躁。句义略同蔺撰《达生》“虽有忮心者，不怨飘瓦”。

【校勘】“终”、“也”二字旧脱。刘文典、王叔岷据《太平御览》七六八、《事类赋》一六注引校补。

［3］呼：大喊。张之：划开船。歙xī之：靠拢船。大喊对方左避或右避。

【校勘】“忽”字旧脱。刘文典、王叔岷据《太平御览》七六八、《事类赋》一六注引校补。○又脱“一”、“之”、“一呼”四字，马叙伦、刘文典据《北堂书钞》一三七引文校补。

［4］虚己以游世：无己丧我，乘物游心。魏撰《列御寇》“虚而遨游”承之。○佛学亦以“乘舟”为喻，自脱苦海为“小乘”，助人脱离苦海为“大乘”。

●第三驾乘虚舟章：抉发《人间世》“乘物以游心（于道）”、“先存诸己”的个体“小乘”奥义。

四

北宫奢为卫灵公赋敛以为钟[1]，为坛乎郭门之外，三月而成上下之悬。[2]

王子庆忌见而问焉，曰："子何术之设？"[3]

奢曰："一之间，无敢设也[4]。奢闻之：'既雕既琢，复归于朴。'[5] 侗乎其无识，傥乎其怠痴[6]；芴乎芒乎，其送往而迎来；来者勿禁，往者勿止[7]；从其强梁，随其曲附，因其自穷也[8]。故朝夕赋敛而毫毛不挫，而况有大途者乎？"[9]

今译

北宫奢为卫灵公征收赋税铸造编钟，建造祭坛于城门之外，三月速成上下悬挂编钟的双层祭坛。

吴国王子庆忌见了问他，说："你设计了什么奇妙方术？"

北宫奢说："只知顺应天道，不敢私设人术。吾闻至人箴言：'既被人道黥劓雕琢，德心应当复归纯朴。'我诚实如同无识，正直如同呆痴；恍恍惚惚，送往迎来；愿意缴赋不予拒绝，不愿纳税也不阻止。听从倔强者，随顺曲附者，因任众人各自尽力。所以从早到晚征收赋税而毫发无损，何况有大道在自然运行呢？"

校注

[1] 北宫奢：虚构至人。卫灵公：已见《人间世》、《德充符》。

[2] 坛：祭坛。上下之悬：祭坛悬挂上下双层编钟。

[3] 王子庆忌：吴王僚之子。

子何术之设：以为其设人术，不知其循天道。○《养生主》辨析五"道↘术↘方↘技"。

[4] 一之间，无敢设也：顺应道一，不敢私设人术。

[5] 奢闻之：蔺且闻于乃师庄子的寓言式表达。

既雕既琢，复归于朴：上扣"刳形去皮，洗心去欲"。抉发《应帝王》"雕琢复朴"之义。新外篇《缮性》"返其情性而复其初"，杂篇《泰初》"性修返德，德至同于初"承之。

［6］侗dòng：诚实。傥tǎng：正直。佁ǎi：通“呆”ái。

【校勘】“佁痴”旧作“怠疑”，“怠”通“佁”。“疑”通“癡”（痴）。○王念孙：“‘怠疑’义近‘佁儗’。《说文》：‘佁，痴貌。’”

［7］芴乎芒乎：语出先秦《老子》“芴兮芒兮”（汉后《老子》改为“惚兮恍兮”）。○四句演绎《应帝王》“至人之用心若镜，不将不迎，应而不藏，故能胜物而不伤”。

【校勘】“芴”（即“恍惚”之“惚”），旧讹为“萃”。奚侗、王叔岷据《至乐》“芒乎芴乎”、《天下》“芒乎何之，芴乎何适”、成疏“芒昧恍惚”校正。

［8］【校勘】“附”旧作“傅”，后讹为“傳”（传）。刘文典、王叔岷据陆释本、司马彪本、《太平御览》六二七引文均作“傅”校正。陆释：“傅，音附。司马云：谓曲附己者，随之也。”○“因其自穷”下旧脱“也”字。刘文典、王叔岷据唐写本校补。

［9］大途：大道。坛之速成，并非私设有为人术，而是顺应无为天道的自然运行。

●第四北宫筑坛章：抉发《人间世》“乘物以游心（于道）”、“后存诸人”的群体“大乘”奥义。

五

孔子围于陈蔡之间，七日不火食。[1]

太公任往吊之曰[2]**：“子几死乎？”**

曰：“然。”

“子恶死乎？”

曰：“然。”

任曰：“予尝言不死之道。东海有鸟焉，其名曰意怠[3]**。其为鸟也，翂翂翐翐，而似无能**[4]**；引援而飞，迫胁而栖**[5]**；进不敢为前，退不敢为后；食不敢先尝，必取其绪**[6]**。是故其行列**

不斥，而外人卒不得害，是以免于患[7]。直木先伐，甘井先竭[8]。子其意者饰知以惊愚，修身以明污，昭昭乎如揭日月而行，故不免也[9]。昔吾闻之大成之人曰：'自伐者无功。'[10]功成者隳，名成者亏[11]。孰能去名与功，而还与众人同[12]？道流而不明居，德行而不名处[13]；纯纯常常，乃比于狂[14]；削迹捐势，不为功名。是故无责于人，人亦无责焉。至人不闻，子何喜哉？"[15]

孔子曰："善！"[16]辞其交游，去其弟子，逃于大泽；衣裘褐，食芧栗；入兽不乱群，入鸟不乱行[17]。鸟兽不恶，而况人乎？

今译

孔子被围困在陈国、蔡国之间，七天没有生火做饭。

太公任前往慰问他说："你快饿死了吧？"

孔子说："是的。"

太公任说："你怕死吗？"

孔子说："是的。"

太公任说："我尝试对你言说不死之道。东海有一种鸟，名叫意怠。这种鸟啊，飞行舒迟，好似无能；互相援引而后飞翔，互相紧靠而后栖息；前行不敢居前，后退不敢在后；进食不敢先吃，只取食物残屑。因此行列不乱，而外人终难加害，所以免于祸患。笔直的树木先遭砍伐，甘甜的井水先被汲空。你意欲文饰己知以惊吓愚钝的民众，修养己身以彰显他人的污浊，自矜光明如同手举日月而行，所以不免祸患。从前我闻教于大成至人：'自矜之人必无事功。'自矜成功者必定崩折，自矜成名者必定亏德。谁能摈弃声名与事功，而返还真德与众人相同？天道流转而不见其形，真德躬行而不显于外；纯朴庸常，狷狂自适；削去形迹，捐弃权势，不求功名。因此不苛责他人，他人也不苛责你。至人不欲名闻，你为何自喜声名？"

孔子说："敬领教诲！"辞别故交旧游，遣散弟子，逃入江湖；穿粗衣，食野果；走入兽群而兽不乱跑，接近鸟群而鸟不乱飞。鸟兽也不厌恶，何况人呢？

校注

［1］围于陈蔡之间，七日不火食：事见《论语·卫灵公》“在陈绝粮”。前491年至前489年，孔子61岁至63岁在陈出仕，事陈湣公。前489年吴伐陈，孔子去陈，至陈、蔡之间被围绝粮，差点饿死。

［2］太公任：虚构至人，庄子化身。任，因任天道。吊之：慰问之。

［3］意怠：鷾鸸（陆西星、马叙伦）。参看下章陆释：“鷾鸸，燕也。”

［4］翂翂 fēn 翐翐 zhì，而似无能：燕子飞翔舒迟。

［5］引援而飞，迫胁而栖：燕子雌雄双飞。

［6］绪：残余（司马彪、王念孙）。

［7］外人卒不得害，是以免于患：上扣“孰能害之”、“免于患”。

【辨析三】本章“意怠”，即下章“鷾鸸”（燕子），被四境动植象征定位于“小知”（《应帝王》“鷾鸸子”亦然）。至人太公任贬斥大知孔子不能“保身”（小知鷾鸸尚能），遑论“葆德”，章法全同蔺撰《达生》斥孔“修汝所以（保身），而后载言其上（葆德）”。因此“保身”仅是庄学俗谛，“葆德”才是庄学真谛。旧多根据本章，谬解“保身”为庄学宗旨，不合庄义。

［8］直木先伐，甘井先竭：上扣首章“此木以不材，得终其天年”。○《墨子·亲士》：“甘井近竭，招木近伐。灵龟近灼，神蛇近暴。彼人者，寡不死其所长。”

［9］修身：贬斥孔子修剪自身真德，义本《人间世》贬斥关龙逄、比干“修其身”。参看《田子方》贬斥孔子“修心”，主张“至人不修”（《田子方》辨析二）。○“饰知以惊愚”三句，又见蔺撰《达生》末章，形容孙休（孔子化身）。

［10］大成之人：隐指老聃。自伐者无功：语本《老子》“自见者不明，自是者不彰，自伐者无功，自矜者不长”。自见、自是、自伐、自矜，义同。

［11］功成者隳 huī，名成者亏：义同《齐物论》“道隐于小成”。

【校勘】“隳”旧作“堕”huī，字通。奚侗、刘文典、王叔岷据道藏成疏本、褚伯秀本、覆宋本及成疏、《管子·白心》校正。“隳”、“亏”为韵。

［12］去名与功：上文“虚己”演绎《逍遥游》“至人无己”，此又演绎《逍遥游》“圣人无名”、“神人无功”。

还与众人同：演绎《齐物论》“不用而寓诸庸”。

【校勘】“名与功”旧误倒为“功与名”，“还与众人”下脱“同”。奚侗、刘文典、王叔岷据《管子·白心》校正。“功”、“同”为韵。

［13］明居、名处：同训，避复而错综为文。

【校勘】“德”旧讹为“得”。吕惠卿、褚伯秀据成疏校正。○郭象“居”属下读（郭庆藩、刘文典同），吕惠卿、林疑独、褚伯秀、奚侗、宣颖、王先谦、吴汝纶、马其昶、钱穆、王叔岷、陈鼓应、方勇、陆永品校正。○褚伯秀：“郭氏于‘明’下着注，故后来解者不越此论，惟吕惠卿、林疑独二家，从‘居’、从‘处’为句。”

［14］纯纯常常：纯朴守常，上扣“还与众人同”。乃比于狂：循德自适，上扣“猖狂妄行”。

［15］至人不闻，子何喜哉：喜，自喜，上扣“自伐”。演绎《德充符》斥孔“祈以諔诡幻怪之名闻”。

［16］【校勘】“善”下旧衍“哉”字。刘文典、王叔岷据唐写本、《文选》谢灵运《游赤石进帆海》诗注引校删。○“善”为下对上之受教。尊孔后儒妄增“哉”字，反转为上对下之嘉勉。《让王》韩昭僖侯受子华子教诲后称“善”，尊君后儒亦妄增“哉”字。

［17］入兽不乱群，入鸟不乱行háng：《论语·微子》：“长沮、桀溺耦而耕。孔子过之，使子路问津焉。（此下为长沮、桀溺讽孔之言。）子路行以告。夫子怃然曰：‘鸟兽不可与同群，吾非斯人之徒与，而谁与？天下有道，丘不与易也。’”二句反向演绎孔言“鸟兽不可与同群”，使实际孔子由鲲化鹏，变成真际孔子。○蔺撰《达生》第二章、第十二章，亦反向演绎《论语》“知津”、“披发左衽”。

●第五太公教孔章：仿拟内七篇“孔子改宗”范式，前射蔺撰《寓言》“孔子始时所是，卒而非之”。“不与鸟兽同群”的实际孔子，变成“与鸟兽同群”的真际孔子。

六

孔子问子桑雽曰[1]："吾再逐于鲁[2]，伐树于宋[3]，削迹于卫[4]，穷于商周[5]，围于陈蔡之间。吾犯此数患[6]，亲交益疏，徒友益散，何欤？"

子桑雽曰："子独不闻殷人之亡欤[7]？林回弃千金之璧，负赤子而趋。或曰：'为其布欤？赤子之布寡矣[8]。为其累欤？赤子之累多矣。弃千金之璧，负赤子而趋，何也？'林回曰：'彼以利合，此以天属也。'[9]夫以利合者，迫穷祸患害，相弃也；以天属者，迫穷祸患害，相收也。夫相收之与相弃，亦远矣。且君子之交淡若水，小人之交甘若醴；君子淡以亲，小人甘以绝[10]。彼无故以合者，则无故以离。"[11]

孔子曰："敬闻命矣！"徐行徜徉而归，绝学捐书，弟子无揖于前，其爱益加进。[12]

异日，桑雽又曰："舜之将死，乃命禹曰[13]：'汝戒之哉！形莫若缘，情莫若率[14]；缘则不罹，率则不劳。不罹不劳，则不求文以待形；不求文以待形，固不待物。'"[15]

今译

孔子问子桑雽说："我两次被逐离鲁，被宋人砍掉倚靠的大树，被卫人铲除留下的足迹，在商周故地陷于穷途，在陈蔡边界遭到围困。我遭遇诸多祸患，亲属故交日益疏远，弟子朋友日益离散，是何缘故？"

子桑雽说："你难道没听说过殷地的逃亡者吗？林回抛弃千金之璧，背负婴儿逃亡。有人问他：'你想图利吗？婴儿值钱不多。你想免累吗？婴儿拖累很大。抛弃千金之璧，背负婴儿逃亡，是何缘故？'林回说：'玉璧与我因利相合，婴儿与我因天相属。'因利相合，迫于穷祸患害，就会相互离弃；因天相属，迫于穷祸患害，就会相互收容。相互收容与相互离弃，差别甚远。况且君子相交恬淡如水，小人相交浓烈如酒；君子恬淡而亲密，小人浓烈而绝情。他们不循故德与你相合，就会不循故德与你相离。”

孔子说：“敬闻教诲！”慢行缓步而归，弃绝人道之学，捐弃庙堂之书，不要弟子侍奉在前，弟子敬爱日益增进。

另外一天，桑雽又说：“虞舜临死，训诫夏禹说：‘你要戒惧啊！身形不妨随缘，性情务必率真；身形随缘就不罹患，性情率真就不劳心；外不罹患内不劳心，就不求文饰以倚待外形；不求文饰以倚待外形，必然不倚待外物。’”

校注

［1］子桑雽hù：虚构至人，庄子化身（仿拟《大宗师》子桑户）。《大宗师》“子桑户”，本于孔子同时的“子桑伯子”。○王叔岷认为本章至篇末各章：“本不同在一篇，乃郭象所合并者。”未言依据。

［2］再逐于鲁：前517年至前516年，孔子35岁至36岁至齐，两年后无功而返；前497年至前484年，孔子55岁至68岁周游列国，十四年后无功而返。

［3］伐树于宋：前492年，孔子60岁去卫，赴陈，过宋，宋司马桓魋tuí欲杀孔子未果，伐倒孔子师徒曾于其下习礼之大树。

［4］削迹于卫：卫人削去孔子留下的足迹，其年不详。

［5］穷于商周：前496年，孔子56岁去卫，过宋（即“商”），匡人以其貌似阳虎而围之，后知误会而解围。

［6］围于陈蔡之间：已见上章。○本章贬斥实际孔子悖道妄行而自招“数患”，魏撰《让王》、《盗跖》，或撰《天运》，杂篇《渔父》承之。

［7］子独不闻殷人之亡欤：孔子为殷之亡人后裔，子桑雽遂以殷之亡人讽谕之。

【校勘】“殷”旧讹为“假”，形近而讹。旧释“假”为国名，史籍未见假国。马叙伦厘正。○马叙伦：“‘假’为‘殷’字之误，殷即宋也。疑谓宋偃王暴虐，其民有逃亡者。”

［8］布：财帛。古有布币。

［9］彼以利合，此以天属：彼，千金之璧。此，赤子（林回之子）。外物与人，以利相合。赤子与父，以天相属。〇《人间世》：“子之爱亲，命也，不可解于心。”

［10］“君子”、“小人”四句：义同《礼记·表记》“君子之接如水，小人之接如醴；君子淡以成，小人甘以坏”。

［11］彼无故以合者，则无故以离：不循故德而合，也会不循故德而离。【辨析四】“故”非后世常义，而是庄学名相“故德”（或撰《天地》所引庄言），即初始真德。因循真德属“有故”，不循真德属“无故”。〇《墨子·经说上》：“小故，有之不必然，无之必不然。大故，有之必然。”“以天属”即因循“故德”而相属，是“有之必然”的“大故”（庄学视为“有故”，俗见视为“无故”）。“以利合”，则是“有之不必然”的“小故”（庄学视为“无故”，俗见视为“有故”）。《齐物论》“至人不知利害”，即谓至人超越利害“小故”，以真德“大故”为安生立命之本。

［12］【校勘】徜徉，旧或作“翔佯”（《寓言》、《知北游》作“强阳”）。胡怀琛：“今通作徜徉。”〇“揖”旧讹为“挹”，形近而讹。据成疏“无揖让之礼”校正。

［13］【校勘】“乃命”旧讹为“真泠”。王引之、刘文典、王叔岷、陈鼓应据唐写本、覆宋本及成疏“教命大禹”校正。

［14］形莫若缘，情莫若率：《人间世》蘧伯玉之言“形莫若就，心莫若和”变文。〇子桑雽“异日”所言，受教者仍是孔子，撰者隐晦不言，而以二句前射《人间世》蘧伯玉之言，暗示《人间世》之蘧伯玉实为孔子替身。其旨隐微，唯有明乎蔺撰诸篇无不抉发内七篇奥义，方可意会。

［15］固不待物：抉发内七篇“无待”奥义：不待外物，独待天道。

●第六子桑教孔章：继续仿拟内七篇“孔子改宗”范式，前射蔺撰《寓言》“孔子始时所是，卒而非之”。“以利合”的实际孔子，变成“以天属”的真际孔子。

七

庄子衣大布之衣而补之[1]，正緳系履而过魏王。[2]

魏王曰："何先生之惫邪？"

庄子曰："贫也，非惫也[3]。士有道德不能行，惫也；衣弊履穿，贫也，非惫也[4]。此所谓非遭时也[5]。王独不见夫腾猿乎？其得楠梓榆樟也，揽蔓其枝而王长其间，虽羿、逢蒙不能眄睨也[6]。及其得柘棘枳枸之间也，危行侧视，振动悼栗[7]。此筋骨非有加急而不柔也，处势不便，未足以逞其能也[8]。今处昏上乱相之间，而欲无惫，奚可得邪[9]？此比干之见剖心，征也夫！"[10]

今译

庄子身穿打着补丁的粗布衣，用麻绳系着草鞋而过访魏王。

魏惠王说："先生为何如此困顿？"

庄子说："只是贫穷，并非困顿。士人不能顺道循德而行，才是困顿。衣破鞋烂，只是贫穷，并非困顿。这是人们所言的不遇有道之世。君王难道不曾见过腾跃的猿猴吗？猿猴处身于高大乔木楠、梓、榆、樟之间，就能攀揽树枝而成森林之王，即便后羿、逢蒙也不敢轻视。等到猿猴处身于多刺灌木柘、棘、枳、枸之间，只能慎行侧目，惊惶失措。这并非筋骨僵硬而不再柔软，而是所处时势不便，不足以发挥才能。如今我身处昏君乱相之间，想要不困顿，怎么可能呢？如同比干被剖心，正是时势险恶的征象！"

校注

[1] 大布：粗布。

【校勘】"之衣"二字旧脱。王叔岷据《太平御览》六八九、《事类赋》

一二注引校补。

［2］正縻xié系履而过魏王：縻，麻绳。魏惠王，前369—前319在位。○庄过魏王，其事当在自宋至魏初识惠施（魏撰《秋水》）之后。

［3］贫：身形贫穷。惫：德心困顿。○上二章谓孔子悖道而行，不仅身形贫穷，而且德心困顿。本章谓庄子顺道而行，身形虽然贫穷，德心并不困顿。

［4］"士有道德不能行"五句：义同魏撰《让王》"无财谓之贫，学道而不能行谓之病"。

［5］此所谓非遭时也：顺道循德者，遭逢无道之时才会贫穷，遭逢有道之世必不贫穷。

［6］楠nán梓zǐ榆樟：无刺乔木。榆樟：旧作"豫章"，字通。眄miǎn睨nì：斜视（轻视）。

"其得"三句：得其"正处"（《齐物论》）。

［7］柘zhè棘jí枳zhǐ枸jǔ：多刺灌木。

"及其得"三句：义同"游于羿之彀中"（《德充符》）。

［8］"处势不便"三句：义同"泉涸，鱼相与处于陆"（《大宗师》）。

［9］"今处昏上乱相之间"三句：贬斥庙堂俗君和倚待庙堂的大知小知。参看《曹商》辨析四。

［10］此比干之见剖心，征也夫：贤人比干被剖心，是处势不便的征象。

●第七庄斥魏王章：褒扬其师庄子顺道循德，身形尽管贫穷，德心并不困顿。

八

孔子穷于陈蔡之间，七日不火食［1］**，左据槁木，右击槁枝**［2］**，而歌炎氏之风**［3］**，有其具而无其数，有其声而无宫角，木声与人声，犁然有当于人之心。**［4］

颜回端拱，还目而窥之。［5］

仲尼恐其广己而造大也，爱己而造哀也[6]，曰："回，无受天损易，无受人益难[7]。无始而非卒也[8]，人与天一也[9]。夫今之歌者其谁乎?"[10]

回曰："敢问'无受天损易'?"

仲尼曰："饥渴寒暑，穷窒不行，天地之行也，运化之泄也[11]，言与之偕逝之谓也[12]。为人臣者，不敢去之。执臣而犹若是，而况乎所以待天乎?"[13]

"何谓'无受人益难'?"

仲尼曰："始用四达，爵禄并至而不穷，物之所利，乃非己也，吾命有在外者也[14]。君子不为盗，贤人不为窃。吾若取之，何哉？故曰：鸟莫知于鷾鸸[15]。目之所不宜，处不给视[16]，虽落其实，弃之而走。其畏人也，而袭诸人舍，社稷存焉尔。"[17]

"何谓'无始而非卒'?"

仲尼曰："化其万物而不知其禅之者[18]，焉知其所终？焉知其所始[19]？正而待之而已耳。"[20]

"何谓'人与天一'邪?"

仲尼曰："有人，天也；有天，亦天也[21]。人之不能有天，性也[22]。圣人晏然体逝而终矣。"[23]

今译

孔子穷困于陈蔡之间，七天不能生火做饭，左手扶着枯树，右手拍击枯枝，唱起炎帝的歌谣，击木为乐而无旋律，吟诵为歌而无音律，击木声与吟诵声，有序而合于人之德心。

颜回端正拱立在侧，回目而窥望其师。

仲尼担心颜回拔高老师而夸大，爱戴老师而哀伤，说："颜回啊，不受天命损益的影响较易，不受人运损益的影响较难。没有一种新的开始不是旧的结束，人应该与天合一。你知道如今唱歌的人是谁吗?"

颜回问："什么叫作'不受天命损益的影响较易'?"

仲尼说："饥渴寒暑，使人穷困窒塞难以畅行，是天地自然的运行，运动变化的必然，是说人应该与万物同逝返归天道。身为臣子之人，不敢离弃人道。臣子对于暂时倚待的人道尚且如此，何况对于终极倚待的天道呢？"

"什么叫作'不受人运损益的影响较难'？"

仲尼说："开始出仕就达于四方，爵禄均至而不再贫穷，这是外物之利，非关己身之德，吾人的天命受制于身外的天道。君子不做强盗，贤人不做窃贼，吾人若是妄取外物，如何成为君子贤人？所以说：鸟类之知莫过燕子。眼睛不该看的，身处其境也不看；即使树落果实，也放弃而飞走。燕子畏惧人类，却寄身于人类屋舍，存身于社稷廊庙。"

"什么叫作'没有一种新的开始不是旧的结束'？"

仲尼说："天道主宰万物的物化而人难尽知如何嬗变，人类怎能知晓何处是天道的终结？何处是天道的开始？唯有自正己身独待天道而止罢了。"

"什么叫作'人应该与天合一'？"

仲尼说："有人间祸福的变迁，由天道决定；有天赋物德的厚薄，也由天道决定。人难尽有天道，由物德低于天道的本性决定。因此圣人安然体道而终其天年。"

校注

［1］孔子穷于陈蔡之间，七日不火食：二句重言第五章。实际孔子经过第五章太公任、第六章子桑雽教诲而改宗天道，本章遂成真际孔子、庄学代言人。

［2］左据槁木，右击槁枝:《齐物论》"槁木"形容南郭子綦，此处移用于真际孔子。

［3］而歌炎氏之风:《吕览·古乐》所言"朱襄氏、葛天氏、阴康氏之乐"，即炎帝乐舞。○孔子改宗之后，不再褒扬尧舜。

【校勘】"炎"旧作"猋"，后讹为"焱"。王先谦、王叔岷据成疏"猋氏，神农也"、《天运》"猋氏"陆释一本作"炎氏"校正。

［4］宫角jué：伏羲族音阶为七音，黄帝族音阶为五音。黄帝族以其五

音宫商角徵羽，另加伏羲族变徵、变宫，实为七音，仍称“五音”，以合黄帝族五行说。

犁然有当dàng于人之心：犁然，有序。○真际孔子颂扬“以天属”之真德，上扣子桑雩批判“以利合”之伪德。

［5］“颜回”二句：暗示颜回不识真际孔子。

［6］“仲尼”二句：“广己”、“爱己”之“己”均指孔子，旧多误释为指颜回，义不可通。真际孔子担心颜回拔高实际孔子而夸大，爱戴实际孔子而哀伤。

［7］无受天损易，无受人益难：天，天命。人，人运。“损”、“益”二字，复义偏举，互文省略。

［8］无始而非卒：前射蔺撰《寓言》“孔子始时所是，卒而非之”，暗示本章孔子是改宗之后的真际孔子。

［9］人与天一也：人应该与天合一。义同蔺撰《达生》“与天为一”。此为真际孔子代言庄义。

［10］夫今之歌者其谁乎：再次暗示“今之歌者”是改宗之后的真际孔子。

［11］运化之泄：水之就下曰泄。以水必就下，譬解天道必然。

【校勘】“化”旧讹为“物”，刘文典据《庄子阙误》引江南古藏本校正。

［12］与之偕逝：与道偕逝，“遥”达彼道。参看或撰《天地》所引庄言“沛乎其为万物逝也”。《老子》谓道“逝曰远，远曰返”。

［13］待天：抉发《齐物论》“待彼”即“待道”。

“执臣”二句：义同《大宗师》“人特以有君为愈乎己，而身犹死之，而况其真乎?”

【校勘】“执臣”后旧衍“之道”二字，又脱“而”字。刘文典、王叔岷据唐写本校正。

［14］吾命有在外者也：天道之命，外在于个人意志。

【校勘】“有”旧讹为“其”，形近而讹。宣颖、王先谦、刘文典据唐写本校正。○《秋水》孔言“吾命有所制矣”，亦证本句孔言当作“吾命有在外者也”。

［15］鷾yì鸸ér：燕子（陆释）。抉发《应帝王》“鷾鸸子”即燕子之人格化。

鸟莫知于鷾鸸：古人采物候以定时令，燕归即春分（农耕重要节令），故云。《左传·昭公十七年》：“玄鸟氏，司分者也。”杜预注：“玄鸟，燕也。”《吕览·仲春》：“仲春之月，玄鸟至。”

［16］目之所不宜，处不给视：旧多断为“目之所不宜处，不给视”，义不可通。

［17］袭诸人舍，社稷存焉尔：抉发《人间世》“栎树寄社”奥义。

【校勘】“人舍”旧讹为“人间”，据郭注或本、成疏均作“人舍”校正。燕子筑巢于屋舍檐下，“人舍”准确，“人间”不确。〇《马捶》“复为生人之劳”，“生人”旧亦讹为“人间”，刘文典据成疏、《庄子阙误》引张君房本均作“生人”校正。两例均为误解《人间世》篇名者妄改。庄子之前汉语无“人间”一词，整部《庄子》未曾一见“人间”。

［18］化其万物而不知其禅之者：禅shàn，同“嬗”。天道主宰万物旧死新生地不断物化，然而人难尽知万物如何嬗变。抉发《大宗师》“万化未始有极，弊而复新”奥义。

［19］焉知其所终？焉知其所始：天道无终无始。

［20］正而待之：上扣“待天”。抉发《齐物论》“吾谁使正之？……待彼”，即言“待道”。

［21］有人，天也；有天，亦天也：有人间祸福的变迁，由天道决定；有天赋物德的厚薄，亦由天道决定。

［22］人之不能有天，性也：“性”同“德”。此承上句，乃谓天赋物德无论多厚，仍难尽知天道，因为物德低于天道。抉发《逍遥游》“知有聋盲”，《齐物论》“人固受其黮暗”，《养生主》“吾生也有涯，而知也无涯”。

［23］晏然：安然。体逝而终：体道而终。〇《老子》：“强字之曰道，强为之名曰大。大曰逝。”

●第八孔教颜回章：仿拟内七篇“孔子改宗”范式，让改宗天道的真际孔子充当庄学代言人。抉发内七篇“待彼”即“待道”、“天命高于人运”、“天道高于物德”、“人难尽知天道”等奥义。

【辨析五】内七篇、外杂篇“改宗”范式小异：内七篇让虚构至人、真际颜回教诲实际孔子改宗天道，再让真际孔子教诲子贡、闵子骞改宗天道。蔺撰五篇如《山木》、《达生》等，则让虚构至人教诲实际孔子改宗天道，再让真际孔子教诲实际颜回改宗天道。其他外杂篇承袭蔺撰五篇，进而让真际孔子教诲颜回、子贡、冉求等孔子弟子改宗。

九

庄周游于雕陵之樊[1]，睹一异鹊自南方来者，翼广七尺，目大运寸[2]，感周之颡，而集于栗林。[3]

庄周曰："此何鸟哉？翼殷不逝，目大不睹。"[4]蹇裳躩步[5]，执弹而留之。睹一蝉，方得美荫，而忘其身。螳螂执翳，且将搏之[6]，见得而忘其形。异鹊从而利之，见利而忘其真。[7]

庄周怵然曰："噫！物固相累，二类相召也。"[8]捐弹而返走。虞人逐而讯之。[9]

庄周返入，三日不逞。[10]

蔺且从而问之[11]："夫子何为顷间甚不逞乎？"

庄周曰："吾守形而忘身[12]，观于浊水而迷于清渊[13]。且，吾闻诸夫子曰[14]：'入其国，从其俗。'[15]今吾游于雕陵而忘身[16]，异鹊感吾颡；游于栗林而忘真，栗林虞人以吾为辱[17]；吾是以不逞也。"

今译

庄周游玩于雕陵的樊篱之外，见一奇异之鹊从南方飞来，翼展七尺，眼大径寸，翼尖扫过庄周的额头，而后停栖于栗树林。

庄周惊异自问："这是什么异鸟？翼展很广却不远飞，眼睛很大却不见人。"提起衣角快步跟去，手执弹弓准备射它。却见有一夏蝉，正得美妙树荫，而忘记身形危殆。螳螂借助树叶掩护，正要捕捉夏蝉，一见有得而忘记身形危殆。异鹊跟从而以为有利，一见利益而忘记真德危殆。

庄周惊惧说："唉！万物原本互相牵累，不同物类互相招杀。"扔掉弹弓而转身急走。栗林小吏追逐而后讯问庄子。

庄周回家，郁闷三日。

蔺且就问庄子："夫子为何近日非常郁闷呢？"

庄周说："我执守外物而忘记身形危殆，流连人道浊水而迷失天道清渊。蔺且啊，我曾闻吾师告诫说：'入于其国，易从其俗。'如今我游玩于雕陵而忘记身形危殆，异鹊之翼扫过我的额头；我又入游栗林而忘记真德危殆，栗林小吏又以为我偷盗而凌辱；我因此郁闷。"

校注

［1］游于雕陵之樊：抉发《人间世》"入游其樊"、《养生主》"不祈畜乎樊中"奥义。

［2］异鹊：《逍遥游》"大鹏"之生活原型。

翼广七尺：《逍遥游》"其翼若垂天之云"本此。

目大运寸：目大直径一寸（王念孙）。

［3］感周之颡sǎng：其翼扫过庄周之额。集于栗林：停栖于栗林。

［4］翼殷不逝：殷，大。反扣上章"圣人晏然体逝"、"与之偕逝"。

目大不睹：目大而仅见小利，不睹别物（"感周之颡"）。〇异鹊翼大目大，理应远观远逝，乍见小利即弃远逝，则是"拙于用大"（《逍遥游》）。

［5］褰qiān裳：提衣。躩jué步：快步。

【校勘】"褰"旧讹为"蹇"（跛行）。刘文典、王叔岷据《庄子阙误》引张君房本、道藏王元泽本、褚伯秀本、罗勉道本、《艺文类聚》九七、《白孔六帖》二九、《古今合璧事类备要》别集七二引文均作"褰"校正。

［6］【校勘】"且"旧讹为"而"，下又脱"将"字。刘文典据《太平御览》九四六、《艺文类聚》九七引文校正校补。

［7］身、形：身形。"忘其身"、"忘其形"义同。

真：真德（德心）。“忘其真”即忘其德心。

【辨析六】《齐物论》“真君”即德心。蔺撰《达生》“民几乎以其真”，魏撰《秋水》“是谓返其真”、《田子方》“葆真”、《盗跖》“全真”、《天下》“不离于真”，或撰《天运》“采真”，新外篇《天道》“极物之真”，杂篇《渔父》“慎守其真”、“法天贵真”，“真”均训“德”，无一训“身”。〇司马彪：“‘真’，身也。”王叔岷：“‘身’、‘真’同义。”均非。

［8］物固相累，二类相召：八字为庄子雕陵悟道之总纲。撰者用于总摄前八章：第一章“未免乎累”，第二章“不免于患”，第三章“孰能害之”，第四章“毫毛不挫”，第五章“卒不得害”，第六章“穷祸患害”，第七章“贫也非惫”，第八章“无受人损”。

【辨析七】本章著录的庄子雕陵悟道，可证庄学四境及其动植象征，均源于此：“树叶—夏蝉—螳螂—异鹊—栗树”，是自然生态链；“庄子—虞人—官守—诸侯—天子”，是人道等级链。《逍遥游》综合两者，把“树叶”变文为“朝菌”，象征“无知”；把“夏蝉”、“螳螂”变文为“蟪蛄”，象征“小知”；把“异鹊”变文为“大鹏”，象征“大知”；把“栗树”变文为“大椿”，象征“至知无知”。

［9］虞人：管林小吏。逐而讯之：追逐而讯问庄子。司马彪：“以周为盗栗也。”

【校勘】“讯”旧讹为“谇”，形近而讹。刘文典、王叔岷据唐写本及其郭注、陆释一本均作“讯”校正。

［10］逞：称心。“逞志”、“逞愿”、“不逞之徒”，均同此训。

【校勘】“日”旧讹为“月”。褚伯秀、王念孙据下文“顷间”、陆释一本作“三日”校正。〇“逞”（下二同）旧讹为“庭”。王念孙、王叔岷校正。

［11］蔺 lìn 且：庄子弟子，本篇撰者。即首章之“弟子”。

【辨析八】庄周游于雕陵，执弓弹雀，必非暮年，当属中年。蔺且生卒不详，据其师事中年庄子，直至庄子之死（蔺撰《曹商》庄子将死章），以及庄子（前369—前286）、庄子再传弟子魏牟（前320—前240）之生卒，推定约生于前340年，约卒于前260年，约小庄子三十岁，约长魏牟二十岁。

［12］吾守形而忘身：我守候外物之形，而忘自身之形。

［13］观于浊水：了解伪道俗见（义同《大宗师》“知人之所为”）。迷于清渊：迷失真道真知（义反《大宗师》“知天之所为”）。

［14］且：庄子称蔺且。夫子：庄子之师，其名不传。○后世道教徒称庄师为“长桑公”，于史无征。○成疏：“庄周师老聃，故称老子为‘夫子’也。”庄子距老聃两百年，不得师事。○阮毓崧：“‘夫子’，当即孔子。”尊孔后儒，以“夫子”为孔子专名（《泰初》辨析二），又谓庄学亦为儒门别传。

［15］入其国，从其俗：庄师教诲庄子，入于某国，必须了解该国风俗（“观于浊水”），但是不可盲从（“迷于清渊”）。○庄引师言，乃愧未明师教，导致“观于浊水”、“顺人失己”、“忘身忘真”。参看《外物》所引庄言“顺人而不失己”。

【校勘】二句旧作“入其俗，从其俗”，义不可通。郭庆藩、刘文典、王叔岷、陈鼓应、方勇、陆永品据《庄子阙误》引江南李氏本、郭注“不违其禁令”、成疏“达者同尘入俗，俗有禁令，从而行之”，校正为“入其俗，从其令”，当为郭象版原貌。○郭象版“从其令”不合庄义，遂有注家据《天下》“以与世俗处”改作“从其俗”。○然而旧解《天下》“以与世俗处”亦盲从郭象反注，不合庄义（《天下》辨析二八），今据《淮南子・齐俗训》“入其国者，从其俗”、《礼记・曲礼》“入国而问俗”校正。

［16］【校勘】“身”前旧衍“吾”字。刘文典、王叔岷据唐写本校删。

［17］辱：旧作“戮”，字通。成疏：“戮，耻辱。”《广雅》：“戮，辱也。”

●第九庄子悟道章：撰者蔺且著录亲历亲闻的庄子悟道，抉发“庄学四境”及其“动植象征”的生活原型。

十

阳子之宋，宿于逆旅。[1]

逆旅之人有妾二人[2]**，其一人美，其一人恶，恶者贵而美者贱。**

阳子问其故。

逆旅小子对曰：“其美者自美，吾不知其美也[3]；其恶者自恶，吾不知其恶也。”[4]

阳子曰：“弟子记之！行贤而去自贤之心，安往而不爱哉？”[5]

今译

阳子前往宋国，中途投宿旅店。

旅店主人有妾二人，一妾貌美，一妾貌丑，丑妾位尊而美妾位卑。

阳子问其原因。

旅店主人回答说：“美妾自以为美，我不知她美；丑妾自以为丑，我不知她丑。”

阳子对弟子说：“弟子谨记！行贤而去除自以为贤之心，何往而不受敬爱呢？”

校注

［1］阳子：即阳子居（《应帝王》、《寓言》）。隐指杨朱。

［2］【校勘】“逆旅”后旧脱“之”。王叔岷据《庄子阙误》引刘得一本校补。

［3］其美者自美，吾不知其美也：美妾自以为美，其夫遂不视为美。

［4］其恶者自恶，吾不知其恶也：丑妾自以为丑，其夫遂不视为丑。

［5］去自贤之心：反扣“自美”。抉发自“道”己德、“不自得”（《大宗师》）奥义。

【校勘】“心”旧讹为“行”。奚侗、刘文典、陈鼓应据《韩非子·说林上》引文作“自贤之心”、成疏“去自贤轻物之心”校正。

●第十阳子论道章：抉发内七篇自“道”己德、“遥”达彼道之奥义，兼明庄学亦承杨学。

【附论】

蔺撰首篇《寓言》末章，老聃教诲阳子居“大白若辱，盛德若不足”。蔺撰次篇《山木》末章，阳子居教诲弟子“行贤而去自贤之心”。两篇末章，文异旨同，均为抉发庄学根本要义自“道”己德，贬斥自矜自得。两篇末章，又情节相承，先明老聃传至杨朱（阳子居），再明杨朱传至弟子，兼明庄子承自老聃、杨朱，蔺且承自庄子的庄学根本要义“不雄成，不自得”（《大宗师》）。郭象以“自得”反注《庄子》，违背庄学根本要义。郭象保留《山木》于外篇，移《寓言》至杂篇，导致《山木》在前,《寓言》在后。颠倒其序，遂湮两篇情节之相承。

达生

题解

《达生》被后于魏牟的《吕览》、《荀子》，先于刘安的《韩诗外传》钞引，必在魏牟版外篇。刘安版、郭象版仍在外篇。

本书把魏牟版、刘安版、郭象版外篇《达生》2417字，复原于魏牟版外篇第三。校正郭象篡改和历代讹误：补脱文75字，删衍文4字，订讹文19字，厘正误倒2处。

《达生》重要性仅次于《山木》，在魏牟版外篇中，当居《山木》之后。文风内敛含蓄，意旨支离隐晦，撰者当为庄子弟子蔺且。王夫之曰："此篇于诸外篇中尤为深至，其于内篇之说，独得其要归。虽杂引博喻，而语脉自相贯通；且其文词沉邃，足达微言；虽或不出于庄子之手，要得庄子之真者所述也。"

蔺撰《达生》，可分十三章。二章卮言，十一章寓言。篇旨是抉发《养生主》、《德充符》之"葆德"奥义，兼及内七篇其他要义。

第一卮言章，阐明义理。继以寓言十章，展开义理。再以第十二卮言章，总结义理。最后第十三终篇章，以吊诡之言荡开。

孔子三章，仿拟内七篇"孔子改宗"范式。第三章，承蜩丈人以庄学俗谛教诲实际孔子改宗。第四章，改宗天道的真际孔子充当庄学代言人，教诲颜回改宗。第九章，吕梁丈夫以庄学真谛教诲实际孔子改宗。——郭象删去至关重要的第三章丈人斥孔二十四字，是旧皆未明《达生》精义、通篇结构的重要原因。

第十三终篇章之"孙休"是孔子之化身，点破"天刑之，安可解"(《德充符》)的实际孔子不可能改宗，"孔子改宗"仅是内七篇之寓言。

第八鸡之四境章，譬解、抉发庄学四境。第十二至适忘适章，譬解、抉发庄学至境。为本篇精华所在。

一

达生之情者，不务生之所无以为；达命之情者，不务命之所无奈何[1]。养形必先之以物，物有余而形不得养者有之矣[2]；有生必先无离形[3]，形不离而生亡者有之矣[4]。生之来不能却，其去不能止[5]。悲夫！世之人以为养形足以存生，而养形果不足以存生，则世奚足为哉[6]？虽不足为而不可不为者，其为不免矣。[7]

夫欲免为形者，莫如弃事[8]。弃事则无累，无累则正平，正平则与彼更生，更生则几矣[9]。事奚足弃，而生奚足遗？弃事则形不劳，遗生则精不亏。夫形全精复[10]，与天为一[11]。天地者，万物之父母也；合则成体，散则成始[12]。形精不亏[13]，是谓能移[14]；精而又精，返以相天。[15]

今译

达至人生实情的人，不致力于人生之不可为；达至天命实情的人，不致力于天命之无奈何。养身必先依赖外物，外物有余而不得养身者有之；全生必先不离身形，身形不离而德心死亡者有之。生命之来不能拒绝，生命之去不能阻止。可悲啊！举世之人以为养身足以全生，然而养身果真不足以全生，那么世事何足为呢？虽知世事不足为而仍然不能不为之人，不能免于仅仅养身。

人欲免仅养其身，不如摈弃世事。摈弃世事就没有患累，没有患累就身正心平，身正心平就顺道更新，顺道更新就近于全生。世事为何应该摈弃，而生命为何应该丧忘？因为摈弃世事就身形不劳，丧忘生命就精神不亏。身形健全、精神复朴之人，就与天道合一。天地，是万物的父母；阴阳相合就生成此物之体，阴阳离散就成为彼物之始。身形精神均不亏损，就能推移屈伸；精神复朴而又复朴，就能返归相合天道。

校注

［1］达生之情：达至人生的实情。达命之情：达至天命的实情。○“达生”、“达命”四句，“不务生”扣“达生”，“不务命”扣“达命”。

【校勘】郭象篡改“不务命”为“不务知”。武延绪、马叙伦、刘文典、王叔岷、张默生、严灵峰、王孝鱼、陈鼓应据《弘明集》引《正诬论》、《淮南子》之《诠言训》及《泰族训》校正。○《养生主》郭注引《达生》此句曰：“达命之情者，不务命之所无奈何也。”《达生》此句郭注则曰：“知之所无奈何。”可证郭改“不务命”为“不务知”，而忘前注《养生主》曾引此句。

［2］物有余而形不得养者有之矣：义同蔺撰《至乐》“苦身疾作，多积财而不得尽用，其为形也，亦外矣”。

【校勘】“不”下旧脱“得”。王叔岷据唐写本校补。

［3］有生必先无离形：保身先于葆德（《养生主》）。

［4］形不离而生亡者有之矣：身形未死而德心已死。魏撰《田子方》“哀莫大于心死，人死亦次之”。

［5］生之来不能却，其去不能止：生死非人力所能主宰。《养生主》：“适来，夫子时也；适去，夫子顺也。安时而处顺，哀乐不能入也。”

［6］养形果不足以存生：仅养身形，不足以“全生”（《养生主》），故世事不足为。○参看《人间世》“彼其所保与众异”，魏撰《让王》“养志者忘形”。

［7］虽不足为而不可不为者，其为不免矣：虽知世事不足为而仍为之，不能免于仅养身形。

［8］夫欲免为形者，莫如弃事：欲免仅养身形，而欲兼养德心，不如摈弃世事。

【校勘】“弃事”旧皆讹为“弃世”（下句同）。王叔岷据下文“事奚足弃”、“弃事则形不劳”校正。

［9］与彼更生：顺应彼道，更新生命。○义同《大宗师》、《应帝王》“与造物者为人”，或撰《天运》“与化为人”。

［10］形全精复：身形、德心，得以兼养。

［11］与天为一：（人）与天为一。义同蔺撰《山木》“人与天一”。〇真道以人合天，伪道强天合人。

［12］合则成体，散则成始：演绎《大宗师》“万化未始有极，弊而复新”。〇参看魏撰《知北游》“聚则为生，散则为死”。

［13］形精不亏：形精有亏即“亏生”，形精不亏即“全生”（《养生主》）。

［14］能移：能够顺应天道之推移。上扣“与彼更生”。

［15］精而又精，返以相天：德心精纯，就能返道合天。上扣“与天为一”。〇宣颖：“养精之至，化育赖其参赞。”违背《大宗师》“不以人助天”。原义仅谓“以人合天”、循德返道，非谓人力应该“参赞”天道，亦非谓天道依赖人力“参赞”。

●第一达生达命章：抉发《养生主》“全生”必兼“保身”、“葆德”、“保身先于葆德，葆德重于保身”奥义。

二

子列子问关尹曰［1］：“至人潜行不窒，蹈火不热，行乎万物之上而不栗［2］。请问何以至于此？”

关尹曰：“是纯气之守也，非知巧果敢之列［3］。居，予语汝！凡有貌象声色者，皆物也［4］，物与物何以相远［5］？夫奚足以至乎先？是形色而已［6］。则物之造乎不形，而止乎无所化［7］。夫得是而穷之者，焉得而正焉［8］？彼将处乎不淫之度，而藏乎无端之纪，游乎万物之所终始［9］，壹其性，养其气，合其德，以通乎物之所造［10］。夫若是者，其天守全，其神无隙，物奚自入焉？［11］

“夫醉者之坠车，虽疾不死。骨节与人同，而犯害与人异，其神全也。乘亦不知也，坠亦不知也，死生惊惧不入乎其胸中，是故忤物而不慑［12］。彼得全于酒而犹若是，而况得全于天乎［13］？圣人藏于天，故物莫之能伤也。［14］

“复仇者，不折镆干［15］；虽有忮心者，不怨飘瓦，是以天下

平均[16]。故无攻战之乱，无杀戮之刑者，由此道也。不开人之人，而开天之天[17]；开天者德生，开人者贼生[18]。不厌其天，不忽于人，民几乎以其真。”[19]

今译

列子问关尹说：“至人潜入深水不会窒息，蹈于烈火不会炽热，行于万物之上不会战栗。请问如何至于此境？”

关尹说：“这是至人对纯和元气的葆守，非关知识、巧诈、果毅、勇敢之类。坐下，我告诉你！凡是具有貌象声色的，均为道生之物，物与物怎能相去太远？至人的身形岂能优越于众人？仅是众人皆有的形色而已。万物被铸造于无形之道，而止于个体物化的终点。众人意欲养身而穷尽手段，怎能得悟正道呢？至人居处于不会过度的中道，而藏身于循环无端的道纪，游心于万物终始的天道，浑一其真性，葆养其真气，合和其真德，以此通达造化万物的天道。如此之人，天赋物德葆守完全，心神日夜没有裂隙，外物撄扰如何侵入？

“醉汉坠落马车，即使马车疾驶也摔不死。骨节与人相同，而受害与人相异，乃因心神完全。乘上马车也不知，坠落马车也不知，死生惊惧不入于他的德心之中，所以逆于外物而不畏惧。醉汉借助酒力暂时葆全心神尚且如此，何况至人顺应天道永远葆全心神呢？圣人藏身于天道，因此外物不能伤害。

“复仇之人，不折断仇人使用的宝剑；即使急躁之人，也不怨恨风吹飘落的屋瓦，因此天下平和均衡。所以没有攻战的祸乱，没有杀戮的刑罚，都是由于此道。不要开启属人的人道，而要开启属天的天道；开启天道者德心生成，开启人道者贼心生成。不厌弃于顺应天道，不疏忽于因应人道，民众庶几能够葆全真德。”

校注

［1］关尹：姓关，名尹，老聃弟子，春秋末期人，母邦不详。约与孔

子（前551—前479）年辈相当。《汉书·艺文志》著录《关尹子》九篇，全佚。今本为伪书。○成疏盲信关尹讹史，误释关尹为函谷关之令尹，姓尹，名喜，字公度。

子列子：即列子。尊称为“子列子”，异于内篇。○本章列子师事关尹，或即抉发《应帝王》列子师事的“壶子”即关尹化身。

［2］“至人”三句：仿拟《大宗师》“古之真人，登高不慄，入水不濡，入火不热”。

［3］气：德。守：葆。纯气之守：葆德之至。○二句乃谓“知巧果敢”属外功。

［4］凡有貌象声色者，皆物也：人为万物之一。

［5］物与物何以相远：人与人之相远，不在形色，而在德心。

［6］夫奚足以至乎先？是形色而已：上扣首章“有生必先无离形”（然后以是否葆德相远）。

【校勘】“色”上旧脱“形”。姚鼐、吴汝纶、奚侗、刘文典、王叔岷、张默生、王孝鱼、陈鼓应据《庄子阙误》引江南古藏本有“形”字、郭注“同是形色之物”、张湛《列子》注引向秀注“同是形色之物”校补。

［7］则物之造乎不形，而止乎无所化：二句分扣“造”、“化”。万物被无形之道所造，而止于物化之临界点（死）。

［8］夫得是而穷之者，焉得而正焉：“是”指“貌象声色”之身形。“穷之”指穷尽全力养身。“焉得而正”谓全力养身怎能得悟人生正道。

【校勘】“焉”前旧衍“物”。据《列子·黄帝》无“物”字校删。○郭象篡改“正”为“止”，证见郭注“止于所受之分”（“分”谓名教之身分，全反庄义）。刘文典、王孝鱼据《庄子阙误》引张君房本、《列子·黄帝》作“正”校正。○郭象前已篡改《应帝王》“不震不止”为“不震不正”。此改乃是自造伪证。

［9］彼：至人。○“处乎”、“藏乎”、“游乎”，均为“游心”之变文。“不淫之度”、“无端之纪”、“万物之所终始”，均为“道”之变文。三句均为“游心于道”之变文。

［10］物之所造，“道”之变文，即“造化”（《大宗师》）。○郭象反注：

“万物皆造于自尔。”

[11]“夫若是者”四句：演绎《逍遥游》藐姑射神人“其神凝”,《德充符》至人“(灵府)日夜无隙,(外撄)不可入于灵府”,《大宗师》“撄宁”、“撄而后成”。

◎关言第一层：人与人之相远，不在能否保身，而在能否葆德。

[12]忤wǔ：旧作“迕”wù。慑：旧作“慴”shè。字通。○陆释：“迕，《尔雅》云：忤也。慴，惧也。”

[13]得全于酒：醉者借助外物暂葆德全、身全。得全于天：至人顺应天道永葆德全、身全。

[14]圣人藏于天，故物莫之能伤也：演绎《养生主》“善刀而藏之”、《应帝王》“故能胜物而不伤”。

【校勘】“故”下旧脱“物”。王叔岷据《列子·黄帝》引文有“物”字、成疏“故物莫之伤矣”校补。

◎关言第二层：众人借助外物(酒)暂葆德全、身全，至人仰赖天道永葆德全、身全。

[15]镆干：镆铘、干将，古良剑名。

[16]虽有忮zhì心者，不怨飘瓦：忮心，凶狠之心。参看蔺撰《山木》“虽有惼心之人，终不怒也”。

[17]不开人之人，而开天之天：不开属人的人道，而开属天的天道。

【校勘】“人之人”旧讹为“人之天”，义不可通。刘文典据《庄子阙误》引刘得一本作“人之人”校正。

[18]开天者德生，开人者贼生：开启天道者生成真德，开启人道者生成伪德。演绎《人间世》“为人使，易以伪；为天使，难以伪”。

[19]不厌其天，不忽于人，民几乎以其真：分扣庄学三义“顺应天道，因应外境，因循内德”。

【辨析一】外杂篇散扣庄学三义之一义者，不胜枚举，集中抉发庄学三义者，亦有三处，此为第一处。第二处为魏撰《秋水》“本乎天，位乎德，踯躅而屈伸”，分扣“顺应天道，因循内德，因应外境”。第三处为魏撰《天下》“以德为本，以道为门，兆于变化”，分扣“因循内德，顺应天道，因应外境”。

◎关言第三层：不要开启属人的人道，而要开启属天的天道。

●第二关尹教列章：抉发内七篇的庄学三义“顺应天道，因循内德，因应外境”。

三

仲尼适楚，出游林中，见佝偻者承蜩，犹掇之也。[1]

仲尼曰：“子巧乎！有道邪？”

曰：“我有道也[2]。五六月，累二丸而不坠[3]，则失者锱铢；累三而不坠，则失者十一；累五而不坠，犹掇之也。吾处身也，若橛株之枸；吾执臂也，若槁木之枝[4]；虽天地之大，万物之多，而唯蜩翼之知。吾不反不侧，不以万物易蜩之翼，何为而不得？”

孔子顾谓弟子曰：“用志不分，乃凝于神[5]，其佝偻丈人之谓乎？”

丈人曰[6]：“汝逢衣徒也[7]，亦何知问是乎？修汝所以，而后载言其上！”[8]

今译

仲尼去往楚国，闲游树林之中，看见驼背丈人手持竹竿捕蝉，犹如拾物。

仲尼说：“老丈如此灵巧！莫非有道？”

丈人说：“我是有道。练习五六个月，竿头叠起两粒弹丸不坠落，就会很少失手。叠起三粒弹丸不坠落，就会十次只有一次失手；叠起五粒弹丸不坠落，就会犹如拾物。我站立身体，如同断木的树桩；我举起手臂，如同枯树的枝条；虽然天地广大，万物繁多，而我只知蝉翼。我不瞻前顾后，不被万物改变我对蝉翼的专注，怎么还会失手？”

孔子回头对弟子说："用志不分，凝聚心神，说的就是驼背丈人吧？"

丈人说："你这儒服之徒，又如何知晓所问之道？先修炼你能修炼的，而后再问上乘之道！"

校注

[1]【校勘】"游"旧讹为"于"。刘文典据《太平御览》九四四引文校正。

佝gōu偻lóu：脊背弯曲。承蜩tiáo：捕蝉。掇duō：以手拾取。

[2]我有道也：未能无己丧"我"，未能自"道"己德，自矜有道。○第三章承蜩丈人之自矜"我有道"，被第九章吕梁丈夫"吾无道"所否定。旧多不统观全篇，不会通庄学，误以为庄学认为人可"有道"。

[3]【校勘】"累二丸"旧误倒为"累丸二"。刘文典据《艺文类聚》九七引文、郭注均作"累二丸"、下文"累三"(丸)、"累五"(丸)校正。

[4]橛株之枸jǔ：断木所遗之树桩。与"槁木之枝"对举。

【校勘】"橛"旧讹为"厥"，"枸"旧讹为"拘"。郭嵩焘、王叔岷、王孝鱼、陈鼓应据陆释一本作"橛"、褚伯秀本、赵谏议本作"枸"校正。○"株"下旧脱"之"。

[5]用志不分，乃凝于神："志"、"神"同训，"不分"、"凝"正反设辞。○旧多不明二句义本《逍遥游》藐姑射神人"其神凝"，误释"凝"通"疑"或"擬"(拟)。

[6]【校勘】"丈人曰"以下二十四字旧脱。王叔岷据《列子·黄帝》、《列子》释文引向秀注校补。○王叔岷："向本有此文，郭本脱之。"王辨未晰。郭窃向注，向本既有，郭本必非无意之脱，必为郭象尊孔而删。

[7]逢衣：逢，训大，此指大腋之衣，即儒服。参看魏撰《盗跖》孔子"逢衣浅带"。

[8]修汝所以，而后载言其上：二句乃谓孔子当先达"保身"俗谛，而后再问"葆德"真谛。

【辨析二】蔺撰《达生》斥孔之言"修汝所以，而后载言其上"，是理解蔺撰《山木》太公教孔章之“意怠”寓言、孔教颜回章之“鷾鸸”寓言的关键提示。“意怠”、“鷾鸸”寓言均言“保身”俗谛，未言“葆德”真谛（《山木》辨析三）。旧多谬解“保身”为庄学宗旨，又以为《山木》“意怠”寓言不合庄学，重要原因是郭象妄删《达生》此处原文。

●第三丈人斥孔章：仿拟内七篇“孔子改宗”范式，贬斥实际孔子未达“保身”俗谛，遑论“葆德”真谛。

四

颜渊问于仲尼曰：“回尝济乎觞深之渊[1]，津人操舟若神[2]。吾问焉，曰：‘操舟可学邪？’曰：‘可。能游者，可教也。善游者，数习而后能也[3]。若乃夫没人，则未尝见舟而便操之也。’[4]吾问焉而不吾告，敢问何谓也？”[5]

仲尼曰：“能游者之可教也，轻水故也。善游者之数能也，忘水故也[6]。若乃夫没人之未尝见舟而便操之也，彼视渊若陵，视舟之覆犹其车却也。覆却万物方陈乎前，而不得入其舍[7]，恶往而不暇？以瓦注者巧，以钩注者惮，以黄金注者昏。其巧一也，而有所矜，则重外也。凡外重者，内拙。”[8]

今译

颜回问仲尼说：“我曾在觞深之水渡河，摆渡者驾船如神。我问他，说：‘驾船之技可以学吗？’他说：‘可以。能够游水之人，可教此技。善于游水之人，数次练习而后掌握此技。至于能够潜水之人，那么没见过船就会驾船。’我欲学其技却不肯教我，请问其言何意？”

仲尼说：“能够游水之人可教此技，是因为熟悉水性。善于游水之人数次练习而后掌握此技，是因为丧忘水性。至于能够潜水之人没见过船就会驾船，是因为视深渊如陆地，视船之翻覆如车之倒退。即使翻覆倒退万物正在眼前发生，也不会撄扰其德心，何往而不游刃有余？人用瓦片做赌注时灵巧，用腰带钩做赌注时害怕，用黄金做赌注时昏愦。此人赌博技巧一贯，然而德心有所矜顾，就会重视外物。凡是重视外物之人，内德必定亏拙。”

校注

［1］觞shāng深之渊：《应帝王》“渊有九名”，仅举其三。本篇另拟一渊。○魏撰《外物》另拟“宰路之渊”，魏撰《让王》另拟“清泠之渊”。

【校勘】“问”下旧脱“于”，王叔岷据《太平御览》三九五、七六八引“问”下有“于”字校补。○“回尝”旧讹为“吾尝”，刘文典、王叔岷据《太平御览》七六八校改。

［2］津人：《论语·微子》：“长沮、桀溺耦而耕，孔子过之，使子路问津焉。长沮曰：‘是（孔子）知津矣。’”本章反向演绎，隐讽孔子不“知津”。○下文第九章反向演绎《论语·宪问》孔言“披发左衽”。蔺撰《山木》反向演绎《论语·微子》孔言“鸟兽不可与同群”。

［3］【校勘】“能游者可教也”六字旧脱。王先谦、刘文典据《列子·黄帝》校补。○“习而后”三字旧脱，当属或人据下文孔言略为“数能”而妄删。刘文典、张默生据《白孔六帖》十一、郭注均作“数习而后能”校补。○“能”下旧脱“也”。据上下文之句法校补。

［4］能游者、善游者、没人：“游”譬解“乘物游心”、“逍遥游”。“能游者”隐喻小知，“善游者”隐喻大知，“没人”隐喻至知（即下第九章蹈水丈夫）。○本章仿拟《逍遥游》三“适”卮言，省略初境，抉发小境、大境、至境。

［5］吾问焉而不吾告：津人有“告”，颜谓“不吾告”。乃因津人所“告”，并非“操舟”，而是何人可教“操舟”，暗示颜回并非“可教”的“能游”者。

［6］【校勘】“能游者之可教也轻水故也”十一字旧脱。王先谦、王叔岷据《列子·黄帝》、《御览》三九五及七六八校补。○“善游者”下旧脱“之”，“数能”下旧脱“也”，“忘水”下旧脱“故”。刘文典据《太平御览》

三九五、七六八引文校补。

[7] 不得入其舍：不能入其德心。上扣首章“物奚自入焉”。

【校勘】“覆却万”下旧脱“物”。俞樾、张默生据《列子·黄帝》作“万物”校补。

[8] 惮dàn：畏惧。矜jīn：矜持拘谨。重外：重视外物。内拙：内德亏拙。

●第四孔教颜回章：仿拟内七篇“孔子改宗”范式，让改宗天道的真际孔子充当庄学代言人，抉发庄学四境之小境、大境、至境。

五

田开之见周威公。[1]

威公曰：“吾闻祝肾学生[2]，吾子与祝肾游，亦何闻焉？”

田开之曰：“开之操拔篲以侍门庭，亦何闻于夫子？”[3]

威公曰：“田子无让，寡人愿闻之。”[4]

开之曰：“闻之夫子曰：‘善养生者，若牧羊然，视其后者而鞭之。’”[5]

威公曰：“何谓也？”

田开之曰：“鲁有单豹者，岩居而谷饮，不与民共利，行年七十，而犹有婴儿之色，不幸遇饿虎，杀而食之[6]。有张毅者，见高门悬薄无不趋也[7]，行年四十，而有内热之病以死。豹养其内，而虎食其外。毅养其外，而病攻其内。此二子者，皆不鞭其后者也[8]。仲尼曰：‘无入而藏，无出而阳，柴立其中央。’[9]三者若得，其名必极[10]。夫畏途者，十杀一人，则父子兄弟相戒也，必盛卒徒而后敢出焉，不亦知乎？人之所最畏者，衽席之上，饮食之间。而不知为之戒者，知之过也。”[11]

今译

田开之拜见周威公。

威公问："我听说祝肾研习养生方术，你与祝肾游学，得闻何教？"

田开之说："我持帚外侍门庭，怎能闻教于夫子？"

威公说："田先生不必谦让，寡人愿闻教诲。"

开之说："曾经闻教于夫子：'善于养生者，如同放羊一样，看见落后之羊就予鞭策。'"

威公问："此言何意？"

田开之说："鲁有单豹，住于山岩而饮于溪谷，不与民众争利，活到七十岁，却面色犹如婴儿，不幸遇上饿虎，就被杀死吃了。另有张毅，看见高门寒户无不趋奉，活到四十岁，却患内热之病而死。单豹葆养内德，却被饿虎从外袭杀。张毅趋奉外境，却被疾病从内攻杀。这二人，都是因为不鞭策落后之羊。仲尼说：'不要出世而隐藏，不要入世而张扬，要像柴垛那样立于中央。'三项若能做到，其名必可称为至人。盗贼出没的危险旅途，十个行人被杀一人，于是父子兄弟相互告诫，必定成群结队而后才敢出行，岂非颇具心知？人们最宜畏惧的，是卧席之上的色欲，饮食之间的食欲。然而人们却不知戒惧，这是心知的过错。"

校注

[1] 田开之：齐人。其名寓意，刚刚开始学习道术。

周威公：《史记·周本纪》："考王封其弟于河南，是为桓公。桓公卒，子威公代立。"

[2] 祝肾：祝，祷。肾，古人视为身体之命门。其名寓意，保养身形之人。○古人又视男性生殖器为外肾，故"房中术"亦属养生方术。

学生：学习养生方术。

[3] 拔篲huì：扫帚。

[4]【辨析三】《德充符》鲁哀公，受教前自称"寡人"，受教后自称

"吾"(《德充符》辨析十五)。蔺且未窥这一笔法，周威公先自称"吾"，田开之不肯教，周威公反而自称"寡人"。魏撰《徐无鬼》魏武侯，先后自称全同《德充符》鲁哀公(《徐无鬼》辨析二)。可证蔺且文学悟性逊于魏牟。

［5］善养生者：兼养身形、德心。

若牧羊然，视其后者而鞭之：视保身、葆德之落后者，鞭策使之并进。

［6］【校勘】"谷饮"旧讹为"水饮"。马叙伦、刘文典、王叔岷据《太平御览》七二〇、《淮南子・人间训》校正。〇"杀而食之"前，旧衍"饿虎"二字。王叔岷据《淮南子・人间训》、《文选》旧钞本班固《幽通赋》注、江淹《杂体诗》注、《白孔六帖》、《太平御览》、《北山录・论业理》注均不叠"饿虎"二字校正。

［7］悬薄：悬挂薄帷(门帘)。此指贫寒之家。

【校勘】"高门"前旧脱"见"。刘文典、王孝鱼据《庄子阙误》引刘得一本、《淮南子・人间训》均有"见"字校补。〇"趋"旧讹为"走"。俞樾、吴汝纶、王叔岷、陈鼓应据《吕览・必己》"无不趋"、《淮南子・人间训》"必趋"校正。

［8］此二子者，皆不鞭其后者也：单豹葆德有余，保身不足。张毅保身有余，葆德不足。〇蔺撰《达生》"牧羊"之喻，言自治己生之个体。魏撰《徐无鬼》"牧马"之喻，言外治天下之群体。两者义理殊异，旧多混淆为一。

［9］无入而藏，无出而阳，柴立其中央：不要"出世"，不要"入世"，而当"间世"。〇旧多将田开之语断于"皆不鞭其后者也"，"仲尼曰"三句为田开之借用真际孔子之口，抉发内七篇"间世"奥义，反对"出世"、"入世"。"三者若得"至"过也"，为田开之进一步阐明"间世"、"养生"义理。

［10］三者若得，其名必极：极，至，至境。做到三项，即达至境。

［11］衽rèn席之上：男女之事。饮食之间：饮食之事。

"夫畏途者"十句：小知大知最畏外患，不畏内患(以食色为例)，未达至知。

【校勘】"最"原作"冣"，后讹为"取"。马其昶、苏舆、王先谦、王孝鱼、钱穆、王叔岷、张默生据《庄子阙误》引江南古藏本校正。〇"知之”二字旧脱。刘文典据《太平御览》四五九校补。

●第五养生鞭后章：抉发内七篇“身心兼养，葆德间世”奥义。

六

祝宗人玄端以临牢筴[1]，说彘曰[2]：“汝奚恶死？吾将三月豢汝，七日戒，三日斋[3]，藉白茅，加汝肩尻乎雕俎之上，则汝为之乎？”[4]

为彘谋，曰不如食以糟糠，而措之牢筴之中[5]；自为谋，则苟生有轩冕之尊，死得于腞楯之上、聚偻之中，则为之[6]。为彘谋，则去之；自为谋，则取之。其所异彘者，何也？[7]

今译

祭祀官戴着黑色礼冠来到牢笼，劝说猪：“你何必怕死？我将豢养你三个月，我又戒色七天，素斋三天，下垫洁白茅草，把你的肩臀放在雕花案板之上，如此你愿意成为牺牲吗？”

替猪谋划，就说不如吃着糟糠，关在牢笼之中；为己谋划，那么如果活着有轩车冕服的尊贵，死后得到隆重厚葬的哀荣，就愿意。替猪谋划，明白猪不愿成为牺牲；为己谋划，却自愿成为牺牲。他们不同于猪的地方，究竟何在？

校注

[1] 祝宗人：祭祀官。隐喻主动倚待庙堂的大知小知。

玄端：黑色礼冠。《周官·司服》：“斋服有玄端、素端。”

牢筴cè：筴，同“栅”，木栏。参看《养生主》“畜乎樊中”。

[2] 彘zhì：猪。隐喻被迫“畜乎樊中”的民众。

说彘：大知小知诱骗、“黥劓”民众。

［3］七日戒，三日斋：戒色七日，素食三日。

【校勘】“七”旧讹为“十”，形近而讹。据《记纂渊海》引文为“七”校正。〇王叔岷：“‘三’、‘七’对举，古书习见。《礼记·坊记》亦云：‘七日戒，三日斋。’《礼器》：‘七日戒，三日宿。’”

［4］尻 kāo：臀部。雕俎 zǔ：盛放祭品的雕花案板。

则汝为之乎：劝彘（民众）乐处庙堂之樊笼，愿为庙堂之牺牲。

［5］【校勘】“糟糠”旧误倒为“糠糟”。王叔岷据《记纂渊海》引文、成疏“食之糟糠”校正。

［6］腞 zhuàn 楯 shǔn：载柩车。聚偻：偻，通“镂”。聚集雕镂的豪华棺椁。

［7］其所异彘者，何也：其，祝宗人。祝宗人与彘无异。〇其实有异：彘（民众）被迫成为牺牲，内心不愿成为牺牲。祝宗人（大知小知）主动成为牺牲，却不自知实为牺牲。

【校勘】“其”字旧脱。刘文典、王叔岷、王孝鱼、陈鼓应据《庄子阙误》引张潜夫本校补。

●第六宗人劝彘章：抉发《养生主》“畜乎樊中”、《人间世》“画地而趋”奥义。贬斥大知小知主动“画地而趋”、“畜乎樊中”，进而“黥劓”民众“役人之役，适人之适”。

七

桓公畋于泽，管仲御，见鬼焉。[1]

公抚管仲之手曰：“仲父何见？”

对曰：“臣无所见也。”

公返，誒诒为病[2]，数日不出。

齐士有皇子告敖者曰[3]：“公则自伤，鬼恶能伤公？夫忿滀之气，散而不返，则为不足；上而不下，则使人善怒；下而不上，

则使人善忘；不上不下，中身当心，则为病耳。”[4]

桓公曰：“然则有鬼乎？”

曰：“有。沉有履[5]，灶有髻[6]。户内之烦壤，雷霆处之[7]。东北方之下者，倍阿、鲑蠪跃之[8]。西北方之下者，则泆阳处之[9]。水有罔象[10]，丘有峷[11]，山有夔[12]，野有彷徨[13]，泽有委蛇。”[14]

公曰：“请问委蛇之状何如？”

皇子曰：“委蛇，其大如毂，其长如辕，紫衣而朱冠。其为物也，恶闻雷车之声，见人则捧其首而立。见之者，其殆乎霸。”[15]

桓公辴然而笑曰[16]：“此寡人之所见者也。”

于是正衣冠，与之坐，不终日而不知病之去也。

今译

齐桓公畋猎于湖泽，管仲驾车，桓公看见了鬼。

桓公抓紧管仲的手问：“仲父看见什么？”

管仲回答说：“臣没看见什么。”

桓公返回以后，痴呆愣怔而病，数日闭门不出。

齐国士人皇子告敖说：“主公实为自伤，鬼怎能伤害主公？满蓄的真气，四散而不能返回，就真气不足；上冲而不能下行，就使人易怒；下滞而不能上行，就使人健忘；不上通不下达，就郁结心胸，积为疾病。”

桓公问：“那么确实有鬼吗？”

答曰：“有。湿地有鬼名叫‘履’，灶台有鬼名叫‘髻’。室内的解手处，有鬼名叫‘雷霆’。东北方的墙根下，有鬼名叫‘倍阿’、‘鲑蠪’；西北方的墙根下，有鬼名叫‘泆阳’。江河有鬼名叫‘罔象’，丘陵有鬼名叫‘峷’，山岭有鬼名叫‘夔’，旷野有鬼名叫‘彷徨’，湖泽有鬼名叫‘委蛇’。”

桓公问：“请问‘委蛇’的状貌如何？”

皇子说：“委蛇，大如车轮，长如车辕，穿紫衣而戴朱冠。它的德性，不欲听闻雷鸣车行之声，看见人就捧头而立。看见它的人，恐怕会成霸主。”

桓公释然而大笑说：“这就是寡人看见的鬼。”

于是穿衣正冠，与皇子对坐畅谈，不到一天就不知不觉地病愈了。

校注

[1] 桓huán公：齐桓公，春秋五霸之首。管仲：齐桓公相，主张“尊王攘夷”。

[2]【校勘】“臣无所见”下旧脱“也”。刘文典、王叔岷据唐写本、《太平御览》八八三引文校补。○“騃佁”旧讹为“诶诒”。马叙伦：“‘诶诒’借为‘譺佁’。《说文》：‘譺：騃也。佁：痴貌，读若騃。’”

騃ái佁ǎi为病：騃佁，义同蔺撰《山木》“佁痴”。受惊而成痴呆、怔忡之病。

[3] 皇子告敖：复姓皇子，其名告敖。其时无“皇帝”，“皇子”非后世之义。

[4]“公则自伤”至“则为病耳”：运用传统医理，解释桓公受惊成病。【校勘】“则为病”下旧脱“耳”字。刘文典、王叔岷据《太平御览》八八三引文校补。

[5] 沉：湿地。履：湿地之鬼。湿地宜穿鞋，故名其鬼。○旧注未言其状。

[6] 髻jì：司灶之鬼。妇人主灶，故名其鬼。○司马彪：“髻，灶神，著赤衣，状如美女。”

[7] 烦壤：粪壤（成疏）。雷霆：厕所之鬼。如厕者屁响如雷霆，故名其鬼。○旧注未言其状。

[8] 倍阿、鲑guī蠪lóng：室内东北方之鬼。○司马彪：“倍阿，神名也。鲑蠪，状如小儿，长一尺四寸，黑衣赤帻大冠，带剑持戟。”

[9] 泆yì阳：室内西北方之鬼。“泆”同“逸”，逸阳即阴。西北属阴，故名其鬼。○司马彪：“泆阳，豹头马尾，一作狗头。”

[10] 水有罔象：水之鬼。“罔”同“无”，罔象即无象。水中影象如幻，

故名其鬼。○司马彪："状如小儿，赤黑色，赤爪，大耳，长臂。"

［11］莘 shēn：丘之鬼。○司马彪："状如狗，有角，文身五采。"

［12］夔 kuí：山之鬼。○司马彪："状如鼓而一足。"

［13］彷 páng 徨 huáng：荒野之鬼。荒野无路，来回彷徨，故名其鬼。○司马彪："状如蛇，两头，五采文。"

［14］委 wēi 蛇 yí：湖泽之鬼。"委蛇"训随意遨游，故名其鬼。状见下文。○司马彪所言，均为古来祭神傀儡戏所塑诸鬼之形。

［15］毂 gǔ：车轮中心可插轴的部分，借指车轮。辕 yuán：车辕。

见之者，其殆乎霸：皇子迎合桓公图霸心理而治愈其病，殊非正道。

【校勘】"见人"、"其"三字旧脱。刘文典、王叔岷据《太平御览》八七二、《太平广记》二九一引文均有"见人"、《太平御览》八八三引文有"其"校补。

［16］辴 zhěn 然：义同"囅"chǎn，笑貌。

●第七桓公见鬼章：德心有鬼，阴阳有患；葆德之至，外物不伤。

八

纪渻子为王养斗鸡。[1]

十日而问："鸡可斗已乎？"[2]

曰："未也。方虚骄而恃气。"[3]

十日又问。

曰："未也。犹应响影。"[4]

十日又问。

曰："未也。犹疾视而盛气。"[5]

十日又问。

曰："几矣。鸡虽有鸣者，已无变矣，望之似木鸡矣，其德全矣[6]**。异鸡无敢应，见者返走矣。"**[7]

今译

纪渻子为周宣王驯养斗鸡。

过了十天而问："鸡可以斗了吗？"

纪渻子说："还不行。正在虚骄自得而恃气自雄。"

过了十天又问。

纪渻子说："还不行。仍然回应声响和影子。"

过了十天又问。

纪渻子说："还不行。仍然怒目疾视而盛气临人。"

过了十天又问。

纪渻子说："差不多了。即使听闻鸡鸣，已能不为所动，看上去一似木鸡，真德葆全了。其他斗鸡没有敢于应战的，见了就转身逃走。"

校注

［1］纪渻shěng子：虚构至人。王：司马彪谓"齐王"，未言何据。俞樾据《列子·黄帝》谓"周宣王"。

［2］【校勘】"鸡可斗已乎"，"可斗"二字旧脱。王先谦、王叔岷、张默生、陈鼓应据《列子·黄帝》校补。

［3］方虚骄而恃气：隐喻初境。

［4］响：诉诸耳，谓鸡之"聪"。影：诉诸目，谓鸡之"明"。隐喻小境。

［5］犹疾视而盛气：隐喻大境。

［6］"鸡虽有鸣者"四句："黜其聪明"（《大宗师》），木鸡德全。隐喻至境。

［7］异鸡无敢应，见者返走矣：仿拟《应帝王》"季咸自失而走"。

【校勘】"见者返走矣"，"见"字旧脱。马叙伦、刘文典、王叔岷、王孝鱼、陈鼓应据《庄子阙误》文如海本、刘得一本均有"见"、成疏"见之反走"校补。

【辨析四】本章简明抉发庄学四境。描写四境，合于《应帝王》季咸四见壶子（亦扣庄学四境）。木鸡达于至境，合于《逍遥游》四境动植范型。描写木鸡之状，合于《应帝王》“至人之用心若镜，不将不迎，应而不藏，故能胜物而不伤”。

●第八鸡之四境章：鸡之四境，至境如木，抉发“庄学四境”及其“动植象征”。

九

孔子观于吕梁[1]，悬水三十仞，流沫四十里，鼋鼍鱼鳖之所不能游也[2]。见一丈夫游之，以为有苦而欲死者也[3]，使弟子并流而拯之。数百步而出，披发行歌而游于塘下。[4]

孔子从而问焉，曰：“吾以子为鬼，察子则人也。请问蹈水有道乎？”

曰：“亡。吾无道[5]。吾始乎故，长乎性，成乎命[6]。与脐俱入[7]，与汩偕出，从水之道而不为私焉[8]。此吾所以蹈之也。”

孔子曰：“何谓‘始乎故，长乎性，成乎命’？”

曰：“吾生于陵而安于陵，故也；长于水而安于水，性也；不知吾所以然而然，命也。”

今译

孔子游观于吕梁山，瀑布高悬三十仞，激流飞沫四十里，巨鼋大鼍鱼鳖之类也不能遨游。忽见一个男子正在游水，孔子以为他心有怨苦而意欲寻死，让弟子沿岸追赶水流救他。那人在几百步外从水底冒出，披散头发唱着歌在下面水塘游水。

孔子沿岸跟从而问他，说：“我以为你是鬼，细看你却是人。请问游水有道吗？”

男子说：“没有。我没有道。我始于故德，长于真性，成于天命。与漩涡共同潜入，与波涌相偕浮出，顺从水流的规律而不杂私念。我就是凭此游水。”

孔子问：“什么叫作‘始于故德，长于真性，成于天命’？”

男子说：“我生于山而安于山，就是始于故德；我长于水而安于水，就是长于真性；我不知为何如此却能如此，就是成于天命。”

校注

［1］吕梁丈夫：上扣第四章“没人”。○上章抉发庄学四境，本章吕梁丈夫譬解至人。

［2］鼋yuán：巨鳖。鼍tuó：鼍龙，旧称“猪婆龙”，今称“扬子鳄”。游：义同第四章之“游”，譬解“乘物游心”的“逍遥游”。

［3］【校勘】“者”字旧脱。王叔岷据唐写本、《列子·黄帝》校补。

［4］【辨析五】披发无冠，隐喻未被庙堂人道“黥劓”、“雕琢”，反讽《论语·宪问》孔言“微管仲，吾其披发左衽矣”。○蔺撰《达生》吕梁丈夫“披发”，魏撰《田子方》老聃“披发”，魏撰《外物》白龟“披发”，杂篇《渔父》渔父“披发”，均本《逍遥游》“宋人资章甫而适诸越，越人断发文身，无所用之”。

［5］吾无道：这是对第三章承蜩丈人自矜“我有道”的否定。参看蔺撰《寓言》末章“盛德若不足”、《山木》末章“行贤而去自贤之心”，《山木》“人之不能有天，性也”。

［6］始乎故，长乎性，成乎命：始于“故德”（或撰《天地》所引庄言），长于天性，成于天命。

［7］【校勘】“脐”旧作“齐”，字通。王敔：“‘齐’通‘脐’，水之漩涡如脐也。”

［8］汩gǔ：水流（急流）。从水之道而不为私焉：仿拟、抉发《应帝王》“顺物自然而无容私焉”。

●第九丈夫教孔章：超越第三章之“我有道”。教诲孔子“葆德”真谛，抉发《应帝王》“顺物自然而无容私”奥义。

十

梓庆削木为鐻[1]，鐻成，见者惊犹鬼神。

鲁侯见而问焉，曰："子何术以为焉?"

对曰："臣工人，何术之有[2]? 虽然，有一焉[3]。臣将为鐻，未尝敢以耗气也，必斋以静心[4]。斋三日，而不敢怀庆赏爵禄[5]；斋五日，不敢怀非誉巧拙[6]；斋七日，辄然忘吾有四肢形体也[7]。当是时也，无公朝，其巧专，而外滑消[8]；然后入山林，观天性，形躯至矣。然后成现鐻，然后加手焉。不然则已[9]。则以天合天[10]，器之所以凝神者[11]，其由是欤?"[12]

今译

梓庆削凿木料制作编钟木架，完成以后，见者惊为鬼斧神工。

鲁侯见了问他，说："你用了什么方术呢?"

梓庆回答说："我只是工匠，怎么会有方术? 尽管如此，确有一技。我将要制作编钟木架之前，从来不敢消耗真气，必须斋戒静心。斋戒三天，而后丧忘庆赏爵禄；斋戒五天，不敢怀想毁誉巧拙；斋戒七天，就能丧忘我有四肢形体。到了此时，我已丧忘朝廷，技巧专一，而外境撄扰均已消除；然后我进入山林，观察树木的天性，选取形貌合意的材料。然后心中浮现成品木架，然后动手加工。不能如此我就停止。这样以人之天性合于物之天性，木器之所以凝聚我的心神，恐怕由此吧?"

校注

[1] 梓庆：鲁国宫廷木匠。○俞樾："《左传·襄公四年》'匠庆谓季文子'，杜注：'匠庆，鲁大匠。'即此梓庆。"

削木为鐻jù：鐻，青铜编钟之木架，又作“虡”。

［2］何术之有：本章梓庆否认“有术”，比上章吕梁丈夫否认“有道”更为谦逊。

［3］虽然，有一焉：虽然无术，确有一技。参看《养生主》辨析五“道↘术↘方↘技”。

［4］未尝敢以耗气：上扣第二章“纯气之守”。

［5］斋三日，而不敢怀庆赏爵禄：譬解《逍遥游》“神人无功”。

［6］斋五日，不敢怀非誉巧拙：譬解《逍遥游》“圣人无名”。

［7］斋七日，辄然忘吾有四肢形体也：譬解《逍遥游》“至人无己”。

［8］滑gǔ：音骨，乱也（《广韵》）。

【校勘】“滑”旧讹为“骨”。王叔岷、张默生、王孝鱼、陈鼓应据陆释一本、王元泽本、元纂图互注本、世德堂本、赵谏议本均作“滑”、成疏“滑，乱也”校正。

无公朝，其巧专，而外滑消：丧忘庙堂，技巧专一，而外境撄扰全消。

［9］不然则已：“因是”而“已”（《齐物论》）。

［10］以天合天：以人之天，合物之天。上扣第二章“不开人之人，而开天之天。”

［11］器之所以凝神：“以天合天”，凝聚心神于器物。上扣第三章“用志不分，乃凝于神”。○旧多不明“凝神”义本《逍遥游》藐姑射神人“其神凝”，牵扯章首“惊犹鬼神”，误释“凝”为“疑”或“擬（拟）”。

［12］由是：由于以天合天。

【校勘】“由”字旧脱。马叙伦、刘文典、王叔岷、张默生、王孝鱼、陈鼓应据《庄子阙误》江南古藏本校补。

●第十梓庆削木章：抉发《逍遥游》“至境三句”奥义，主张以人合天，贬斥强天合人。

十一

东野稷以御见庄公[1]，进退中绳，左右旋中规。庄公以为造父弗过也[2]，使之钩百而返。

颜阖遇之[3]，入见曰："稷之马将败。"

公密而不应。[4]

少焉，果败而返。

公曰："子何以知之？"

曰："其马力竭矣，而犹求焉，故曰败。"[5]

今译

东野稷以精通驾车之技晋见卫庄公，驾车进退笔直如同绳墨所弹之线，左右旋转如同圆规所画之圆。庄公以为造父也不能胜过他，让他驾车百圈而后返回。

颜阖在外遇见，入见庄公说："东野稷的马很快将会失败。"

庄公默然不答。

不久，东野稷果然失败而后返回。

庄公问颜阖说："你为何能够预知？"

颜阖说："他的马已经力竭，而仍然强求，所以预知必败。"

校注

[1] 东野稷jì：倚待庙堂、拔技为道的悖道大知。庄公：卫庄公蒯聩。

[2] 造父：周穆王之御者。秦、赵宗室之共祖。

【校勘】"造"字旧脱，"父"讹为"文"。钱大昕、奚侗、刘文典、王孝鱼据《太平御览》七四六、《吕览·适威》、《荀子·哀公》、《韩诗外传》二、

《新序·杂事》五、《孔子家语·颜回》校正。

［3］颜阖hé：鲁人，与孔子同时。○本章义承《人间世》“颜阖傅卫灵公太子”，虚构其后之事。彼篇“卫灵公太子”，即后之卫庄公。

［4］密：同“默”。

［5］其马力竭矣，而犹求焉，故曰败：新外篇《刻意》“形劳而不休则弊，精用而不已则劳，劳则竭”。○上二章譬解：达道至人自“道”己德，顺道而成，“成乎命”，“不然则已”，“因是”而“已”。本章譬解：悖道大知不“道”己德，悖道而败，败于“力竭犹求”，“因是”而“不已”，“其行尽如驰而莫之能止”（《齐物论》）。

●第十一东野御车章：抉发《齐物论》“因是”而“已”奥义，贬斥悖道大知“因是”而“不已”，从“因是”转入“因非”，自取其败。

十二

工倕旋而合规矩[1]，指与物化[2]，而不以心稽[3]，故其灵台一而不窒[4]。忘足，屦之适也；忘腰，带之适也；知忘是非，心之适也[5]；不内变，不外从[6]，事会之适也[7]。始乎适而未尝不适者，忘适之适也。[8]

今译

工倕徒手画圆划线而能合于圆规方矩，手指与外物同化合一，而不用心知计算，所以他德心专一而不窒塞。丧忘脚，是因为鞋子合脚而安适；丧忘腰，是因为腰带合腰而安适；心知丧忘是非，是因为德心合道而安适；不变迁内德，不盲从外境，是因为世事际会无不安适。始于德心安适而无不安适，是丧忘安适的至高安适。

校注

［1］工倕chuí：传为唐尧时巧匠。又见或撰《胠箧》。

【校勘】“合”旧作“蓋”（简体字本作“盖”），通“盍”。奚侗：“‘蓋’假作‘盍’。《尔雅·释诂》：‘盍，合也。’”王叔岷是之。○旧或据“蓋”之简体字“盖”，误释为“超过”，义不可通。“规矩”所作，为至圆至方。工倕徒手作方圆，至多合于“规矩”，不能超过“规矩”。合于规矩即“以人合天”，为道家义；超过规矩即“以人胜天”，非道家义。

［2］指与物化：以人之天，合物之天。上扣第十章“以天合天”。

［3］不以心稽jī：心，成心。稽，计谋。不用成心计谋。

［4］灵台一而不窒zhì：灵台，德心，义同《德充符》“灵府”。灵台浑而不窒塞。

［5］忘足、忘腰：起譬。知忘是非：正题。

［6］不内变，不外从：不变内德，不从外境。

【辨析六】魏撰《知北游》“外化内不化”。魏之“内不化”，蔺之“不内变”，均谓庄学真谛“因循内德”。魏之“外化”，蔺之“不外从”，均谓庄学俗谛“因应外境”，魏言因应外境当有变化，蔺言因应外境不当盲从。是为蔺、魏承庄之小异，亦为蔺、魏个性之小异。

［7］事会之适也：补充“不外从”。因应外境虽当“不外从”，又当“以和为量”（蔺撰《山木》所引庄言）。

［8］始乎适而未尝不适者，忘适之适也：庄学至境“至适忘适”。

●第十二至适忘适章：抉发内七篇“自适其适”、“至适忘适”奥义。

十三

有孙休者[1]，踵门而诧子扁庆子曰[2]：“休居乡，不见谓不修[3]；临难，不见谓不勇[4]。然而田原不遇岁，事君不遇世[5]，摈于乡里[6]，逐于州部[7]，则胡罪乎天哉[8]？休恶遇此命也？”

扁子曰："子独不闻夫至人之行邪[9]？忘其肝胆，遗其耳目，芒然彷徨乎尘垢之外，逍遥乎无为之业[10]，是谓'为而不恃，长而不宰'[11]。今汝饰知以惊愚，修身以明污，昭昭乎若揭日月而行也[12]。汝得全尔形躯，具尔九窍，无中道夭于聋盲跛蹇，而比于人数，亦幸矣。又何暇乎天之怨哉？子往矣！"

孙子出[13]。扁子入，坐有间，仰天而叹。

弟子问曰："先生何为叹乎？"

扁子曰："向者休来，吾告之以至人之德，吾恐其惊，而遂至于惑也。"[14]

弟子曰："不然。孙子之所言是邪？先生之所言非邪？非固不能惑是[15]。孙子之所言非邪？先生之所言是邪？彼固惑而来矣，又奚罪焉？"

扁子曰："不然。昔者有鸟止于鲁郊，鲁君悦之，为具太牢以飨之，奏《九韶》以乐之[16]，鸟乃始忧悲眩视，不敢饮食。此之谓以己养养鸟也[17]。若夫以鸟养养鸟者[18]，宜栖之深林，浮之江湖[19]，食之以鳅鲦，委蛇而处，则安平陆而已矣[20]。今休，款启寡闻之民也[21]，吾告以至人之德，譬之若载鼷以车马[22]，乐鴳以钟鼓也[23]，彼又恶能无惊乎哉？"

今译

有人名叫孙休，上门而诧异地问子扁庆子说："我居于乡邑，没人说我不修德；面临危难，没人说我不勇敢。可我种地收成不好，事君不获礼遇，遭到乡里摈弃，又被州部驱逐，我何处得罪了上天？为何遭遇如此天命？"

扁子说："你难道不曾听闻至人的行为吗？丧忘肝胆，遗弃耳目，不知其然地彷徨于尘俗之外，逍遥于无为之业，这叫作'有所作为而不居功，长于外物而不宰制'。如今你意欲文饰己知以惊吓愚钝的民众，修养己身以彰显他人的污浊，自矜光明如同手举日月而行。你能保全你的身形，具备你的九窍，没有半途夭折于聋瞎瘸瘫，而仍然列于众人之数，也够幸运了。又怎么有空抱怨上天呢？你走吧！”

孙休辞出。扁子返回内室，坐了一会，仰天叹息。

弟子询问：“先生为何叹息？”

扁子说：“刚才孙休来，我告诉他至人的德行，我担心他受惊，进而更加迷惑。”

弟子说：“不至于吧。孙休所言难道属是吗？先生所言难道属非吗？属非之人原本不能迷惑属是之人。孙休所言不是属非吗？先生所言不是属是吗？他原本迷惑而来，先生又有何错呢？”

扁子说：“不是这样。从前有鸟栖止于鲁国郊外，鲁君喜爱它，杀牛宰羊供它享用，演奏《九韶》让它快乐，鸟却忧愁悲伤目光迷惑，不敢饮食。这是用养人的方式养鸟。若是用养鸟的方式养鸟，应该让鸟栖息于深林，浮游于江湖，自行捕食泥鳅鲦鱼，自在自适而处，安居平地陆滩而止。如今孙休，是德薄寡闻之人，我告诉他至人的德行，如同让老鼠乘马车，让尺鴳听钟鼓，他又怎能不受惊吓而更加迷惑呢？”

校注

［1］孙休：孔子之化身。○其名或为隐讽孔学传至其孙子思，业已休止。实则“曾参—子思—孟轲”一系儒学，盛于后世庙堂，至今未曾休止。

［2］踵zhǒng门：上门拜访。诧chà：诧异。

子扁庆子：《德充符》“叔山无趾”之化身，故以“孙休踵门”反拟《德充符》“叔山无趾踵见仲尼”。亦证“孙休”为孔子化身。

［3］不见谓不修：隐扣孔子主张“修身”、“修心”。○庄学贬斥“修身”、“修心”，主张“至人不修”（“修”训修剪），参看《田子方》辨析二。

［4］临难nàn：隐扣孔子“伐树于宋，削迹于卫，穷于商周，围于陈蔡之间”（蔺撰《山木》）。

［5］事君不遇世：隐扣孔子周游列国游说天下，不遇任用之君。

［6］摈bìn于乡里：隐扣孔子“亲交益疏，徒友益散”（蔺撰《山木》）。

［7］逐于州部：隐扣孔子“再逐于鲁”。

［8］胡罪乎天哉：隐扣孔言“获罪于天，无所祷也”(《论语·八佾》)。

［9］【校勘】“行”前旧衍“自”字，义不可通。王叔岷据唐写本校删。〇郭注：“闇付自然也。”可证郭象为自圆“自得”谬说而妄增“自”字。〇成疏“夫至人立行”，并无“自”义。

【辨析七】为了自圆“独化自得”谬说，郭象篡改外杂篇十三处原文。其一，妄增六“自”字：《达生》“子独不闻夫至人之行邪”，“行”上郭象妄增“自”字。《庚桑楚》“盲者不能见”、“聋者不能闻”、“狂者不能得”，“见”、“闻”、“得”上郭象妄增“自”字。《则阳》“虽有至知，不能以言读其所化”，“化”上郭象妄增“自”字。《天运》“意者其运转而不能止邪?”“止”上郭象妄增“自”字。其二，篡改“自得”为“自适”：《秋水》“自得一时之利”，“得”被郭象篡改为“适”。其三，篡改二“自适”为“自得”：《让王》“逍遥于天地之间而心意自适”、“审自适者”，二“适”被郭象篡改为“得”(《让王》辨析一)。其四，篡改“德”为“得”：《秋水》“本乎天，位乎德”，郭象篡改为“本乎天，位乎得”。其五，篡改“得”为“德”：《则阳》“夫夷节之为人也无得”、“非相助以得”，郭象篡改二“得”为“德”。其六，移动一“自”字：《外物》“去自善而善矣”，郭象移后“自”字，变成“去善而自善矣”。

［10］“忘其肝胆”四句：全同《大宗师》。亦证本篇非庄所撰。

【校勘】郭象篡改“茫然彷徨乎尘垢之外，逍遥乎无为之业”之“无为”为“无事”，证见郭注：“凡自为者，皆无事之业也。”本书据《大宗师》“茫然彷徨乎尘垢之外，逍遥乎无为之业”复原。

［11］为而不恃，长而不宰：语本《老子》。

［12］“今汝饰知以惊愚”三句：全同蔺撰《山木》太公任教诲孔子之言。此亦“孙休”为孔子化身之又证。

［13］孙子出：反拟《德充符》“无趾出”。亦证“孙休”为孔子化身，子扁庆子为“叔山无趾”化身。

［14］吾告之以至人之德，吾恐其惊，而遂至于惑也：上扣第三章丈人斥孔“修汝所以，而后载言其上”。义同蔺撰《至乐》“彼将内求于己而不得，不得则惑”。参看魏撰《庚桑楚》“若趎之闻大道，譬犹饮药以加

病也”。

［15］非固不能惑是：抉发内七篇决非混淆是非，仅是超越相对是非，专明绝对是非。○旧多盲从郭象伪庄学，谬解庄学否定是非。

［16］奏《九韶》以乐之：九韶 sháo，舜乐名，又称《大韶》、《韶》。此句隐扣《论语·述而》：“子在齐闻《韶》，三月不知肉味，曰：‘不图为乐之至于斯也。’”亦证“孙休”为孔子化身。

［17］以己养养鸟：己之所欲，强施于鸟，未明“万物殊理（同道）”（《则阳》）。

［18］以鸟养养鸟：鸟之所欲，则施于鸟。人之所欲，则施于人。

［19］宜栖 qī 之深林，浮之江湖：鸟之“正处”（《齐物论》）。○义本《大宗师》“泉涸，鱼相与处于陆。与其相呴以湿，相濡以沫，不如相忘于江湖”。

［20］食之以鳅鲦 tiáo：鸟之“正味”（《齐物论》）。委 wēi 蛇 yí 而处：任意自适而处。○此“委蛇”异于第七章“泽有委蛇”之鬼。

【校勘】“以鳅鲦”、“而处”五字旧脱，义不可通。俞樾据《至乐》“夫以鸟养养鸟者，宜栖之深林，游之澶陆，浮之江湖，食之鳅鲦，随行列而止，委蛇而处”校补。○“平陆”上旧脱“安”字，于省吾据《庄子阙误》引刘得一本作“则安平陆而已矣”校补。

［21］今休，款启寡闻之民也：款，空也。启，开也。所见小也（李颐）。义同魏撰《秋水》“少仲尼之闻”，亦证“孙休”为孔子化身。

［22］载鼷 xī 以车马：让鼷鼠乘马车。与《应帝王》“使蚊负山”字面义反，深层义同。

［23］乐鴳 yàn 以钟鼓：兼扣《逍遥游》“尺鴳”、“聋者无以与乎钟鼓之声”。○二句义同《德充符》叔山无趾斥孔“天刑之，安可解”，亦证“孙休”为孔子化身，“子扁庆子”为“叔山无趾”化身。

●第十三扁子哀孙章：抉发内七篇“孔子改宗”实为庄子虚构，实际孔子并未改宗。

【附论】

蔺撰《寓言》庄惠辩孔章，抉发内七篇的“两个孔子”及“孔子改宗”范式。蔺撰《达生》末章，进而抉发内七篇之“孔子改宗”并非史实，仅是庄子意在明道的虚构假言。同时暗示：实际孔子正如《德充符》叔山无趾所斥“天刑之，安可解”，不可能改宗，因此庄子决无“助孔”、“尊孔”之意。

旧多不明《寓言》庄惠辩孔章乃是抉发内七篇之“孔子改宗”，故亦不明《达生》末章乃是进而抉发内七篇之“孔子改宗”并非史实，因而旧解多谓《达生》至第十二章业已文完义足，遂视末章为蛇足或衍文。

至乐

题解

《至乐》被后于魏牟的《荀子》钞引，必在魏牟版外篇。刘安版、郭象版仍在外篇。

《南史·文学传》："（何子朗）尝为《败冢赋》，拟庄周《马捶》，其文甚工。"坟冢破败，故髑髅露出，证明《马捶》必含"庄子见空髑髅"章。郭象因其事涉庄子，旨涉生死，遂裁剪刘安版杂篇《马捶》228字的"庄子见空髑髅"章，插入刘安版外篇《至乐》1219字的"庄子妻死"章、"列子见百岁髑髅"章之间，合为郭象版外篇《至乐》1447字。郭象版外篇《至乐》之"庄子见空髑髅"章（即《马捶》残篇）无陆引崔注，其余部分却有陆引崔注二条，证明郭象裁剪《马捶》拼接于《至乐》；同时证明崔譔仅注刘安版外篇《至乐》，未注刘安版杂篇《马捶》。详见绪论三《刘安版大全本篇目考》，参看《马捶》题解。

本书从郭象版外篇《至乐》1447字中，摘出魏牟版、刘安版外篇《至乐》1219字，复原于魏牟版外篇第四。校正郭象篡改和历代讹误：补脱文26字，订讹文6字，厘正误倒1处。

《至乐》文风内敛含蓄，意旨支离隐晦，撰者当为庄子弟子蔺且。按其义理次第，当居《达生》之后。著录庄子一事"庄子妻死"，当属亲历亲闻。

蔺撰《至乐》，可分六章。篇旨是抉发内七篇"不知悦生，不知恶死"、"安时处顺"、"死生如昼夜"、"物化循环"等重要奥义。

第一章，阐明"至乐无乐"，抉发庄学至境之标准式。

中间四章，譬解、抉发内七篇"物化死生如昼夜循环"奥义。

第六章，探究"物化循环"规律，抉发内七篇"生死循环"之义。其探究物化嬗变之具体路径（规律），虽未尽合物种演化之实然，但是唯有信仰天道者，亦即信仰不以人类意志为转移的自然规律者，方有如此探究精神。

一

天下有至乐无有哉？有可以活身者无有哉？今奚为奚据？奚避奚处？奚就奚去？奚乐奚恶？

夫天下之所尊者，富贵寿善也[1]；所乐者，身安厚味美服好色音声也；所下者，贫贱夭恶也；所苦者，身不得安逸，口不得厚味，形不得美服，目不得好色，耳不得音声。若不得者，则大忧以惧。其为形也，亦愚哉！

夫富者，苦身疾作，多积财而不得尽用，其为形也亦外矣[2]。夫贵者，夜以继日，思虑善否，其为形也亦疏矣[3]。人之生也，与忧俱生，寿者惛惛，久忧不死，何之苦也[4]，其为形也亦远矣。烈士为天下见善矣，未足以活身。吾未知善之诚善邪？诚不善邪？若以为善矣，不足活身；以为不善矣，足以活人。故曰："忠谏不听，逡巡勿争。"[5] 故夫子胥争之，以残其形；不争，名亦不成。诚有善无有哉？[6]

今俗之所为，与其所乐，吾又未知乐之果乐邪？果不乐邪？吾观夫俗之所乐举群趋者[7]，誙誙然如将不得已[8]，而皆曰乐者，吾未之乐也，亦未之不乐也。果有乐无有哉？吾以无为诚乐矣，又俗之所大苦也[9]。故曰：至乐无乐，至誉无誉。[10]

天下是非，果未可定也。虽然，无为可以定是非[11]。至乐活身，唯无为几存。请尝试言之：天无为以之清，地无为以之宁[12]。故两无为相合，万物皆化生[13]。芒乎芴乎，而无从出乎？芴乎芒乎，而无有象乎[14]？万物职职，皆从无为殖[15]。故曰：天地无为也，而无不为也[16]。人也孰能得无为哉？[17]

今译

天下有至乐没有呢？有可以自活己身的至乐没有呢？如今该做什么依据什么？躲避什么选择什么？趋近什么远离什么？喜乐什么厌恶什么？

天下人所尊崇的，是财富、尊贵、长寿、善名；所喜乐的，是身体安逸、美味食物、华丽服饰、美貌异性、曼妙歌声；所厌弃的，是贫穷、卑贱、短寿、恶名；所苦恼的，是身体不得安逸，饮食不得美味，身形不得华服，目中不得美色，耳中不得妙音。若是不能得到，就会大忧而惧。如此重视身形，也太愚蠢了。

那些富人，苦累身体勤勉劳作，多积货财而不能尽用，如此做人也太背离初衷了。那些贵人，夜以继日，思忖顾虑善恶对错，如此做人也太粗疏了。人的生命，与忧愁同时诞生，高寿之人昏愦糊涂，长久忧愁却不能死去，何其痛苦，如此做人也太远离天道了。烈士被天下称善，却不足以自活己身。我不知天下称善确实属善？抑或实属不善？若是以为烈士属善，为何不足以自活己身？若是以为烈士实属不善，却又足以救活他人。所以说："忠谏不被听从，退身勿再力争。"所以伍子胥忠谏力争，招来残杀其身；若是退身不争，烈士之名也不能成就。究竟有善没有呢？

如今世俗之人所为，和他们所乐之事，我又不知是果真快乐呢？抑或果真不快乐呢？我看待世俗之人乐于称说、群相趋赴之事，不达目的似乎不得停止，而皆称说快乐，我却不以为快乐，也不以为不快乐。究竟有快乐没有呢？我认为无为是真正的快乐，又被世俗之人视为大苦。所以说：至高的快乐是丧忘快乐，至高的名誉是丧忘名誉。

天下是非，果真不易裁定。尽管如此，无为可以裁定是非。至乐足以自活己身，唯有无为庶几能够自存。请尝试论之：天无为因而清明，地无为因而宁定。所以天地无为相合，万物都能化育生长。尽管恍恍惚惚，然而万物难道不是从无为天道生出吗？尽管惚惚恍恍，然而万物难道不是被没有形象的无为天道化育吗？万物众多，均从无为天道繁衍生殖。所以说：天地无为，却无所不为。人啊谁能做到无为呢？

校注

［1］富贵：或撰《天地》所引庄言，作“不近贵富”。○“贵富”、“富贵”逆序，不仅是外杂篇非庄所撰之一证，亦证时势外境之转捩。春秋以前的世卿时代，贵贱世袭，无不由贵而富。战国以后的游士时代，贵贱世袭松动，亦可由富而贵。

［2］“夫富者”四句：义同蔺撰《达生》“物有余而形不得养者有之矣”。

［3］“夫贵者”四句：与上“夫富者”四句，侧重小异。善否pǐ：“善恶臧否”之略语。

［4］【校勘】“惛惛”mǐn旧或作“惽惽”hūn，避唐太宗李世民讳而改；或作“愍愍”，字通。据陆释本、道藏成疏本、覆宋本、陆树芝本、郭庆藩本、王先谦本、阮毓崧本、钟泰本、钱穆本、陈鼓应本、方勇、陆永品本均作“惛惛”校正。○“何之苦也”旧或脱“之”字，据林希逸本、储伯秀本、陆西星本、归有光本、沈一贯本、王夫之本、林云铭本、宣颖本、姚鼐本、胡文英本、陆树芝本、章太炎本、阮毓崧本、钟泰本、钱穆本、支伟成本、王叔岷本、方勇、陆永品本均有“之”字校补。

［5］逡qūn巡：徘徊，退却。

【校勘】“逡巡”旧作“蹲循”，字通。俞樾、林云铭、郭庆藩、王先谦、王叔岷、陈鼓应、方勇、陆永品校正。

［6］子胥：伍子胥。忠谏吴王夫差，不听。强谏而争，被杀。

［7］乐举：乐于标举。上扣“俗之所乐”。群趋：群相趋赴。上扣“俗之所为”。○郭象误断：“吾观夫俗之所乐，举群趋者。”证见郭注：“举群趣其所乐。”

［8］誙誙kēng然：浅薄固执、不达目的誓不罢休的样子。义同“硁硁kēng然”。○《论语·子路》：“子曰：言必信，行必果，硁硁然小人哉！”

［9］“吾以”二句：吾以“无为”为“至乐”，俗以“无为”为“大苦”。

［10］至乐无乐，至誉无誉：“无”训致无、丧忘。二句抉发庄学至境之标准式。○宣颖：“上句主，下句陪。”下句“至誉无誉”暗引《老子》，抉发庄学至境承自老聃。

［11］“天下是非”四句：天下是非难以裁定，无为可以裁定是非。○旧谓庄学否认是非，四句可证其谬。

［12］“天无为”二句：语本《老子》“天得一以清，地得一以宁”，易“得一”为“无为”。

［13］【校勘】“生”字旧脱。刘文典、王叔岷、陈鼓应、方勇、陆永品据《庄子阙误》引江南古藏本作“万物皆化生”、成疏“万物化生”校补。

［14］“芒芴”四句：肯定万物出于道。郭象反注：“皆自出耳。”○义本先秦《老子》：“道之为物，唯芒唯芴。芴兮芒兮，其中有象；芒兮芴兮，其中有物。”汉后《老子》“芒芴”改为“恍惚”。

［15］职职：繁多。

［16］天地无为也，而无不为也：天道之“无为”，即无所亲疏；天道之“无不为”，即造化万物。○《老子》“道恒无为，而无不为”，即言本体论之“道体”（《大宗师》辨析十二）。

［17］人也孰能得无为哉：至人之“无为”，即“顺应天道”；至人之“无不为”，即“因循内德”。○《老子》“为道日损，损之又损，以至于无为，无为而无不为”，即言认识论之“道术”（《大宗师》辨析十二）。

●第一至乐无乐章：抉发庄学贬斥伪道俗见，抉发庄学至境之标准式，抉发“无为无不为”奥义，抉发本体论之“道体”、认识论之“道术”。

二

庄子妻死，惠子吊之[1]。庄子则方箕踞，鼓盆而歌。[2]

惠子曰：“与人居，长子老身，死不哭，亦足矣[3]。又鼓盆而歌，不亦甚乎？”

庄子曰：“不然。是其始死也，我独何能无慨[4]？然察其始，而本无生；非徒无生也，而本无形；非徒无形也，而本无气[5]；杂乎芒芴之间，变而有气，气变而有形，形变而有生[6]；今又变而之死，是相与为春秋冬夏四时行也[7]。人且偃然寝于巨室，而

我嗷嗷然随而哭之[8]，自以为不通乎命，故止也。”[9]

今译

庄子妻子死了，惠施前来吊丧。庄子正像簸箕一般叉脚坐地，拍击瓦缶长歌当哭。

惠施说：“与人家终生同居，养大子女相伴到老，死了不哭，也就够了。你还拍击瓦缶唱歌，不是太过分吗？”

庄子说：“不是这样。她刚死之时，我怎能独异于人而无感慨？然而细察她的初始，原本没有生命；不仅没有生命，而且没有物形；不仅没有物形，而且没有气息。杂于恍惚元气之间，元气渐变使她有了气息，气息渐变使她有了物形，物形渐变使她有了生命，如今她又物化突变而抵达死亡，这就如同相互循环的春秋冬夏四季运行。她正安然寝卧在天地之间的巨室，而我嗷嗷大哭她顺应造化的物化，自以为不通达天命，所以停止哭泣。”

校注

［1］庄子妻死，惠子吊之：本章著录蔺且亲历亲闻的庄子妻死、庄惠辩死，隐赞庄子是“能得无为”（首章末句）的至人。○内七篇庄子四章，均在篇末。蔺撰《至乐》，章法同于蔺撰《寓言》。开篇卮言章之后，即为庄子章，章法异于内七篇。

［2］箕踞jù：两脚叉开如簸箕而坐于地。盆：瓦缶（成疏、陆释），肚大口小的盛酒陶器。○“鼓盆而歌”实为长歌当哭，非以妻死为欢，证见下文“何能无慨”。旧多误解庄子以妻死为欢而歌。

［3］长zhǎng子老身：长、老，动词。○旧或误断：“与人居，长子，老，身死不哭。”古文无此支离句法。《荀子·解蔽》“老身长子”语出本篇，足证旧断之误。

［4］“是其始死”二句：先言俗谛。妻死之初，庄亦感慨、伤感、哭泣。

［5］“然察其始”六句：“然”字转折，再言真谛。逆溯生命始源。○旧

多误将“然”字从上读，误断为：“我独何能无慨然？察其始”。不合句法，未明文义。

［6］“杂乎芒芴之间”四句：顺演道生万物。○“芒芴”出于先秦《老子》，汉后《老子》改为“恍惚”。

［7］“今又变而之死”二句：阐明“造化”主宰的“物化”之循环。○蔺撰《达生》“合则成体，散则成始”，魏撰《知北游》“人之生，气之聚也；聚则为生，散则为死”。

［8］偃然：双关偃卧、安息。巨室：天地之间（成疏），以天地为室（司马彪）。○蔺撰《曹商》庄子临终遗言“吾以天地为棺椁”。

【校勘】“噭噭”旧讹为“嗷嗷”jiào，形近而讹，义不可通。据《太平御览》五六一引文作“噭噭”校正。

［9］自以为不通乎命，故止也：以为慨而哭之不通天命，故而止哭。○《养生主》、《大宗师》“帝之悬解”、“安时处顺”，《齐物论》“予恶乎知恶死之非弱丧而不知归者邪”、贬斥“不知其所归”，魏撰《秋水》“视死如归”。

【辨析一】惠施妄斥庄子“鼓盆而歌”，庄子斥其“不通乎命”。历代注家既闻庄言，仍然妄斥庄子“鼓盆而歌”，庄言如过牛耳。○王叔岷：“鼓盆而歌，自是矫情；通命而止，则合乎自然，归于大顺矣。”未明文义而无据妄言，误以为庄言“不通乎命”是指“鼓盆而歌”，遂误释“故止也”为止“歌”。实则庄言“不通乎命”乃指“噭噭然随而哭之”，故止“哭”而“歌”。

●第二庄子妻死章：著录庄事，褒扬庄子，抉发“造化”主宰“物化”、“安时处顺”奥义。

三

支离叔与滑介叔[1]，观于冥伯之丘[2]，昆仑之墟[3]，黄帝之所休[4]。俄而瘤生其左肘，其意蹶蹶然恶之。[5]

支离叔曰：“子恶之乎？”

滑介叔曰："亡！予何恶？生者，假借也，假之而生。生者，尘垢也[6]。死生为昼夜[7]。且吾与子观化而化及我，我又何恶焉？"[8]

今译

支离叔与滑介叔，游观冥伯峰、昆仑山，黄帝曾经休息的遗迹。忽有瘤子从滑介叔的左肘生出，他似有厌恶之意。

支离叔问："你厌恶它吗？"

滑介叔说："不！我为何厌恶？生命，仅是假借；假借而生的生命，仅是尘垢。死生如同昼夜。况且我与你观察物化而物化及于我身，我又为何厌恶呢？"

校注

［1］支离叔：其名仿拟《人间世》之"支离疏"，"叔"、"疏"音同。

滑介叔：滑，撄扰。介，介怀。其名反训为"外境撄扰无介于怀"。○二人名中之"叔"，四境排行隐喻定位于"小知"。

［2］观于冥伯之丘：伯，四境排行隐喻定位于"至知无知"的"至人"。隐喻支离叔、滑介叔由"叔"进"伯"，从"小知"成长为"至知无知"的"至人"。

［3］昆仑之墟：人间至高之山（传说黄帝所居）。隐喻俗谛至高之境。

［4］黄帝之所休：隐喻黄帝止于俗谛至高之境。○魏撰《知北游》"是以不过乎昆仑，不游乎太虚"，或撰《天地》"黄帝游乎赤水之北，登乎昆仑之丘而南望"。

［5］【校勘】"瘤"旧作"柳"。孙诒让、郭嵩焘、郭庆藩、王先谦、王叔岷校正。○"柳"字或因欲扣四境动植范型之"木"而变文。

［6］生者，假借也：此言万物生成原理。生者，尘垢也：此言万物并非根本。○义本《大宗师》"假于异物，托于同体"。

【校勘】原文当作“生者，假借也。生者，尘垢也。”“假之而生”四字，颇似“假借也”之旁注，后羼入正文。无据不删，存疑备考。○郭庆藩、王先谦、刘文典、陈鼓应、方勇、陆永品断为：“假之而生生者，尘垢也。”义不可通。“生生者”即道（《大宗师》“生生者不生”），并非“尘垢”。

［7］死生为昼夜：义本《大宗师》“死生，命也；其有夜旦之常，天也”。○魏撰《田子方》：“得其所一而同焉，则四肢百体将为尘垢，而死生终始将为昼夜。”

［8］观化：观照“造化”主宰的“物化”。化及我：“物化”及于我身。○本章仿拟《大宗师》造化四子章：“子祀曰：‘汝恶之乎？’曰：‘亡。予何恶？……且夫物不胜天久矣，吾又何恶焉？’”

●第三至人观化章：仿拟《大宗师》造化四子章，抉发《大宗师》“死生如昼夜”奥义。

【辨析二】郭象版外篇《至乐》，此下拼接刘安版杂篇《马捶》残篇“庄见髑髅”228字，本书复原于附编杂篇。○蔺且亲历亲闻之庄事，尚且无暇尽录于所撰之篇（颇多经其转述，被魏牟等再传弟子转录），“庄见髑髅”纯属虚构，当非蔺撰。

四

颜渊东之齐，孔子有忧色。

子贡下席而问曰[1]：“小子敢问，回东之齐，夫子有忧色，何邪？”

孔子曰：“善哉汝问！昔者管子有言，丘甚善之。曰：‘褚小者不可以怀大，绠短者不可以汲深。’[2]夫若是者，以为命有所成，而形有所适也，夫不可损益[3]。吾恐回与齐侯言尧舜黄帝之道，而重以燧人神农之言[4]。彼将内求于己而不得，不得则惑[5]，人惑则死。[6]

“且汝独不闻邪？昔者海鸟止于鲁郊，鲁侯御而觞之于庙，

奏《九韶》以为乐，具太牢以为膳。鸟乃眩视忧悲，不敢食一脔，不敢饮一杯，三日而死。此以己养养鸟也，非以鸟养养鸟也。夫以鸟养养鸟者，宜栖之深林，游之澶陆，浮之江湖，食之鳅鲦，随行列而止，委蛇而处[7]。彼唯人言之恶闻[8]，奚以夫譊譊为乎[9]?《咸池》、《九韶》之乐，张之洞庭之野[10]，鸟闻之而飞，兽闻之而走，鱼闻之而下入[11]，人卒闻之，相与还而观之[12]。鱼处水而生，人处水而死[13]，彼必相与异其好恶，故异也[14]。故先圣不一其能，不同其事[15]；名止于实，义设于适[16]，是之谓条达而辐持。”[17]

今译

颜渊东行游说齐侯，孔子面有忧色。

子贡离开坐席而问："弟子斗胆请问，颜回东行游说齐侯，夫子面有忧色，是何缘故?"

孔子说："你问得好！从前管仲有言，我很赞成。他说：'袋小不能装入大物，绳短不能汲于深井。'那是说，天命各有成数，物形各有所适，所以不可减损增益。我担心颜回与齐侯谈论尧舜黄帝之道，进而重申燧人神农之言。齐侯必将内求于己而不能得于德心，不能得于德心就会迷惑，齐侯迷惑则颜回必死。

"况且你难道不曾听闻吗？从前曾有海鸟栖止于鲁国郊外，鲁侯驾车迎接而后在太庙置备酒宴，演奏《九韶》让它快乐，杀牛宰羊作为膳食。海鸟却目光迷惑而忧愁悲伤，不敢吃一口肉，不敢喝一杯酒，三天以后死了。这是用养人的方式养鸟，而非用养鸟的方式养鸟。若是用养鸟的方式养鸟，宜于让海鸟栖息于深林，游玩于滩陆，浮游于江湖，捕食泥鳅鲦鱼，跟随行列起止，任意自适而处。海鸟对人类之言厌恶听闻，何必对之聒噪不休?《咸池》、《九韶》之类雅乐，演奏于洞庭旷野，鸟类听了惊飞，兽类听了逃走，鱼类听了下潜，唯有人类听了，相互邀约齐来围观。鱼处于水而生，人处于水而死，两者必然相互好恶有异，所以才是异类。所以先圣不欲齐一每人的技能，不欲强同每人的事业；名相止于事实，正义设于自适，这就叫条贯达道而辐凑长持。”

校注

［1］颜渊：孔子弟子颜回，字子渊。子贡：孔子弟子端木赐（前520—前450），字子贡。

［2］褚zhǔ：囊袋。绠gěng：汲水绳。

“管子有言”二句：不见《管子》，当属虚拟。〇《荀子·荣辱》：“故曰：短绠不可以汲深井之泉。”“故曰”是暗引魏牟版初始本之标志。

［3］命有所成：义同蔺撰《达生》“成乎命”。形有所适：义同蔺撰《达生》“长乎性”。〇“命有所成……不可损益”，义同《德充符》“天刑之，安可解”。

［4］言尧舜黄帝之道，而重以燧人神农之言：先言尧舜黄帝之道，再言燧人神农之言。〇此亦可证蔺撰《寓言》之“重言”，乃是重复之言，而非借重之言。

［5］彼将内求于己而不得，不得则惑：天命造成齐侯是褚小绠短的德薄者，内求于德心而不能理解颜回之言，则必迷惑。〇义同蔺撰《达生》“向者休来，吾告之以至人之德，吾恐其惊而遂至于惑也”。参看魏撰《庚桑楚》“若趎之闻大道，譬犹饮药以加病也”。

［6］人惑则死：齐侯惑，则颜回死。孔子忧齐侯杀颜回，一如《人间世》孔子忧卫君杀颜回。

［7］澶chán：水沙澶（司马彪）。澶陆：义同蔺撰《达生》“平陆”。〇“昔者海鸟止于鲁郊”至“委蛇而处”九十五字，与蔺撰《达生》末章略同。内七篇无一此类重复，亦证本篇非庄所撰。

【校勘】“澶”（滩）旧讹为“壇”（坛）。据陆释引司马彪本作“澶”校正。

［8］彼唯人言之恶闻：彼，字面义指海鸟，比喻义指齐侯。义同《人间世》“是以人（卫君）恶其（颜回）有美也”。

［9］奚以夫譊譊náo为乎：譊譊，喧聒（成疏）。义同《人间世》“不信厚言”。

［10］咸池：传为黄帝之乐。九韶：传为虞舜之乐。洞庭之野：虚构的寓意地名，义同上引庄言“巨室”。成疏：“洞庭之野，天地之间，非太湖之洞庭。”

［11］“鸟闻”三句：义同《齐物论》“毛嫱西施，人之所美也，鱼见之深入，鸟见之高飞，麋鹿见之决骤”后三句。

［12］“人卒”二句：义同《齐物论》“毛嫱西施，人之所美也”。

［13］鱼处水而生，人处水而死：演绎《大宗师》“泉涸，鱼相与处于陆”、“鱼相造乎水，人相造乎道”。

［14］彼必相与异其好恶：义同魏撰《则阳》“万物殊理”。

［15］故先圣不一其能，不同其事：演绎《齐物论》“吹万不同”，反对修剪万物之德使之齐一于庙堂人道。

［16］名止于实，义设于适：名相应该止于事实，正义应该设于自适。

【辨析三】把庙堂人道定义为“庙堂私义”，即为“名止于实”；庙堂人道自我拔高为“天下公义”，实为“名过于实”。把“正义”设定为“自适其适”（《大宗师》），即为“义设于适”；庙堂人道把“正义”设定为“适人之适”（《大宗师》），实为“义设于不适”。○蔺撰《至乐》“义设于适”，义同蔺撰《山木》“不知义之所适”（《山木》辨析一），抉发内七篇“适↘义”之辨，贬斥庙堂拔高私“义”为“公义”，贬斥接受庙堂“黥劓”、“雕琢”者，将“适人之适”之“不适”，视为“适”。

［17］【校勘】“辐”旧讹为“福”，义不可通。钱穆、王叔岷据《老子》“三十辐，共一毂”校正。

条、辐：互文同训，合词“辐条”（连接轮毂、轮缘的木条）。

条达：辐条向内达至轮毂，隐喻每人之内德，受自天道之中枢。因此循德自适，即为顺应天道。

辐持：辐条向外支持轮缘，隐喻每人之自适，维持世界之运转。因此所有辐条若是统一重叠，则无法维持轮缘之旋转；所有个体若是齐一适人，则无法维持世界之运转。

●第四颜渊之齐章：仿拟《人间世》颜回往刑章，抉发内七篇“适↘义”之辨。

五

列子适卫，食于道途[1]，见百岁髑髅，攓蓬而指之曰[2]："唯予与汝，知尔未尝死，予未尝生也[3]。若果恙乎？予果欢乎？"[4]

今译

列子前往卫国，进食于中途，看见百年以前的骷髅。列子拨开草丛而后指着它说："唯有我和你，知晓你未尝死，我未尝生。你果真痛苦吗？我果真欢乐吗？"

校注

[1]【校勘】"适卫"旧讹为"行"。据《列子·天瑞》校正。○"途"旧作"徒"，字通。又讹为"從"(从)，形近而讹。朱骏声、郭庆藩、王叔岷据陆释一本作"徒"校正，并谓"徒"通"途"。《列子·天瑞》"子列子适卫，食于道，从者见百岁髑髅"，杨伯峻注："'從'为'徒'讹，通'涂'，'者'字因失读而妄添。"

[2]髑dú髅lóu：死人骨架或死人头骨。攓qiān蓬：拨开蓬草。

[3]尔未尝死，予未尝生：死者未尝死，生者未尝生。万物死生循环，既无终极之死，亦无终极之生。抉发《大宗师》"万化未始有极，弊而复新"之义。

【校勘】"尔"字旧作"而"，字通。"予"字旧脱，俞樾校补："若之死非忧，予之生非乐也。"○上句"予"、"汝"对举，下句"若"、"予"对举，此二句当以"尔(死者)未尝死"、"予(生者)未尝生"对举。

[4]若果恙乎？予果欢乎："恙"与"欢"对，同"苦"。义同"生亦何欢，死亦何苦"。演绎《大宗师》"不知悦生，不知恶死"。

【校勘】"恙"字旧作"养"，俞樾、郭庆藩、王叔岷校正。○俞樾："'养'读为'恙'。'若果恙乎？予果欢乎？'恙与欢对。言若之死非忧，予之生非乐也。"

●第五列子见髑髅章：抉发《大宗师》"不知悦生，不知恶死"奥义，阐明旧死新生、物化循环，超越死生，哀乐不入。

六

种有几[1]，得水则为㡭[2]。得水土之际，则为蛙蠙之衣[3]。生于陵屯，则为陵舄[4]。陵舄则为郁栖，郁栖则为乌足[5]。乌足之根为蛴螬[6]，其叶为蝴蝶。蝴蝶胥也化而为虫，生于灶下，其状若脱，其名为鸲掇[7]。鸲掇千日化而为鸟，其名为乾余骨[8]。乾余骨之沫为斯弥，斯弥为食醯[9]。食醯生乎颐辂[10]，颐辂生乎黄軦[11]，黄軦生乎九猷[12]，九猷生乎瞀芮[13]，瞀芮生乎腐蠸[14]，腐蠸生乎羊奚[15]，羊奚比乎不筍[16]，久竹生青宁[17]，青宁生程[18]，程生马，马生人，人又返入于机[19]。万物皆出于机，皆入于机。[20]

今译

种子含有天机，处于水就化为继草。生于水土之滨，就化为青苔。生于高地，就化为车前草。车前草又化为郁栖草，郁栖草又化为乌足草。乌足草之根化为蛴螬，其叶化为蝴蝶。蝴蝶很快化而为虫，生于灶下，形状如同蝉蜕，其名叫作鸲掇虫。鸲掇虫千日化而为鸟，其名叫作乾余骨。乾余骨的唾沫化为斯弥虫，斯弥虫化为蠛蠓虫。蠛蠓虫化为颐辂虫，颐辂虫化为黄軦虫，黄軦虫化为九猷虫，九猷虫化为瞀芮虫，瞀芮虫化为腐蠸虫，腐蠸虫化为羊奚草。羊奚草化为久不生笋的老竹，老竹化为青宁。青宁化为程，程化为马，马化为人，人又返入于天机。万物都出于天机，都入于天机。

校注

［1］种有几：种，种子。有，有如。几，几微，元气最小单位，万物始基，义近“原子”、“细胞”、“精子”。

【辨析四】《大宗师》“万化未始有极”，“弊而复新”，“假于异物，托于同体”，认为旧死新生，物化无尽，设想人死之后可能物化为“时夜”，“弹”，“轮”，“马”，“鼠肝”，“虫臂”等等，均属假言，并未探究“假于异物”的具体路径。本篇次章所引庄言“杂乎芒芴之间，变而有气，气变而有形，形变而有生，今又变而之死”，虽非假言，也未探究“假于异物”的具体路径。蔺撰《山木》“不知其禅”，蔺撰《寓言》“万物皆种也，以不同形相禅”，乃是继承师说。蔺撰《至乐》本章，则是突破师说，探究“假于异物”的具体路径，“物化嬗变”的可能规律。唯有信仰自然天道即信仰客观规律的庄子及其弟子，方有如此探究精神。

［2］得水：生命始于水。㡭 jì：同“继”，寓意生命之延续，物化循环之连续不断。或释“续断”（陆释、郭嵩焘），草名。〇“㡭”之反义为“㡭”jué（同“绝”，《说文》），二字形、义均反。

［3］得水土之际：从水栖，嬗变为水陆两栖。蛙蠙 bīn 之衣：青苔，又名“虾蟆衣”（司马彪、成疏）。

［4］生于陵屯：从水陆两栖，嬗变为陆栖。陵舄 xì：车前草（司马彪、成疏）。〇疑“陵”为“陸”（陆）之形讹。由“水”至“水土之际”，再至“陆”。

［5］郁栖：粪壤（李颐、成疏、高亨）。乌足：草名（司马彪、成疏）。

【校勘】二句旧作“陵舄得郁栖则为乌足”。王叔岷据宋刊本《太平御览》八八七引作“陵舄则为郁栖，郁栖则为乌足”校正。

［6］蛴 qí 螬 cáo：蝎虫（司马彪、成疏）。一说金龟子幼虫。

［7］胥也：与下“千日”相对，言其速（俞樾）。脱：同“蜕”（王先谦、王叔岷、方勇、陆永品）。鸲 qú 掇 duō：虫名（成疏）。

［8］乾 gān 余骨：鸟名（陆释、成疏）。山鹊（高亨）。

【校勘】“化而”二字旧脱。王先谦、刘文典、王叔岷据《太平御览》

八八七、《列子・天瑞》校补。

［9］斯弥：虫名（李颐、成疏）。食醯 xī：醯，醋。酒上蠛蠓（司马彪）。醯鸡（成疏）。

［10］颐 yí 辂 lù：虫名（司马彪、李颐、成疏）。蜉蝣（高亨）。

【校勘】“食醯生乎颐辂”旧误倒为“颐辂生乎食醯”。刘文典据《庄子阙误》引张君房本、《列子・天瑞》、《太平御览》八八七引文校正。

［11］黄軦 kuàng：虫名（司马彪、李颐、成疏）。蟥蛢（高亨），即金龟子。

［12］九猷 yóu：虫名（司马彪、李颐、成疏）。

［13］瞀 mào 芮 ruì：虫名（司马彪、李颐、成疏）。“芮”为“蜹”省，同“蚋”，蚊虫。

［14］腐蠸 quán：虫名（司马彪、李颐、成疏）。瓜中黄甲虫（《列子》张湛注）。萤火虫也，亦言是粉鼠虫（成疏）。

［15］羊奚：草名（司马彪、成疏）。

【校勘】以上六句，旧存一（此句误倒）、三、五句，脱二、四、六句“颐辂生乎黄軦”、“九猷生乎瞀芮”、“腐蠸生乎羊奚”。本书全从《庄子阙误》引张君房本校正校补。〇诸家校勘，或据《列子・天瑞》、《太平御览》八八七引文（均有脱误），或据《庄子阙误》引张君房本而未全从，义均难通。

［16］不箰：久不生笋之竹（林云铭）。

［17］久竹：“不箰”变文。〇本节前后两句，首尾均顶真，此处为免单调而变文。旧多连读“羊奚比乎不箰久竹”，导致下句“生青宁”无主语，“物化之链”遂断。

青宁：虫名（司马彪、成疏）。竹根虫（罗勉道）。

［18］程：豹之别名（陆西星）。《梦溪笔谈》卷三：“秦人谓豹曰程子。延州人至今呼虎豹为程。”

【辨析五】甲物、乙物之间的“为”、“化”、“生乎”、“比乎”、“生”诸字，均为“物化”变文。其义均为“甲化为乙”。“乎”为语气词，不可释为介词“于”。若释“甲生乎乙”为“甲生于乙”（=乙生甲），则反原义。

［19］人又反入于机：上扣首句“种有几”，至此叙完“物化循环”。○成疏：“机者发动，所谓造化也。”

【辨析六】“造化”主宰“物化”，“物化”从属“造化”。“造化”曰“机”，“物化”曰“儿”（略同次章所引庄言之“气”）。欲明“德”受自于“天”，则曰“机”（《大宗师》“天机”），意为物德是天道之种子。欲明“道”遍在于“物”，则曰“儿”，意为物德是万物之始基。

［20］万物皆出于机，皆入于机：末句阐明“物化”循环往复，终结全篇，谓人之至乐，在于顺应天道而生，顺应天道而死，生死皆不悖道。

【辨析七】严复、胡适均赞本章，比拟于达尔文“进化论”，其误有二。一误：视本篇为庄所撰。二误：达尔文“进化论”实为演化论，重在递变，无“循环”义。庄学“物化论”实为嬗变论，重在循环，无“进化”、“演化”义。

●第六物化循环章：抉发《大宗师》“万化未始有极，弊而复新”、“假于异物，托于同体”奥义。突破庄学，探究嬗变循环的物化规律。

曹商△

题解

《曹商》被先于刘安的贾谊《吊屈原赋》化用，必在魏牟版外篇。刘安版仍在外篇，郭象版外篇无《曹商》，是郭删十九篇之一。

崔譔《庄子注》"有外无杂"（陆序），郭象版杂篇《列御寇》十章，"列御寇"二章有陆引崔注四条，"曹商"八章却无陆引崔注，而且两大部分结构断裂、义理脱节，证明郭象并未全删《曹商》，而是裁剪刘安版外篇《曹商》936字，拼接于刘安版外篇《列御寇》669字，合为郭象版杂篇《列御寇》1605字，再移外入杂；同时证明崔譔仅注刘安版外篇《列御寇》，未注刘安版外篇《曹商》。详见绪论三《刘安版大全本篇目考》，参看《列御寇》题解。

本书从郭象版杂篇《列御寇》1605字中，摘出郭象拼接的魏牟版、刘安版外篇《曹商》936字，复原于魏牟版外篇第五。校正郭象篡改和历代讹误：补脱文14字，删衍文1字，订讹文12字，厘正误倒2处。

《曹商》文风内敛含蓄，意旨支离隐晦，撰者当为庄子弟子蔺且。按其义理次第，当居《至乐》之后。著录庄子四事"庄斥曹商"、"庄斥宋王"、"庄拒聘相"、"庄子将死"，当属亲历亲闻。

蔺撰《曹商》，篇名未见史籍，今按外杂篇之篇名惯例拟名。今存八章，难明是否完璧。涉庄四章（一、六、七、八），涉孔四章（二、三、四、五），交叉对比。篇末庄子遗言，为本篇精华所在。旧多误断篇末之言为撰者之言，导致至关重要的庄子遗言湮灭不彰。

一

宋人有曹商者，为宋王使秦[1]。其往也，得车数乘。王悦之，益车百乘。[2]

返于宋，见庄子曰[3]："夫处穷闾隘巷，困窘织屦[4]，槁项黄馘者，商之所短也[5]。一晤万乘之主[6]，而从车百乘者，商之所长也。"

庄子曰："秦王有病召医，破痈溃痤者，得车一乘。舐痔者，得车五乘。所治愈下，得车愈多。子岂舐其痔邪[7]？何得车之多也？子行矣！"

今译

宋国有人叫曹商，为宋王出使秦国。他前往秦国之时，得到宋王所赐马车数乘。秦王喜欢他，又加赐马车百乘。

曹商返回宋国以后，来见庄子说："住在穷街窄巷，困窘地编织草鞋，脖子枯槁如树枝，耳朵蜡黄像死人，我不擅长。一晤万乘之君，而后随从马车百乘，我很擅长。"

庄子说："秦王得了痔疮召来医生，谁能挤破痔疮，赏车一乘。谁愿舌舔痔疮，赏车五乘。治疗方式越是下贱，得车越多。你莫非正是舌舔痔疮之人？为何得车如此之多？去你的吧！"

校注

[1] 宋王：宋王偃（司马彪、成疏）。宋康王（前337—前286在位），名偃。唯一宋王。前328年称王，前286年齐灭宋。庄子一生与暴君宋王偃共始终，此为抨击庙堂伪道的内七篇不得不支离其言、晦藏其旨的原因之

一（详下辨析四）。○内七篇庄子四章，均在篇末。本篇开篇即为庄子章，章法同于蔺撰《山木》(略同蔺撰《寓言》、《至乐》开篇卮言章之后即为庄子章)，异于内七篇。

［2］王：秦惠文王（司马彪）。○秦惠文王（前337—前311在位），秦武王（前310—前307在位），秦昭王（前306—前251在位），均与宋康王（前337—前286在位）同时。

［3］返于宋，见庄子：此证庄子所居之邑，距离宋都不远。○前322年宋人惠施罢相，从魏都返回宋都，欲事宋王未果，遂与庄子盘桓。亦证庄子所居之邑，距离宋都不远。

［4］【校勘】“隘”旧作“阨”，异体字。宣颖、王叔岷校正。

［5］黄馘guó：耳朵蜡黄。王夫之：“耳黄如馘。”曹商讥讽庄子因饥馑而耳黄，如同死人之耳。○奚侗：“《说文》：‘聝，军战断耳也。《春秋传》曰：以为俘馘。’聝，或体作馘。”○春秋以前，割取敌尸左耳计功，字作“聝”，从“耳”，一聝计为一人，凭此计功受赏。战国秦人，割取敌尸之首计功，字作“馘”，从“首”。其制始于秦献公，秦孝公时商鞅变法确立制度，一馘计为一人，晋爵一级，谓之“首级”。“聝”、“馘”二字，均音guó，音同而义异，后人常有混淆。

［6］【校勘】“晤”旧讹为“悟”，形近而讹。义不可通。

［7］所治愈下：非言所治体位之低下，乃言治痔手段之低下。

舐shì其痔：以治痔手段之低下，譬解曹商事君方式之低下。抨击庙堂伪道之逆淘汰，品德愈贱，爵禄愈贵。

【校勘】“舐其痔”旧讹为“治其痔”，难明“得车之多”。○“破痈yōng溃痤cuó”、“舐痔”，均言“治其痔”。

●第一庄斥曹商章：著录庄事，抉发《大宗师》“君子/小人”之辨，抨击庙堂伪道的价值颠倒。庄子是“天之君子”，却成“人之小人”。曹商是“天之小人”，却成“人之君子”。

二

鲁哀公问乎颜阖曰[1]："吾以仲尼为贞干[2]，国其有瘳乎？"[3]

曰："殆哉岌乎[4]！仲尼方且饰羽而画，徒事华辞，以支为旨，忍性以视民，而不知不信，受乎心，宰乎神[5]，夫何足以上民[6]？彼宜汝欤？予颐欤？误而可矣[7]。今使民离实学伪，非所以视民也[8]。为后世虑，不若休之。难治也！"[9]

今译

鲁哀公问颜阖说："我欲以仲尼为卿相，鲁国的弊病恐怕有望痊愈吧？"

颜阖说："鲁国岌岌可危啦！仲尼将会装饰羽毛而后作画，徒劳从事浮华言辞，以细枝末节为治国宗旨，坚忍心性治理民众，而无知无信，秉受于成心，宰制于心神，那样如何使民上进？仲尼适宜你吗？还是仅予颐养？误了国事以后你将认可我之所言。如今（重用仲尼必将）促使民众远离真实竞学虚伪，决非治理民众的正道。为后世考虑，不如休止此议。否则必将难以治国！"

校注

［1］鲁哀公：与孔子同时。颜阖：鲁人，与孔子同时。〇本章义承《人间世》"颜阖"，虚构鲁哀公欲聘孔子为卿相（史无其事），由于颜阖斥孔而罢。

［2］贞干：贞，通"桢"。夯筑泥墙，竖在两端的木柱叫"桢"，竖在两旁的木板叫"干"。此处引申为宰臣、卿相。〇《尚书·费誓》"峙乃桢干"，黄度《尚书说》卷七："题曰桢，当墙两端者也。旁曰干，谓在墙两边障土者。"成疏"忠贞干济"，望文生义。

［3］国其有瘳chōu乎：仿拟《人间世》“庶几其国有瘳乎”。○杂篇《百里奚》“庶几乎民有瘳乎”，亦仿拟《人间世》。

［4］殆哉岌乎：哀公聘孔，鲁国必将危殆。○郭象妄断为“殆哉岌乎仲尼”，盲从者众，导致原义反转，变成哀公聘孔，孔子必将危殆。

【校勘】“岌”旧作“圾”或“汲”，字通。据郭注、成疏、陆释及各家均释“圾，危也”校正。

［5］仲尼：二字总领“方且饰羽而画”至“宰乎神”七句。

【校勘】郭象妄断“仲尼”于上句，又篡改“徒事华辞”为“從（从）事华辞”（证见《文心雕龙·征圣》“颜阖以为仲尼饰羽而画，徒事华辞”），又把颜阖斥孔七句系统反注为颜阖贬斥“慕仲尼”的“后世之从事者”、“后世人君”、“后世百姓”。

［6］夫何足以上民：小结斥孔七句。

［7］“彼宜”三句：汝欲聘孔，究竟是因为彼宜汝国（实授国政）？还是予以颐养（虚尊彼人）？无论何因，均将误国。

［8］“今使”二句：今若聘孔，必将使民离实学伪，不利视民。○魏撰《盗跖》斥孔“巧伪人”、“矫言伪行”、“诈巧虚伪”，杂篇《渔父》斥孔“早湛于人伪，晚闻大道”，杂篇《子张》“儒者伪辞”。

［9］“为后世虑”三句：颜阖反对鲁哀公聘孔，是“为后世虑”。○上章著录庄事，贬斥母邦暴君、战国时政。本章虚构寓言，贬斥春秋孔子对战国时政（后世）的不良影响。

●第二颜阖斥孔章：抉发内七篇兼斥春秋孔子、战国时政之关系，斥孔正是“为后世虑”。

三

施于人而不忘，非天布也，商贾不齿；虽以事齿之，神者弗齿[1]。为外刑者，金与木也；为内刑者，动与过也[2]。宵人之罹外刑者[3]，金木讯之；罹内刑者，阴阳食之。夫免乎外内之刑

者，唯真人能之。[4]

孔子曰[5]：“凡人心，险于山川，难于知天[6]。天犹有春秋冬夏旦暮之期，人者厚貌深情[7]。故有貌愿而溢[8]，有长若不肖，有慎达而懁[9]，有坚而慢，有缓而悍[10]。故其就义若渴者，其去义若热[11]。故君子，远使之而观其忠，近使之而观其敬，烦使之而观其能，猝然问焉而观其知，急与之期而观其信，委之以财而观其仁，告之以危而观其节，醉之以酒而观其则，杂之以处而观其色[12]。九征至，不肖人得矣。”[13]

今译

施舍小惠于民众而念念不忘，并非合于天道的布施，连商贾也羞于齿及；即使民众被迫感恩齿及，心神其实不齿。施加外在身刑的，是铁铐与木枷；施加内在心刑的，是骚动与过度。宵小之徒罹患外刑，就被铁木刑具讯问；罹患内刑，就被阴阳失调惩罚。能免外刑内刑的，唯有真人能够做到。

孔子说：“大凡人心，险恶过于山川，难知过于天道。天道尚有春秋冬夏、白昼黑夜的周期变化，人们却厚戴面具深藏内情。所以有人貌似老实而内心骄溢，有人貌似长者而内心不肖，有人貌似慎达而内心急躁，有人貌似坚强而内心傲慢，有人貌似舒缓而内心凶悍。所以他们貌似追求仁义如饥似渴，其实鄙弃仁义如避烈火。所以考察是否君子，必须派往远处以便观察他是否忠诚，留在身边以便观察他是否恭敬，频繁差遣以便观察他能力大小，突然提问以便观察他知识广狭，紧急约会以便观察他是否守信，委托财产以便观察他是否廉洁，置之险境以便观察他有无节操，用酒灌醉以便观察他行为准则，男女杂处以便观察他是否好色。九种征象俱至，不肖之人就无处遁形了。”

校注

[1]“施于人”五句：庙堂伪道对民众略施“濡沫”小惠，即自居“仁

义”，视为恩赐，自己“不忘”，又要民众“不忘”，不如商贾。商贾、民众虽然不得不事奉庙堂，内心其实不齿庙堂。

［2］外刑：人道外刑，以刑治身之刑教。内刑：人道内刑，以名治心之名教。

［3］宵人：义同“小人”（俞樾、宣颖、朱骏声、王叔岷）。即章末“不肖人”。〇视患外刑者均为“宵小”，不合庄学。《养生主》右师、《德充符》三兀者均罹外刑，均非“宵小”。

［4］夫免乎外内之刑者，唯真人能之：真人免于人道之身心二刑。〇《养生主》“无近刑”、《人间世》“免刑”。

［5］孔子：真际孔子。〇上章颜阖贬斥实际孔子，本章孔子遂成改宗天道的真际孔子、庄学代言人。然而本章多有不合庄学之处。

［6］“凡人心”三句：贬斥人心之伪。〇上章颜阖贬斥实际孔子“使民离实学伪”，本章真际孔子贬斥“使民离实学伪”。

［7］厚貌：厚戴面具。深情：深藏内情。〇“厚貌深情”，是“离实学伪”的结果。

［8］貌愿而溢：愿，老实（“願”训愿望，形义均异）。溢，骄溢。〇第一章曹商，第六章或人，在宋王、秦王面前老实，在庄子面前骄溢。

［9］慎达而懁xuān：懁，急也（成疏）。

【校勘】“慎”旧讹为“顺”。马叙伦、刘文典、王叔岷据陆释引王本、《庄子阙误》引江南古藏本均作“慎”校正。〇“懁”旧多讹为“懷”（怀），形近而讹。据陆释本作“懁”、成疏“懁，急也”校正。〇“慎达而懁”旧误倒为“慎懁而达”。“貌愿而溢”至“缓而悍”五句，句法均当前为褒词，后为贬词。褒词“达”当在前，贬词“懁”当在后。

［10］有坚而慢，有缓而悍：慢，傲慢。悍，凶悍。

【校勘】“慢”旧作“缦”màn，“悍”旧作“釬”hàn，字通。俞樾、朱骏声校正，郭庆藩、刘文典、王叔岷从之。〇俞樾：“缦者，慢之假字。釬者，悍之假字。”

［11］其就义若渴者，其去义若热：“离实学伪”、“厚貌深情”者，信奉庙堂伪道之“义”，实为趋“利”。有“利”则伪装“厚貌”，趋之若渴；

不“利”则暴露“深情”，弃之若热。

[12]“故君子”九句：“故君子”为“故察君子者”略语，意为“欲考察某人是否君子”，必须“远使之”、“近使之”，以便“观其”某项品质。

【校勘】“则”旧讹为“侧”，与“九征”之另外八句不合。朱骏声、郭嵩焘、俞樾、刘文典、王叔岷、陈鼓应据陆释一本、道藏音义本、注疏本、白文本、成疏“法则”校正。

[13]不肖：内外不相肖（刘凤苞），情貌相反（俞樾）。

【辨析一】“九征”云云，抉发《人间世》“为人使，易以伪”奥义，却以“为人使”的方法，揭露“为人使，易以伪”，颇不恰当。“远使之”、“近使之”的考察，适用于“畜乎樊中”者，不适用于“不祈畜乎樊中”（《养生主》）者。

●第三观人九征章：借用真际孔子之口，贬斥实际孔子“使民离实学伪”，强化“施于人而不忘”的庙堂伪道。

四

正考父一命而伛，再命而偻，三命而俯[1]，循墙而走，孰敢不轨[2]？如尔夫者，一命而吕鉅[3]，再命而于车上舞，三命而名诸父，孰协唐许？[4]

今译

正考父第一次被任命为卿而后弓背，第二次被任命为卿而后弯腰，第三次被任命为卿而后俯身，贴着墙根急行，哪敢稍有不轨？至于尔等凡夫，一朝出仕为官就昂首挺胸，一旦获得升职就在车上张牙舞爪，得到更高任命就直呼父辈之名，哪里能比唐尧许由？

校注

［1］正考父：宋湣公四世孙，孔子七世祖，被宋戴公、武公、宣公三次任命为卿。○成疏、陆释误释"士一命，大夫再命，卿三命"，不合史实。正考父为宋室公族，生而为士。

［2］孰敢不轨："孰"字虚用，同"何"，非"谁"。句承"而伛、而偻、而俯，循墙而走"四句，褒扬孔子之祖正考父不敢不轨，不敢自矜，隐斥孔子不肖其祖，自矜自得。○郭象反注："言人不敢以不轨之事侮之。"

［3］吕鉅jù：强梁（俞正燮、马叙伦、马其昶、王叔岷）。吕，"膂"之古字，义同"梁"。《说文》："吕，脊骨也。象形。"鉅，义同"强"。○正考父"伛"、"偻"、"俯"，脊骨愈弯愈曲，不敢自矜自得。尔夫一命为官，立刻脊骨强挺，自矜自得。

［4］名诸父：直呼叔父之名。唐、许：唐尧、许由。

●第四正考父不自得章：明褒孔子之祖不敢自矜自得，隐斥孔子不肖其祖、自矜自得。

五

贼莫大乎德有心而心有眼，及其有眼也而内视，内视而败矣[1]。凶德有五，中德为首[2]。何谓中德？中德也者，有以自好也，而訾其所不为者也[3]。穷有八极，达有三必，刑有六府[4]。美、髯、长、大、壮、丽、勇、敢，八者俱过人也，因以是穷[5]。缘循，偃仰，困畏，三者不若人，俱通达[6]。知、慧外通，勇、动多怨，仁、义多责，六者所以相刑也[7]。达生之情者傀，达于知者肖；达大命者随，达小命者遭。[8]

今译

危害莫大于德中生心而心中生眼，等到心中生眼必定专注自我，专注自我必定失败。凶德有五，中意己德居首。何为中意己德？中意己德，就是自矜自好，而诋訾己所不为的他人自适之为。穷困有八种极端，通达有三项前提，罹刑有六大府藏。俊美，多髯，颀长，高大，强壮，秀丽，勇毅，果敢，八个方面都自矜胜过他人，就因此穷困。缘道循德，俯仰屈伸，知困而畏，三个方面自视不如他人，都将通达。知识、智慧外通于物，好勇、斗狠多结仇怨，自矜仁义多招诘责，六个方面足以自招刑戮。达于人生实情的至人傀伟，达于外荡心知的众人渺小；达于天道大命的至人顺随境遇，达于人道小运的众人囿于遭遇。

校注

［1］“贼莫”三句：贼，危害。贬斥自矜自得、不“道”己德。〇上章褒扬正考父之“不自得”，贬斥凡夫之“自得”。本章再斥“自得”。郭象反注：“有心于为德，非真德也。夫真德者，忽然自得。”

【校勘】二“眼”旧皆讹为“睫”，形近而讹。王叔岷据道藏成疏本、白文本、《文子·下德》、《宋景文公笔记·杂说》均作“眼”、《淮南子·主术训》、《邓析子·无厚》均作“目”校正。

［2］凶德有五，中德为首：中zhòng，动词。中德，中意己德。凶德五种，“自得”居首。〇旧多盲从郭象“自得”谬说，释“凶德有五”为“心耳眼舌鼻”五根之德，读“中”为zhōng，释“中德”为心德。义不可通。

［3］訾zǐ其所不为：自好自得者，对于己所不为的他人自适之为，必訾之。

【辨析二】孔子名言“己所不欲，勿施于人”，乃是道德金律，然而一旦“己之所欲，强施于人”，必欲他人同于己，他人异于己则訾之，甚至以庙堂刑教“金木讯之”，则悖天道。因此庄学主张“吹万不同”（《齐物论》）、“不同同之之谓大，有万不同之谓富”（或撰《天地》所引庄言），蔺撰《寓言》贬斥“同于己为是之，异于己为非之”，新外篇《在宥》贬斥“世俗之人，皆喜人之同乎己，而恶人之异于己也。同于己而欲之，异于己而不欲”。

［4］【校勘】“刑”旧讹为“形”。奚侗、刘文典、王叔岷校正。

［5］八者俱过人：并非真正胜过他人，而是自矜胜过他人。

［6］缘循：缘道（庄学宗旨）循德（庄学真谛）。偃仰：俯仰（因应外境）。困畏：不自得。三者不若人：并非真正不若他人，而是不自矜胜过他人。

【校勘】“三者不若人”，旧误倒为“不若人三者”。王叔岷据成疏“有此三事不如恒人”、陆西星注“有此三事不如恒人”校正。

［7］六者所以相刑：六者足以“近刑”。

【校勘】“六者所以相刑也”七字旧脱。奚侗、刘文典据《庄子阙误》引刘得一本校补。〇奚侗：“今本脱去‘六者所以相刑也’一句，则上文‘刑有六府’一句无结语矣。”

［8］傀：同“魁”。肖：小。大命：天命。小命：人运，义同《人间世》、《德充符》“若命”。〇“达生”、“达命”四句，参看蔺撰《达生》“达生之情”、“达命之情”。

●第五贼德自好章：抉发内七篇的自“道”己德奥义，隐斥孔子不“道”己德。

六

人有见宋王者，赐车十乘，以其十乘骄迟庄子。［1］

庄子曰：“河上有家贫恃纬萧而食者［2］**，其子没于渊，得千金之珠。其父谓其子曰：‘取石来锻之！夫千金之珠，必在九重之渊，而骊龙颔下。汝能得珠者，必遭其睡也。使骊龙而寤，汝尚奚侥之有哉**［3］**？’今宋国之深，非直九重之渊也；宋王之猛，非直骊龙也。子能得车者，必遭其睡也。使宋王而寤，子为齑粉夫？”**［4］

今译

有人晋见宋王，获赐马车十乘，凭借马车十乘骄矜庄子落后。

庄子说："河边有家贫依靠编织芦苇维生的人，其子潜入深渊，采得千金宝珠。其父对其子说：'拿石头来砸烂宝珠！千金宝珠，必定藏在九重深渊，而含于骊龙嘴下。你能采到宝珠，必定遭逢骊龙睡寐。假使骊龙醒着，你还能侥幸采到吗？'如今宋国的深渊，不是九重深渊可比；宋王的凶猛，不是骊龙可比。你能得到马车，必定遭逢宋王睡寐。假使宋王醒着，你必将粉身碎骨吧？"

校注

［1］以其十乘shèng骄迟庄子：或人自矜自得其得利于庙堂，而笑庄子落后。

【校勘】"遲"（迟）旧作"稺"或"稚"。"稺"、"稚"古今字。"稺"指晚稻，"稚"指幼子，皆具"晚"义。"稺"借为"迟"，引申为落后。〇《德充符》"子悦子之执政，而后人者也"，"后"同"迟"。

【辨析三】首章曹商取利于宋王、秦王，而笑庄子之贫。本章或人取利于宋王，亦笑庄子之贫。下文再以庄子二章作结。述庄四章之间，插入涉孔四章，对比孔、庄之异。曹商、或人、实际孔子，均为自矜自得，囿于人道小命者。颜阖、正考父、真际孔子、庄子，均为不自矜不自得，达于天道大命者。〇蔺撰《曹商》庄子四章、孔子四章交错，蔺撰《山木》庄子三章、孔子三章交错，章法结构相同。除了蔺撰之篇，其他外杂篇无此章法结构。

［2］纬：动词，织（司马彪、陆释）。萧：艾蒿，芦苇。

【校勘】"纬"旧作"苇"，训"芦"（成疏），义不可通。王叔岷据陆释一本作"纬"、司马彪、陆释训"织"校正。

［3］【校勘】二"汝"旧讹为"子"，不合父亲口吻，当属或人据下文庄子称骄迟者为"子"而妄改。刘文典、王叔岷据《太平御览》四八五、《白

孔六帖》、《古今合璧事类备要》别集六三引均作"汝"、《艺文类聚》九六、《一切经音义》九八引均作"若"校正。○"傲"(侥)旧讹为"微",形近而讹,义不可通。马叙伦、刘文典据《太平御览》九二九引作"傲"校正。

[4]"今宋国"八句:庄子痛斥宋王偃之残暴。

【辨析四】蔺且著录亲历亲闻的庄子痛斥宋王偃,意在抉发内七篇支离其言、晦藏其旨的原因之一。○《史记·宋微子世家》:"君偃十一年,自立为王。东败齐,取五城;南败楚,取地三百里;西败魏军,乃与齐、魏为敌国。盛血以韦囊,悬而射之,命曰'射天'。淫于酒妇人。群臣谏者辄射之。于是诸侯皆曰'桀宋'。"○《吕览·淫辞》:"宋王谓其相唐鞅曰:'寡人所杀戮者众矣,而群臣愈不畏,其故何也?'唐鞅对曰:'王之所罪,尽不善者也;罪不善,善者故为不畏。王欲群臣之畏也,不若无辨其善与不善而时罪之,若此则群臣畏矣。'居无几何,宋君杀唐鞅。"此即庄子所谓"今处昏上乱相之间"(蔺撰《山木》)。

●第六庄斥宋王章:著录庄事,抉发宋王偃之暴虐是内七篇支离其言、晦藏其旨之一因。

七

或聘于庄子。[1]

庄子应其使曰:"子不见夫牺牛乎?衣以文绣,食以刍菽,养之牢筴之中[2]**。及其牵而入于太庙,虽欲为孤犊,其可得乎?"**[3]

今译

有国君欲聘庄子担任卿相。

庄子回应其使者说:"你没见过祭祀用的牺牲之牛吗?穿上锦绣外衣,饲以草料豆角,养在牢笼之中。等到牵入太庙献祭之时,即使想做失去父母的牛犊,还能如愿吗?"

校注

［1］或聘于庄子：蔺且文风含蓄，不欲明言来聘之君。魏牟文风张扬，魏撰《秋水》明言来聘之君为“楚王”(《史记》考定为“楚威王”)。〇本章旨在反击嘲笑庄子贫穷的第一章之曹商、第六章之或人。

［2］刍chú：草料。菽shū：豆类。牢筴cè：筴，同“栅”，木栏。

【校勘】“子不见”旧脱“不”字。刘文典、王叔岷据《太平御览》八一五、《史记·老子韩非列传》、《白孔六帖》二九、《高士传·庄周》引文均有“不”字引文校补。〇“养之牢筴之中”六字旧脱，王叔岷据《事类赋》二二兽部三注引“菽”下有此六字校补。蔺撰《达生》“祝宗人玄端以临牢筴”，可为旁证。

［3］《史记·老子韩非列传》：“楚威王闻庄周贤，使使厚币迎之，许以为相。庄周笑谓楚使者曰：‘千金，重利；卿相，尊位也。子独不见郊祭之牺牛乎？养食之数岁，衣以文绣，以入太庙。当是之时，虽欲为孤豚，岂可得乎？’”

●第七庄子拒聘章：著录庄事，抉发庄子不欲倚待庙堂，拒绝庙堂富贵，拒绝“役人之役，适人之适”，避免了“未终其天年而中道夭于斧斤”，引出下章。

八

庄子将死，弟子欲厚葬之。［1］

庄子曰：“吾以天地为棺椁，日月为连璧，星辰为珠玑，万物为赍送［2］**。吾葬具岂不备邪？何以加此？”**

弟子曰：“吾恐乌鸢之食夫子也。”

庄子曰：“在上为乌鸢食，在下为蝼蚁食，夺彼与此，何其偏也！以不平平，其平也不平［3］**；以不征征，其征也不征**［4］**。明者唯为之使，神者征之**［5］**。夫明之不胜神也久矣**［6］**，而愚者恃**

其所见入于人[7]**，其功外也**[8]**。不亦悲乎！”**[9]

今译

庄子将死，弟子意欲厚葬之。

庄子说：“我以天地为棺椁，日月为连璧，星辰为珠玑，万物为赍送。我的葬具岂不完备呢？何以复加？”

弟子说：“我担心乌鸦老鹰争食夫子遗体。”

庄子说：“葬在地上被乌鸦老鹰所食，葬于地下被蝼蛄蚂蚁所食，剥夺乌鸦老鹰的食物，转为蝼蛄蚂蚁的食物，为何如此偏心！把不公平视为公平，所谓公平实非公平；把没有凭证视为凭证，所谓凭证实非凭证。明显的表象均被天道驱使，神妙的本质才是天道凭证。明显的表象不能战胜神妙的本质太久远了，然而愚人惑于所见陷入于人道，其功效只能止于表象。不是太可悲吗！”

校注

［1］庄子将死：此为本篇非庄所撰的史实硬证。弟子欲厚葬之：弟子当为撰者蔺且。○庄子家贫，无力厚葬。欲厚葬庄子之弟子（蔺且），或不甚贫。又著录庄事的魏牟版外篇，不止于蔺撰之篇，然而仅有蔺撰《山木》、《曹商》著录庄子与弟子之对话，蔺且或为庄子唯一弟子。

［2］赍jī送：丧葬用品。

【校勘】“以天地为棺椁”之“以”总领四句。“日月”前旧衍“以”字，王叔岷据《北堂书钞》九二、《太平御览》五五五、《古今合璧事类备要》前集六六、《北山录·释宾问第八》引文皆无“以”字校删。○“赍”旧作“齎”，异体字。《说文》：“齎，持遗也。”

［3］以不平平，其平也不平：夺乌鸢之食，转为蝼蚁之食，实属“不平”，而自以为“平”。兼斥庙堂人道以不公平之心平治天下，自居公平实不公平。○旧多误断此下为撰者之言，遂湮庄子遗言。“以不平平”下，直

至篇终，均为庄子遗言，均承“夺彼与此，何其偏也”，乃是庄子临终对人间万事之总评。本篇为蔺撰诸篇最后之篇，故以著录庄子遗言结束。决无在庄子遗言之后，另附议论之理。

［4］以不征征，其征也不征：弟子以“乌鸢食夫子”为厚葬之证据，属于“以不征征”而自以为有证。兼斥庙堂伪道以“天尊地卑”为证据，亦属“以不征征”而自以为有证。

［5］明者唯为之使：明显可见的万物表象（如“在上为乌鸢食”），均被天道驱使。

神者征之：神妙难知的万物本质（如“在下为蝼蚁食”），才是天道的真正征象。

［6］夫明之不胜神也久矣：明显易见的万物表象，不能战胜神妙难知的终极天道。义同《大宗师》“夫物不胜天久矣”。

［7］而愚者恃其所见入于人：愚人恃其囿于一方一隅的谬见，陷入“人定胜天”的人道。

［8］其功外也：人道之功仅是外在表面文章，故欲免“在上为乌鸢食”，无视“在下为蝼蚁食”。

［9］不亦悲乎：庄子遗言之末，感叹“物不胜天”之人，坚执“人定胜天”，结果必悲。

●第八庄子将死章：著录庄子之死及其遗言，抉发《大宗师》“物不胜天”奥义，隐赞丧忘生死的庄子“终其天年而不中道夭”。

【附论】

庄学大鹏，以哲学义理、文学表述为其两翼。蔺且、魏牟各有所偏。蔺且哲学悟性较强，文学悟性较弱。魏牟文学悟性较强，哲学悟性较弱。

蔺且哲学悟性较强，因而蔺撰五篇大量抉发内七篇奥义，其最要者如下：庄学宗旨，庄学二谛，庄学三义，庄文三言，庄学四境及其动植象征、排行隐喻，庄学至境之标准式，“间世”奥义，道术九阶，两个“孔子”及其“孔子改宗”范式。

迫于悖道外境之险恶，庄撰内七篇不得不支离其言、晦藏其旨，虽然表述极其成功，以致古今庄学之友无须借助蔺撰五篇，仍能大致领悟内七篇义理，然而一旦遇到反诘，比如郭象反注及其追随者之妄注，那么内七篇义理究竟为何就会陷入悬疑，变成公说公有理、婆说婆有理的扯皮。蔺撰五篇正是摆脱这一困境的最大强援，尽管蔺撰五篇对内七篇奥义的抉发，仍然不得不支离其言、晦藏其旨。

作为庄子亲传弟子（或为唯一弟子），蔺撰五篇在抉发内七篇奥义的过程中，大量著录其所亲历亲闻的庄子实事，共计九事：庄惠辩孔，庄论间世，庄过魏王，庄子悟道，庄子妻死，庄斥曹商，庄斥宋王，庄拒聘相，庄子将死。蔺撰五篇之著录庄事，虽然服从于抉发庄义而有所选择（其未著录于所撰之篇的诸多庄事，经其口述或另传而转录于魏撰十三篇和或撰四篇），仍然大致完整地记录了庄子生平，对庄学之友深入理解内七篇，具有无可替代的极大帮助。

蔺且作为庄子亲传弟子，无愧为传承庄学、阐释庄学第一人。蔺撰之篇文风含蓄，意旨隐晦，义理水准胜于魏牟；偶尔表述欠佳，设喻不当，文学水准逊于魏牟。